中國學術思想 研究輯刊

八 編

林慶彰 主編

第 7 冊

兩漢魏晉之道家思想（下）

陶建國 著

花木蘭文化出版社

國家圖書館出版品預行編目資料

兩漢魏晉之道家思想（下）／陶建國 著－初版－台北縣永
和市：花木蘭文化出版社，2010〔民 99〕

目 6+286 面；19×26 公分

（中國學術思想研究輯刊 八編；第 7 冊）

ISBN：978-986-254-191-3（精裝）

1. 道家　2. 秦漢哲學　3. 魏晉南北朝哲學

121.3 99002357

ISBN - 978-986-2541-91-3

9 789862 541913

中國學術思想研究輯刊

八 編 第 七 冊　　　　ISBN：978-986-254-191-3

兩漢魏晉之道家思想（下）

作　　者　陶建國
主　　編　林慶彰
總 編 輯　杜潔祥
出　　版　花木蘭文化出版社
發 行 所　花木蘭文化出版社
發 行 人　高小娟
聯 絡 地 址　台北縣永和市中正路五九五號七樓之三
　　　　　　電話：02-2923-1455／傳真：02-2923-1452
網　　址　http://www.huamulan.tw 信箱 sut81518@ms59.hinet.net
印　　刷　普羅文化出版廣告事業
封面設計　劉開工作室
初　　版　2010 年 3 月
定　　價　八編 35 冊（精裝）新台幣 58,000 元

兩漢魏晉之道家思想（下）

陶建國　著

目次

第四章　佛教初傳與老莊思想之關係

第一節　佛教之初傳

　　佛教思想在我國學術史上，佔有極重要之地位。關於佛教何時傳來中國，則眾說紛云。或云周世已有佛法傳來，或云秦時已有沙門持佛經，勸化始皇之事，[註1] 凡此皆穿鑿附會，無甚確據。一般說法，皆以爲漢明帝永平年間，佛教始傳中國。最早見於牟子之《理惑論》中：「昔孝明皇帝，夢見神人。身有日光，飛在殿前，欣然悅之。明日，博問群臣，此爲何神？有通人傅毅曰：『臣聞天竺有得道者，號之曰佛。飛行虛空，身有日光，殆將其神也。』」於是上悟，遣使者張騫、羽林郎中秦景、博士弟子王遵等十二人，於大月氏寫佛經四十二章，藏在蘭臺石室第十四間。時於洛陽城西雍門外起佛寺。於其壁畫千乘萬騎繞塔三匝，又於南宮清涼臺及開陽城門上作佛像。明帝時，預修造壽陵，陵曰顯節。於其上作佛圖像。時國豐民寧，遠夷慕義，學者由此

〔註1〕 如劉宋時宗少文〈明佛論〉謂：「伯益述《山海》，天毒之國偎人而愛人。……」以爲伯益時天毒（即天竺）已傳佛法。謝承《後漢書》、《穆天子別傳》、漢《法本內傳》、《周書異記》均上推佛陀生於周昭王之世。《列子·仲尼篇》云：「商太宰問孔子孰爲聖人？孔子動容，有間曰：『丘聞西方有聖人焉，不治而不亂，不言而自信，不化而自行，蕩蕩乎民無能名焉。』」後人遂附會此西方聖人當爲釋迦。《拾遺記》謂戰國時燕昭王七年已有僧人尸羅至燕都。朱士行《經錄》謂：「始皇之時，有外國沙門室利防等十八賢者，齋《佛經》來化始皇。始皇因之。夜有金剛丈六人，破獄出之。始皇驚，稽首謝焉。梁啓超謂始皇三十三年有「禁不得祠明星出西方。」以爲「不得」乃佛陀音轉，故始皇時佛教已東傳。凡此皆穿鑿附會，無甚確證。

而滋。〔註 2〕

　　《魏書》乃根據其說，有更具體說明。〈釋老志〉曰：「司馬遷區別異同，有陰陽、儒、墨、名、法、道德六家之義。劉歆著《七略》，班固志〈藝文〉，釋氏之學，所未曾記。案漢武元狩中，遣霍去病討匈奴，至皋蘭，過居延，斬首大獲昆邪王，殺休屠王，將其眾五萬來降，獲其金人。帝以為大神，列於甘泉宮。金人率長丈餘，不祭祀，但燒香禮拜而已。此則佛道流通之漸也。及開西域，遣張騫使大夏還，傳其旁有身毒國，一名天竺，始聞有浮屠之教。哀帝元壽元年，博士弟子秦景憲受大月氏王使伊存口授《浮屠經》，中土聞之，未之信也。後孝明帝夜夢金人，頂有白光，飛行殿庭。及訪群臣，傅毅始以佛對。帝遣郎中蔡愔、博士弟子秦景等使於天竺，寫浮屠遺範，愔乃與沙門攝摩騰、竺法蘭東還洛陽，中國有沙門及跪拜之法自此始也。愔又得《佛經四十二章》及釋迦立像。明帝令畫工圖佛像，置清涼臺，及顯節陵上，經緘於蘭臺石室。愔之還也，以白馬負經而至漢，因立白馬寺於洛城雍門西。摩騰、法蘭咸卒於此寺。」

　　然或以為佛教當傳來更早。劉向《列仙傳》曰：「歷觀百家之中，以相檢驗，得仙者百四十六人。其七十四人已在佛經。故撰得七十，可以多聞博識者覽觀焉。」（《世說新語・文學篇》注引）梁阮孝緒之〈七錄序〉曰：「成帝時，劉向檢校秘書，編定目錄，其中已有佛經。」又魚豢《魏略・西戎傳》曰：「昔漢哀帝元壽元年，博士弟子景盧受大月氏王使伊存口授《浮屠經》曰：復立者其人也。浮屠所載臨蒲塞、桑門、伯聞、疏問、白疏閒、比丘、晨門，皆弟子號也。浮屠所載與中國《老子經》相出入，蓋以為老子西出關，過西域之天竺，教胡。」（《三國志・魏志》卷三十〈烏丸鮮卑東夷傳〉裴《注》引）是成帝、哀帝之前似已有佛教之傳入。

　　漢時海域交通頻繁。武帝時，極力開闢西域，通西南夷，並海道為三，皆有傳入佛教之可能。故《漢書・張騫傳》已有記與身毒國交通貿易之事。《漢書・霍去病傳》曰：「元狩二年春，為驃騎將軍將萬騎出隴西有功。上曰：『……過焉支山，千有餘里，合短兵，鏖皋蘭下。殺折蘭王，斬盧侯王，銳悍者誅，

〔註 2〕 後之《四十章經序》、《老子化胡經》、石趙時王度奏《疏》、東晉袁宏《後漢紀》、劉宋宗炳〈明佛論〉、范曄《後漢書》、南齊王琰《冥祥記》、蕭梁時僧祐《出三藏記集》、慧皎《高僧傳》、陶弘景《真誥》、北魏酈道元《水經穀水注》、楊衒之《洛陽伽藍記》、《魏書・釋老志》、元魏時僧徒所偽造之《漢法本內傳》，皆仿其說。

全甲獲醜，執渾邪王子，及相國、都尉、捷首虜八千九百六十級，收休屠祭天金人，師率減什七。』」顏師古《注》曰：「金人，即今之佛像是也。」是武帝時殆有佛教之傳入也。唯漢武「罷黜百家，獨尊儒術」佛教初傳未顯，故名不見經傳。然無論如何，佛教最遲不當於漢明帝之後傳來中國也。

　　漢明帝八年，楚王英已皈依佛教。《後漢書・楚王英傳》曰：「英少時好游俠，交通賓客。晚節更喜黃老學，爲浮屠齋戒祭祀。……（永平）八年，詔令天下死罪皆入縑贖。英……奉送縑帛贖愆……詔報曰：『楚王誦黃老之微言，尚浮屠之仁祠。潔齋三月，與神爲誓。何嫌何疑，當有悔吝？其還贖，以助伊蒲塞、桑門之盛饌。』因以班示諸國。」此係正史中最古最確之資料，佛教於明帝時已傳入中國當不爲誣。楚王英所轄爲今蘇、皖、豫、齊諸省，及永平十三年，英以罪廢徙丹陽之涇縣，賜湯沐邑五百，從英南徙者數千人。佛教或因如此，遂自淮河南北，向南流布。

　　明帝時已有外國沙門攝摩騰、竺法蘭來中土傳教，並爲建寺於洛城雍門西（見上引《魏書・釋老志》）。自是以後，佛教於中國盛行。漢桓帝建和初年，有月氏沙門支婁迦讖來譯《般若三昧經》等二十餘部佛典。支婁迦讖信奉大乘佛教，所譯皆爲大乘經典。次年又有安息僧人安世高來譯《修行道地經》等三十餘部佛典。安世高信奉小乘佛教，專務禪觀，兼通天文曆數，被尊爲佛教大師。同時又有天竺僧人竺佛朔譯《道行般若經》。至漢末，洛陽遂成爲譯經之中心。當時僧人安玄、曇諦、安法欽、支曜、支亮、康巨、嚴浮調、曇果、康孟詳皆甚爲有名。

　　桓帝時「設華蓋以祠浮圖、老子。」（《後漢書・桓帝紀》）已將佛教引入宮中。《釋氏稽古略》曰：「桓帝永興二年，鑄黃金浮圖老子像，覆以百寶蓋，宮中身奉祠之。」時襄楷博學與鄭玄齊名，乃上疏諫之。《後漢書・襄楷傳》曰：「延熹九年，楷自家詣闕上疏曰：『……聞宮中立黃老、浮屠之祠。此道清虛，貴尚無爲。好生惡殺，省慾去奢。今陛下嗜慾不去，殺罰過理，既乖其道，豈獲其祚哉，或言老子入夷狄爲浮屠。浮屠不三宿桑下，不欲久生恩愛，精之至也。天神遺以好女。』」浮圖曰：「此但革囊盛血。」遂不眄之。其守一如此，乃能成道。今陛下婬女豔婦，極天下之麗，甘肥飲美，單天下之味，奈何欲如黃老乎？』」此中所引皆《四十二章》經文，如其二十六章曰：「天神獻玉女於佛，欲以試佛意，觀佛道。佛言：『革囊眾穢，爾來何爲？爾可誑俗，難動六通。去！吾不用爾。』」可知《四十二章經》於彼時已甚流行。

　　漢靈帝、獻帝時有笮融首造佛像，並大起浮屠寺，長江流域當已有佛教傳布。《三國志‧吳志‧劉繇傳》曰：「笮融者，丹陽人。初聚眾數百，往依徐州牧陶謙。謙使督廣陵丹陽運漕，遂放縱擅殺，坐斷三郡委輸以自入。乃大起浮圖祠，以銅爲人，黃金塗身，衣以錦采。垂銅槃九重，下爲重樓，閣道可容三千餘人。悉讀佛經，令界內及旁郡人有好佛者，聽受道。復其他役，以招致之。由此遠近前後至者，五千餘人戶。每浴佛，多設酒飯，布席於路，經數十里。民人來觀及就食，且萬人，費以巨億計。」（《後漢書‧陶謙傳》亦有相同記載）。

　　同時交州尚有牟子作《理惑論》，爲佛教辯護，文中屢稱引佛經，佛教已廣爲流行。《理惑論》卷一曰：「靈帝崩後，天下擾亂，獨交州差安，北方異人，咸來在焉。……先是時，牟子將母避世交趾，年二十六，歸蒼梧娶妻。……方世擾攘，非顯己之秋也。乃歎曰：『老子絕聖棄智，修身保眞，萬物不干其志，天下不易其樂，天下不得臣，諸侯不得友，故可貴也。』於是銳志於佛道，兼研《老子》五千文。含玄妙爲酒漿，翫五經爲琴簧。世俗之徒，多非之者，以爲背五經而向異道。……遂以筆墨之間，略引聖賢之言證解之，名曰：《牟子理惑》云。」

　　當時交州安定，與印度交通便利。佛教徒來往頻繁，極易與天竺人士相往返。《三國志‧吳志‧士燮傳》曰：「士燮，字威彥，蒼梧廣信人也。……至王莽之亂，避地交州。……遷交趾太守。……燮兄弟並爲列郡，雄長一州，偏在萬里，威尊無上。出入鳴鐘磬！備具威儀，茄簫鼓吹，車騎滿道。胡人夾轂焚燒香者有數十。……」此處胡人當指天竺之人士，或爲佛教徒者。

　　此時佛教傳布之勢力，緜延至三國時更加昌盛。三國時康居國大丞相長子康僧會，亦赤烏二年入吳見孫權，尚書令闞澤證佛理高於孔老，吳主遂爲之造「建初寺」是爲江南第一座佛寺。北方僧侶亦往江南傳教，如康僧會、支謙、支疆梁接、維紙難、竺律炎等人。吳主孫權曾拜支謙爲博士，使輔東宮。魏明帝時大月氏遣使來朝，西域僧人陸續來華，以洛陽爲中心。白延、曇諦、曇柯迦羅、康僧鎧等人皆於魏國譯述經典。而蜀地荊州亦有佛教之散佈。

　　時西域僧徒來華譯經雖眾，然譯文多所乖桀，鮮能達旨。故魏時有朱士行於甘露五年，出家學道爲沙門，西至于闐國，寫得正品梵書胡本九十章，曰《放光般若經》。並遣弟子弗如檀，携歸洛陽，後由河南居士竺叔蘭譯爲漢文。朱士行卒於于闐國，然爲中國僧人西遊求學第一人。

佛教於漢末大盛於中國，正是社會動盪，民生塗炭亟盛之時，人心咸惶恐空虛。此種外來宗教，正滿足社會大眾內心之需求。在外華僧人之努力下，終成為中國宗教界中之顯教，與儒、道二家在學術上，鼎立於三。

第二節　漢朝佛教與老莊思想之關係

佛教之創始人為喬答摩（Gautama）舊譯為瞿曇，名悉達多（Siddhartha），為北印度釋迦（Sakya）之貴族。創立佛教後，人尊之為「佛」（Buddha）意為智者，又稱釋迦牟尼（Sakyamuni）意為釋迦族之寂寞賢者。為迦毘羅衛國之太子。生於公元前五百六十年，逝於公元前四百八十五年。廿九歲時，拋妻棄子，入山靜修。亟思了悟真道，不得要領。遂進入跋伽山苦行林，經六年之苦修，形銷神毀，日益消瘦，氣力不支，未能覺悟。乃受牧牛女蘇耶妲乳糜之供養。遂放棄苦修，於菩提樹下，靜默苦思。且誓曰：「不成正覺，誓不離座。」四十八日後，終能豁然開悟，了徹人生痛苦之原及解脫之道。遂於三十五歲之年，下山佈道，廣收生徒。又返國為其父說法，使其兄弟兒子皈依佛門。釋迦遊行佈道人世四十五年，於八十歲時，逝世寂滅於拘尸那揭羅城外之熙連苦跋提河畔大樹之下。寂滅時猶曰：「吾今不久，當般涅槃。一切有為，無不悉捨，一切佛事，皆已究竟。……我已為諸天，吹大法螺，擊大法鼓，覺悟長夜無明睡眠。我已為諸天人，建大法幢，燃大法炬，普照一切，除滅暗冥。我已為諸有情，作大法橋，為大法船，濟渡一切暴流所溺。我已為諸有情，注大法流，降大法雨，一切枯槁，皆令潤洽。我已開顯解脫正路，引諸世間迷失道者。……阿難，我今更無所作，唯大涅槃，是所歸趣。」（《佛臨涅槃記誌住經》，玄奘譯）

佛教僧侶本著佛祖釋迦牟尼之精神，以慈悲為度，以渡世間眾生脫離煩惱，指引迷失者重返大道為心志。彼輩千里迢迢，來至中土，傳播此種不同文化之宗教，其初期遭遇之困難必多。佛教僧徒於是利用中土現成之宗教，特別是廣傳民間之道教以增加其傳教之效率。而道家一些觀念，亦有助於其闡釋艱深難懂之佛理，皆被其援引而入其宗教之中。故初期佛教實兼具道教及道家化之色彩。而一般社會人士亦視佛教與傳統之宗教信仰無甚出入，視佛與神仙等流，佛法與修道養生同類，將佛學與老莊學說齊觀。初入中國之佛教，實與道家關係密切，於型態上已呈佛道一體之面貌。

漢人既視佛、道為一類，遂將佛與黃老並祀。武帝於元狩三年，獲匈奴休屠王之金人，列于甘泉宮，焚香禮拜。如此金人係佛像，當為祀佛之始。劉向《列仙傳》已謂佛教徒為得仙者。《後漢書·楚王英傳》謂：「楚王誦黃老之微言，尚浮屠之仁祠。潔齋三月，與神為誓。」又謂：「喜黃老學，為浮圖齋戒祭祀。」〈桓帝本紀〉謂：「設華蓋，以祀浮圖、老子。」《釋氏稽古略》謂：「永興二年，帝鑄黃金浮圖、老子像，覆以百寶蓋，宮中身奉祀之，世人以金銀作佛像，自此始。」〈襄楷傳〉謂：「又聞宮中立黃老、浮屠之祠。此道清虛，貴尚無為，好生惡殺，省欲去奢。」是漢人對佛教浮屠之觀念，實與道教神祇，殊無二致。不但祭祀之，且將之與黃老並列。尤見其地位之高，與配享之殊榮。

而佛教釋子亦喜攀道家之名以自重。故牟子稱釋教為「佛道」，《四十二章經》序自稱佛教為「釋道」，為「道法」，而學佛則曰「為道」、「行道」、「學道」。自漢以後，釋子僧徒以「道」為名，如道林、道真、道安、道生……等，多至不可勝數。

漢初佛教被視為與道教同類。故來華傳教之僧人，亦常被認為係稟賦神異之方士。彼等亦擁有此方技自衒，往往能達到良好之傳教效果。故梁慧皎之《高僧傳》云：「安世高，自七曜五行，醫方異術，乃至鳥獸之聲，無不綜達。又識自己前生，有多神跡，世無能量。」《出三藏記集·安世高傳》亦曰：「七曜五行之象，風雨雲物之占，推步盈縮，悉窮其變，兼洞曉醫術，妙善鍼脈，覩色知病，投藥必濟，乃至鳥獸鳴呼，聞聲知心。」其餘如曇柯迦羅能知「風雨星宿，圖讖運變，無不該綜。」後之佛圖澄「善誦神咒，能役使鬼物」以及吳之康僧會、維祇難均有靈驗咒術之事蹟。《高僧傳》中之〈習禪篇〉或〈神異篇〉內，載中國之僧人知方技數術者甚多。可知早期之僧人與道教之方士、道士有相似之處，社會人士常以同類視之。

至於漢初佛教經典，亦多與老莊思想相通。魚豢《魏略·西戎傳》曰：「浮屠所載與中國《老子經》相出入。」《後漢書·西域傳》論當時之佛經曰：「詳其清心釋累之訓，空有兼遺之宗，道書之流也。」《後漢書·襄楷傳》亦曰：「此道清虛，貴尚無為。好生惡殺，省慾去奢。漢末《四十二章經》曰：「佛言出家沙門者，斷欲去愛，證自心源，達佛深理，悟無為法。」牟子《理惑論》將佛道並觀：「吾既覩佛經之說，覽《老子》之要，守恬淡之性，觀無為之行。」是初期佛教之教義，與道家無為恬淡之思想，時人認為無太大不同。

　　漢初佛經之翻譯，由於初傳中國，尚未有恰當之辭彙供取用。故多借道家詞語，以求行文之便利。如東漢道士于吉之《太平清領書》，書中語彙即爲佛經所常襲用。《後漢書・襄楷傳》曰：「初順帝時，瑯琊宮崇詣闕上其師于吉，於曲陽泉水上，所得神書百七十卷，皆縹白素，朱介、青首、朱目，號《太平清領書》。」此書即後來張角太平道，張道陵五斗米道之重要聖典，又名《太平經》。葛洪《神仙傳》謂：「其書出在西漢，於《四十二章經》之前。」文中「守一」、「承負」、「精進」、「成道」、「仁愛」等辭語，常與早期佛教翻譯之經典用語相合。由於佛經翻譯日多，借用道家詞語益多。支謙所譯《大明度無極經》，其中「無極」二字，爲道家玄學之術語。其經中〈第一品〉作注：「師云：菩薩心履踐大道，欲爲體道，心爲道俱，無形故言虛。」其中「體道」、「心與道俱」、「無形」、「空虛」皆老莊之語。經中〈本無品〉之「本無」二字，亦取老莊之旨。梵文 tathata，後代譯爲「眞如」，文曰：「一切皆本無，亦復無本無。等無異於眞去中本無，諸法本然，無過去當來現在，是爲眞本無。」「本無」之意義，乃取之於老莊「無」之說法。其《法律三昧經》中，亦用此「本無」之詞。康僧會之〈法境經序〉文亦云：「神與道俱。」《察微王經》亦曰：「人生本無，歸乎本無。」凡此皆受道家語詞之影響。魏晉以後格義佛教之興起，以「本無」說明「性空」之意義。漢末三國時之以道家語詞入佛經，實肇其端。

　　除「無」以釋「空」外。《太平經》中「守一」一詞，爲佛教經典普遍應用。老莊以「一」爲「道」之代稱。老子曰：「昔之得一者，天得一以清，地得一以寧，神得一以靈，谷得一以盈，萬物得一以生，侯王得一以爲天下貞，其致之一也。」（卅九章）又曰：「聖人抱一，爲天下式。」（廿二章）莊子亦有「聖人貴一」（〈北知遊〉）之說法。「守一」即「持守道」之意。襄楷上桓帝《疏》曰：「天神遺以好女。浮屠曰：『此革囊盛血。遂不盼之。其守一如此，乃能成道。』」《四十二章經鈔》曰：「守一明之法，長壽之根也。萬神可御，出光明之門。守一精明之時，若火始生時，急守之勿失。始正赤，終正白，久久正青，洞明絕遠，還以理一，內無不明。」此外「守一」之詞，屢見漢魏所譯佛經中。如嚴佛調之《菩薩內習六波羅密經》中釋「禪波羅密」爲「守一得度」。維祇難等所譯之《法句經》曰：「晝夜守一，心樂定意。」「守一以正身，心樂居樹間。」安世高之《分別善惡所起經》偈言有：「篤信守一，戒於壅蔽。」僧會之《法律三昧經》述外道五通禪和如來禪曰：「外諸子道五

通禪者，學貴無爲，不解至要。避世安己，持想守一。」支曜《阿那律八念經》曰：「何謂四禪？惟棄欲，惡不善之法，意以歡喜，爲一禪行。以捨惡念，專心守一，不用歡喜，爲二禪行。」因此道家「守一」之觀念，竟成爲佛教習修禪法之法門。

《四十二章經》係漢明帝時隨蔡愔東來之攝摩騰所譯。襄楷上桓帝曾引《四十二章經》中之語。如天神遺以好女，及不再宿樹下，皆載於《四十二章經》中。獻帝時牟子《理惑論》，亦謂明帝得《四十二章經》。此經爲西僧來華最早翻譯者，〔註 3〕亦爲中國最早有佛經之始。《四十二章經》之要旨在獎勵「梵行」。「梵行」者，清淨寡欲之行也。其開宗明義即曰：「沙門常行二百五十戒，爲四眞道行，進志清淨。」其餘各章，亦多教人節制愛慾之語。如「人懷愛欲，不見道。」「使人愚蔽者，愛與慾也。」「愛慾之於人，猶執矩火逆風而行。」「人從愛欲生憂，從憂生畏。」愛慾之大者爲財色，故曰「財色之於人，譬如小兒貪刀刃蜜。」「人繫於妻子寶宅之患，甚於牢獄桎梏。」故「佛言：吾觀諸侯之位如過客，視金玉之寶如礫石，視艷素之好如弊帛。」因視財色爲愛欲之根，主沙門不當蓄資財，宜出家學道。牟子《理惑論》亦曰：「沙門二百五十戒，日日齋。其戒非優婆塞所得聞也。」凡此節欲清淨之思想，與老莊之重朴素，去奢泰之旨相同。老莊皆欲人去「身安、厚味、美服、好色、音聲。」（見《莊子‧至樂篇》）又謂「五色、五聲、五臭、五味」皆失性之害（見《老子》十二章，《莊子‧天地篇》）。道家《淮南子》更發揮其旨曰：「五色亂目，使目不明。五聲譁耳，使耳不聰。五味亂口，使口爽傷。趣舍滑心，使行飛揚。此四者，天下之所養性也，然皆人累也。故曰嗜慾者，使人之氣越；而好憎者，使人之心勞。弗疾去，則志氣日耗。」「是故視珍寶珠玉，猶石礫也。視至尊窮寵，猶行客也。視毛嬙西施，猶顚醜也。」因此強調「使耳目精明玄達而無誘慕，氣志虛靜恬愉而省嗜慾，五藏定寧充盈而不泄，精神內守形骸而不外越。則望於往世之前，而視於來事之後，猶未足爲也，豈直禍福之間哉。」（《淮南子‧精神訓》）是佛教視節欲清淨之修持，與道家無欲樸素之修養，殊無二致。

〔註 3〕《四十二章經》之譯本有二：一爲明帝時攝摩騰所譯。晉支敏度《經論都錄》稱之曰：「孝明帝《四十二章經》」。二爲三國時吳支謙所譯。今宋《藏本》，即支謙譯本。前者譯文樸質，已亡佚。後者則譯文優美，經宋守遂所傳，已雜有後人糅合改竄之痕跡。然無論如何，《四十二章經》爲中國《佛經》最早之譯典，當無可疑。

　　《四十二章經》又引「有沙門問佛，以何緣得道？奈何知宿命？佛言：道無形相，知之無益。要當志行，譬如磨鏡，垢去明存，即自見形。斷欲守空，即見道眞，知宿命矣。」以「道」無形相，不可說，不可名，與老莊之「道」性質相同。佛教講「斷欲守空，即見道眞」，作爲志行之功課。而老子亦主「致虛極，守敬篤」，以作爲歸根復命之要件。其應用於修養上是相同。佛門之「坐禪」「觀禪」，與莊子之「墮肢體，黜聰名，離形去知，同於大通，此謂坐忘。」（〈大宗師〉）「無視無聽，抱神以靜，形將自正。」（〈在宥〉）做法上亦有相通之處。

　　佛教視人生爲苦海，幻滅無常。《四十二章經》曰：「佛問諸沙門：『人命在幾間？』對曰：『在數門間。』佛言：『子未能爲道！』復問一沙門：『人命在幾間？』對曰：『在飯食間。』『去！子未能爲道！』復問一沙門：『人命在幾間？』對曰：『在呼吸間。』佛言：『善哉！子可謂爲道者矣！』」因之企求生死之解脫，乃在於屛除愛慾，宅心仁慈。故定戒律，行禪法，禁殺生，貴施與。修持積久，則可得道，成阿羅漢。阿羅漢能飛行變化，住神明，動天地。（見《四十二章經》）道家對生死多厭世思想，故老子曰：「吾所以有大患者，爲吾有身。及吾無身，吾有何患？」（十三章）莊子亦有「物方生方死」（〈齊物論〉）之說。而後代道教之徒更由厭世而棄世，企求不死神仙之術。與《四十二章經》所謂修成阿羅漢，實有異曲同工之妙。《四十二章經》無論用語或思想，皆與道家或道教有符合符契之處。蓋漢人視佛爲神也。袁宏《後漢紀・明帝紀》曰：「佛身蓋一丈六尺，黃金色，項中佩日月光，變化無方。故能通萬物而大濟群生。」是漢人思想中，去世成仙，化身成神，佛與道實未分際。

　　佛教又主靈魂之說，因果報應。袁宏《後漢紀・明帝紀》曰：「又以爲人死精神不滅，隨復送行。」生時所行善惡，皆有報應，故所貴行善修道，以鍊精神而不已。以至無爲，而得爲佛也。又曰：「然歸於玄微深遠，難得而測。故王公大人觀生死報應之際，莫不矍然自失。」牟子《理惑論》曰：「魂神固不滅矣，但身自朽爛耳。身譬如五穀之根葉，魂神如五穀之種實。根葉生必當死，種實豈有終亡？得道身滅耳。老子曰：『吾所以有大患，以吾有身也；若吾無身，吾有何患？』又曰：『功成名遂身退，天之道也。』」佛教之鬼神論，實與漢人傳統之鬼神觀有關。王充《論衡・論死篇》曰：「鬼神，陰陽之名也。陰氣逆物而歸，故謂之鬼。陽氣導物而生，故謂之神。神者，伸也。申復無已，終而復始。人用神氣生，其死復歸神氣。」生死循環，死後歸於

元氣，元氣又復創造萬物。此種往復循環之觀念，亦見於老莊思想中。老子曰：「萬物並作，吾以觀復。夫物芸芸，各復歸其根。」（十六章）《莊子‧知北遊》曰：「人之生，氣之聚也。聚則爲生，散則爲死。若死生爲徒，吾又何患？」〈秋水篇〉曰：「物之生也，若驟若馳，無動而不變，無時而不移。何爲乎？何不爲乎？夫固將自化。」〈寓言篇〉曰：「萬物皆種也，以不同形相禪，始卒若環，莫得其倫，是謂天均。」〈至樂篇〉曰：「……程生馬，馬生人。人又反入於機。萬物皆出於機，皆入於機。」後世道教之徒遂依以爲神氣不滅說，與佛教輪迴之說可相互應用。湯錫予先生曰：

> 王充謂人稟神氣以生，其死復歸神氣。雖無輪迴之說，然元氣永存，引申之則謂精神不滅。邊詔言：「老子離合於混沌之氣，與三光爲終始。」固不但好道者根據谷神不死之句，且亦用陰陽二氣之義，觸類而長之。因謂老子即先天之道，遺體相續，蟬蛻渡世。形體雖聚散代興，而精神則入玄牝而不死。佛家謂釋迦過去本生，歷無量劫，道家亦謂老子自羲農以來，疊爲聖者作師（見邊詔〈老子銘〉）。道家主元氣永存，釋氏談生死輪轉。因而精靈不滅，因報相尋，遂爲流行信仰。輪迴報應，原出內典。谷神不死，取之道經。二者相得而彰，相資爲用。釋李在漢代關係之密切，於此已可見之矣。〔註4〕

「氣」係道家哲學重要概念。老子有「道生一（氣），一生二……冲氣以爲和。」（四二章）莊子亦以「人之生也，氣之聚也。聚則爲生，散則爲死。……故曰通天下一氣耳。」（〈知北遊〉）《淮南子》將此「氣」，命之曰「元氣」。〈天文訓〉曰：「太始生虛霩，虛霩生宇宙，宇宙生元氣。元氣有涯垠，清陽者薄靡而爲天，重濁者凝滯而爲地。」於是「元氣」乃成爲道家敘述宇宙演生一重要之名詞。佛教經典中交談藉道家「元氣」之說，闡釋其宇宙論。如僧會所譯《六度集經》卷八《察微王經》曰：「深睹人原始，自本無生。元氣強者爲地，軟者爲水，煖者爲火，動者爲風。四者和焉，識神生焉。由行受身，厥形萬端，識與元氣，微妙難睹。」陳慧《陰持入經注》釋「五陰種」曰：「師云：五陰（蘊）種身，滅此彼生。猶穀種朽於下，栽受身生於上。有識之靈及草木之栽，與元氣相合。升降廢興，終而復始。轉三界無有窮極，故曰種也。」佛家以人爲「五蘊」之聚集，人體乃「四大」（地水風火）和合而成，人之主宰曰「識神」。「四大」皆從「元氣」生，緣盡情散，

〔註4〕 湯錫予《漢魏兩晉南北朝佛教史》第五章〈佛道〉，頁90。

「四大」皆空，終復歸之於「元氣」，往返循環。此與《莊子・至樂篇》所謂「萬物皆出於機，皆入於機」〈寓言篇〉所謂「萬物皆種，以不同形相禪」之說法實相類似。

　　漢代佛教，自安世高、韓林、皮業、陳慧至康僧會皆傳禪法修鍊之術。蓋入佛法有二甘露門：一曰不淨觀，一曰持息念。觀不淨者，坐禪嘗以白骨死屍為對象，其法較難。持息念者，即念安般，乃十念之一。安般者，出息入息也，一心一意寄念於呼吸間，與道士習吐納吹呴之術者相似。荀悅《申鑒・俗嫌篇》對道家治氣之術論之甚詳：「夫善養性者，無常術，得其和而已矣。隣臍二寸謂之關。關者所以關藏呼吸之氣，以稟授四氣也。故長氣者亦關息。氣短者，其息稍升，其脈稍促，其神稍越。至於以肩息而氣舒。其神稍專，至於以關息而氣衍矣。故道者常致氣於關，是謂術。」此道家治氣之術，與佛徒坐禪相似。長息短息，亦見於《安般守意經》。《安般經》謂「風、氣、息、喘」四事為禪坐持守之法，與道家吹呴呼吸之術同。道士養生修眞，除治氣外，尚須「清淨寡欲」「恬淡無為」。佛徒坐禪，亦要守意定一，不萌雜念，去惡除蔽，煩惱盡消。《安般守意經》云：「安為清，般為靜，守為無，意為名，是清淨無為也。」能不起雜念，由定生慧，則心境光明，識神靈銳。且有不可思議之功，此即漸入佛境。由此觀之，佛道二家之修行，誠無甚出入也。

　　老莊最高理想之境界，係返樸歸眞，與道冥合之地步。故老子曰：「常德不離，復歸於嬰兒。」（廿八章）《莊子・天地篇》曰：「性脩反德，德至同於初。」佛徒修禪目的，亦在明心見性，重返眞如。老子之「道」，恍惚無形無象。佛教之「眞如」，則在破除色相，冥然無所執著。故漢初佛徒解釋「眞如」，亦自名曰「道」。〈三論玄義〉云：「至妙虛通，目之為道。」《華嚴大疏》十八云：「通至佛果，故名道。」僧會〈法鏡經序〉謂「神與道俱」，即是還歸眞如本體之意。《梵網經》曰：「化歸本體，言還至也。」與老莊「性脩返德」「復歸於樸」之意相同。佛教至高之人格為「佛」，道家至高之人格為「至人、眞人、神人、聖人」。而莊子善以「荒唐之言，無端崖之辭」形容眞人之超塵俗，絕生死，大自在之境界云：「古之眞人，不知悅生，不知惡死。其出不訢，其入不距。脩然而往，脩然而來而已矣。」（〈大宗師〉）又曰：「至人神矣，大澤焚而不能熱，河漢沍而不能寒，疾雷破山，風振海而不能驚。若然者，乘雲氣，騎日月，而遊乎四海之外。」（〈齊物論〉）而佛徒視佛亦與道家眞人類似，亦能超出凡俗，法力無邊。牟子《理惑論》曰：「佛之言覺也，恍惚變化，分身散體。或存或亡，

能大能小，能圓能方，能老能少，能隱能彰。蹈火不燒，履刃不傷。在汙不染，在禍無殃。欲行則飛，坐則揚光。故號爲佛也。」凡此皆可看出何以漢人將佛與道，視爲一體之理由也。

佛教自西漢甫傳至中國，民間視與道士祈禳之宗教同流。老子以三寶勸世：「一曰慈，二曰儉，三曰不敢爲天下先。」而佛教之宗旨亦是以慈悲爲懷，去奢無欲，與世無爭。其精神誠多相通之處。是以兩相牽合，互爲附益，世人崇尙漸多，將浮屠與黃老並尊。唯此時佛徒除援引道家經典及思想以宏教外，亦深感佛典浩翰，義理深閡，尙別有境界，以發人深思。故牟子《理惑論》云：「問曰：『聖人制七經之本，不過三萬言，眾事備焉。今佛經卷以萬計，言以億數，非一人力所能堪也。僕以爲煩而不要矣。』牟子曰：『江海所以異於行潦者，以其深廣也；五嶽所以別於丘陵者，以其高大也。若高不絕山阜，跛羊凌其巔；深不絕涓流，孺子浴其淵。剖三寸之蚌，求明月之珠；探枳棘之巢，求鳳凰之雛。必難獲也！何者？小不能容大也。佛經前說億載之事，卻道萬世之要。太素未起，太始未生，乾坤肇興，其微不可握，其纖不可入。佛悉彌綸其廣大之外，剖析其寂窈之內，靡不紀之。故其經卷以萬計，言以億數，多多益具，眾眾益當，何不要之有？雖非一人所堪，譬若臨河飲水，飽而自足。焉知其餘哉！』」是以魏晉以後由道教化之佛教，遂演變爲玄理性之佛教。從此以往，自闢蹊徑，另造門庭。使得佛教本義如汲井而出，終源泉奔騰，造成輝皇璨爛之佛教文化。

漢世佛教雖興，由於「世人學士，多議毀之。」(《理惑論》) 故尙有若干阻攔力量。而來自最大壓力，乃係道士等之反對。《漢法本內傳》曰：「永平十四年正月一日，明帝請胡師迦葉摩騰、竺法蘭二人，翻譯佛本。又建白馬、興聖二寺，勅度王公子女爲沙門。京師貴賤，奉敬者眾，諸道士怪。」後五嶽諸山之道士乃上奏，欲興佛教徒角力鬪法。結果「十五日齋訖。道士等以柴荻和壇，沈香爲炬遶經泣曰：『臣等，上啓大道元始天尊眾仙百靈。今胡神亂夏，人主信邪，正教失蹤，玄風墜緒。臣等敢置經於壇上，以火取驗，開示蒙心，欲得辨直僞。』便縱火焚經，經從火化，悉爲煨燼。道士等相顧失色，大生怖懼，將昇天而欲隱形，但無能爲力。禁郊鬼神者，呼策而不應，各懷愧惡。南嶽道士費叔才，自憾而死。太傅張衍語褚善信曰：『卿等所試無驗，即是虛妄也！宜就西來眞法。』褚善信曰：『茅成子云：太上是靈寶天尊，造化之作，謂之太素，斯豈妄乎？』張衍曰：『太素有貴德之

名，無言教之稱。今子說有言教即爲妄！」褚善信默然。時佛舍利，光明五色，直上宜中，旋環如蓋，徧覆大眾，映蔽日光。摩騰法師，踊身高飛，坐臥空中，廣現神通。時，天雨寶華在佛僧之上，又聞天樂感動人情，大眾咸悅歡未曾有。皆遶法蘭而說法要，並聽吐焚音以歡佛功德，又使大眾稱揚三寶，說善惡之業，皆有果報，六道三乘諸相不一。又說出家功德，其福最高，初立佛寺，同於焚福之量。司宮陽城侯劉峻與諸官人士庶等千餘人共出家，四嶽諸山道士呂惠通等六百二十人出家，陰夫人王婕妤等於諸宮人婦女二百三十人出家。便立十所寺，城外七所安僧，城內三所安尼，斯已後廣。」

　　此道、佛角逐鬥法之事，雖爲後人渲染僞託。然佛教甫傳即形成一般龐大勢力，與道士間彼此因嫉妒而生傾軋，乃理所當然之事。《廣弘明集》曰：「有人疑此傳近出，本無角力之事。按《吳書》明費叔才憾死，故傳爲實錄矣。」所謂《吳書》，乃吳闞澤答吳主孫權之書：「自漢明永平十年，佛法初來，至今赤烏四年，則一百七十年矣。初永平十四年，五嶽道士與摩騰角力之時，道士不如。如南嶽道士褚善信、費叔才等在會，自憾而死。門徒弟子歸藏南嶽，不預出家，無人流布。後遭漢政陵遲，兵戎不息。經今多載，始得興行。」此次事件，爲佛、道首次正式之衝突，嗣後餘波仍未息。道教徒亦誹詆佛教，謂老子誕生不但九龍吐水，神蹟奇異之事多有，且其地位遠高於佛。襄楷上桓帝〈疏〉已言老子入夷狄爲浮屠，西晉道士王浮乃作《老子化胡經》，謂佛爲老子所化。後世如《老子西昇化胡經》、《明威化胡經》、《化胡消冰經》等，皆仿此而作。《弘明集》於牟子《理惑論》後，收有未詳作者之《正誣論》，列出當時詆毀佛教之話語，且予以辨正，倡說老子是佛之弟子：「夫尹文子即老子弟子也。老子即佛弟子也。故其經云：『聞道竺乾有古先生者，入泥洹，不始不終，永存緜緜。』竺乾者，天竺也。泥洹者，梵語，晉言無爲也。若佛不先老子，何得稱先生？老子不先尹文，何胡請《道德》之經耶？以此推之，佛教文子之祖宗，眾聖之元始也。」此蓋當時佛教徒駁斥詆譭，並攻擊道教徒之言也。

　　佛教與道教雖有鬥爭之事。然佛教初傳，必藉道教方術以推展教務。而道家思想及詞語，皆佛教於譯作中所須採用者。民間多將佛、道視爲一體，因此調和二教之言論亦所在多有。劉虬〈無量義經序〉曰：「玄圃以東號曰太一，罽賓以西，字爲正覺。希無之與修空，其揆一也。」（《出三藏記》卷九）而漢朝最有名，調和道家與佛教則爲牟融之《理惑論》一文。

第三節　牟子理惑論

牟子名融，漢蒼梧人（與明帝時另一牟融字子優，北海安兵人不同）。生平事蹟，不見史傳。其《理惑論》自序生平曰：「牟子既修經傳諸子。靈帝崩，天下亂，獨交趾稍安，北方異人，多來此地。牟子偕母避難交趾。時人多學神仙辟穀長生之術，牟子常以五經難之，道家術士莫敢對焉。年二十六歸蒼梧娶妻，太守聞其學，請其出仕。牟子志精於學，又見世亂，無意宦意，故不就。自思時世擾攘，非顯己之秋也。乃歎曰：『老子絕聖棄智，修身保眞，萬物不干其志，天下不易其樂，天子不得臣，諸侯不得友，故可貴也。』於是銳志於佛道，兼研老子五千文。含玄妙爲酒漿，翫五經爲琴簧。世俗之徒，多非之者，以爲背五經而向異道。欲爭則非道，欲默則不能。遂以筆墨之間，略引聖賢之言證解之，多曰牟子《理惑》云。」（〔註5〕云）

《理惑論》乃係牟子應答時人對佛教之疑惑而作。其雖「銳志於佛道」，然答覆非佛者之質難，皆「引聖賢之言解證之」，亦即引孔、老之言申述佛家之旨，對儒道兩家一並推崇。故《理惑論》曰：「堯舜周孔，修世事也；佛與老子，無爲志也。君子之道，或出或處，或默或語，不溢其情，不淫其性。故其道爲貴，在乎所用，何棄有之？」其中雖對儒家用世，不表反對。然以堯舜周孔爲一類，以佛老爲一類，則視佛老二家，爲同一性質也。

因此《理惑論》中，將佛教與老莊之學融爲一體。文中將二者相提並論之處甚多。《理惑論》三十七篇即仿老子《道德經》之篇數：「吾覽佛經之要，有三十七品，老子《道德》亦三十七篇。故法之焉。」佛與老子其性質相若：「吾未解佛經之時，惑甚於子。雖誦五經，適以爲華，未成實矣。即吾覩佛經之說，覽《老子》之要。守恬憺之性，觀無爲之行。還視世事，猶臨天井而窺溪谷，登高岱而見丘垤矣。五經則五味，佛道則五穀矣。吾自聞道以來，如開雲見白日，炬火入冥室焉。」

〔註5〕　本文原名「〈理惑〉」，無「論」字。劉宋時陸澄《法論序》亦稱《牟子》，而目錄則加《注》云：「一云蒼梧太守牟子博傳」。而牟子自敘中並未言爲太守。梁僧佑《弘明集》據《三藏記集》十二所載本，亦只曰：「牟子〈理惑〉」《隋書經籍志》子部列〈牟子〉二卷。《注》云：「漢太尉牟融撰」按漢明帝時有牟融字子優，安丘人，明帝時爲大司農，章帝時爲太尉。《後漢書》有〈傳〉，而〈理惑論〉之牟融爲靈帝時人，是知二者名同人異，《隋志》將之誤耳。現行《大藏經弘明集》，稱本文爲〈理惑論〉，下題爲「漢牟融」三字，是〈理惑〉一文，自是有「論」字。

　　牟子當引用老莊術語及思想，敘述佛法之神通。佛猶老莊「道」之擬人化，周天廣大，無所不在：「問曰：『何以正言佛，佛爲何謂乎？』牟子曰：『佛者，謚號也，猶名三皇五帝聖也。佛乃道德之元，神明之宗緒，佛之言覺也。恍惚變化，分身散體，或存或亡，能小能大，能圓能方，能老能少，能隱能彰。蹈火不燒，履刃不傷，在污不染，在禍無殃。欲行則飛，坐則揚光，故號爲佛也。』」「問曰：『何謂之爲道，道何類也？』牟子曰：『道之言導也，導人致於無爲。牽之無前，引之無後，舉之無上，抑之無下，視之無形，聽之無聲。四表爲大，綩綖其外；毫釐爲細，間關其內。故謂之道。』」佛法無邊，周流化行，如同「道」之無形無相，隨意變化。此將佛之神力誇張，猶道教將老子神格化，而賦予神秘之色彩。

　　牟子雖將道佛並論，然對於當時道教所主張之神仙不死之方術，則深表不信。蓋佛教初傳，社會對佛教仍認爲與道教無異。佛教之誦經祈禱之事，與道士醮祭祝禳相似，故其時佛徒亦有「道士」之稱（如《盂蘭盆經疏》云：「佛教傳此方，呼僧爲道士。」）牟子因加以辯白：「問曰：『王喬、赤松八僊之籙，《神書》百七十卷，長生之事與佛經豈同乎？』牟子曰：『比其類，猶五霸之與五帝，陽貨之與仲尼。……道有九十六種，至於尊大，莫尚佛道也。神僊之書，聽之則洋洋盈耳。求其效，猶握風而捕影。是以大道之所不取，無爲之所不貴。焉得同哉！』」

　　前云《漢法本內傳》中載有佛徒與道士鬥法之事，以及張衍駁褚遂良之語，即有將道教與道家加以區分。此係當時佛徒攻擊道教最有利之武器。蓋佛徒寧取道家之說，而不願承認與道士方技同類。唯時人不察，故牟子亦申辨之。「問曰：『爲道者，或辟穀不食，而飲酒啖肉，亦云老氏之術也，然佛道以酒肉爲上戒而反食穀，何其乖異乎？』牟子曰：『眾道叢殘，凡有九十六種。澹泊無爲，莫尚乎佛！吾觀老氏〈上下篇〉，聞其禁五味之戒，未覩其絕五穀之語。聖人制七典之文，無止糧之術。老子著五千之文，無辟穀之事。聖人云：食穀者智，食草者癡，食肉者悍，食氣者壽。世人不達其事，見六禽閉氣不息，秋冬不食，欲效而爲之，不知物類各自有性。猶磁石取鐵，不能移毫毛矣。』」

　　關於道教求長生不死之術，牟子認爲此不過是道士方技之一。有乖老子思想。此類長生之術，無論如何追求，終屬無效：「問曰：『穀寧可絕不？』牟子曰：『吾未解大道之時，亦嘗學爲辟穀之法。數千百術，行之無效。爲之

無徵，故廢之耳。觀吾所從學師三人，或自稱七百五百三百歲。然吾從其學，未三載間，各自殞沒。所以然者，蓋由絕穀不食而啖百果，享肉則重盤，飲酒則傾罇，精亂神昏，穀氣不充，耳目迷惑，婬邪不禁。吾問其故何？答曰：老子云：損之又損，以至於無為。徒當日損耳！然吾觀之，但日益而不損也，是以各不至知命而死矣。且堯舜周孔各不能百載，而末世愚惑，欲服食辟穀，求無窮之壽，哀哉！』」

　　《理惑論》中闢駁神仙之事甚多。要之皆在糾正時人對佛教與道教混淆之觀念：「問者曰：『神仙之術，秋冬不食，或入室累旬而不出，可謂澹泊之至也。僕以為可尊可貴，殆佛道之不若乎？』牟子曰：『蟬之不食，君子不貴，蛙蟒穴藏，聖人不重。孔子曰：天地之性，人為貴。不聞尊蟬蟒也。』」「問者曰：『道家云：堯舜周孔七十二弟子，皆不死而仙。佛家云：人皆當死，莫能免。何哉？』牟子曰：『此妖妄之言，非聖人所語也。老子曰：天地尚不得長久，而況人乎？吾覽六藝，觀傳記，堯舜周公孔子及弟子，皆未嘗不死。經傳有證，世人之言，不亦惑哉？』」「問者曰：『為道之人云：能却疾不病，不御針藥而愈。有之乎？』牟子曰：『仲尼病，子路請禱。吾見聖人皆有病矣，未睹其無病也。神農嘗草，殆死者數十。黃帝稽首，受針於岐伯。此之三聖，豈當不如今之道士乎？』」

　　牟子自敘其對神仙之態度，乃在「訕神仙，抑奇怪，不信有不死之道。」「雖讀神仙不死之書，抑而不信，以為虛誕。」此與王充之自然主義懷疑論頗為相近。然牟子畢竟為一佛教徒。其相信魂神不滅，因果報應，則係純就佛教觀點而言。

　　佛教言人死不滅，相信因果循環，此為中土所闕論者。袁宏《後漢紀·明帝紀》曰：「又以為人死精神不滅，隨復受形，生時所行善惡皆有報應。故所貴行善修道，以鍊精神而已。」范曄《後漢書·西域傳》曰：「又精靈起滅，因果報應，若曉而昧者，故通人多惑焉。」因此牟子乃強調精靈不滅，善惡業報之因果說：「或問：『孔子曰：未知性，焉知死，今佛教輒說生死之事，鬼神之務，此非聖賢之語也。』牟子曰：『《孝經》曰：為之宗廟，以鬼享之；春秋祭祀，以時思之。生事愛敬，死事哀感。豈不教人事鬼神，知生死哉？周公為武王請命曰：旦多才多藝，能事鬼神。夫何為也！佛經所說生死之趣，非此類乎？』」「或問：『佛道言：人死當復更生，僕不信此言之審也。』牟子曰：『人臨死，其家上戶呼之。死已，復呼誰？』或曰：『呼其魂魄。』牟子

曰：『神還則生，不還，神何之乎？』或曰：『成鬼神！』牟子曰：『是也！魂神固不滅矣！但身自朽爛耳。身譬如五穀之根葉，魂神如五穀之種實。根葉生必當死，種實豈有終亡？得道，身滅耳！老子曰：吾所以有大患，以吾有身也；若吾無身，吾有何患？又曰：功成名遂身退，天之道也。』或曰：『爲道亦死，不爲道亦死，有何異乎？』牟子曰：『有道雖死，神歸福堂；爲惡既死，神當其殃。』」

　　唯牟子雖重佛道，對儒學稍有貶抑，然亦以爲，道爲世用，故不廢經傳。實有調合儒釋道三家之思想：「問者曰：『佛道至尊至大，子既耽《詩》《書》，悅禮樂。奚爲復好佛道，喜異術？豈能踰經傳，美聖業哉？』牟子曰：『書不必孔丘之言，藥不必扁鵲之方。合義者從，愈病者良。君子博取眾善以輔其身。子貢云：夫子何常師之有？堯事尹壽，舜事務成，旦學呂望，丘學老聃，亦俱不見於七經也。』」「問者曰：『若佛經深妙靡麗，子胡不談之於朝廷，論之於君父，修之於閨門，按之於朋友？何復學經傳，讀諸子乎？』牟子曰：『子未達其源而問其流也。夫陳俎豆於壘門，達旌旗於朝堂，衣狐裘以當蒸賓，被絺綌以御黃鐘，非不麗也。乖其處，非其時也。故持孔子之術，入商鞅之門，齎孟軻之說，詣蘇張之庭。功無分寸，過有丈尺矣。老子曰；上士聞道，勤而行之；中士聞道，若存若亡；下士聞道，大笑之。吾懼大笑，故不爲談也。渴不必待江河而飲井泉之水，何所不飽？是以復治經傳耳。』」牟子初亦修經傳諸子，因亂世擾攘，乃悟老子「絕聖棄智，修身保眞」之道，絕之而解佛經。雖銳志於佛，然對固有之思想亦不違棄，「合義者從，愈病者良，君子博取眾善以輔其身」「其道爲貴，在乎所用」，此實有融合儒釋道三家（教）之意。按三國之時，已有「三教」之稱，如司馬懿「博學洽聞，服膺儒教。」（《晉書・晉帝紀》第一）吳主孫權嘗問「三教」，尚書令闞澤曰：「孔老二教，法天制用，不敢違天。諸佛設教，天法奉行。」晉孫綽〈喻道篇〉倡「周孔即佛，佛即周孔」之說。後有張融與道士陸修靜爲友，自稱天下之逸民。臨終時左手執《孝經》、《老子》，右手執《小品法華經》，以明三教同一。周顒〈少子〉一文曰：「道與佛無二，寂然不動，致本則同，感而遂通，達跡成異。」後顧歡〈夷夏論〉更曰：「道即佛，佛即道。在名則反，在實則合。」此種三教調合之思想一直賡續至後代，如隋時王通有〈三教同一論〉（見《文中子・周公篇》），劉謐有〈儒釋道平心論〉皆發揮其旨。儒家以仁爲本，道家重慈爲先，而佛教則喜憐憫佈施。三教於修身養性，啓導人生向善之精神相同。故道安〈二教論〉曰：「三教雖殊，勸善義

一。途跡誠異，理會則同。」後人儒釋道三教並觀，若考其原始，牟子《理惑論》實肇其先河矣。

　　牟子《理惑論》係漢朝最早有關佛教之一本學術論著。由《理惑論》之內容，可瞭解漢代佛教之性質及儒道二家與佛教之關係，亦可使吾人明瞭老莊於漢初佛教思想中所佔之地位。然牟子終為佛門信徒，將佛教遠置於二家之上。故曰：「澹泊無為，莫尚於佛」，又曰：「堯事尹壽，舜事務成，旦學呂望，丘學老聃。四師雖聖，比之於佛，猶白鹿之與麒麟，燕鳥之與鳳凰。」雖不排斥儒道。卻高擡佛教，爾後三教相互攻訐，各尊所宗，互不相下，亦不可不謂導源於此。如王浮《化胡經》謂釋迦文殊，乃老子尹喜所化。法琳作〈破邪論〉謂佛遣弟子教化震旦，孔子即儒童菩薩，老子即摩訶迦葉。穿鑿附會，以誣破誣，貶人擡己，數世不絕。故牟子《理惑論》既是後代「三教調和論」思想之肇始，亦是後代「三教對立論」思想之淵源。職是之故，欲明瞭老莊思想與佛教初傳之關係，《理惑論》實有其重要之地位。

第參編　老莊思想對魏晉學術思想之影響

第一章　魏晉學術思想之背景

第一節　政治背景——戰亂頻仍，民生凋敝

　　自漢高祖定鼎長安之後，復經文景實施黃老治術，再加上武帝之習文蹈武。漢朝由秦末衰敗之局面，逐漸於安定之中，邁向進步強大。此種四海熙寧，物阜民豐，國泰民安之形勢，歷時近三百年。至和帝以降，漢朝逐漸由盛轉衰，國勢由強而漸弱，始則有外戚宦官之鬥爭，繼則有桓靈二次黨錮之禍，「海內塗炭二十餘年，諸所曼衍，皆天下善士。」（《後漢書・黨錮列傳》）國家元氣大傷。此外尚有羌人、鮮卑人繼匈奴族之後，不斷寇邊。外患頻仍，朝廷苦於奔命。漢靈帝時，更有鉅鹿人張角創太平道，率徒眾數十萬，以黃巾為標幟，徧於青、徐、幽、冀、荊、揚、袞、豫八州。殺人剽掠，為患十餘年，國運阽危，人民死傷無數。

　　除人禍之外，桓靈之時，天災頻仍，飢荒四起，百姓苦不堪言。建和三年，京師大水地震，死者相枕。元嘉元年，任城梁國饑民相食。永興元年，河水溢，百姓飢窮，流冗道路，至存數十萬戶，冀州尤甚。建寧三年，河內人婦食夫，夫食婦。延熹八年，豫州饑死者什四五。（以上見《後漢書桓、靈二帝本紀》）地震、水旱、時疫、蝗害迭相沓至。百姓歌曰：「天下大亂兮，市為墟；母不得保子兮，妻失夫。」（《後漢書・皇甫嵩傳》）童子作謠曰：「太岳如市，人死如林。持金易粟，貴如黃金。」（《述異記》）可見民生悲苦之情狀。

　　至漢末少帝時，宦官擅勢。大將軍何進謀召涼州牧董卓入京誅宦官，反為宦官張讓所殺，司隸校尉袁紹等舉兵攻入宮中，宦者千餘人盡遭誅滅。自是漢家江山成為軍閥袁紹、董卓爭奪之局面，天下蒼生復臨此更大之浩劫。

董卓無惡不作，迫害忠良，淫亂凶暴。見諸史實，猶令人怵目驚心。《後漢書‧董卓傳》曰：「是時洛中貴戚室第相望，金帛財產，家家殷積。卓縱放兵士，突其廬舍，淫略婦女，剽虜資物，謂之『搜牢』。人情崩恐，不保朝夕。及何后葬，開文陵，卓悉取藏中珍物。又姦亂公主，妻略宮人，虐刑濫罰，睚眦必死，群僚內外莫能自固。」《資治通鑑》卷五十九亦載：「卓遣軍至洛陽城，值民會於社下，悉就斬之。駕其車重，載其婦女，以頭繫車轅，歌呼還洛，云攻賊大獲。卓焚燒其頭，以婦女與甲兵為婢妾。丁亥，車駕西遷，董卓收諸富室，以罪惡誅之，沒入其財物，死者不可勝計。乘驅徙其餘民數百萬口於長安。步騎驅蹙，更相蹈藉，饑餓寇掠，積屍盈路，卓自留屯畢圭苑中，悉燒宮廟、官府、居家。二百里內，室屋蕩盡，無復雞犬。又使呂布發諸帝陵及公卿以下冢墓，收其珍寶。卓獲山東兵，以豬膏塗布十餘匹，用纏其身，然後燒之，先從足起。」董卓之屠掠洛城，已將此東京之繁華，完全摧毀。曹植詩中述當時洛城之淒涼景氣曰：「洛陽何寂寞，宮室盡燒焚。垣牆皆頓擗，荊棘上參天，不見舊耆老，但覩新少年。側足無行徑，荒疇不復田，遊子久不歸，不識陌與阡。中野何蕭條，千里無人煙，念我平常居，氣結不能言。」（〈送應氏詩〉）而長安城之殘破，視洛陽城尤甚。《後漢書‧董卓傳》曰：「長安城空四十餘日，強者四散，羸者相食。二三年間，關中無復人跡。」「是時穀一斛五十萬，豆麥二十萬。人相食啖，白骨委積，臭穢滿路。」因此往日兩京之繁華盛況，已完全不復可見，國家元氣消耗殆盡。自桓靈以迄董卓之亂，留給百姓乃係白骨膏野，民生凋弊。《後漢書‧仲長統傳》李賢《注》曰：「孝靈遭黃巾之亂，獻帝嬰董卓之禍，英雄棋峙，白骨膏野，兵亂相尋三十餘年。三方既寧，萬不存一也。」人民於輾轉呻吟之餘，祇有企慕老莊虛無之道，以求解脫。梁啟超先生曰：

> 漢世外戚宦官之禍，連踵繼軌。兩漢后妃之家，著聞者四十餘氏，大者夷滅，小者放竄，其身家俱全者，不得四五。宦官弄權，殺人如草，一朝為董袁所襲，亦無孑遺。人人漸覺骨肉之間，皆有刀俎。若乃黨錮之禍，俊顧廚及，一網以盡，其學節冠一世，位望至三公者，亦皆駢首闕下，若屠豬羊。天下之人，見權勢之不可恃也如彼，道德學問之更不可恃也如此，人心旁皇，罔知所適。故一遁而入於虛無荒誕之域，芻狗萬物，良非偶然。〔註1〕

〔註 1〕 梁啟超《中國學術思想變遷之大勢‧老學時代》，頁 58。

董卓之亂後，王綱解紐，方輿分崩，四方州牧郡守各自爲謀，據地雄峙。其中尤以袁紹、袁術、劉備、曹操、孫權、呂布等勢力最大。各自干戈相啓，蹀血山河。莽莽神州，依然於兵燹災禍中，搖曳動盪。此時群雄，猶未改殺戮之本色，人民生活於水深火熱之中，性命危如累卵。《三國志‧荀彧傳注》引〈曹瞞傳〉曰：「自京師遭董卓之亂。人民流移東出，多依彭城間。遇太祖至，坑殺男女數萬口於泗水，水爲不流。陶謙帥其眾軍武原，太祖不得進。引軍從泗南攻取慮、睢陵、夏丘諸縣，皆屠之。雞犬亦盡，墟邑無復行人。」又《三國志‧魏武帝紀注》引《魏書》曰：「自遭荒亂，率乏糧穀。諸軍並起，無終歲之計。飢則寇略，飽則棄餘，瓦解流離。無敵自破者，不可勝數。袁紹之在河北，軍人仰食桑椹。袁術在江淮，取給蒲蠃。民人相食，州里蕭條。」《三國志‧吳書‧朱治傳注》引〈江表傳〉曰：「中國蕭條，城邑空虛，道殣相望。」時天下人口銳減，甚至全國人口，還比不上漢時一州或一大郡。山簡上疏晉懷帝曰：「自初平之元，訖於建安之末。三十年中，萬姓流散，死亡略盡，斯亂之極也。」（《晉書‧山簡傳》）而兵荒馬亂之中，百姓遷徙逃亡，千山萬水，顛沛跋涉，死亡更加枕藉。許靖與曹操書曰：「世路戎夷，禍亂遂合。……浮涉滄海，南至交州，經歷東甌、閩、越之國，行經萬里，不見漢地。漂薄風波，絕糧茹草，飢殍薦臻，死者大半。……前到此郡（交州），計爲兵害及病亡者，十遺一二。生民之艱，辛苦之甚，豈可具陳哉？」（見《三國志‧許靖傳》）且一路上更遭胡蠻追殺，人民禍上加禍。《晉書‧石季龍傳》曰：「與羌胡相攻，無月不戰。青、雍、幽、荊州徙戶及諸氐、羌、胡、蠻數百餘萬，各還本土。道路交錯，互相殺掠。自饑疫死亡，其能達者，十存二三。」

建安二十五年，魏王曹丕篡漢自立，國號魏。其後漢中王劉備、吳王孫權，相繼稱帝，是爲蜀、吳。天下三分鼎足。從此傾軋益多，征戰頻繁，水火之禍害，一如往昔。《三國志‧吳書‧胡綜傳》曰：「天網弛絕，四海分崩。群生憔悴，士人播越。兵寇所加，邑無居民。風塵煙火，往往而處。自三代以來，大亂之極，未有若今時者也。」

如此動亂局面，連亙六十餘年。迄魏陳留王曹奐禪位於晉王司馬炎，越十五年滅吳之後，統一海內，是爲晉武帝。天下從分崩離析中，走向統一。晉武帝鑑於曹魏孤立亡國之失，乃大封宗室子弟，以冀屏藩。以郡爲國，凡二十七國。却又導致同室操戈，禍起蕭牆，彼此撻伐相殘，演成歷時長達十

六年之「八王之亂」。其間動輒滅門夷族，鬥則兵馬相殲。百姓企望統一之後，能稍復喘息，結果亦徒然落空。國政廢弛，中原板蕩。而自古以來宗室交鬩，無如晉者。僅就趙王倫之亂而言，即殺害十餘萬人。成都王穎之亂，長沙王又禦之，士卒自投溝澗，蕩平山谷，死者日萬。故「八王之亂」實爲晉室盛衰一大關鍵。《晉書‧八王傳序》曰：「有晉思改覆車，復隆磐石。或出擁旄節，蒞嶽牧之榮；入踐臺階，居端揆之重。然而付託失所，授任乖方。政令不恒，賞罰斯濫。或有材而不任，或無罪而見誅。朝爲伊周，夕爲莽卓。機權失於上，禍亂作於下。楚趙諸王，相仍構釁。徒興晉陽之甲，竟匪勤王之師。始則爲身擇利，利未加而害及。初迺無心憂國，國非憂而奚拯。遂使昭陽興廢，有甚奕棋；乘輿幽縶，更同羑里。胡羯陵侮，宗廟丘墟，良可悲也。」又云：「西晉之政亂朝危，雖由時主。然而煽其風，速其禍者，咎在八王。」

晉惠帝末年，中土勢微，遂導致胡族大舉侵華。造成匈奴、羯、鮮卑、氐、羌「五胡亂華」之時代。懷帝永嘉五年，匈奴主劉曜，遣石勒王彌入寇。晉太傅東海王司馬越率甲士四萬討之，反爲石勒大敗。攻陷洛陽，弒殺懷帝。時太子業即位於長安，是爲愍帝。劉曜於建興四年，攻陷長安，虜走愍帝，西晉遂亡。

永嘉之亂後，復使殘破之中原，更加支離破碎。《晉書‧王彌傳》曰：「彌復與曜寇襄城，遂逼京師。時京邑大饑，人相食，百姓流亡，公卿奔河陰。曜彌等遂陷宮城，至太極前殿，縱兵大掠。幽帝於端門，逼辱羊皇后，殺皇太子詮，發掘陵墓，焚燒宮廟，城府盪盡，百官及男女遇害者三萬餘人。」〈劉曜傳〉曰：「舊都宮室，咸成茂草。墜露沾衣，行人灑淚。」《晉書‧食貨志》曰：「懷帝爲劉曜所圍，王師累敗。」府帑既竭，百官飢甚。比屋不見火煙，飢人自相啖食。《晉書‧劉琨傳》曰：「臣自涉州疆，目覩困乏，流移四散，十不存二。攜老扶弱，不絕於路。及其在者，鬻賣妻子，生相捐棄，死亡委危，白骨橫野，哀呼之聲，感傷和氣。群胡數萬，周匝四山，動足遇掠，開目覩寇。」又〈苻堅傳〉曰：「慕容沖毒暴關中，人皆流散。道路斷絕，千里無煙。」戰爭之劫掠，復加上時疫天災橫行，米珠薪貴，物價騰湧。漢末三國時飢民之慘狀，重行上演。《晉書‧惠帝記》曰：「晉惠帝永平七年，梁州疫大旱。米斛萬錢，詔骨肉相賣者不禁。」《述異記》曰：「永嘉之亂，洛中飢荒。懷帝遣人觀市，珠玉金銀，闐委市中，而無粟麥。」

東晉元帝建都江左，本思振奮。然內有權臣王敦制肘，外有悍將蘇峻拔扈；復加上桓溫、桓玄、盧循等叛變。前秦苻堅陳兵邊域，而強敵七國環伺於周。國勢阽危，江山難保。雖有謝玄、劉牢之等良臣忠心捍禦，造成「淝水之戰」奪捷。然國祚凌夷，日薄崦嵫，亦僅能偏安自保。而東晉儲君主皆昏庸幼弱，內政腐化積弊。終於恭帝元熙二年，劉裕簒晉自立，國號宋。是為南北朝之始。而東晉之南遷，並未予百姓任何身家性命之保障，人民遭遇一如往昔。《宋書‧武帝紀》曰：「晉自中興以來，治綱大弛，權門并兼，強弱相凌。百姓流離，不能得其美業。」《晉書‧孫綽傳》曰：「自喪亂已來六十餘年，蒼生殄滅，百不遺一。河洛丘墟，函夏蕭條。井堙木刊，阡陌夷滅。生理茫茫，永無依歸。播流江表，已經數世。存者長子老孫，亡者丘隴成行。雖北風之思感其素心，目前之哀實為交切。」

自東漢末年，以迄魏晉以降。殺人如麻，人命草菅。無論帝王悍將，草莽盜寇，戎狄酋豪，無不恣睢暴戾，嗜殺成性。屍首蔽野，流血漂櫓。再加上戰爭之慘烈，手段之殘酷。益使民人感觸生命如草芥，人生若飄蓬。由而灰心世事，而轉慕老莊之清靜超世，淡泊無為之人生觀，以求心靈之解脫。故自漢末以來，有識之士，無不避世幽居，自適其適。或以明哲保身之道，虛與委蛇公卿之間；或以淡泊寧靜之志，退居隱避山澤之中。此類達士，亦常為精通老莊之學者。如東漢廖扶習《韓詩》及歐陽《尚書》，教授常數百人。父為北地太守，安帝永初中，坐羌沒郡，下獄死。扶感父以法喪身。遂歡曰：「老子有言：『名與身孰親？』吾豈為名乎？」遂絕志世外。（《後漢書‧廖扶傳》）折象本世家子，家道富裕，通京氏《易》，好黃老言，感老子「多藏厚亡」之計，乃散金帛資產，周恤親疏，以思退隱之道。（《後漢書‧折象傳》）周勰三辟公召，慕老聃清靜，杜絕人事，巷生荊棘，蔡邕以為知命。（《後漢書‧周勰傳》）法真為關西大儒，弟子無數，恬淡寡欲，辟公府，舉賢良皆不就。同郡田羽贊曰：「處士法真，體兼四榮，學窮典奧。幽居恬淡，樂以忘憂。將蹈老氏之高蹤，不為玄纁屈也。」又如臺佟之隱於武安山，採藥自給，存神養頤。戴良之奇論駭俗，放浪誕節。桓帝時矯慎好黃老，隱遯山谷，因穴為室。（以上見《後漢書‧逸民傳》）韓康遯入霸陵山，博士公車連徵不至，遂以老子之語避世。（《後漢書‧韓康傳》）蔡邕生當桓靈亂世，作〈釋誨〉以自戒勵。歌曰：「練余心兮浸太清，滌穢濁兮存正靈。和夜暢兮神氣靈，情志泊兮心亭亭，嗜欲息兮無由生。踔宇宙而遺俗兮，眇翩翩而獨

征。」文中充滿道家遁世意味。(《後漢書‧蔡邕傳》)其餘如名士郭泰、袁閎、申屠蟠等流,學術家如王充、仲長統、荀悅、張衡等輩。無不韜光隱晦,修眞養性。或游心於淡,寄老莊以舒情;或合情於漠,託山水消憂。

　　而一般文士身處亂世之中,性命常朝不保夕。如孔融、楊修、丁儀、丁廙之被殺於魏。嵇康、張華、陸機、陸雲、潘岳之遭害於晉。於是魏晉文人學者,遂罕涉政治,日常生活中,故意裝聾作啞,寄情酒色。如「司馬徽字德操,穎川陽翟人,有人倫鑒識。居荊州。知劉表性暗,必害善人。乃括囊不談議。時人有以人物問徽者,初不辨其高下,每輒言佳。其婦諫曰:『人質所疑,君宜辨論,而一皆言佳。豈人所以咨君之意乎?』徽曰:『如君所言,亦復佳。』其婉約遜遁如此。嘗有妄認徽猪者,便推與之。後得其猪,叩頭來還,徽又厚辭謝之。」(《世說新語‧言語篇注》引〈司馬徽別傳〉)此不惹是非,見侮不辱之精神,正係老子「其行身也徐而不費,無爲也而笑巧。人皆求福,己獨曲全。」之和光同塵思想。魏晉清談名士,所以放縱聲情,耽於酣飲,未嘗非此逃避世事之心理所致。如《晉書‧阮籍傳》曰:「籍本有濟世志,屬魏晉之際,天下多故,名士少有全者。籍由是不與世事,遂酣飲爲常。」顏延之於阮籍〈詠懷詩注〉亦曰:「阮籍在晉文代,常慮禍患,故發此詠耳。」《文選》李善注其詩亦曰:「嗣宗身仕亂朝,常恐罹謗遇禍。因茲發詠,故每有憂生之嗟。雖志在刺譏,而文多隱避。百代之下,難以猜測。」當時文人爲逃避政治迫害,除借酒消憂外,祇有假借詩文以隱志,放蕩形骸以逃名,寄託老莊以舒鬱而已。

　　此外魏晉以還,戰伐頻仍。而開國之君,苛察繳繞,多事擾民。於是漢初黃老清淨無爲思想,亦多爲卓識之臣所企慕。時魏之大臣,如王朗上書崇漢初文景清儉之德與無爲之治。蔣濟上書亦謂當安息百姓,務在清靜之政。晉之大臣,如杜預定律令,其奏議謂當虛己委誠,去煩就簡。荀勖對州郡縣有省吏之議,謂「省官不如省事,省事不如清心。」至於清談名士,亦皆胸襟超然,崇尚無爲,蒞官治事,常秉清儉之德。如魏之司馬朗、荀彧,蜀之劉巴、呂乂,吳之張敦、李肅,晉之鄭仲、盧欽、阮放、王導等,皆爲政清簡,不務擾民。故人懷其德,民蒙其恩。而渠輩廉潔高風,謙沖自持,亦實有老莊之風範。由以上所述,亂世之中,老莊之道或以避世,或以用世,甚爲人心所歡迎,此爲其興盛之理由。

第二節　社會背景——奢侈浮華，道德敗壞

　　漢末魏晉之政治，既以殺伐爲尚，於是道德敗壞，世風因而淪夷。在上位者往往昏庸荒淫，暴虐無道，鮮能以人民之安危福祉爲念。於是奢侈淫靡，浮華是用。苟達其私欲，則無所不用其極，罔顧百姓死活。漢之桓靈固如是，三國兩晉之君王亦如是。傅玄〈校工篇〉曰：「上之人不節其耳目之欲，殫生民之巧，以極天下之變。一首之飾，盈千金之價；婢妾之服，兼四海之珍。縱欲者無窮，用力者有盡。用有盡之力，逞無窮之欲，此漢靈之所以失其民也。上欲無節，眾下肆情，淫奢並舉，而百姓受其殃毒矣。」

　　如三國時魏明帝「好修宮室，制度靡麗，百姓苦之。帝自遼東還，役者猶萬餘人，雕玩之物，動以千計。」（《晉書・宣帝紀》）蜀後主以「顧頊無能，惑於閹豎，終於亡國。」吳後主孫皓亦以「淫虐不修國政，終於亡國。」（俱見《三國志・本傳》）而西晉時武帝司馬炎亦「自太康以後，不復留心萬機，惟耽酒色。始寵后黨，請謁公行，政風自此敗壞。」晉惠帝司馬衷亦「天性癡駿，天下荒亂，百姓餓死，乃曰：『何不食肉糜？』其蒙蔽皆此類。」東晉時哀帝司馬丕「信方士言，斷穀餌藥，以求長生。以藥發，不能親萬機，權遂旁落。」（以上俱見《晉書・本紀》）上行下效，豪門貴卿，亦無不競尚華奢，崇拜權勢。《三國志・華覈傳》曰：「今事多而役繁，民貧而俗奢。百工作無用之器，婦人爲綺靡之飾。不勤麻枲，並繡文黼黻，轉相倣效，恥獨無有。兵民之家，猶復逐俗，內無儋石之儲，而出有綾綺之服。至於富賈商販之家，重以金銀，奢恣尤甚。天下未平，百姓不贍。宜一生民之原，豐穀帛之業，而棄功於浮華之巧，妨日於侈靡之事。上無尊卑等級之差，下有耗財物力之損。」

　　西晉之時，奢靡之風更是變本加厲。宗室如司馬楙、司馬冏，開國大臣如何曾、王濬，外戚如羊琇、王愷，名士如任愷、劉琨，佞臣如賈充、賈謐之倫，莫不誇飾財富，以豪侈相高。車騎司馬傅咸鑒於世風不古，輒者論以非之：「竊謂奢侈之費，甚於天災。古者堯有茅茨，今之百姓競豐其屋。古者臣無玉食，今之賈豎皆厭粱肉。古者后妃乃有珠飾，今之婢妾被服綾羅。古者大夫乃不徒行，今之賤隸乖輕驅肥。古者人稠地狹而有儲蓄，由於節也；今者土廣人稀而患不足，由於奢也。」（《晉書・傅咸傳》）凡此情形亦可於張華〈輕薄篇〉詩中得知：「末世多輕薄，驕代好浮華，志意既放逸，貲財亦豐奢。被服極纖麗，肴膳盡柔嘉，童僕餘粱肉，婢妾蹈陵羅。文軒樹羽蓋，乘馬鳴玉珂，橫簪刻玳瑁，長鞭錯象牙。足下金鑲履，手中雙莫耶，賓從煥絡

繹，侍御何芬葩。朝與金張期，暮宿許史家。甲第面長街，朱門赫嵯峨。蒼梧竹葉清，宜城九醞醾，浮醪隨觴轉，素蟻自跳波。美女興齊趙，妍唱出西巴，一顧城國傾，千金寧足多。」

渡江之後，奢靡之風，依然未改，名將如陶侃、劉胤、謝石，世族如紀瞻、王國寶，名士如殷仲文、司馬道子，貴戚如王粹等，無不隨俗浮沈，極耳目聲色之娛。范寧遂痛加抨擊曰：「夫人性無涯，奢儉由勢。今并兼之士亦多不贍，非力不足以厚身，非祿不足以富家。是得之有由，而用之無節。蒲酒永日，馳騖卒年。一宴之饌，費過十金，麗服之美，不可貲算。盛狗馬之飾，營鄭衛之音，南畝廢而不墾，講誦闕而無聞。凡庸競馳，傲誕成俗。」（《晉書‧范寧傳》）

由於漢末以來崇尚華奢之風，社會道德瀕臨毀滅，一般士子祇求圖營富貴，汲汲於功名祿位之中。禮義廉恥蕩然，是非善惡不分。葛洪《抱朴子‧漢過篇》特指其失：「於是傲兀不檢，丸轉萍流者，謂之弘偉大量。苛碎峭嶮，懷螫挾毒者，謂之公方正直。令色警慧，有貌無心者，謂之機神朗徹。利口小辯，希指巧言者，謂之標領清妍。猝突萍騖，驕矜輕倪者，謂之巍峨瑰傑。嗜酒好色，鬧茸無疑者，謂之率任不矯。求取不廉，好奪無足者，謂之淹曠遠節。蓬髮褻服，遊集非類者，謂之通美汎愛。反經詭聖，順非而博者，謂之莊老之客。嘲弄嗤妍，凌尚侮漫者，謂之蕭豁雅韻。毀方投圓，面從響應者，謂之絕倫之秀。憑倚權家，推貨履徑者，謂之知變之奇。懶看文書，望空下名者，謂之業大志高。仰賴強親，位過其才者，謂之四豪之匹。輸貨四門，以市名爵者，謂之輕財貴義。結黨合譽，行與口違者，謂之以文會友。左道邪術，假託鬼怪者，謂之通靈神人。卜占小數，誑飾禍福者，謂之知來之妙。鷿馬弄稍，一夫之勇者，謂之上將之元。合離道聽，偶俗而言者，謂之英才碩儒。若夫體亮行高，神清量遠，不諂笑以取悅，不曲言以負心，含霜履雪，義不苟合，據道推方，嶷然不群，風雖疾而枝不撓，身雖困而操不改，進則切辭正論，攻過箴闕；退則端誠杜私，知無不爲者，謂之闇騃徒苦。夙興夜寐，退貨自公，憂勞損益，畢力爲政者，謂之小器俗吏。於是明哲色斯而幽遁，高俊括囊而佯愚。疏賤者奮飛以擇木，縶制者曲從而朝隱。知者不肯吐其秘算，勇者不爲致其果毅。忠謇離退，姦凶得志。邪流溢而不可遏也，僞塗闢而不可杜也。以臻乎凌上替下，盜賊多有。宦者奪人主之威，三九死庸豎之手。」可知漢末之士，對道德行爲已失去標準，且往往以此荒謬

行徑標高自詡，而一般有識見者，亦不免阿意曲從，以求明哲保身。甚者自失立場，與之同流合污。

　　漢代道德既衰，士風已頹，因此所謂用人舉薦之法，已失其實質。《抱朴子‧審舉篇》曰：「靈獻之世，閹官用事，群姦秉權，危害忠良。臺閣失選用於上，州郡輕貢舉於下。夫選用失於上，則牧守非其人矣；貢舉輕於下，則秀孝不得賢矣。故時人語曰：『舉秀才，不知書；察孝廉，父別居。』……蓋疾之甚也。」當時知識份子，為奪取功名，紛競仕途，無不以虛學以欺世盜名，如樊英、胡元安、薛孟嘗、朱仲昭、顧李鴻等輩皆此類也。而孔融以聖人苗裔，亦放言不儻，鉤奇驚俗。《後漢書‧孔融傳》曰：「融與白衣彌衡，跌蕩放言云：『父之於子，當有何親？論其本意，實為情欲發耳。子之於母，亦復奚為？譬如寄物瓶中，出則離矣。』既而與衡更相贊揚。衡謂融曰：『仲尼不死！』融答曰：『顏回復生！』」以聖人哲嗣，猶如此放言蕩俗，其餘諸人之道德操守，更無足觀。無怪乎葛洪慨然而歎曰：「歷覽前載，逮乎近代，道微俗弊，莫劇漢末也。當塗端右閹官之徒，操弄神器，秉國之鈞，廢正興邪，殘仁害義，蹲踏背憎，即聾從昧，同惡成群，汲引姦黨，吞財多藏，不知紀極。而不能散錙銖之薄物，施振清廉之窮儉焉。進官則非多財者不達也，獄訟則非厚貨者不直也。官高勢重，力足拔才，而不能發毫釐之片言，進益時之翹俊也。……」（《抱朴子‧漢過篇》）

　　下逮建安之季，朝綱解經，法紀陵替。曹操本人「任俠放蕩，不治行業。」（《三國志‧魏武帝紀》）故素輕德行，鄙賤操守。其繼位後先後頒佈「〈求賢令〉」，即以才能為主，而不以人品是尚。建安十五年令曰：「自古受命及中興之君，曷嘗不得賢人君子與之共治天下者乎。及其得賢也，曾不出閭巷，豈幸相遇哉！上之人不求之耳。今天下尚未定，此特求賢之急時也。孟公綽為趙、魏老則優，不可以為滕、薛大夫。若必廉士而後可用，則齊桓其何以霸世？今天下得無有被褐懷玉而釣于渭濱者乎？又得無盜嫂受金而未遇無知者乎？二三子其佐我明揚仄陋，唯才是舉，吾得而用之。」又建安十九年令曰：「夫有行之士，未必能進取；進取之士，未必能有行也。陳平豈篤行？蘇秦豈守信邪？而陳平定漢業，蘇秦濟弱燕。由此言之，士有偏短，庸可廢乎？有司明思此義，則士無遺滯，官無廢業矣。」又建安二十二年令曰：「昔伊摯、傅說出於賤人。管仲，桓公賊也，皆用之以興。蕭何、曹參縣吏也。韓信、陳平負汙辱之名，有見笑之恥，卒能成就王業，聲著千載。吳起貪將，殺妻

自信，散金求官，母死不歸。然在魏，秦人不敢東向，在楚則三晉不敢南謀。今天下得無有至德之人放在民間，及果勇不顧，臨敵力戰。若文俗之吏，高才異質，或堪爲將守，負污辱之名，見笑之行。或不仁不孝而有治國用兵之術。其各舉所知，勿有所遺。」（以上見《三國志・魏武帝紀》）

曹氏此舉一開，則天下放誕無行之士，蔑棄禮法之徒，無不蟻聚蜂湧，社會風氣益爲之敗壞不可收拾。彼輩毀棄傳統禮教，而攀援老莊以自義；醜詆仁義道德，而寄情虛無以自高。於是風俗日偷，狷介無聞。士行之傾詖，由此遂深；倫常之綱紀，自是盡潰。天下滔滔，往而不返矣。故傅玄曰：「近者魏武好法術，而天下貴刑名；魏文慕通達，而天下賤守節。其後綱維不攝，而虛無放誕之論，盈於草野，使天下無復清議。而亡秦之病，復發於今。」（《晉書・傅玄傳》）顧炎武亦剴切指出：「孟德既有冀州，崇獎跅弛之士。觀其下令再三，至於求負汙辱之名，見笑之行，不仁不孝，而有治國用兵之術者。於是權詐迭進，姦逆萌生。故董昭太和之《疏》，已謂當今年少，不復以學問爲本，專更以交游爲業。國士不以孝悌清修爲首，乃以趨勢求利爲先。至正始之際，而一二浮誕之徒，騁其智識，蔑周孔之書，習老莊之教，風俗又爲之一變。夫以經術之治，節義之防，光武明章數世爲之而未足。毀方敗常之俗，孟德一人變之而有餘。後之人君，將樹之風聲，納之軌物。以善俗而作人，不可不察乎此矣。」（《日知錄・兩漢風俗》）

老莊思想本係對世俗道德之反動。故老莊皆有「絕仁棄義」、「離形去知」之語。而其目的則在使人反樸歸眞，崇尚自然。然魏晉以降，士人學子，爲圖富貴，蔑棄道德，或假託老莊虛無之名以矯飾僞行，或藉言道家放逸之情以恣縱淫志。於是六藝隱而老莊興，經師亡而名士出，終致人心藩籬盡撤，名教綱常瓦解，虛僞之習積漸，純樸之風無存。名爲崇慕老莊，實已違道家自然之本旨。葛洪嘗痛論其過曰：「夫以勢位言之，則周公勤于吐握。以聞望校之，則仲尼恂恂善誘。咸以勞謙爲務，不以驕慢爲高。漢之末世，則思於茲。蓬髮亂鬢，橫挾不帶。或褻衣以接人，或裸袒而箕踞。朋友之集，類味之遊，莫切切進德，闇闇修業，攻過弼違，講道精義。其相見也，不復敍離闊，問安否。賓則入門而呼奴，主則望客而喚狗。其或不爾，不成親至而棄之，不與爲黨。及好會，則狐蹲牛飲，爭食競割，挈撥淼摺，無復廉恥。以同此者爲泰，以不爾者爲劣。終日無及義之言，徹夜無箴規之益。誣引老莊，貴於率任。大行不顧細禮，至人不拘檢括。嘯傲縱逸，謂之體道。嗚呼惜乎，

豈不哀哉！」(《抱朴子・疾謬篇》)

　　降及晉世，風俗益凋。士大夫荒淫逸樂，競尚華靡。道德既頹，操守全無。縱有一二清介之士，亦隨俗委蛇，隱而不彰，但求苟全偷安，明哲保身而已。如山濤為吏部，啓擬數人，隨帝所欲；屢表遜讓，却又居蟄其位。孫綽譏之曰：「山濤吾所不解。吏非吏，隱非隱，若以元禮門為龍津，則當點額暴鱗矣！」(《晉書・孫綽傳》)王戎位廁鼎司，尋轉司徒。以王政將圮，苟媚取容，屬愍懷太子之廢，盡無一言以匡諫。故《晉書・王戎傳》曰：「戎以晉室方亂，慕蘧伯玉之為人，與時舒卷，無蹇諤之節。自經典選，未嘗進寒素，退虛名，但與時浮沈，戶調門選而已。」又庾敳「雖居職任，未嘗以事自嬰。從容博暢，寄通而已。是時天下多故，機事屢起。有為者拔奇吐異，而禍福繼之。敳常默然，故憂喜不至矣。」(《世說新語・賞譽篇注》引〈名士傳〉)凡此諸人，皆一代清談宗師，而了無原則，韜精斂芒，鄉愿處世，委蛇自晦如此。風氣所採，朝野景慕，莫不自鳴清高，而寄言玄遠。形成一股既據要津，又無宦情；既思聞達，又故作隱遁之士風。是以嵇含譏此情景曰：「畫真人於刻桷之室，載退士於進趣之堂，可謂託非其所。」(《晉書・忠義傳嵇含〈弔莊周圖文〉》)。《朱子語類》亦諷之曰：「這邊一面清談，那邊一面招權納貨。」此類名士，西晉社會比比皆是。如王衍「泰始八年，詔舉奇才可以安邊者。衍初好論縱橫之術，故尚書盧欽舉為遼東太守，不就。於是口不論世事，唯雅詠玄虛而已。」(《晉書・王衍傳》)王澄「少歷顯位，累遷成都王穎從事郎中。……酣謔縱誕，窮歡極娛。……澄既至鎮，日夜縱酒，不親庶事，雖寇戎急務，亦不以在懷。」(《晉書・王澄傳》)胡毋輔之「累轉司徒左長史。復求外出，為建武將軍，樂安太守。與郡人光逸晝夜酣飲，不視郡事。……遂與謝鯤、王澄、阮脩、王尼、畢卓俱為放達。」(《晉書・胡毋輔之傳》)畢卓「少希放達，為胡毋輔之所知。太興末，為吏部郎，常飲酒廢職。比舍郎釀熟，卓因醉，夜至其甕間盜飲之，為掌酒者所縛。明旦視之，乃畢吏部也。遽釋其縛，卓遂引主人宴於甕側，致醉而去。」(《晉書・畢卓傳》)

　　由此可見彼輩之昏庸顢頇，醜行劣跡。唯以個人進退為慮，而弗顧社會之風評及國家之安危。遂致國運因之益衰，終釀成五胡亂華之慘劇。故干寶《晉記》對此痛加追述曰：「加以朝寡純德之人，鄉乏不貳之老。風俗淫僻，恥尚失所。學者以老莊為宗而黜六經，談者以虛蕩為辨而賤名檢。行身者以放濁為通而狹節信，進仕以苟得名貴而鄙居正，當官者以望空為高而笑勤恪。

是以劉頌屢言治道，傅咸每糾邪正，皆謂之俗吏。其倚杖虛曠，依阿無心者，皆名重海內。」

洛京既陷，中州權貴亦避難江左。中朝名士如阮孚、阮放、謝鯤、胡毋輔之、畢卓、羊曼等亦紛紛南來。遂使中原士大夫虛驕委蛇，頹廢放蕩之風南遷。故阮孚「受避亂渡江，元帝以為安東參軍。蓬髮飲酒，不以王務嬰心。時帝既用申韓以救世，而孚之徒未能棄也。雖然，不以事任處之，轉承相從事中郎。終日酣縱，恒為有司所接，帝每優容之。」（《晉書·阮孚傳》）

唯東晉既遭亡國之苦，以匡復為大業。有識之士，感於世風不古，道德渙散，每有所陳弊。如王導、陳頵、卞壺、應詹、熊遠等皆能鍼砭時過，屢進良言。王導嘗痛指前代之弊曰：「自魏氏以來，迄于太康之際。公卿士族，豪侈相高。政教陵遲，不遵法度。群公卿士，皆饜於安息。遂使姦人乘釁，有虧至道。」（《晉書·王導傳》）陳頵與王導亦云：「中華所以傾弊，四海所以土崩者。正以取才失所，先白望而後實事。浮競驅馳，互相貢薦。言重者先顯，言輕者後敘，遂相波扇，及至陵遲。加有莊老之俗，傾惑朝廷。養望者為弘雅，政事者為俗人。王職不恤，法物墜喪。夫欲制遠，先由近始。故出其言善，千里應之。今宜改張，明賞信罰，拔卓茂於密縣，顯朱邑於桐鄉。然後大業可舉，中興可冀耳。」（《晉書·陳頵傳》）而劉琨、陶侃、庾亮、庾冰、庾翼等名將，或規砭時政，銳意事功；或綜覈名實，勤於吏治。皆以務實為主。此外憂時之士，如王坦之、戴逵等皆有反莊鄙達之言。同時道士葛洪於《抱朴子·外篇》中亦多斥風俗敗壞之論。

然此頹風所及，終成形勢。帝王時彥對所謂風流名士，常優容之。《晉書·阮放傳》曰：「放侍太子，常說《老莊》不及軍國，明帝甚友愛之。……王導、庾亮以其名士，常供給衣食。」而謝安以一代賢相，猶縱情恣欲，社會風氣之敗壞，無可挽回，是為可知。《世說新語·賞譽篇》引《續晉陽秋》曰：「謝安初攜幼稚同好，養志海濱。襟情超暢，尤好聲律。然抑之以禮，在哀能至。弟萬之喪，不聽絲竹者將十年。及輔政，而修室第園館，麗車服。雖期功之慘，不廢妓樂。王坦之因苦諫焉。」故後齊王儉常謂人曰：「江左風流宰相，唯有謝安。」（《南齊書·王儉傳》）

總之，由漢末至魏晉，社會風氣之趨於窳壞，追逐名利，棲遲祿位，為達目的，放辟邪侈，無不為已。在上者崇高華奢，耽於物慾；右下者競相仿效，爭富鬥奇，誇飾炫麗。於是道德淪夷，綱紀渙散，豺狗仁義，弁髦倫常，

矜高浮誕，相引成風。老莊學說遂被引作現世主義，快樂主義之藉口。道家之放任無爲亦被用爲虛誕超俗，排斥禮教之護身符。「誣引老莊，貴於率任。大行不顧細禮，至人不拘檢括。嘯傲縱逸，謂之體道。」（《抱朴子·疾謬篇》）「風俗淫僻，恥尚失所，學者以莊老爲宗而黜六經，談者以虛薄爲辯而賤名檢。」（干寶《晉紀總論》）正係說明魏晉社會風氣普遍之現象。

第三節　學術背景──儒術中衰，經學式微

　　漢高祖自肇基伊始，素輕儒學。文景之時，實施黃老，儒生尚未取得社會地位。賈誼上疏文帝，以爲漢興二十餘年，天下和洽，宜改正朔，易服色制度，定官名，興禮樂。是爲儒術用世之初始。自是之後，衛綰亦提出「申商韓非蘇秦張儀之言，亂國政請皆罷」之崇儒說。武帝時，黃老中衰，於是採董仲舒之議，罷黜百家，獨尊儒術。自是儒家經學之發展，如日月經天，江河行地。天下學子，靡然從風。《漢書·董仲舒傳》曰：「自武帝初立，魏其、武安爲相，而隆儒矣。及仲舒對冊，推明孔氏，抑黜百家，立學校之官，州郡舉茂材孝廉，皆自仲舒發之。」武帝爲尊孔崇儒，更以高官厚爵行其獎賞。於是公卿之位，福祿之門，弗有不從經術而得之者。《漢書·儒林傳》曰：「自武帝立五經博士，開弟子員，設科射策，勸以官祿，訖於元始（平帝年號）。百有餘年，傳業者寖盛，支葉蕃滋。一經說至百餘萬言，大師眾至千餘人，蓋祿利之路然也。」又曰：「及今上即位，趙綰、王臧之屬明儒學，而上亦鄉之，於是招方正賢良文學之士。自是之後，言《詩》於魯則申培公，於齊則轅固生，於燕則韓太傅，言《尚書》自濟南伏生，言《禮》自魯高堂生，言《易》自菑川田生，言《春秋》於齊自胡毋生，於趙自董仲舒。及竇太后崩，武安君田蚡爲丞相，黜黃老刑名百家之言，言文學儒術以數百人。而公孫弘以《春秋》，白衣爲天子三公，封以平津侯，天下之學士靡然鄉風矣。」於是儒學經術，成爲天下利祿之門徑。吾人從其時俗諺：「遺子滿贏金，不如教一經」「經術苟明，取金紫如拾芥」可知一斑。

　　至元帝、成帝以迄東漢，由於帝王之獎掖，社會之崇尚，經學儒術達至空前盛況。元帝時經生如韋賢父子、匡衡、貢禹、薛廣德等，乃得位列鼎司，享盡榮寵。東漢時又有儒者桓氏，數世爲帝師。儒生之地位，高居眾家之上。武帝時爲博士官置弟子僅五十人，並免其徭賦。至昭帝之時，增滿百八。宣帝末

年，又倍增之。成帝之時，博士弟子蔚然多至三千八，爲武帝時六十倍。因此黃老刑名漸廢，形成儒術獨尊之局面，「上無異教，下無異學。皇帝詔書，群臣奏議，莫不援引經義，以爲據依。國有大疑，輒引（《春秋》）爲斷。」〔註2〕

然儒學由兩漢以來，長期獨尊結果，遂失去與各家學說較一長短，互相觀摩之機會。於是故步自封。但知承襲，不知開創，更弗能與時勢現狀相互配合。司馬談譏之曰：「博而寡要，勞而少功」「累世不能通其學，當世不能究其禮。」（〈論六家要旨〉）而尤有甚者，爲博取聲名，剽其尊位，經書造僞之風盛行。如西漢末年之劉歆，僞亂古經，以《周官》爲《周禮》，託之周公，引《左氏》解《春秋》，以陵《公》、《穀》。東漢末年之王肅，造僞《古文尚書》、《孔叢子》、《孔子家語》爲其聖證論之根據。至靈、獻以次，乾綱解紐，國事日非，儒學乃驟然衰歇。雖有曹操下令圖謀挽救，然天下滔滔，人懷苟且，加上曹氏本人好刑名，不重節操，終難有成。建安八年曹操令曰：「喪亂已來。十有五年，後生者不見仁義禮讓之風，吾甚傷之。其令郡國各脩文學，縣滿五百戶置校官，選其鄉之俊造而教學之，庶幾先王之道不廢而且以益于天下。」（《三國志‧魏武帝紀》）魏文帝踐祚，有鑒於世衰道微，聖人之道不彰，遂有祀孔尊經之詔。黃初二年詔曰：「昔仲尼資大聖之才，懷帝王之器，當衰周之末，無受命之運，在魯衛之朝，教化乎洙泗之上。悽悽焉，遑遑焉，欲屈己以存道，貶身以救世。于時王公終莫能用之，乃退考五代之禮，脩素王之事，因《魯史》而制《春秋》，就太師而正《雅頌》，俾千載之後，莫不宗其文以述作，仰其聖以成謀。咨！可謂命世之大聖，億載之師表者也。遭天下之大亂，百祀墮壞，舊居之廟，毀而不脩，褒成之後，絕而莫繼。闕里不聞講頌之聲，四時不賭蒸嘗之位，斯豈所謂崇禮報功，盛德百世必祀者哉？其以議郎孔羨爲宗聖侯，邑百戶，奉孔子祀。」（《三國志‧魏文帝紀》）然鞭策雖加，馳騁無效，儒術依然一蹶不振。

有晉一代，玄學發達，然何晏仍有復興經義之奏。其上魏主齊王芳曰：「可自今以後，御幸乾殿及游豫後園，皆大臣侍從，因從容戲宴，兼省文書，詢謀政事，講論經義，爲萬世法。」（《三國志‧魏少帝紀》）而老莊熾盛，經義式微。雖如何宴、王弼、皇侃等皆有注疏儒家典籍之著作，然却以道入儒，已非純儒術。一般士子甚連最基本之學識能力皆無。《陳書儒林傳》曰：「自兩漢登賢，咸資經術。魏晉浮蕩，儒教淪歇。公卿士庶，罕通經業矣。」魚

〔註2〕皮錫瑞《經學歷史經學格盛時代》。

豢《魏略》對此情形有更詳細之敘述:「從初平之元（漢獻帝年號），至建安之末，天下分崩，人懷苟且，綱紀既衰，儒道尤甚。至黃初元年之後，新主乃復，始掃除太學之灰炭，補舊石碑之缺壞，備博士之員錄，依漢甲乙以考課。申告州郡，有欲學者，皆遣詣太學。太學始開，有弟子數百人。至太和青龍中，中外多事，人懷避就。雖性非解學，多求詣太學。太學諸生有千數，而諸博士率皆粗疏，無以教弟子。弟子本亦避役，竟無能習學。冬來春去，歲歲如是。又雖有精者，而臺閣舉格太高，加不念統其大義，而問字指墨法點注之間，百人同試，度者未十。是以志學之士，遂復陵遲。而末求浮虛者各競逐也。正始中，有詔議圜丘普延學士，是時郎官及司徒，領吏二萬餘人，雖復分布，見在京師者，尚且萬人，而應書與議者，略無幾人。又是時朝堂公卿以下四百餘人，其能操筆者，未有十人。多皆相從飽食而退。嗟乎！學業沈隕，乃至於此！」（《三國志·王肅傳注》引魚豢《魏略·儒宗傳序》）自初平至正始，六十年間，儒學凋弊若是，豈不令人唏噓？

而溯其淪夷衰敗之原因，蓋以武帝為尊孔崇儒，初以高官厚爵網該天下之士。利祿既高懸於上，群士遂趨附於下。故炎漢一代，儒術興盛，學人倍出，此無非「祿利之路然也」。泊乎靈獻之世，海宇分崩，邦國殄瘁，儒術既不能以經營起振，而士子崇利之心尚在，遂捨儒業而趨他途也。故太和三年董昭上《疏》曰:「竊見當今年少，不復以學問為本，專更以交遊為業。國士不以孝悌清修為首，乃以趨勢遊利為先。」（《漢書·董昭傳》）杜恕亦上《疏》云:「今之學者，師商韓而尚法術，競以儒學為迂闊。不周世用，此則風俗之流弊。」（《漢書·杜幾傳》）魏晉交替，兵連禍結，天下動亂，儒術不足以靖之。而最能適應時代需要之老莊思想，乘勢而起。一般士人學子抑鬱之情，無以渲發，而老莊玄學又係投當政所好，為利祿之新途，舍改弦易轍，更無他道，儒學注定式微。《抱朴子·遐覽篇》對其時儒士之彷徨抑鬱心理有所描述:「晉永嘉亂後，江山半壁，沒於胡塵。南北分疆，克復無日。劫後災黎，餘悸猶在。旁皇鬱悶，不知所從。或曰:鄙人面牆，拘繫儒教，獨知有五經三史百氏之言，及浮華之詩賦，無益之短文，盡思守此，既有年矣。既生值多難之運，亂靡有定，干戈戚揚，藝文不貴，徒消工夫，苦意極思，攻微索隱，竟不能祿在其中，免此壟畝；又有損於精思，無益於年命。二毛告暮，素志衰頹，正欲反迷，以尋生道，倉卒罔極，無所趨向，若涉大川，不知攸濟。」由此可知儒士心中之矛盾與悲涼。儒術始以利祿興，

而終以利祿衰，此爲其衰敗之外由也。此外儒術中衰尚有其重要之內因。茲敘述如下：

一、儒學質變

漢武帝雖定儒術爲一宗。然基於政治之理由，頗好讖緯之學，及陰陽五行災異之說。大儒如董仲舒、韓嬰、匡衡、翼奉、劉向、京房之流，無不推波助瀾，附益其說。

讖緯與陰陽五行災異，同爲數術之學。數術者，以卜筮占候等術，按陰陽五行生尅制化之理，以推測人事之禍福也。其最早濫觴於《河圖》、《洛書》。《易繫辭》有「天垂象，見吉凶，聖人象之。河出《圖》，洛出《書》，聖人則之。」《尙書‧顧命篇》有「天球《河圖》」之說，《疏》云：「伏羲王天下，龍馬出河，遂則其文，以畫八卦，謂之《河圖》。」《漢書‧五行志》以爲《尙書洪範》之「天乃錫禹《洪範‧九疇》」，謂《九疇》即《洛書》，故曰：「《河圖‧洛書》，相爲經緯；八卦九章，相爲表裡。」八卦以陰陽變化定吉凶，《九疇》以天人感應驗休咎，所謂陰陽災異之說，圖籙讖緯之學，皆導源於此。

圖籙者即符籙也。符者，瑞應也，信物也。言祥瑞之感應，能符合人事，信而有徵也。古帝王受命爲天子，天降瑞應，爲人君之符。如《史記‧封禪書》所謂：「周得火德，有赤烏之符。」此種瑞應曰「符命」。而錄之爲文，則曰「籙」。自秦以後，儒道相雜，入道教者名符籙，入儒家者名讖緯。讖者，驗也。張衡云：「立言於前，有徵於後，謂之讖。」（《後漢書‧張衡傳》）《說文》云：「有徵驗之書，《河圖》所出曰讖。」緯者，緯書也。《四庫提要》曰：「讖書詭爲隱語，預決吉凶；緯者經之支流，衍及旁業。」又曰：「儒者多稱讖緯。其實讖自讖，緯自緯，非一類也。」因漢儒假託經義，言符命瑞應之事，有所謂七經緯：《易緯》、《詩緯》、《禮緯》、《書緯》、《樂緯》、《春秋緯》。甚且發生「緯多於經，神理更繁」之事（見《文心雕龍‧正緯篇》）。

至於五行陰陽之說，發生更早。《墨子‧貴義篇》已有其說，《尙書‧洪範》有五行之名，《易經》及《老子》更談陰陽之事。而綜合推廣其說，以入於儒術，則始於戰國，《鹽鐵論‧論儒篇》曰：「鄒子以儒術干世主，不用。即以變化終始之論，卒以顯名。」鄒衍之陰陽五行之說，於兩漢時廣受歡迎。《呂氏春秋》、《淮南子》、《禮記‧月令篇》中皆增演其學。而五行終始生尅之論，亦成漢朝人君政權更替之理論基礎。董仲舒之《春秋繁露》更因而附

和演繹其理。《漢書董仲舒傳》曰:「仲舒治國,以災異之變,推陰陽所以錯行。故求雨,閉諸陽,縱諸陰,其止雨反是,行之一國,未嘗不得所欲。」董子之說實與方士之術無異。後班固之《白虎通義》亦附翼其說。於是陰陽五行感應災異之學,於諸儒護衛下,於兩漢之際大顯。

讖緯之學,加上陰陽五行災異之說,與傳統僅涉人事之儒學已迥然有別。故漢儒說經,《易》有爻辰災異,《詩》言五際六情,《春秋》則重天人感應,《禮》則主封禪祭祀。要之皆在推天事及人事,所謂「《易》有陰陽,《詩》有五際,《春秋》有災異。皆列終始,推得失,考天心,以言王道之危安。」西漢經說,多奉今文。今文則又以陰陽災異讖緯見長,此固臣子欲藉此迷信之說干與時政,以爲勸善化德之本。而帝王亦復樂於此道,以作其承天起祚之依據。上下相推,蔚成時風。

至西漢哀平之末,讖緯之學更爲流行。顧炎武曰:「讖記之興,始於秦人,而盛於西京之末也。」(《日知錄》卷三十)故王莽時「謝囂奏武功亭長孟通浚井得白石,有丹書文曰:『告安漢公莽爲皇帝』,符命之起,自此始矣。」(《漢書·王莽傳》)光武受彊華所獻之「赤伏符」而即帝位。符文曰:「劉秀發兵捕不道,四夷雲集龍鬪野,四七之際火爲主。」是知圖讖家迎合時主而假造之天意奇說,實屬荒唐無稽。故鄭樵《通志》評之曰;「欺天之學」。

《春秋緯》中更將孔子神化。其〈演孔圖〉曰:「孔子母徵在游於大冢之陂,睡夢黑帝使請己。己往夢交。語曰:『女乳必於空桑之中。』覺在若感,生即於空桑之中。故曰:『元聖』。首類尼邱,故名。孔子之胸有文曰:『制作定,世符運。』孔子長十尺,大九圍。坐如蹲龍,立如牽牛。就之如昂,望之如斗。聖人不空生,必有所制,以顯天心。」其荒謬若此。而漢末後,更有假託緯書爲孔子所造。所謂「《河圖洛書》,五經讖緯,孔子所甄,驗應自遠。」(《三國志·劉先主傳》,譙周等上言)《隋書·經籍志》亦曰:「或謂孔子既敘六經,以明天人之道。知後世不能稽同其意,故別立緯及讖,以遺來世。」凡此可知漢儒將原始儒家之本意質變,其迂且怪若此也。

哀平之間,讖緯既興,故其時徵試博士,以災異對策者,輒得高第(參《後漢書·蔡茂傳》)。而光武以符籙受命,其用人行政,每好取決於讖。嘗拜王梁爲大司空,孫咸爲大司馬(見《後漢書·方術傳》),而議定靈臺所處,皆取決於讖。中元元年,光武復宣布頒圖讖於天下。至是而後,明、安二帝以下,皆迷信災異圖讖之說。安帝且因災異而免三公之職。東平王蒼(光武

子）受詔正五經章句，皆採讖義。一般俗儒趨時附益，轉相增廣，言五經者皆附會其說。此後「太學博士弟子皆以意說，不修家法。」（《後漢書・徐仿傳》）而讖緯既成秘經（見《後漢書・楊厚傳、蘇竟傳》），帝王亦執之不疑。一時學者如賈逵、何休等因之顯達。於是利之所在，儒者爭相從事。甚如經學大師鄭玄等，亦不免為之作《注》。故其言三《禮》，必兼引緯書，經之以八卦，緯之以九疇，測之以九宮，驗之以九術。論說經書必「詭為隱語，預決吉凶」凡此迂怪之論，立奇之說，皆漢儒為學之特色。《後漢書・方術列傳》曰：「漢自武帝頗好方術，天下懷協道藝之士，莫不負策抵掌，順風而屆焉。後王莽矯用符命，及光武尤信讖言，士之赴趨時宜者，皆馳騁穿鑿，爭談之也。故王梁、孫咸名應圖籙，越登槐鼎之任，鄭興、賈逵以附同稱顯，桓譚、尹敏以乖忤淪敗。自是習為內學，尚奇文，貴異數，不乏於時矣。」

符籙圖讖既為漢儒所執信。然有識之士，亦有不信其說，指其虛妄者。《文心雕龍・正緯篇》曰：「按經驗緯，其偽有四：蓋緯之成經，其猶織綜。絲麻不雜，布帛乃成。今經正緯奇，倍擿千里，其偽一矣。經顯，聖訓也；緯隱，神教也。聖訓宜廣，神教宜約，而今緯多於經，神理更繁，其偽二矣。有命自天，迺稱符讖，而八十一篇，皆託於孔子，則是堯造《綠圖》，昌制《丹書》，其偽三矣。商周以前，圖籙頻見，《春秋》之末，群經方備，先緯後經，體乖織綜，其偽四矣。」故桓譚首發其難，鄭興踵繼其說，皆指讖緯之說不可信，不可讀（俱見《後漢書・桓譚傳》、〈鄭興傳〉）。於是理性大開，道家自然主義學者如司馬遷、揚雄、王充、張衡等皆斥其偽（參第貳編第三章第四節）；而儒士如伊敏、王符、仲長統、荀悅、荀爽、崔寔、徐幹等亦責其非。此種反讖思想愈演愈烈，至三國時依然盛行。孔融極詆其妄（見《隋園隋筆緒經類》），王粲則反鄭玄之《尚書注》，謂「所疑難喻。」（《舊唐書・元行沖傳》引）而虞翻對鄭玄好引讖緯注疏，乃曰：「鄭注五經，違義者百六十七事，不可不正。」（《三國志・虞翻注》）是知反讖反迷信，已形成由漢末以來，反儒運動一股鉅大洪流。道家老莊自然思想，遂因理性主義、人文主義之興起，取代漢儒荒誕不經之讖緯之學。

二、訓詁繁瑣

漢儒鑒於始皇之焚燒古書，故漢初以來莫不廣求遺書，致力於典籍訓詁之考證工作。唯學者既付諸心力於此，往往終其一生精力，成就數十萬言之

注疏，反將經學之面目，使之支離破碎。更有欲疏通其義，每每穿鑿附會，強說其理，遂使經書本意，喪失殆盡。

　　章句訓詁本用爲解經之工具。清人沈欽韓曰：「章句者，經師指括其文，敷暢其義，以相敬授。《左》宣三年《傳疏》，服虔載賈逵、鄭眾或人三說，解叔牂曰子之馬然也。此章句之體。解故者，《管子・刑法解》，《墨子・經說》，《尚書大傳》，《毛詩傳》之類。解故不必盡人能爲，章句各師具有，煩簡不同耳。秦恭增師法至百萬言，桓榮受朱善學章句四十萬言，榮減爲二十三萬言，其子郁復刪省成十二萬言是也。」〔註3〕章句乃爲解釋經義文意不通者，原係經師「指括其文，敷暢其義」，本不需長篇大論，與訓詁之專敍一旨一義有所不同。然漢儒往往爲顯己論說淵博，學養精湛，往往私相造作，注釋經文達數萬言。一味注重字數堆砌，而不究其內涵，遂使章句繁瑣，訓詁支離。班固〈藝文志〉曰：「古之學者耕且養，三年而通一藝，存其大體，玩經文而已。是故用日少而畜德多，三十而五經立也。後世經傳既已乖離，博學者又不思多聞闕疑之義，而務碎義逃離。更辭巧說，破壞形體。說五字之文，至於二三萬言，後進彌以馳逐。故幼童而守一藝，白首而後能言。安其所習，毀所不見，終以自蔽。此學者之大患也。」（〈六藝略敍〉）

　　當時學者說五字之文，至於二三萬言；釋一詞之義，達數十百萬字。故〈儒林傳〉記張山拊師事夏候建爲博士，「守小夏候師，恭增師法至百萬言。」桓譚《新論》曰；「秦近君能說〈堯典〉篇目，兩字之說，至十餘萬言。但說『曰若稽古』三萬言。」甚至有累言滿牘，而不及一字者。《顏氏家訓・勉學篇》載鄴下諺云：「博士買驢，書卷三紙，未有驢子。」可謂善於諷刺。

　　章句訓詁字句如此之繁瑣，於是學者往往有刪改章句之舉。《後漢書儒林傳伏恭傳》曰：「父黯，明《齊詩》，改定章句，作《解說》九篇。」又曰：「黯章句繁多，恭迺減省浮辭，定爲二十萬言。」〈樊鯈傳〉曰：「刪定《公羊嚴氏春秋》章句，世號樊侯學。」〈張霸傳〉曰：「初霸以樊鯈刪《嚴氏春秋》，猶多繁詞。迺減爲二十萬言，更名張氏學。」〈張奐傳〉曰：「師事太尉朱寵，學歐陽《尚書》。初牟氏章句浮辭繁多，有四十五萬餘言，奐減爲九萬言。」〈桓榮傳〉曰：「初榮受朱普學章句四十萬言，浮辭繁長，多過其實。及榮入授顯宗，減爲二十三萬言。」

〔註3〕見王先謙《漢書藝文志補注》轉引清沈欽韓之說。關於章句之說法，可參戴
　　　君仁〈經疏的衍成〉見《經學研究論集》，頁103。

　　除字數繁多外，漢儒又崇尚師說，墨守家法，固執不變，食古不化，至使經有數說。各執所異，以是其所非，而非其所是。《後漢書・鄭玄傳論》曰：「自秦焚六經，聖文埃滅。漢興，諸儒頗修藝文。及東京，學者亦各名家。而守文之徒，滯固所稟，異端紛紜，互相詭激。遂令經有數家，家有數說。章句多者或乃百餘萬言，學徒勞而少功，後生疑而莫正。」於是「鄭玄括囊大典，網羅眾家，刪裁繁詮，刊改漏失，自是學者略知所謂。」

　　此刪改章句，淨化儒術之舉，為有識之士所疾呼，亦為中央所執行。《後漢書・章帝紀》曰：「中元元年詔書，五經章句煩多，議欲減者。……於是下常將大夫博士議郎及諸生諸儒會白虎觀，講議五經同義。」「終又言宣帝博徵群儒，論定五經於石渠閣。方今天下少事，學者得成其業。而章句之徒，破壞大體，宜如石渠故事，永為後世則。於是詔諸儒於白虎觀，論考同異。」章帝白虎觀之講論五經同異，作《白虎議奏》，由班固撰集為《白虎通》，流傳至今。此一刪經書之運動，至三國時依然持續。如荊州劉表鑒於漢末儒學頹敗，章句乖桀，於建安三年平定張羨之後，便「起立學校，博求儒術，綦毋闓、宋忠等撰立五經章句。」且「深愍末學遠本離質，乃令諸儒改定五經章句。刪剗浮辭，芟除煩重。贊之者用力少，而探微知幾者多。又求遺書，寫還新者，留其故本。于是古典墳集，充滿州閭。」（《後漢書・劉表傳》及《全三國文》五六〈劉鎮南碑〉）

　　然有漢以來，儒者之墨守章句，競逞浮辭，已成牢不可破之積弊矣。故有識之士，頗鄙其事。《漢書・揚雄傳》稱其：「不為章句，訓詁通而已。」《後漢書・班固傳》稱其「不為章句，舉大義而已。」〈桓譚傳〉稱其「博學多通，遍習五經，皆詁訓大義，不為章句。」〈王充傳〉稱其「師事班彪，好博覽而不守章句。」此皆蔑視章句之言也。《顏氏家訓・勉學篇》曰：「學之興廢，隨世輕重。漢時賢俊，皆一經宏聖人道。上明天時，下該人事，用此卿相者多矣。末俗已來不復爾。空守章句，但誦師言，施之世務，殆無一可。故士大夫子弟皆以博涉為貴，不肯專儒。」是俗儒末學不為士子所諒，於茲可見。魏晉以後章句訓詁卒為時人所厭棄，而另闢新蹊，以老莊義理之學為主，理所必然也。

　　除訓詁繁瑣，章句空疏外。使儒學沒落另一原因，乃係由於儒者之墨守師法，各執其意，遂演成今古文之爭。〔註4〕今文家主讖緯之說。由西漢至東

〔註 4〕今古文之爭，於漢際有四大論戰：（一）西漢哀帝時，有古文家劉歆與今文家

漢，甚得漢王室之支持。入東京後，其至有白虎通之欲定今文經爲教科書，爲天下士子所諷誦。而劉歆創立古文經，經衛宏、賈逵、馬融、許愼等大家推衍其說，亦足與今文家分庭抗禮。於是各守門戶，相互傾軋。今學以古學爲「變亂師法」，古學以今學爲「黨同妬眞」。彼此各以師法門派相傳承，並廣收弟子，互相排詆，形如水火。而東漢各家經師著名者，弟子動以千計，多至萬餘，轉相傳授，甚至有數年不得見其師。鄭玄於馬融門下，三年不見，未能親炙其師，此即一例。此種門派風氣，愈演愈烈，形成黨閥，有權勢者攀拊益甚。後世黨錮之株連甚廣，此其因也。而彼此間各守師法，相互攻訐，卒使天下學子不知何所適從。雖有鄭玄兼採古今，調和折衷，使「學者略知所歸」。然鄭玄却以讖緯注經，非但未能完成「經學淨化」之運動，反使經學依然蒙上迷信色彩。所謂「鄭學之盛在此，漢學之衰亦在此。」是也。〔註5〕

　　由於儒者之信守章句，執意家法，於是漢末魏晉以來，儒術中衰，經學勢微。王充對於當時之儒者有極中肯之論評。《論衡・謝短篇》曰：「夫儒生之業五經也。南面爲師，且夕講授章句，滑習義理，究備於五經可也。五經之後，秦漢之事，無不能知者，短也。夫知古不知今，謂之陸沈，然則儒生所謂陸沉者也。五經之前，至於天地始開，帝王初立者，主名爲誰？儒生又不知也。夫知今不知古，謂之盲瞽。五經比於上古，猶爲今也。徒能說今，不曉上古，然則儒生所謂盲瞽者也。」「夫儒生不鑒古今，何知一永？不過守信經文，滑習章句，解剝互錯，分明乖異。」〈問孔篇〉曰：「世儒學者，好信師而是古。以爲聖賢所言皆無非。專精講學，不知難問。夫賢聖下筆造文，用意詳審，尙未可謂盡得實。況倉卒吐言，安能皆是？不能皆是，時人不知難；或是，而意沉難見，時人不知問。案賢聖之言，上下多相違；其文，前後多相伐者。世之學者，不能知也。」可謂切中其弊，指直其失。班固《漢書藝文志》曰：「然惑者既失精微，而辟者又隨時抑揚。違離道本，苟以譁衆取寵。後進循之，是以五經乖析。儒學寖衰，此辟儒之患。」以惑、辟二者論儒之失，誠屬的論。

太常博士爭立古文《尚書》、《逸禮》、《左傳》。（二）東漢光武帝時，有古文家韓歆、陳元與今文家范升爭立費氏《易》與《左氏春秋》。（三）東漢章帝時，有古文家賈逵之主張《左氏傳》與今文家李育之主張《公羊傳》相爭。（四）東漢末年，桓靈二帝之際，有古文家鄭玄與今文家何休爭論《公羊》與《左氏》之優劣。

〔註5〕皮錫瑞《經學歷史經學中衰時代》。

　　魏晉以還，老莊益盛。儒學難振，道家擡頭。鄙薄周孔之語，弁髦經籍之論，皆已駸駸然蔚爲時尙矣。《世說新語・文學篇》注引〈荀粲別傳〉曰：「荀粲與諸兄儒術論議各知名。粲能言玄遠，常以子貢之言性與天道，不可得而聞也。然則六籍雖存，固聖人之糠秕。能言者不能屈。」甚至魏禧有詆《左傳》爲「相斫書」之言，鍾繇有黜《公羊》爲「賣餅家」之譏。〔註6〕逮乎阮籍、嵇康之輩，上承隗鍾之餘緒，近傳正始之玄風，訾儒之言，日益高揚。阮籍有《大人先生傳》略曰：「世人所謂君子，惟法是修，惟禮是克。手執圭璧，足履繩墨。行欲爲目前檢，言欲爲無窮則。少稱鄉黨，長聞鄰國。上欲圖三公，下不失九州牧。獨不見群蝨之處褌中，逃乎深縫，匿乎壞絮，自以爲吉宅也。行不敢離縫際，動不敢出褌當，自以爲得繩墨也。然炎丘火流，焦邑滅都，群蝨處於褌中而不能出也。君子之處域內，何異夫蝨之處褌中乎？」(《晉書・阮籍傳》)嵇康亦曰：「六經以抑引爲主，人性以從欲爲歡。抑引則違其願，從欲則得自然。然則自然之得，不由抑引之六經。全性之本，不須犯情之禮律。故仁義務於理僞，非養眞之要術。廉讓生於爭奪，非自然之所出也。」(〈難張遼叔自然好學論〉)蓋阮、嵇二人初亦無意排詆儒學。阮籍《詠懷詩》云：「昔年十四五，志尙好《詩書》。被褐懷珠玉，顏閔相與期。」本欲以儒者相期。而嵇康亦「家世儒學」(《三國志・王粲傳》注引嵇康傳)。然二子所以「任性不羈」，「禮法之士，疾之若仇。」(《晉書・阮籍傳》)「每非湯武而薄周孔，會顯世教所不容」(〈嵇康與山巨源絕交書〉)誠因儒學已爲渠等所鄙。儒學之保守自劃，實不足以振弊起衰，其內涵之生澀枯槁，誠難以適應魏晉時代人心之需求。因此儒家經術，血枯精竭，洵所必至。故干寶《晉紀總論》曰：「學者以老莊爲宗而黜六經，談者以虛蕩爲辨而賤名儉。」《晉書儒林傳序》曰：「有晉始自中朝，迄於江左。莫不崇飾華競，祖述虛玄，擯闕里之經典，習正始之餘論。指禮法爲流俗，目縱誕以清高。」老莊學說乘勢而興，取代儒家自漢武以來之學術地位。

〔註6〕《三國志・王肅傳注》引〈魏略〉曰：「隗禧字子牙，京兆人。年八十餘，以老處家，就之學者甚多。魚豢常從問《左氏傳》。禧答曰：『欲知幽微莫若《易》，人倫之紀莫若《禮》，多識山川草木之名莫若《詩》。《左氏》直相斫書耳，不足精意也。』」又《裴潛傳注》引〈魏略〉曰：「嚴幹字公仲，馮翊東縣人。特善《春秋公羊》。司隸鍾繇不好《公羊》而好《左氏》，謂《左氏》爲太官，而謂《公羊》爲賣餅家，故數與幹共辯析長短。」

第四節　時代趨勢——老莊復興，玄學盛行

　　由兩漢至魏晉，戰禍不絕，兵燹連縣。政治上之迫害，君主之嗜殺，使得民生凋弊，生靈塗炭。士大夫處此危疑動盪之時代中，身世感其飄零，宇宙傷其搖落。百感交集，欲紓無從；人人自危，觳觫顫懼。所謂「壯士何慷慨，志欲威八方」之濟世抱負，已復不存。唯依附老莊出世之懷抱，方足獲精神上之忻慰。再者亂世之中，道德淪亡，名節已頹。社會浮華之風瀰漫，奢侈虛靡之習積重。大眾普遍存著醉生夢死，苟且偷安之心理。於是恣意放蕩，不拘檢括，蔑視禮法，託名任達。老莊逍遙無為之人生觀，適足以供其荒誕放浪之行徑，做為逃脫名教之藉口。而兩漢以來之獎掖儒術，當政者動輒以高官厚祿利誘，遂使儒士放棄經世濟用之懷抱，轉趨於利祿之途，因此「博士倚席不講，儒者競論浮麗。忘諤諤之忠，習謰謰之辭」（《後漢書·樊準傳》）。而俗儒固執不通，辟者墨守章法，復加以經學多混以陰陽五行災異讖緯思想，儒士與方士無異。於是漢末以來之老莊自然主義盛行，一般學者皆捨儒入道。使道家沒落之學得以復興，造成魏晉玄風之普遍流行。茲再將老莊學說，所以廣受魏晉人士歡迎之原因，敘述如次：

一、清靜無為

　　老莊思想以「清靜無為」治事。政治上不喜擾民，更反對戰爭及暴政。老子曰：「我無為而民自化，我好靜而民自正，我無事而民自富，我無欲而民自樸。」（五七章）又曰：「天下多忌諱，而民彌貧。民多利器，國家滋昏。人多伎巧，奇物滋起。法令滋章，盜賊多有。」（仝上）莊子亦曰：「絕聖棄智，大盜乃止。擿玉毀珠，小盜不起。焚符破璽，而民朴鄙。掊斗折衡，而民不爭。殫殘天下之聖法，而民始可與論議。」（〈胠篋〉）老莊思想之反現實社會，亟慕安和樂利之理想世界。政治上之主張「清靜為天下正」，最足以滿足魏晉久經戰亂之人心需求。於是老莊成為人心憩止之理想國。

二、順應自然

　　老莊思想以順應中性物性為主，故主張「人法地，地法天，天法道，道法自然。」（廿五章）順應自然即是不以物欲汨沒心志。因主張淡泊名利，返樸歸真。「不尚賢，使民不爭；不貴難得之貨；使民不為盜；不見可欲，使民

心不亂。」（三章）魏晉正係讖緯迷信及物欲流行，人心唯危之時代。於是有識之士，一則以自然主義糾正當時社會迷信思想；再則以自然主義扼止物欲之橫流。老莊之「見素抱樸，少私寡欲」（十九章）正是匡正人心，撥反正道最好之修養。

三、崇尚玄虛

老莊思想皆從本體之「道」為出發點。而此「道」乃「微妙玄通，深不可測」。老子曰：「道可道，非常道，名可名，非常名。無，名天地之始；有，名萬物之母。故常無，欲以觀其妙；常有，欲以觀其徼。此兩者，同出而異名，同謂之玄。玄之又玄，眾妙之門。」（一章）老莊從「無」、「有」探討「道」之性質，其理玄虛。亂世之中，人命危淺，傳統之天道觀及鬼神之迷信，不足以滿足人心之需求。於是魏晉喜從玄理中探討事物之本質，一則可逃避現實社會之壓力，再則可彌補人心虛空之心靈。

四、超然物外

老哲思想之修養論最高境界，便是超然物外，自在逍遙。老子有「忘身」之說：「吾之所以有大患者，以吾有身。若其無身，吾有何患？」（十三章）莊子亦要人「棄世無累」，所謂「墮肢體，黜聰明，離形去知」，「忘其肝膽，遺其耳目。」（〈大宗師〉）能「處乎不淫之度，而藏乎無端之紀，遊乎萬物之所終始」（〈達生〉）如此方能「乘雲氣，騎日月，而遊乎四海之外。」（〈齊物論〉）而達真正逍遙自在。魏晉人士，或為聲名所累，或為俗務所纏。動常得咎，行輒見戮，終日生活於惶恐惴慄之中。亦祇有託言放達，宅心超逸，於是或隱身於山林間，絕俗避世；或雖側身於肆內，則窺破名教，放浪形骸。要之皆老莊韜光遁晦，超然塵外，與世無爭之心理。

五、養生保身

老莊思想之處世原則，重在以柔制剛，以退為進。因此養生保身之道，老子主張「知雄守雌」「以柔克剛」。所謂「明道若昧，進道若退」（四一章）而與人周旋之道，貴乎「和光同塵」「挫銳解紛」，便可「明哲保身」。莊子亦主張「形莫若就，心莫若和」「彼且為嬰兒，亦與之為嬰兒；彼且為無町畦，

亦與之爲無町畦；彼且爲無崖；亦與之爲無崖。」（〈人間世〉）此誠爲亂世之中，應對進退之道。魏晉人士常身處於強梁豪勢之中，不得不應用老莊處世之道，以求保身。此上焉者雖與物周旋，仍不失其清介守正之原則；下焉者則與時舒捲，隨波逐流，道德節操則泯然無存矣。又魏晉名士每於酒香飯飽，中饋無缺之餘，注重養生之法。老子之善於攝生，莊子有〈養生主〉，皆爲所循。於是食藥行散，美顏養姿，上行下效，蔚爲時風。

六、個人主義

老莊思想對生命則多厭世傾向，因有「方生方死，方死方生」（〈齊物論〉）之人生觀。對生命之無常頗多感慨。《莊子‧知北遊》曰：「人生天地之間，若白駒之過郤，忽然而已。注然勃然莫不出焉，油然漻然莫不入焉。已化而生，又化而死。生物哀之，人類悲之。」此與老子之「飄風不終朝，驟雨不終日。孰爲此者？天地。天地尚不能久，而況於人乎？」（廿三章）意思相似。故由生命之無常，引而成爲放縱情慾，及時行樂之個人主義。《列子‧楊朱篇》即爲代表：「人之生也，奚爲哉？奚樂哉？爲美厚耳，爲聲色耳。」「太古之人，知生之暫來，知死之暫往，故從心而動，不違自然所好。當身之務，非所去也，故不爲名所勸。從性而遊，不逆萬物所好，死後之名，非所取也，故不爲刑所及。名譽先後，年命多少，非所量也。」魏晉人士於此空前動盪之世局中，有感於生命之無常，心靈之空虛。於是恣情縱慾，沉湎酒色，所謂「今朝有酒今朝醉」，祇求個人居處之安樂享受，罔顧社會民生之福祉，與國家之安危，形成自私自利之個人享樂主義。

自東漢以來，道家自然主義之復興，已使若干聰明魁傑之士，拋棄傳統儒家陳舊之包袱，而穿起老莊思想之外衣。嚴遵作《老子指歸》，以老學取代傳統之經學。儒學大師如馬融、鄭玄等皆有援道入儒之傾向。一般儒者亦採儒道兼綜之治學態度（參第貳編第一章第四節黃老沒落）。而揚雄、王充、張衡等自然主義學者，皆拋棄漢儒迷信思想，而著重人文科學之研究。此種精神連緜至三國。劉表於荊州「從宋忠讀《太玄》，而更爲之解。」（《三國志‧魏志王肅傳》）並爲「《老子》、《論語》、《國語》訓注，皆傳於世。」（《三國志‧吳志虞翻傳》）宋宗爲荊州大師，亦以擅長《易玄》著稱，對後來之玄學皆有影響。

魏自曹操好刑名，不重操守之後，儒術已廢。雖有獎掖儒術之舉（建安八年令），不過徒飾其表而已。文帝饯祚，頗思治道。行政施法，皆有文景之

風。繼位之後，頒息兵之詔，且作〈太宗論〉盛贊漢文帝之清簡無為：「孝文撫以恩德，吳王不朝，錫之几杖，以撫其意，而天下賴安。乃弘三章之教，愷悌之化，欲使曩時累息之民，得闊步高談，無危懼之心。」(《三國志‧魏文帝紀裴注》引) 黃初二年又頒薄稅之詔，四年又頒禁復仇之詔，五年又頒輕刑之詔。揆其心意，乃以亂世民勞，天下疾苦，黃老清靜之治，足以與民休息也。嗣後老莊之復興，魏文之潛助亦有力焉。魏文於文學之中，時露道家厭世之思想。其與〈吳季重書〉、與〈吳質書〉、與〈王朗書〉中，皆有此類傾向。其弟曹植更具有此類色彩。如〈洛神賦〉、〈升天行〉、〈仙人篇〉、〈遊仙篇〉、〈遠遊篇〉皆有出世之感概。其〈七啟〉一文曰：「有形必朽，有跡必窮，芒芒元氣，誰知其終？名穢我身，位累我躬，竊慕古人之所志，仰老莊之遺風，假靈龜以託喻，寧掉尾於塗中。」充份反映道家之人生觀。又如〈釋愁文〉曰：「吾將贈子以無為之藥，給子以澹薄之湯，刺子以玄虛之鍼，灸子以涼朴之方，安子以恢廓之宇，坐子以寂寞之牀。使王喬與子遨遊而逝，黃公與子詠歌而行，莊子與子具養神之饌，老聃與子致愛性之方。」欲以老莊思想為治時代之病方。其〈髑髏說〉與張衡〈髑髏賦〉相同，乃發揮《莊子‧至樂篇》對生死之達觀超脫：「夫死之為言歸也。歸也者，歸於道也。道也者，身以無形為主，故能與化推移。陰陽不能更，四時不能虧。是故洞於纖微之域，通於恍惚之庭。望之不見其象，聽之不聞其聲。挹之不充，注之不盈，吹之不凋，噓之不榮，激之不流，凝之不停。寥落溟溟，與道相拘。偃然長寢，樂莫足踰。……太素氏不仁，勞我以形，苦我以生。今也幸變而之死，是反吾眞也。何子之好勞而我之好逸乎？予將歸於太虛。」此種思想，正係代表魏晉人士對生命之普遍看法。

曹丕、曹植貴為帝王皇戚，亦是當時文人士子所攀慕投靠之對象。其文學作品及政治作為上之雅好玄虛，崇尚老莊，影響所及，逐漸形成正始 (魏廢帝年號) 之士大夫玄學清談及曠放頹廢之風。傅玄於〈舉清遠疏〉中曰：「近者魏武好法術，而天下貴刑名。魏文慕通達，而天下賤守節。其後綱維不攝，而虛無放誕之論，盈於朝野，使天下無復清議，而亡秦之病，復發於外矣。」(《晉書‧傅玄傳》)

曹魏以後，老莊成為學術之主流。老莊書籍為一般士子所貴。《世說新語‧文學篇》曰：「殷仲堪云：『三日不讀《道德經》，便覺舌本生強。』」又曰：「庾子嵩讀《莊子》，開卷一尺許，便放去。曰：『了不異人意！』」是知當時老莊

書籍流行之普遍，與時人之雅好。《世說新語・文學篇》又謂：「諸葛厷年少，不肯學問。始與王夷甫談，便已超詣。王曰：『卿天才卓出，若復小加研尋，一無所愧。』厷復看《莊老》，更與王語，便足相抗衡。」又「阮宣子有令聞。太尉王夷甫見而問曰：『老莊與聖教同異？』對曰：『將無同。』太尉善其言，辟以為掾，世謂之『三語掾』。」足證當時研究老莊風氣之盛及時人鑽研之勤，甚為仕宦進身之階。自魏晉以次「儒墨之迹見鄙，道家之言遂盛」（《晉書・向秀傳》）老莊當路，玄風大暢，於學術上領其風騷多達數百年之久。

第二章　魏晉名士與老莊關係

第一節　名士之形成

　　魏正始以後，是為老莊思想之發展時期。當時盛行之清談玄學，皆落在所謂「名士」之手。於名士之身行言教，推波助瀾之下，老莊思想形成波瀾壯濶之局面。

　　所謂「名士」，始見於《禮記·月令季春之月》：「聘名士，禮賢者。」注曰：「名士，不仕者。」《疏》曰：「謂王者勉勵此諸侯，令聘問有名之士。名士者，謂其德行貞絕，道術通明，王者不得臣，而隱居不在位者也。」故名士指有高風亮節，德行卓越，守道不渝，能隱居潔身之士，而以此聞名於世者。《史記·李斯傳》曰：「陰遣謀士，齎持金玉以遊說諸侯。諸侯名士可下以財者，厚遺結之。」《後漢書·魯恭傳》曰：「會詔百官，舉賢良方正。恭舉中牟名士王方。帝即徵方禮之，與公卿所舉同。方致位侍中。」是當時帝王皆極禮遇敬重名士。

　　漢末黨錮之禍，天下大亂。所謂名士風尚，更因之而盛行。桓帝時，太尉陳蕃、司隸校尉李膺，以高才之士，見用於當時。外破強寇，內黜奸邪，為士林所重，太學諸生，為之語曰：「天下楷模李元禮（膺），不畏強權陳仲舉（蕃）。」宦官貪暴，與膺等結冤。乃使人上書告膺與太學遊士及諸郡生徒，結為私黨，訕謗朝政。桓帝信之，逮捕黨人。李膺與朝臣杜密、陳翔、范滂等二百餘人皆被補下獄，禁錮終身。陳蕃亦因上書被補遇害。《後漢書黨錮傳》曰：「自是正直廢放，邪枉熾結。海內希風之士，嚮慕膺等之風節，遂共相標榜，指天下名士為之稱號。上曰三君，次曰八俊，次曰八顧，次曰八及，次曰八廚，猶古之

八元八愷也。竇武、劉淑、陳蕃爲三君。君者，言一世之所宗也。李膺、荀昱、杜密、王暢、劉祐、魏朗、趙典、朱寓爲八俊。俊者，言人之英也。郭林宗、宗慈、巴肅、夏馥、范滂、尹勳、蔡衍、羊陟爲八顧。顧者，言能以德行引人者也。張儉、岑晊、劉表、陳翔、孔昱、范康、檀敷、翟超爲八及。及者，言能導人追宗者也。度尙、張邈、王考、劉儒、胡母班、秦周、蕃嚮、王章爲八厨。厨者，能以財救人者也。」此皆漢末特立卓行，剛正不阿，能以德行引人，或以財救人，而爲當世所尊崇之名士。其中大部份皆係爲官在朝者。

　　然亦有在野之名士，隱居於山林之間，保其天眞，率其天性，進退之間，從容中間，而偉爲一時名流。郭太即其例。《後漢書・郭太傳》曰：「郭太，字林宗，汾州人，博通墳籍，善談論，美音制。遊於洛陽，始見河南尹李膺。膺大奇之，遂相友善，於是名震京師。後歸鄉里，衣冠諸儒，送至河上，車數千輛。林宗唯與李膺同舟而濟，眾賓望之，以爲神仙焉。司徒黃瓊辟，太常趙典舉有道。對曰：『吾夜觀乾象，審察人事，天之所廢，不可支也。』遂並不應。性明知人，好獎訓士類。身長八尺，容貌魁偉，褒衣博帶，周遊郡國。嘗於陳梁間行，遇雨，巾一角墊，時人乃故折巾一角，以爲『林宗巾』，其見慕皆如此。或問范滂曰：『郭林宗何如人？』滂曰：『隱不違親，貞不絕俗。天子不得臣，諸侯不得友，吾不知其他。』林宗雖善人倫，而不爲危言覈論。故宦官擅政，而不能傷也。」林宗後卒於居，四方之士千餘人，皆來會葬。乃共刻石立碑，蔡邕爲之行文，曰：「將蹈洪崖之遐迹，紹巢由之絕軌，翔區外以舒翼，超天衢而高峙。」（〈郭有道碑〉）且曰：「吾爲碑銘多矣，皆有慙德，唯〈郭有道〉，無愧色耳。」郭林宗進退超然，實深明老莊應世保身之道。蓋亂世之中，動輒遭忌，林宗才華耀於士林，聲譽滿於郡國，却能逍遙一世之上，睥睨天地之間，萬鍾之祿，不足撼其志；三公之位，不足以比其榮。深爲時人所傾慕，比之爲亞聖（見《抱朴子・正郭篇》評林宗），視之如神仙。故范曄《後漢書郭太傳》論曰：「莊周有言：『人情險於山川，以其動靜可識，而沈阻難徵。』故深厚之性，詭於情貌；則哲之鑒，惟帝所難。而林宗雅俗無所失，將其明性特有主乎？然而遜言危行，終享時晦，恂恂善導，使士慕成名，雖墨、孟之徒，不能絕也。」其對林宗之傾慕如此。

　　其餘漢末如申屠蟠、周燮、黃憲、徐穉、姜肱等，皆博學碩德，不受徵辟，安貧樂道，隱居教學，廣爲天下人士所稱道。故漢之名士，實爲才德俱博，操行獨特，其志清介，不阿時俗之知名之士。

　　三國時，曹操禀性多僞，徒有仁義之名。二十歲舉孝廉，太尉橋玄覩而異之曰：「吾見天下名士多矣！未有若君者也。君善自持，吾老矣，願以妻子爲託。」（《三國志・魏武帝紀注》引《魏書》）曹操不過徒負虛名，不足以稱。而諸葛亮與司馬懿治軍渭濱，刻日交戰。懿戎服蒞事，使人視亮，獨乘素輿，葛巾毛扇，指麾三軍，隨其進止。懿乃歎曰：「諸葛君可謂名士矣！」（《三國志・諸葛亮傳注》引《世說》）蓋諸葛亮德行事功，原屬冠群。寧靜沖淡，不求聞達，躬耕於南畝，受命於臨危。而鞠躬盡瘁，死而後已，堪得名士之名。司馬懿乃從外貌論之，已漸有魏晉人以外貌氣質取士之趨向。

　　魏晉人論名士，與漢人論名士，注重品德操行者不同。乃從人之外貌，論其清新婉逸之性格，凡流俊雅之儀態，斯所謂「名士」是也。牟宗三先生曰：

　　　　名士者，清逸之氣也。清則不濁，逸則不俗。」又曰：「逸則特顯「風神」，故俊。逸則特顯「神韵」，故清。故曰清逸，亦曰俊逸。逸則不固結於成規成矩，故有風。逸則灑脫活潑，放曰流。故總曰「風流」。風流者，如風之飄，如水之流，不主故常，而以自在適性爲主。故不著一字，儘得風流。是則逸者，解放性情，而得自在，亦顯創造性，故逸則神露智顯。逸者之言爲清言，其談爲清談。逸則有智思而通玄微，故其智爲玄智，思爲玄思。成規成矩之事務系統不清無玄，故言此不得爲清言，思此不得爲玄思，而此處之智亦不得爲玄智，只可曰「世智」。是則清逸、俊逸、風流、自在、清言、清談、玄思、玄智，皆名士一格之特徵。〔註1〕

按「風流」一稱，本係「風尚流傳」之意。《漢書・趙充國、辛慶忌傳贊》謂：天水隴西等處，民俗修習戰備，崇尚武勇，「其風聲氣俗，自古而然，今之歌遙慷慨，風流猶存耳。」《後漢書・王暢傳》謂：南陽爲舊都（洛陽）侯甸之國，「士女沾教化，黔首仰風流。」皆有此意。

　　又《後漢書・列傳四十三序》云：「余故列其風流，區而載之。」傳內敍周燮、黃憲、徐穉、姜肱、申屠蟠等，不受榮祿，高風亮節，世所共瞻，故稱之。又〈方術傳〉中，敍述任文公、郭憲等，善陰陽風角之術，鄙棄利祿，爲朝廷所敬崇，時人所樂道，論曰：「漢世所謂名士者，其風流可知矣。」以「名士」配「風流」，已隱然將其人之風格與言行相搭配，與魏晉時之風流名士，其義相近。《三國志・諸葛亮傳注》引〈三國名臣序贊〉云：「孔明盤桓，俟時而動，

〔註1〕牟宗三《才性與玄理魏晉名士及其玄學名理》，頁68。

遐思管樂,遠朋風流。」朋者,比者。孔明高臥隆中,澹泊寧靜,為清高名士,自比於管仲、樂毅之風格才能,追其風流。故名士必有才氣,有才氣始能言風流。

至晉時,凡名士皆善談名理,倡起玄風。其言談之詼閎玄遠,行為之清逸神俊,每為時人所爭慕仿傚,盛贊歆艷。因此名士之風格言行,風向流傳,此其所謂「風流」也。故晉時特以「風流」為名士之美譽,凡名士必風流,凡風流必指名士。而名士之間,亦每以風流互相標榜炫耀。「風流名士」,遂為魏晉所專稱。故劉毅詩曰:「六國多雄士,正始出風流。」(《晉書・劉毅傳》)王導稱衛玠曰:「此君風流名士,海內所瞻。」(《晉書・衛玠傳》)

老莊本有飄然不羈,落拓不俗之胸懷,故能毀仁棄義,逍遙無為,「絕聖棄智,修生保真,清虛淡泊,歸之自然,獨師友造化,而不為世俗所役者也。漁釣于一壑,則萬物不奸其志;栖遲于一丘,則天下不易其樂。不絓聖人之罔,不齅驕君之餌,蕩然肆志,談者不得而名焉,故可貴也。」(班嗣《報桓譚書全漢文》卷五六)凡此皆有脫塵出俗,達然超逸之性格。故馬融《長笛賦》云:「徬徨縱肆,曠瀁敞罔,老莊之概也。」魏晉名士既以風流相標榜;而欲學風流者,莫如學老莊。所謂「清逸俊邁,自在縱恣」,無不從老莊而得。是以魏晉老莊思想必靠名士而有所闡揚,名士風流必依老莊而方足涵養。二者相依相存,不可分也。

魏晉所謂風流名士甚多。茲僅就東晉袁宏所作「《名士傳》」,敍其梗概。《名士傳》以「夏侯太初(玄)、何平叔(晏)、王輔嗣(弼)」為正始名士。「阮嗣宗(籍)、稽叔夜(康)、山巨源(濤)、向子期(秀)、劉伯倫(伶)、阮仲容(咸)、王濬沖(戎)」為竹林名士。「斐叔則(楷)、樂彥輔(廣)、王夷甫(衍)、庾子嵩(敳)、王安期(丞)、阮千里(瞻)、衛叔寶(玠)、謝幼輿(鯤)」為中朝名士。

第二節　正始名士

正始係指魏齊王曹方在位年號。〈名士傳〉以夏侯玄、何晏、王弼為代表。

一、夏侯玄

夏侯玄,字太初。少知名,弱冠為散騎黃門侍郎。嘗入朝進見,與皇后

弟毛曾並坐，時人謂之「蒹葭倚玉樹」（《世說新語‧容止篇》），玄自以爲才美，恥之，不悅，形之於色。故明帝恨之，左遷爲羽林監。正始初，曹爽輔政，玄爲曹爽之姑子也，累遷至散騎常侍，後爲征西將軍。太傅司馬懿問以時事。玄曰：「宜大理其本，準度古法，文質之宜，取其中則，以爲禮度。車輿服章，皆從質樸。禁除末俗華麗之事，使幹朝之家，有位之室，不復有錦綺之飾，無兼采之服，織巧之物。自上以下，至于樸素之差，示有等級而已，勿使過一二之覺。若夫功德之賜，上恩所特加，皆表之有司，然後服用之。夫上之化下，猶風之靡草，樸素之教興於本朝，則彌侈之心，自消於下矣。」後曹爽被誅，玄怏然不悅。時司馬師權重，中書令李豐等，謀誅師以玄輔政，事洩被殺。於是玄遘連被誅，且夷三族。玄格量弘濟，臨斬東市，顏色不變，舉動自若，時年四十六。（以上參《三國志‧魏志‧夏侯玄傳》）

關於夏侯玄被收時，《本傳注》引《世語》（按：西晉郭頒作《晉魏世語》）曰：「玄至廷尉，不肯下辭。廷尉鍾毓自臨治玄。玄正色責毓曰：『吾當何辭？卿爲令史，責人耶？卿便爲吾作。』毓以其名士，節高不可屈。而獄當竟，夜爲作辭，令與事相附。毓涕以示玄，玄視，頷之而已。毓弟會，年少於玄。玄不與交。是日，於毓坐，狎玄。玄不受。」又引孫盛《雜語》曰：「玄在囹圄，會因欲狎而友玄。玄正色曰：『鍾君何相逼如此也！』」又引《魏略》云：「玄自從西還，不交人事，不畜華妍。」又引《魏氏春秋》曰：「初夏侯霸將奔蜀，呼玄欲與之俱。玄曰：『吾豈苟存，自客於寇虜乎？』遂還京師。太傅（司馬懿）薨。許允謂玄曰：『無復夏矣！』玄歎曰：『士宗！卿何不見事乎？此人猶能以通家年少遇我。子元、子上不吾容也。』玄嘗作〈樂毅〉、〈張良〉及〈本無〉、〈肉刑論〉。辭旨通遠，咸傳於世。」

夏侯玄生當魏世，正係司馬懿拔扈於宗室之時。司馬氏爲奪天下，務伐英雄，誅庶桀以便事。才高名重者，更爲所忌。夏侯玄不畏權勢，猶以道家樸素簡易之道勸之，此實批逆鱗之舉，卒以遭忌坐殺。然臨刑前，顏色不變，舉動自若，不屈不撓，不狎不邪，此與漢末名士風骨無殊，而對於不恥之人，不苟容色。此誠有魏晉名士縱傲弗羈，超俗不儻之性格。

然亦有人不以爲然，不屑與之交者。如《三國志‧傅嘏傳注》引傅子曰：「是時何晏以材辯顯於貴戚之間。鄧颺好變通，合徒黨，鬻聲名於閭閻。而夏侯玄以貴臣子，少有重名，爲之宗主。求交於嘏，而不納也。嘏友人荀粲，有清識遠心，然猶怪之。謂嘏曰：『夏侯太初一世之傑，虛心交子。合則好成，

不合則怨至。二賢不睦,非國之利。然藺相如所以下廉頗也。』頡答之曰:『泰初志大甚量,能合虛聲,而無實才。何平叔言遠而情近,好辯而無誠,所謂利口覆邦國之人也。鄧玄茂有為而無終,外要名利,內無關鑰,貴同惡異,多言而妒前。多言多釁,妒前無親。以吾觀此三人者,皆敗德也。遠之猶恐禍及,況昵之乎?』蓋文人相輕,自古而然。傅頡思想屬名理派,夏侯玄則屬玄論派,故行事處世之觀點,自相異耳,故為傅子所不敢也。(詳見下章)

二、王 弼

　　王弼,字輔嗣。《三國志》無〈王弼傳〉,僅於「〈鍾會傳〉」末提及數字曰:「初會弱冠,與山陽王弼並知名。弼好論儒道,辭才逸辯。注《易》及《老子》。為尚書郎,年二十餘卒。」另《注》引何劭為其作《傳》曰:「弼幼而察惠。年十餘,好老氏。通辯能言。父業,為尚書郎。時裴徽為吏部郎。弼未弱冠,往造焉。徽一見而異之,問弼曰:『夫無者,誠萬物之資也。然聖人莫肯致言,而老子申之無已者何?』弼曰:『聖人體無,無又不可訓,故不說也。老子是有者也,故恒言無所不足。』尋亦為傅頡所知。于時何晏為吏部尚書,其奇弼。歎之曰:『仲尼稱後生可畏。若斯人者,可與言天人之際乎!』王弼天才卓出,當其所得,莫能奪也。性和理,樂遊宴,解音律,善投壺。其論道傅會文辭,不知何晏,自然有所拔得,多宴也。頗以所長笑人,故時為士君子疾。弼與鍾會善。會論議以校練為家,然每服弼之高致。何晏以為聖人無喜怒哀樂,其論甚精,鍾等述之。弼與不同,以為聖人茂於人者神明也,同於人者五情也,神明茂故能體冲和以通無,五情同故不能無哀樂以應物,然則聖人之情應物而無累於物者也。今以其無累,便謂不復應物,失之多矣。弼注《易》,潁川人荀融難弼〈大衍義〉。弼答其意,為書以戲之曰:『夫明足以尋極幽微,而不能去自然之性。顏子之量,孔父之所預在。然遇之不能無樂,喪之不能無哀。又常狹斯人,以為未能以情從理者也,而今乃知自然之不可革。足下之量,雖已足乎胸懷之內,然而隔踰旬朔,何其相思之多乎?故知尼父之於顏子,可以無大過矣。』弼注《老子》,為之〈指略〉,致有理統。著《道略論》,注《易》,往往有高麗言。太原王濟好談,病老莊。常云:『見弼《易注》,所悟者多。』然弼為人淺而不識物情。初與王黎、荀融善。黎奪其黃門郎,於是恨黎,與融亦不終。正始十年,曹爽廢,以公事免。其秋遇癘疾亡,時年廿四,無子絕嗣。弼之卒也,晉景王聞之,嗟歎者

累日，其爲高識所惜如此。」

　　王弼之資料雖有限。然王弼以一青年才俊，天才卓出，而能得吏部郎裴徽、吏部尚書何晏之賞賜，傲睨當世，摔闔學界，實爲學術奇葩，名士中碩果。而以英才之身，驟而早逝，誠乃千口憾事，令人唏噓惋惜。其「性和理，樂游宴，解音律，善投壺」皆名士風流性情，而兀傲岸然，以所長笑人，淺而不識物情，則爲魏晉名士常犯之毛病。其最大貢獻，乃在對老莊學術之推展與研究。以道入儒，援《老》注《易》，正係魏晉人對凋弊已久之儒學，注入一股新生命。其發揮老莊「無」之旨，則開正始以來玄學之風氣。《晉書・王衍傳》曰：「魏正始中，何晏、王弼等祖述老莊，立論以爲『天地萬物皆以無爲本。無也者，開物正務，無往不存者也。陰陽恃以成形，賢者恃以成德，不肖恃以免身。故無之爲用，無爵而貴矣。』衍甚重之。」今傳世著作有「《老子注》」、「《周易注》」與「《周易略例》」。「《論語釋疑》」今已亡佚，僅皇侃「《論語義疏》」及刑昺「《論語正義》」尚有殘存。

三、何　晏

　　何晏，字平叔。《三國誌・曹爽傳》曰：「何進孫也。母尹氏，爲太祖夫人。晏長于宮省，又尙公主。少年以才秀知名，好老莊言，作《道德》及諸文賦，著述凡數十篇。」關於何晏之生平，尙可見於《魏略》：「太祖爲司空時，納晏母並收養晏，其時秦宜祿兒阿蘇亦隨母在家，並見寵如公子。蘇即朗也。蘇性謹慎，而晏無所顧憚，服飾擬於太子，故文帝特憎之。每不呼其姓字，嘗謂之爲『假子』。晏尙主，又好色，故黃初時無所事任。及明帝立，頗爲冗官。至正始初，曲合曹爽，亦以才能。故爽用爲散騎侍郎，遷侍中尚書。晏前以尙主，得賜爵爲列侯，又其母在內。晏性自喜，動靜粉白不去手，行步顧影。晏爲尚書，主選舉，其宿與之有舊者，多被拔擢。」又〈魏末傳〉曰：「晏婦金鄉公主，即晏同母妹。公主賢，謂其母沛王太妃曰：『晏爲惡日甚，將何保身？』母笑曰：『汝得無妒晏邪！』俄而晏死。有一男，年五六歲，宣王遣人錄之。晏母藏其子王宮中，向使者搏頰，乞白活之。使者具以白宣王。宣王亦聞晏婦有先見之言，心常嘉之；且爲沛王故，特原不殺。」又《魏氏春秋》曰：「初，夏侯玄、何晏等名盛於時，司馬景王亦預焉。晏嘗曰：『唯深也，故能通天下之志，夏侯泰初是也。唯幾也，故能成天下務，司馬子元是也。唯神也，不疾而速，不行而至，吾聞其語，未見其人。』蓋欲以神況

諸己也。初，宣王使晏與治爽等獄。晏窮治黨與，冀以獲宥。宣王曰：『凡有八族。』晏疏丁、鄧等姓。宣王曰：『未也！』晏窮急，乃曰：『豈謂晏乎！』宣王曰：『是也。』乃收晏。」

　　由以上記錄可知何晏實爲淺誇無行之士，與漢之重道守節之士異。其「性好色自喜，動靜粉白不去手，行步顧影」，正係魏晉名士愛美之表現。《晉書五行志》曰：「魏尚書何晏，好服婦人之服。」其時名士皆喜敷粉，以增加其華麗綺靡之氣象。《顏氏家訓・勉學篇》對魏晉名士愛美之表現曰：「無不熏衣剃面，傅粉施朱，駕長簷車，跟高齒屐，坐棋子方褥，憑斑絲隱囊，列器玩於左右，從容出入，望若神仙。」貴如王親之曹植亦有傅粉之記載。（見《三國志・王粲傳注》引《魏略》）。《世說新語・容止篇》曰：「何平叔美姿儀，面至白。魏文帝疑其傅粉，正夏月，與熱湯餅，既噉。大汗出，以朱衣自拭，色較皎然。」是知何晏愛美好色，洵非空穴來風。至於其「爲惡日甚」，兀傲自賞，曲阿世主，皆名士失節喪德之表現。蓋魏晉名士僅從外貌神采上著手，往往疏忽內在之德性。故何晏欲與傅嘏交，傅嘏拒而之爲「敗德之人」（《世說新語・識鑒篇》）良有因也。

　　何晏致力於老莊之學，則與王弼同。有「《論語集解》」十卷，以老莊精神解《論語》，發揮道家之旨。又有「《周易解》」若干卷，張湛《列子・仲尼篇注》引有何晏「〈無名論〉」，同書〈天瑞篇注〉引有何晏「〈道論〉」，《三國志》稱何晏作「〈道德論〉」。《世說新語・文學篇》曰：「何晏注《老子》未畢，見王弼，自說注《老子》旨。何意多所短，不復得作聲，但應諾諾。遂不復注，因作《道德論》。」又曰：「何平叔注《老子》始成，詣王輔嗣。見王《注》精奇。迺神伏曰：『若斯人，可與論天人之際矣！』因以所注爲《道德》二論。」王弼注《老子》義理較何晏爲佳，然於文辭何晏實較王弼爲勝。《魏志注》曰：「王弼論道，附會文辭，不如何晏。自然有所拔得，多晏也。」《魏氏春秋》亦曰：「弼論道約，美不如晏，自然出拔過之。」

　　至於以老莊爲主之清談，王、何皆精於此道。於二子之推行下，天下士子景然從風。《世說新語・文學篇》曰：「何晏爲吏部尚書，有位望。時談客盈坐，王弼未弱冠，往見之。晏聞弼來，乃倒屣迎之。因條向者勝理語弼曰：『此理僕以爲理極，可得復難不？』弼便作難，一坐人便以爲屈。於是弼自爲客主數番，悑一坐所不及。」可知王弼之辯才遠出於眾人之上。而何晏亦「能清言，而當時權勢，天下談士，多宗尚之。」（《世說・文學篇注》引〈文

章敘錄〉）何晏本人又多提拔才識之士：「正始中，任何晏以選舉。內外之眾職，各得其才，粲然之美，於斯可觀。」（〈晉書傅咸傳〉）《魏略》亦曰：「晏為尚書，主選舉。其宿與之有舊者，多被拔擢。」王、何二人以威望名著於時，設談座，進才智之士，因之談風大盛，魏京洛陽隱然成為清談之中心。正始十年，宣王以何晏陰謀曹爽反逆，誅之。是年秋王弼遇癘疾亡。又二年，夏侯玄等復以謀叛見殺。此一由正始名士所組成之「正始之音」，遇其挫阻，一度消沈。故當時曾為何晏清談座客之尚書令衛瓘見樂廣曰：「昔何平叔諸人沒，常謂清言盡矣。今復聞之於君。」（《世說・文學篇注》引〈晉陽秋〉）然由於正始名士之前導下，終造成竹林名士另一時代之產生。正始名士對當代之影響有三：

（一）名士風格之產生

由於夏侯玄、王弼、何晏等人之狂放不拘於俗。其性情之倜儻不羈，其生活之頹廢愛美，其個性之傲岸不群，在在影響兩晉名士之作法與風格。故《晉書・范寧傳》曰：「王何蔑棄典文，不遵禮度，遊辭浮說，波蕩後生。飾華言以翳實，騁繁文以惑世。搢紳之徒，翻然改轍。洙泗之風，緬然將墮。遂令仁義幽淪，儒雅蒙塵，禮壞樂崩，中原傾覆。古之所謂言偽而辨，行僻而堅者，其斯人之徒歟？王何叨海內之浮譽，資膏粱之傲誕，畫螭魅以為巧，扇無檢以為俗。」其詆毀若是，以為二人之罪深於桀紂。嗣後竹林七賢之荒誕不經，違反禮俗；社會風氣之頹靡敗壞，寡廉鮮恥，莫不導源於此。

（二）玄學清談之傳播

由於正始名士之善於玄談，又廣招門客，於是蔚為時風，甚至取代兩漢以來儒生經義之講論。《文心雕龍・論說篇》曰：「迄至正始，務欲守文。何晏之徒，始盛玄論。於是聘周當路，與尼父爭塗矣。」王弼、何晏之闡述「無名」，夏侯玄亦有「本無」之探討。凡此論及老莊本體之「有」「無」，乃係當時玄論之重心，正始名士可謂首先推瀾其說者。

（三）援道入儒之注經

傳統儒學至漢末已被句訓詁或災異讖緯說所取代，於是形成經學中衰之局面。王弼、何晏皆有註《論》解《易》之作。使儒家義理，於老莊自然主義詮釋中，重新被肯定。於是《易經》從象數中解脫，《論語》於章句下釋放。凡此皆使人耳目一新，對儒家誠有興復之功。且其注經常以簡約文，發為閎

深之旨。與傳統儒家洋洋數萬言而不能休，實有不同。故王弼之《易注》，後人列入《十三經注疏》中，為士子所取法。王、何二人援道入儒注經之精神，對魏晉以後影響甚大。皮錫瑞《經學歷史》曰：「唐人謂南人約簡，得其英華，不過名言靡屑，騁揮麈之清談，屬詞尚腴，侈雕蟲之餘技。如皇侃之《論語義疏》，名物制度，略而勿講，多以老莊之旨，發為駢麗之文，與漢人說經，相去懸絕。」（〈論南朝經學〉）

與夏侯玄、王弼、何晏等同時知名之士，尚有傅嘏，字蘭石，弱冠知名，善論才性，識量睿明。鍾會，字士季，有才數技藝而博學。二者皆精練名理，與以上三家主玄論不同，皆以名而著於時。若論其神采性情與王、何等人相似，而具有魏晉名士風格者，則屬荀粲。《三國志・荀彧傳注》引何劭〈荀粲傳〉曰：「粲字奉倩。……太尉彧少子也。粲諸兄儒術論議各知名。粲能言玄遠。常以子貢稱夫子之言性與天道不可得而聞也，然則六籍雖存，固聖人之糠秕。粲兄俁難曰：『《易》亦云：聖人立象以盡意，〈繫辭〉焉以盡言，則微言胡為不可得而聞見哉？』粲答曰：『蓋理之微者，非物之象所舉也。今稱立象以盡意，此非通於意外者也。〈繫辭〉焉以盡言，此非言乎繫表者也。斯則象外之意，繫表之言，固蘊而不出矣。』又論父彧不如從兄攸。彧立德高整，軌儀以訓物。而攸不治外形，愼密自居而已。粲以此言善攸，諸兄怒而不能迴也。太和初，到京邑，與傅嘏談。嘏善名理，而粲尚玄遠。宗致雖同，倉卒時或有格而不相得意，裴徽通彼我之懷，為二家騎驛。頃之，粲與嘏善，夏侯玄亦親。常謂嘏、玄曰：『子等在世途間，功名必勝我，但識劣我耳！』嘏難曰：『能盛功名者，識也。天下孰有本不足而末有餘者耶？』粲曰：『功名者，志局之所獎也。然則志局自一物耳。固非識之所獨濟也。我以能使子等為貴，然未必齊子等所為也。』粲常以婦人者，才智不足論，自宜以色為主。驃騎將軍曹洪女有美色。粲於是聘焉。容服帷帳甚麗。專房歡宴歷年。後婦病亡，未殯，傅嘏往呼粲。粲不哭而神傷。嘏問曰：『婦人才色並茂為難。子之娶也，遺才而好色。此自易遇，今何哀之甚？』粲曰：『佳人難再得。顧逝者不能有傾國之色，然未可謂之易遇。』痛悼不能已。歲餘亦亡，時年二十九。粲簡貴，不能與常人交接。所交皆一時俊傑。至葬夕，赴者裁十餘人，皆同時知名士也。哭之感動路人。」是荀粲之好玄遠，崇識見，且通達意象之辨，與王弼等人殊無二致。而遺才好色，因婦死而痛悼以亡，此亦見其風流逸情，坦率無偽之名士性格也。與正始及竹林名士之放達孤高之性情相同。

第三節　竹林名士

　　竹林名士係指阮籍等七位賢士，常酣遊於竹林之下而得名。《水經》清水《注》云：「魏步兵校尉阮籍、中散大夫譙國嵇康、晉司徒河內山濤、司徒琅邪王戎、黃門郎河內向秀、建威參軍沛國劉伶、始平太守阮咸等，同居山陽，結自得之遊，時人號之爲『竹林七賢』。」又《世說·任誕篇》曰：「陳留阮籍、譙國嵇康、河內山濤，三人年皆相比，康年少亞之。預此契者，沛國劉伶、陳留阮咸、河內向秀、琅邪王戎，七人常集于竹林之下，肆意酣暢，故世謂『竹林七賢』。」故袁宏遂以茲七者，爲竹林名士。

　　然考諸史料，七賢是否知交厚結，則可疑之處甚多。如嵇康自謂與山濤「偶與足下相知」（〈與山巨源絕交書〉）而康以呂安事，爲鍾會廷論一言而罹禍見誅，竹林之輩如山濤爲吏部郎，阮籍爲散騎常侍，皆未予之奔走搭救。其餘涉及竹林交誼者，亦未見於彼此墨楮言談間。而向秀〈思舊賦〉乃爲記「山陽舊居」之作，文中未有一辭涉及「竹林」及諸賢者。故何啓民先生曰：

　　　然則七賢竹林之事豈不可怪也哉！不見于當時著作，而稱于中朝。
　　　渡江以後，有專門之書，而難得描敍之文。雖昔之載籍，留存于今者寡，亦殊不足以解此惑也。〔註2〕

七賢縱非時交，竹林之事或屬子虛，然渠輩之任誕狂放，不拘於俗，深受老莊思想之影響則一。故後世史書多將之並列，敍述其竹林交遊，吟咏酣暢，令人神馳不已。

一、阮　籍

　　阮籍，字嗣宗，陳留尉氏人。父瑀，爲魏丞相掾，係建安七子之一，工詩文，知名於世。籍三歲喪父，「幼有奇才異質，八歲能屬文。」（《太平御覽》引《魏氏春秋》）爲一不可多得之才子。《晉書·阮籍傳》曰：「籍容貌瑰傑，志氣宏放，傲然獨得，任性不羈，而喜怒不形於色。或閉戶視書，累月不出；或登臨山水，經日忘歸。博覽群籍，尤好《莊老》。嗜酒能嘯，善彈琴。當其得意，忽忘形骸。時人多謂之癡。惟族兄文業每歎服之，以爲勝己。由是咸共稱異。」嘗隨叔父至東郡，兗州刺史王昶請與相見，終日不開口說一言。王昶認爲其深不可測。太尉蔣濟聞其有雋才而辟之，曹爽亦欲招爲參軍，乃

辭不就，數因病而辭官。司馬懿時招其爲從事中郎，司馬師時又招其爲大將軍從事中郎。司馬昭當國，遂封之爲關內侯，並任東平相、步兵校尉、從事中郎，散騎常侍等職。景元四年冬卒，時年五十四。（以上見《晉書·阮籍傳》）

　　阮籍生於亂世，本有濟世之志。然爲時勢所逼，遂思以老莊之道，以求保身應世之方。故其行爲多有荒誕不經者，茲依《晉書·阮籍傳》轉記於下，可見其名士風格一斑。

　　「籍本有濟世志，屬魏晉之際，天下多故，名士少有全者。籍由是不與世事，遂酣飲爲常。文帝初欲爲武帝求婚於籍。籍醉六十日，不得言而止。鍾會數以時事問之，欲因其可否而致之罪，皆以酣醉獲免。」

　　「及文帝輔政，籍嘗從容言於帝曰：『籍平生曾遊東平，樂其風土。』帝大悅，即拜東平相。籍乘驢到郡，壞府舍屛障，使內外相望。法令清簡，旬日而還。帝引爲大將軍從事中郎。有司言子殺母者。籍曰：『嘻！殺父乃可，至殺母乎？』坐者怪其失言。帝曰：『殺父，天下之極惡，而以爲可乎？』籍曰：『禽獸知母而不知父。殺父，禽獸之類也。殺母，禽獸之不若！』眾乃悅服。」

　　「籍聞步兵廚營人善釀，有貯酒之百斛，乃求爲步兵校尉。遺落世事，雖去佐職，恒游府內，朝宴必與焉。會帝讓九錫，今卿將勸進，使籍爲其辭。籍沈醉忘作，臨詣府，使取之，見籍方據案醉眠。使者以告，籍便書案，使寫之，無所改竄。辭甚清壯，爲時所重。」

　　「籍雖不拘禮教，然發言玄遠，只不臧否人物。性至孝，母終，正與人圍棋。對者求止，籍留與決賭。既而飲酒二斗，舉聲一號，吐血數升。及將葬，食一蒸肫，飲二斗酒，然後臨訣。直言窮矣。舉聲一號，因又吐血數升。毀瘠骨立，殆至滅性。裴楷往弔之，籍散髮箕踞，醉而直視。楷弔唁畢便去。或問楷：『凡弔者，主哭，客乃爲禮。籍既不哭，君何爲哭？』楷曰：『阮籍既方外之士，故不崇禮典；我俗中之士，故以軌儀自居。』時人歎爲兩得。」

　　「籍又能爲青白眼，見禮俗之士，以白眼對之。及嵇喜來弔，籍作白眼，喜不懌而退。喜弟康聞之，乃齎酒挾琴造焉。籍大悅，乃見青眼。由是，禮法之士，疾之若讐，而帝每保護之。」

　　「籍嫂嘗歸寧，籍相見與別。或譏之。籍曰：『禮豈爲我設邪！』鄰家少婦有美色，當壚沽酒。籍嘗詣飲，醉便臥其側。籍既不自嫌，其夫察之，亦不疑也。，兵家女有才色，未嫁而死。籍不識其父兄，徑往哭之，盡哀而還。其外坦而內淳至，皆此類也。時率意獨駕，不由徑路，車迹所窮，輒慟哭而

反。嘗登廣武，觀楚漢戰處。歎曰：『時無英雄，使豎子成名！』登武牢山，望京邑而歎，於是賦〈豪傑詩〉。」

阮籍生於亂世，不得不蹈光隱跡，以求保身之道。時司馬氏株殺無辜，動夷三族。如何宴、夏侯玄等輩皆坐罪受誅，此異己者固難免；而鍾會之附羶司馬氏又以才顯被殺。阮籍歷宦司馬氏數代，因知司馬氏忌刻成性，動輒遭咎，不得不如此也。故其〈詠懷詩〉之作，乃爲「身仕亂朝，死罹謗遇禍，故發此詠耳。」（《文選注》）〈詠懷詩〉第三十二首曰：「一日復一夕，一夕復一朝。顏色改平常，精神自損消。胸中懷湯火，變化故相招。萬事無窮極，知謀苦不饒。但恐須臾間，魂氣隨風飄。終身履薄冰，誰知我心焦？」《世說新語‧德行篇注》引《魏氏春秋》曰：「晉文王曰：『天下之至慎者，其唯阮嗣宗乎！每與之言，言及玄遠，而未嘗評論時事，臧否人物。』」

然他方面，此種消極逃避之心理，又演變成積極對抗時俗之狂傲行爲。不拘禮教，發言玄遠，散髮箕踞，酖於杯中之物，善於青白眼，率性而哭，恣意而臥，此誠爲對亂世政治之反動，亦爲其內心苦悶難以渲洩，不得不然之行爲。實則阮籍之本性，乃係眞誠無僞，有血有肉。故其母死而哀毀喪形，吐血數升，醉則臥婦之側而不自嫌，而比附方外之士。對於禮法之人，率多虛僞，不屑與之同流。此乃阮籍之本性如此。《御覽》引王隱《晉書》曰：「魏末，阮籍有才而嗜酒荒放，露頭散髮，裸袒箕踞，作二千石不治官事，日與伶下共飲酒歌呼。時人或以籍生在魏晉之交，欲伴狂避時，不知籍本性自然也。」（卷四九八）

而此種傲然獨得，任性不羈之名士作風，竟成爲魏晉時人競相仿傚之對象。一時群慕眾隨，相引成風。《世說新語‧德行篇注》引王隱《晉書》曰：「魏末，阮籍嗜酒荒放，露頭散髮，裸裎箕踞。其後貴遊子弟阮瞻、王澄、謝鯤、胡毋輔之之徒，皆祖述於籍，謂得大道之本。故去巾幘，脫衣服，露醜惡，同禽獸。甚者，名之爲『通』，次者，名之爲『達』也。」甚至其子亦摹傚乃父，不過徒學其形式而已。《晉書‧阮籍傳》曰：「子渾，字長成，有父風。少慕通達，不飾小節。籍謂曰：『仲容已豫吾此流，汝不得復爾！』」《注》引〈竹林七賢論〉曰：「籍之抑渾，蓋以渾未識己之所以爲『達』也。」是以阮籍對當時之影響，於此可見。

阮籍生當亂世，其言行之未嘗評論時事，臧否人物，深得老莊明哲保身之旨，其表現於行爲上之曠放任誕，傲岸不俗，則又與老莊睥睨天地，遊於

方之外者（《莊子・大宗師》）相同。觀其「〈通老論〉」「〈達莊論〉」「〈大人先生傳〉」「〈無名論〉」皆發揮老莊之精義，而其「〈詠懷詩〉」又多道家隱晦憂生之言，其「〈通易論〉」更承襲王弼以來以道入儒之精神，則阮籍與老莊關係淵源之深，於斯可見。

二、嵇　康

　　嵇康，字叔夜，譙國銍人也。《晉書・嵇康傳》曰：「康早孤，有奇才，遠邁不群。身長七尺八寸，美詞氣，有風儀，而土木形骸，不自藻飾，人以為龍章鳳姿，天質自然。恬靜寡欲，含垢匿瑕，寬簡有大量。學不師受，博覽無不該通，長好老莊。與魏室婚，拜中散大夫。常修養性服食之事，彈琴詠詩，自足於懷。以為神仙稟之自然，非積學所得。至於導養得理，則安期、彭祖之倫可及，乃著〈養生論〉。」嵇康為一飽學多聞，博覽兼該之名士。其早年儒學之環境，却難抑其對老莊之喜愛，及嚮往曠達超逸之名士生涯。〈王粲傳注〉引嵇康之〈嵇康傳〉曰：「家世儒學，少有儁才，曠達不群，高亮任性，不修名譽，寬簡有大量，學不師授，博洽多聞。」正係對其名士性格之描述。而嵇康外表之「龍章鳳姿，天質自然」，亦是名士風采翩翩所必備之特質。我國名士愛美，莫甚於魏晉以次之名士，而嵇康可謂此中之翹楚。《世說新語・容止篇》對嵇康外在之美特多形容：如「身長七尺八寸，風姿特異，見者歎曰：『蕭蕭肅肅，爽朗清舉。』或云：『肅肅如松下風，高而徐引。』」「山公曰：『嵇叔夜之為人也，巖巖若孤松之獨立。其醉也，傀俄若玉山之將崩。』」又《注》引〈嵇康別傳〉曰：「康長七尺八寸，偉容色，土木形骸，不知飾厲，而龍章鳳姿，天質自然，正爾在群形之中，便知非常之器。」嵇康外表之堂皇巍峨，時人稱道曰：「方中之美範，人倫之勝業。」（《世說・德行篇注》引〈康別橋〉）可知其儀容之卓然不俗。

　　嵇康家境貧苦，以鍛鐵為主，然個性兀介不俗，不阿權貴。《晉書・嵇康傳》曰：「性絕巧而好鍛。宅中有一柳樹甚茂，乃激水圜之。每夏月，居其下以鍛。東平呂安服康高致，每一相思，輒千里命駕，康友而善之。後安為兄所枉訴，以事繫獄，辭相證引，遂復收康。康性慎言行，一旦縲紲，乃作〈幽憤詩〉。」又《世說新語・簡傲篇》曰：「康性絕巧，能鍛鐵。家有盛柳樹，乃激水以圜之，夏天甚清涼，恒居其下傲戲，乃身自鍛。家雖貧，有人就鍛者，不受直。唯親舊以雞酒往，與其飲噉，清言而已。」其安貧樂道，個性

率直逍遙若此。

　　時權貴鍾會欲親造之，嵇康不屑與之同謀，故不就焉。《三國志・王粲傳・注》引《魏氏春秋》曰：「鍾會為大將軍所昵，聞康名而造之。會名公子，以才能貴幸，乘肥衣輕，賓從如雲。康方箕踞而鍛，會至，不為之禮。康問會曰：『何所聞而來？何所見而去？』會曰：『有所聞而來，有所見而去。』會深銜之。」其間散不羈，不苟迎俗之個性於此可見。

　　却因此得罪鍾會，譖之於晉文帝曰：「今皇道開明，四海風靡，邊鄙無詭隨之民，街巷無異口之義。而康上不臣天子，下不事王侯。輕時傲世，不為物用，無於今，有敗於俗。昔太公誅華士，孔子戮少正卯，以其負才，亂群惑眾也。今不誅康，無以清潔王道。」（《世說・雅量篇注》引〈文士傳〉）文帝本惡嵇康，又因其〈答山濤書〉有「每非湯武而薄周孔」之語，以為隱於譏諷，遂閉獄而誅之。

　　《晉書・嵇康傳》曰：「康將刑東市，太學生三千人請以為師，弗許。康顧視日影，索琴彈之曰：『昔袁孝尼從吾學廣陵散。吾每靳固之，廣陵散於今絕矣！』時年四十。海內之士，莫不痛之。帝尋悟而恨焉。初，康嘗游于洛西，暮宿華陽亭，引琴而彈。夜分，忽有客詣之，稱是古人。與康共談音律，辭致清辯，因索琴彈之，而為廣陵散。聲調絕倫，遂以授康。乃誓不傳人，亦不言其姓字。」嵇康臨誅，太學生三千人請以為師。而其卒，海內之士，莫不痛之，是知其孚於眾望，深獲士林所敬重。則鍾會所誣其「以其負才，亂群惑眾」之言，誠非空穴來風。

　　嵇康本為曹氏姻親。曹爽被殺，司馬氏益加專橫。康之不遇，實乃命也。《晉書・本傳》謂：「康又遇王烈，共入山。烈嘗得石髓如飴，即自服半，餘半與康，皆凝而為石。又於石室中見一卷《素書》，遽乎康往取，輒不復見。烈乃歎曰：『叔夜志趣非常而輒不遇，命也！』」此雖屬神怪之論，然嵇康才高命苦，遭時不遇，實令人感慨。故袁宏妻李氏有〈弔嵇中散文〉稱其為「命世之傑」，良有以也。嵇康行為放情恣縱，實有消極避世之思想。其〈予阮德如詩〉曰：「澤雉窮野草，靈龜樂泥蟠。榮名穢人身，高位多災患。未若捐外累，肆志養浩然。」又〈答二郭詩〉曰：「昔蒙父兄祚，少得離負荷。因疏遂成懶，寢蹟北山阿。但願養性命，終已靡有他。良辰不我期，當年值紛華。坎壈趣世務，常恐嬰網羅。羲農邈已遠，拊膺獨咨嗟。朝戒貴尚容，漁父好揚波。雖逸不已難，非余心所嘉。豈若翔區外，餐瓊漱朝霞。遺物棄鄙累，

逍遙游太和。結友集靈嶽，彈琴登清歌。有能從此者，古人豈足多？」詩中透露對生命之無奈而慕高蹈之思想，與老莊棄世無累之超脫情致，若合符節。

　　欲瞭解嵇康名士風格，及其心意，亦可從其「〈與山巨源絕交書〉」一文中，窺其所止。此文之作，《三國志・王粲傳注》引《魏氏春秋》曰：「山濤為選曹郎，舉康自代，康答書拒絕。」文曰：「少加孤露，母兄見驕。不涉經學，性復疏懶，筋駑肉緩，頭面常一月十五日不洗，不大悶癢，不能沐也。每常小便而忍不起，令胞中略轉，乃起耳。又縱逸來久，情意傲散，簡與禮相背，懶與慢相成，而為儕類見寬，不攻其過。又讀《莊老》，重增其放。故使榮進之心日頹，任實之情篤。此由禽鹿少見馴育，則服從教制；長而見羈，則狂顧頓纓，赴蹈湯火。雖飾以金鑣，饗以嘉肴，愈思長林而志在豐草也。阮嗣宗口不論人過，吾每師之而未能及，至性過人，與物無傷，唯飲酒過差耳。至為禮法之士所繩，疾之如讎，幸賴大將軍保持之耳。吾不如嗣宗之賢，而有慢弛之闕。又不識人情，闇於機宜，無萬石之慎，而有好盡之累。久與事接，疵釁日興，雖欲無患，其可得乎？又人倫有禮，朝廷有法，自惟至熟，有必不堪者七，甚不可者二：臥喜晚起，而當關呼之不置，一不堪也。抱琴行吟，弋釣草野，而吏卒守之，不得妄動，二不堪也。危坐一時，痺不得搖，性復多蝨，把搔無已，而當裹以章服，揖拜上官，三不堪也。表不便書，又不喜作書，而人間多事，堆案盈几，不相酬答，則犯教傷義；欲自勉強，則不能久，四不堪也。不喜弔喪，而人道以此為重，已為未見恕者所怨，至欲見中傷者，雖瞿然自責，然性不可化；欲降心順俗，則詭故不情，亦終不能獲無咎無譽如此，五不堪也。不喜俗人，而當與之共事，或賓客盈坐，鳴聲聒耳，囂塵臭處，千變百伎，在人目前，六不堪也。心不耐煩，而官事鞅掌，機務纏其心，世故繁其慮，七不堪也。又每非湯武而薄周孔，在人間不止，此事會顯，世教所不容，此甚不可一也。剛腸疾惡，輕肆直言，遇事便發，此甚不可二也。以促中小心之性，統此九患，不有外難，當有內病，寧可久處人間邪？又聞道士遺言，餌朮黃精，令人久壽，意甚信之。游山澤，觀魚鳥，心甚樂之。一行作吏，此事便廢，安能舍其所樂，而從其所懼？」文中表明嵇康澹泊自適之人生觀及達然超俗之出世理想。不為形勞，不為物役，肆然恣縱，自得其樂。雖有違世教，然不失其率真；縱有虧官職，卻能安貧樂道。其「七必不堪，二甚不可」又豈嵇康一人之心聲？實為亂世中人所欲爭脫桎梏，避免迫害之普遍願望。而嵇康最後以老莊做為理想依歸：「吾頃學

養生之術，方外榮華，去滋味，遊心於寂漠，以無爲爲貴，縱無九患，尚不顧足下所好者。」（〈與山巨源絕交書〉）正係魏晉名士所必然選擇之途徑。

　　嵇康以「老子、莊周爲吾之師」自許，其著作中特多發揮老莊之旨。除〈與山巨源絕交書〉外，尚有〈卜疑集〉、〈聲無哀樂論〉、〈養生論〉、〈答難養生論〉、〈釋私論〉、〈難自然好學論〉、〈明膽論〉、〈難宅無吉凶攝生論〉、〈答釋難宅無吉凶攝生論〉等作品，今傳有《嵇中散集》十卷。

三、山　濤

　　山濤，字巨源，河內懷人。《晉書・山濤傳》曰：「濤早孤，居貧。少有器量，介然不群。性好莊老，每隱身自晦。與嵇康、呂安善。後遇阮籍，便爲竹林之交，著忘言之契。康後坐事。臨誅，謂子紹曰：『巨源在，汝子孤矣！』」以與司馬懿夫人有中表親，是以司馬師引之爲吏部郎。司馬炎即位，以濤爲大鴻臚。及羊祜執政，時人欲危裴秀，濤正色保持之，由是失權遭忌，出爲冀州刺史。「時冀俗薄，無相推轂。濤甄拔隱屈，搜訪賢才，旌命三十餘人，皆顯名當時。人懷慕尚，風俗頗革。」（仝上）其爲政清遠如此。累遷尚書僕射。後以母老辭職，除議郎，「帝以濤清儉無以供養，特給日契，加賜牀帳茵褥。禮秩崇重，時莫爲比。」後居選舉之職，周遍內外，而並得其才。濤立於朝，晚值后黨專政，不欲任楊氏，多有諷諫，帝雖悟而不能改。乃上疏告退曰：「臣年垂八十，救命旦夕，若有毫末之益，豈遺力於聖時。迫以老耄，不復任事。今四海休息，天下思化，從而靜之，百姓自正。但當崇風尚教以敦之耳，陛下亦復何事？臣耳目聾瞑，不能自勵。君臣父子，其間無文，是以直陳愚情，乞聽所請。」乃免冠徒跣，上還印綬，然帝不許。平吳之後，濤極言不宜去州群武備，其論甚精，帝不能用。永寧之後，屢有變難，寇賊飆起，郡國皆以無備不能制，天下遂以大亂，果如濤言。太康四年薨，時年七十九。（以上見《晉書・山濤傳》）

　　山濤以貴戚之身，甚得司馬氏之重用，然其本人却不恃才自衒，而善以老莊清儉謙退之道自處，故能持盈保泰，終身不殆。雖數上書請辭，亦屢獲重用。生榮死哀，可謂享盡天年。茲依《晉書・本傳》所記，再引數事，以證其謙冲遜讓之風：

　　「初，濤布衣家貧，謂妻韓氏曰：『忍饑寒，我後當作三公，但不知卿堪公年人不耳！』及居榮貴，貞愼儉約，雖爵同千乘，而無嬪媵。祿賜俸秩，

散之親故。」

「初，陳郡袁毅嘗爲鬲令，貪濁而賂遺公卿，公求虛譽，亦遺濤絲百斤。濤不欲異於時，受而藏於閣上。後毅事露，檻車送廷尉，凡所受賂，皆見推檢。濤乃取絲付吏，積無塵埃，印封如初。」

「濤飲酒至八斗方醉。帝欲試之，乃以酒八斗飲濤，而密益其酒，濤極本量而止。」

由以上可知山濤深得老子「明道若昧，進道若退。」（四一章）之旨，故能守身不敗，寬裕自處。《世說新語‧識鑒篇注》引《名士傳》曰：「濤居魏晉之間，無所標名。」又曰：「王夷甫推歎濤，晻晻爲與道合，其深不可測。」又〈賞譽篇〉曰：「王戎目山巨源如璞玉渾金。人皆欽其寶，莫知名其器。」《注》引顧愷之〈畫贊〉曰：「濤無所標名，淳深淵默，人莫知其際，而囂然亦入道。故見者莫能稱謂，而服其德量。」又《賢媛篇注》引〈晉陽秋〉曰：「濤雅量恢達，度量弘遠，心存事外，而與時府仰。」時人對其欽仰推崇如此。

而山濤本身亦以識度自許。《世說新語‧賢媛篇》曰：「山公與嵇、阮一面，契若金蘭。山妻韓氏，覺公與二人異於常交，問公。公曰：『我當年可以爲友者，唯此二生耳。』妻曰：『負羈之妻，亦親觀狐趙，意欲窺之，可乎？』他日，二人來。妻勸公止之宿，具酒肉，夜穿墉以視之，達旦忘反。公入曰：『二人何如？』妻曰：『君才殊不如，正當以識度相友耳。』公曰：『伊輩亦常以我度爲勝。』」是知山濤之恢宏雅量，能得眾友之景仰，此實從老莊之修養而來。故《晉書‧本傳》言其「少有器量，介然不群，性好莊老，每隱身自晦。」豈此之謂歟。

四、向　秀

向秀，字子期，河內懷人。少時即懷不羈之志，本無意仕途。與山濤、嵇康、呂安等友善。《世說新語‧言語篇注》引〈向秀別傳〉曰：「少爲同郡山濤所知，又與譙國嵇康，東平呂安友善，並有拔俗之韻。其進止無固必，而造事營生，業亦不異。常與嵇康偶鍛於洛邑，與呂安灌園於山陽。不慮家人有無，外物不足怫其心。」後康、安被誅，向秀懼禍，乃入仕京師，詣大將軍司馬文王。〈向秀別傳〉曰：「康被誅，秀遂失圖。乃應歲舉到京師，詣大將軍司馬文王。文王問曰：『聞君有箕山之志，何能自屈？』秀曰：『常謂

彼人不達堯意，本非所慕也。』一坐皆悅。」是知其操行無常，進止無固必也。蓋亂世之中，欲保身者，祇有與時舒卷，韜光晦跡，方足以圖存。一生之中與嵇康、呂安交情甚篤。《晉書・向秀傳》曰：「康善鍛，秀爲之佐，相對欣然，旁若無人。」而彼此之間個性，却不相同。《世說新語・文學篇注》引〈向秀別傳〉曰：「秀與嵇康、呂安爲友，趣舍不同。嵇康傲世不羈，安放逸邁俗，而秀雅好讀書。二子頗以此嗤之。後秀將注《莊子》，先以告康、安。康、安咸曰：『書詎復須注，徒棄人作樂事耳！』」《晉書・向秀傳》謂其：「情悟有遠識，少爲山濤所知，雅好老莊之學。莊周著內外數十篇，歷世才士雖有觀者，莫適論其旨統也。秀乃爲之隱解，發明奇趣，振起玄風。讀之者，超然心悟，莫不自足一時也。惠帝之世，郭象又述而廣之。儒墨之迹見鄙，道家之言遂盛焉。始，秀欲注。嵇康曰：『此書詎復須注，正是妨人作樂耳！』及成，示康曰：『殊復勝不？』又與康論養生，辭難往復，蓋欲發康高致也。」

嵇康、呂安皆一時名士，其爲人兀傲不俗，放達超逸。向秀與之遊，雖個性觀點有所不同，然彼此間，同聲相應，同氣相求，其名士軌跡則一。康、安被誅後，向秀心懷抑鬱，雖官拜散騎侍郎、黃門侍郎、散騎常侍等，然在朝不任職，容迹而已，卒齎志以沒。《晉書・向秀傳》曰：「康既被誅，秀應本郡計入洛。文帝問曰：『聞有箕山之志，何以在此？』秀曰：『以爲巢許狷介之士，未達堯心，豈足多慕？』帝甚悅。秀乃自此役，作〈思舊賦〉云：『余與嵇康、呂安居止接近，其人並有不羈之才。嵇意遠而疏，呂心曠而放，其後並以事見法。嵇博綜伎藝，於絲竹特妙，臨當就命，顧視日影，索琴而彈之。逝將西邁，經其舊廬。于時日薄虞泉，寒冰淒然。鄰人有吹笛者，發聲寥亮。追想曩昔遊宴之好，感音而歎，故作賦曰：將命適於遠京兮，遂旋反以北徂。濟黃河以汎舟兮，經山陽之舊居。瞻曠野之蕭條兮，息余駕乎城隅。踐二子之遺迹兮，歷窮巷之空廬。歎〈黍離〉之愍周兮，悲〈麥秀〉於殷墟。惟追昔以懷今兮，心徘徊以躊躇。棟宇在而弗毀兮，形神逝其焉如？昔李斯之受罪兮，歎黃犬而長吟。悼嵇生之永辭兮，顧日影而彈琴。托運遇於領會兮，寄餘命於寸陰。聽鳴笛之慷慨兮，妙聲絕而復尋。佇駕言其將邁兮，故援翰以寫心。』」名士之情同蘭契，生死不渝，讀之誠令人唏噓感傷，低徊不已。

向秀既雅好老莊之學，故其「〈儒道論〉」、「《周易注》」、「〈難嵇叔夜養生論〉」，皆通達玄旨。其中以「《莊子注》」最能「發明奇趣，振起玄風。讀之者超然心悟，莫不自足一時也。」《世說新語・文學篇》曰：「向秀於舊注外

爲解義，妙析奇致，大暢玄風。」時呂安視之乃驚曰：「莊周不死矣。」（《世說‧文學篇注》引〈向秀別傳〉）可知其注《莊》之深入，與影響時人之深遠。惠帝之世，郭象又述而廣之。至宋時郭《注》盛行，而向《注》已失。宋末陳振孫《直齋書錄題卷》卷九亦僅錄郭《注》，並云：「向義今不傳，但時見陸氏《釋文》。」然郭《注》既踵繼向《注》而來，「向郭二《莊》，其義一也。」此向《注》之義理玄旨，猶可附郭《注》以傳世，雖亡猶存也。

郭象，《晉書》有傳云：「郭象，字子玄。少有才理，好老莊，能清言。太尉王衍每云聽象語，如懸河涉水，注而不竭。州郡辟召不就。常閒居以文自娛。後辟司徒掾，稍至黃門侍郎。東海王越引爲太傅主簿，甚見親委。遂任職當權，熏灼內外。由是素論去之。永嘉末，病卒。著《碑論》十二篇。」又云：「先是，注《莊子》者，數十家，莫能究其旨統。向秀於舊《注》外，而爲解義。妙演奇致，大暢玄風。惟〈秋水〉、〈至樂〉二篇未竟，而秀卒。秀子幼，其義零落。然頗有別本遷流。象爲人行薄，以秀義不傳於世，遂竊以爲己《注》。乃自注〈秋水〉、〈至樂〉二篇，又易〈馬蹄〉一篇。其餘眾篇，或點定文句而已。其後秀義別本出。故今有向郭二《莊》，其義一也。」

向郭之注《莊》，如同王弼之解《老》，可使「讀之者無不超然，若已出塵埃而窺絕冥。始了視聽之表，有神德玄哲，能遺天下，外萬物。雖復使動競之人，顧觀所徇，皆悵然自有振拔之情矣。」（《世說‧文學篇注》引〈竹林七賢論〉）莊學精義，至此可謂發揚盡至也。

五、劉　伶

劉伶，字伯倫，沛國人。身長六尺，容貌甚寢。《世說新語‧容止篇》曰：「劉伶，身長六尺，貌甚醜顇。而悠悠忽忽，土木形骸。」《注》引梁祚《魏國統》亦言其：「形貌醜陋，身長六尺。然肆意放蕩，悠焉獨暢，自得一時。」此與嵇康之「龍章鳳姿」之瑰偉體貌，何啻天壤之別。然其恣意曠放之名士性格則一。劉伶一生事蹟，史載甚少。《晉書‧劉伶傳》曰：「爲建威參軍，泰始初對策，盛言無爲之化，時輩皆以高第得調，伶獨以無用罷，竟以壽終。」是知其崇信老莊無爲思想，雖不爲時用，然卒以保身，竟以壽終。此誠莊子所謂無用之用，可成其天年（見〈逍遙遊〉）

劉伶之名士性格，表現於嗜酒方面。《晉書‧劉伶傳》曰：「放情肆志，常以細宇宙，齊萬物爲心。澹默少言，不妄交游，與阮籍、嵇康相遇，欣然

神解，攜手入林。初不以家產有無介意。常乘鹿車，攜一壺酒，使人荷鍤而隨之。謂曰：『死便埋我！』其遺形骸如此。嘗渴甚，求酒於其妻。妻捐酒毀器，涕泣諫曰：『君酒太過，非攝生之道，必宜斷之。』伶曰：『善！吾不能自禁，惟當祝鬼神自誓耳。便可具酒肉。』妻從之。伶跪祝曰：『天生劉伶，以酒為名。一飲一斛，五斗解酲。婦兒之言，愼不可聽！』乃引酒御肉，隗然復醉。嘗醉與俗人相忤，其人攘袂奮拳而往。伶徐曰：『雞肋不足以安尊拳。』其人笑而止。」

劉伶借酒以避世，舉杯以消愁，終生唯酒是酖，此種性格與阮籍相似。《世說・任誕篇注》引〈文士傳〉曰：「（阮籍）復聞步兵廚中，有酒三百石，忻然求為校尉。於是入府舍，與劉伶酣飲。」又引〈竹林七賢論〉曰：「籍與伶共飲步兵廚中，並醉而死。」蓋晉世君主慘苛成性，稍一不順其意，則性命堪虞，如欲保身，唯有引觴終日，陶瓦盡年，方足以避害遠禍。胡仔《苕溪漁隱叢話》引《石林詩話》曰：「晉人多言飲酒，有至沈醉者。此未必意眞在於酒，蓋時方艱難，人各懼禍，惟託於醉，可以粗遠世故。蓋陳平、曹參以來用此策。《漢書》記陳平於劉呂未判之際，日飲醇酒戲婦人，是豈眞好飲邪？曹參雖與此異，然方欲解秦之煩苛，付之清淨，以酒杜人，是亦一術。不然，如蒯通輩無事而獻說者，且將日走其門矣。流傳至嵇、阮、劉伶之徒，遂全欲用此為保身之計，此意惟顏延年知之。故〈五君詠〉云：『劉伶善閉關，懷清滅聞見。韜精日沈飲，誰知非荒宴？』如是飲者未必劇飲，醉者未必眞醉也。後世不知此，凡溺於酒者，往往以嵇、阮為例，濡首腐脇，亦何恨於死邪！」誠屬允論。

劉伶有〈酒德頌〉一文，與阮籍〈大人先生傳〉可相輝映。辭曰：「有大人先生，以天地為一朝，萬期為須臾，日月為扃牖，八荒為庭衢。行無轍迹，居無室廬，幕天席地，縱意所如。止則操卮執瓠，動則挈榼提壺，惟酒是務，焉知其餘。是貴介公子，搢紳處士，聞吾風聲，議其所以，乃奮袂攘襟，怒目切齒，陳說禮法，是非蜂起。先生於是方奉罌承槽，銜杯漱醪，奮髯箕踞，枕麴藉糟，無思無慮，其樂陶陶。兀然而醉，怳爾而醒。靜聽不聞雷霆之聲，熟視不睹泰山之形。不覺寒暑之切肌，利欲之感情。俯觀萬物，擾擾焉若江海之載浮萍。二豪侍側焉如蜾蠃之與螟蛉。」阮籍、劉伶並道「大人先生」，阮籍以萬里為一步，以千歲為一朝；劉伶亦以天地為一朝，萬期為須臾，日月為扃牖，八荒為庭衢。其狂放肆縱，不指於禮法，追摹老莊，鄙夷周孔之

態度則一。阮籍以君子之處，比虱之處于褌中，劉伶之恣意任縱，蔑視名教亦然。《世說‧任誕篇注》引鄧粲《晉紀》曰：「客有詣伶，值其裸袒。伶笑曰：『吾以天地爲宅舍，以屋宇爲褌衣。諸君自不當入我褌中，又何惡乎？』其自任若此。」凡此作風，皆與阮籍有相似之處。

　　魏晉名士之嗜飲狂放，任誕不合於俗，實爲對現實社會之一種反動。《莊子‧繕性篇》曰：「不當時命而大窮乎天下，則深根寧靜而待，此存身之道也。」故名士欲存身，祇有借酒裝瘋，忘懷一切俗事；而酒後失言失態，亦不必負其言行之責任。誠爲逃避亂政之最好方法。劉伶盛言無爲之化，其〈酒德頌〉充滿道家超然出世情懷，是除酒之外，唯以老莊爲依歸。李善注顏延年〈五君詠〉「劉伶善閉關，懷情滅聞見。」句曰：「言道德內光，情欲俱閉，既無外累，故聞見皆滅。」是劉伶既不馳騖於世務，遂以道家思想爲高蹈棄世之最終理想。

六、阮　咸

　　阮咸，字仲容，陳留尉氏人。爲阮籍之兄武都太守阮熙之子。幼即與叔父阮籍爲竹林之遊。任達不拘，常爲當世禮法之士所譏。歷仕散騎侍郎。山濤嘗舉阮咸爲典選，曰：「阮咸貞素寡欲，深識清濁，萬物不能移。若在官人之職，必絕於時。」武帝以阮咸耽酒浮虛，遂不用。太原郭奕高爽有識量，知名於時，少所推先，見阮咸心醉，爲之欽歎。阮咸妙解音律，善彈琵琶。雖處世不交人事，惟共親知絃歌酣宴而已。與從子阮脩特相善，每以得意爲歡。荀勗每與咸論音律，自以爲遠不及也，疾之。出補始平太守。以壽終。（以上見《晉書‧阮咸傳》）

　　阮咸自幼受阮籍之影響，耳濡目染，亦有名士之風。《世說‧賞譽篇注》引〈名士傳〉謂其「任達不拘，當世皆怪其所爲。及與之處，少嗜欲，哀樂至到，遇絕於人，然後皆忘其向議。」又謂其「解音，好酒以卒。」是典型之名士之性格，故雖有山濤三次舉薦，晉武帝皆不能用。又以妙解音律，得罪光祿大夫荀勗，左遷始平太守。《世說新語‧術解篇》曰：「荀勗善解音聲，時論謂之闇解。遂調律呂，正雅樂，每至正會，殿廷作樂，自調宮商，無不諧韻。阮咸妙賞，時謂神解。每公會作樂，而心調之不調，既無一言直，勗意忌之，遂出阮爲始平太守。」一生志鬱難伸，故表現於行爲上，則多荒誕抗俗之事。茲舉《晉書‧本傳》爲例：

「咸與籍居道南，諸阮居道北，北阮富而南阮貧。七月七日，北阮盛曬衣服，皆錦綺粲目。咸以竿挂大布犢鼻於庭，人或怪之，答曰：『未能免俗，聊復爾耳！』」

「居母喪，縱情越禮。素幸姑之婢。姑當歸于夫家，初云留婢，既而自從去。時方有客，咸聞之，遽借客馬追婢。既及，與婢累騎而還。論者甚非之。」

「諸阮皆飲酒，咸至。宗人間共集，不復用杯觴斟酌，以大盆盛酒，圓坐相向，大酌更飲。時有群豕來飲其酒，咸直接去其上，便共飲之。群從昆弟莫不以放達為行。籍弗之許。」

阮咸及諸阮子弟之曠放荒誕行徑，甚至連其叔父阮籍亦引以為過，故出面止之。此可知阮氏家族如何崇慕名士之風尚。阮咸有二子：阮瞻、阮孚，亦有乃父之風。

《晉書‧阮瞻傳》曰：「瞻，字千里，性清虛寡欲，自得於懷。讀書不甚研求，而默識其要，遇理而辯，辭不足而旨有餘。善彈琴，人聞其能，多往求聽。不問貴賤長幼，皆為彈之。神氣冲和，而不知向人所在。內兄潘岳每令鼓琴，級日達夜，無忤色。由是識者歎其恬澹，不可榮辱矣。舉止灼然。見司徒王戎。戎問曰：『聖人貴名教，老莊明自然，其旨同異？』瞻曰：『將無同。』戎咨嗟良久，即命辟之。時人謂之『三語掾』。太尉衍亦雅重之。瞻嘗群行，冒熱渴甚，逆旅有井，眾人競趨之，瞻獨逡巡在後，須飲者畢乃進，其夷退無競如此。」是其虛冲澹漠，善以老莊之道自處，進退周旋，皆寬綽而有餘。《本傳》亦述其執「無鬼之論」。此實繼承道家自然主義學說而來。然卒因鬼事而亡，蓋晉人本善敍鬼怪之傳奇也，弗足以信。《晉書‧阮瞻傳》曰：「瞻素執無鬼論，物莫能難，每自謂此理足可以辯正幽明。忽有一客通名詣瞻。寒溫畢，聊談名理，客甚有才辯。瞻與之言，良久及鬼神之事，反覆甚苦。客遂屈，乃作色曰：『鬼神，古今聖賢所共傳，君何得獨言無？即僕便是鬼！』於是變為異形，須臾消滅。瞻默然，意色大惡。後歲餘，病卒於倉垣，時年三十。」

至於阮孚，字遙集，其母，即阮咸所留之胡婢也。《晉書‧阮孚傳》曰：「初辟太傅府，遷騎兵屬。避亂渡江，元帝以為安東參軍。蓬鬆飲酒，不以王務嬰心。時常既用申韓以救世，而孚之徒未能棄也。雖然，不以事任處之。轉丞相從事中郎。終日酣縱，恒為有司所按，帝每優容之。」又曰：「初，祖約性好財，孚性好屐，因是累而未判其得失。有詣約，見正料財物，客至，

屏當不盡，餘雨水霑，以著背後，傾身障之，意未能平。或有詣阮，正見自蠟屐，因自歎曰：『未知一生當著幾量屐！』神色甚閑暢，於是勝負始分。」阮氏一家無論任達曠放，或澹漠自守，皆受老莊思想之薰陶。故雖處亂世之中，仍可於罅隙之間苟安自存。

七、王　戎

　　王戎，字濬沖，琅琊臨沂人，自幼多穎而慧黠。《晉書·王戎傳》曰：「戎幼而穎悟，神彩秀徹，裴楷見而目之曰：『戎眼爛爛，如巖下電。』年六七歲，於宣武場觀戲。猛獸在檻中虓吼震地，眾皆奔走。戎獨立不動，神色自若。魏明帝於閣上見而奇之。又嘗與群兒嬉於道側，見李樹多實，等輩競趣之，戎獨不往。或問其故，戎曰：『樹在道邊而多子，必苦李也。』取之，信然。」後襲父爵，辟相國掾，歷吏部黃門郎、散騎常侍、河東太守、荊州刺史。平吳後，進爵安豐縣侯，後遷光祿勳、吏部尚書。又從帝北伐，王師敗績於蕩陰，戎復詣鄴，隨帝還洛陽。「在危難之間，親接鋒刃，談笑自若，未嘗有懼容。時召親賓，歡娛永日。」永興二年卒，年七十二。（以上見《晉書·王戎傳》）

　　王戎一生，雖數歷顛沛，然却官運亨通，持盈不竭。究其原因，乃在以道家和光同塵，與物推移之道自處。《晉書·王戎傳》曰：「戎以晉室方亂，慕蘧伯玉之為人，與時舒卷，無蹇諤之節。自經典選，未嘗進寒素，退虛名，但與時浮沈，戶調門選而已。尋拜司徒，雖位總鼎司，而委事僚寀。間乘小馬，從便門而出游，見者不知其三公也。故吏多至大官，道路相遇輒避之。」

　　此種「與時舒卷，無蹇諤之節」實為王戎保身應世之護身符。蓋亂世之中，禮義君子，動輒遭忌，唯有掘泥揚波，與時浮沈，方足以圖存。王戎深明乎此，故行為上常表現出傷風敗德之一面。《晉書·王戎傳》曰：「性好興利，廣收八方園田水碓，周徧天下。積實聚錢，不知紀極，每月執牙籌，晝夜算計，恒若不足。而好儉嗇，不自奉養，天下人謂之膏肓之疾。女適裴頠，貸錢數萬，久而未還。女後歸寧，戎色不悅，女遽還直，然後乃歡。從子將婚，戎遺其一單衣，婚訖而更責取。家有好李，常出貨之，恐人得種，恆鑽其核，以此獲譏於世。」王戎之儉嗇吝慳，頗遭時人之非議。《世說新語·儉嗇篇》凡九條，而言戎者有四，可知一斑。《世說新語·儉嗇篇注》引〈晉諸公贊〉曰：「戎性簡要，不治儀望，自遇甚薄，而產業過豐，論者以為臺輔之

望不重。」

　　然王戎之本性，究竟是否如時人之所議？《世說新語‧德行篇》云：「王戎父渾有令名，官至涼州刺史。渾薨。所歷九郡義故，懷其德惠，相率致賻數百萬，戎悉不受。（《注》引虞預《晉書》曰：『戎由是顯名。』）」又《世說新語‧雅量篇》曰：「王戎爲侍中，南郡太守遺簡中箋布五端，戎雖不受，厚報其書。」是王戎之爲人既廉且厚。又《晉書‧王戎傳》曰：「戎以母憂去職，性至孝，不拘禮制，飲酒食肉，或觀奕棊，而容貌毀悴，杖然後起。裴頠往弔之，謂人曰：『若使一慟能傷人，濬冲不免滅性之譏也。』時和嶠亦居父喪，以禮法自持，量米而食，哀毀不踰於戎。帝謂劉毅曰：『和嶠毀頓過禮，使人憂之。』毅曰：『嶠雖寢苫食粥，乃『生孝』耳。至於王戎，所謂『死孝』。陛下當憂之。』戎先有吐疾，居喪增甚。帝遣醫療之，並賜藥物，又斷賓客。」是王戎之篤性至孝，發諸眞情，又豈如時人之所論哉？

　　王戎誠非懷私苟得之徒也，所以儉嗇好貨者，固有其不得已耳。《世說新語‧儉嗇篇注》引〈晉陽秋〉曰：「戎多殖財賄，常若不足，或謂戎以此自晦也。」蓋以晉平吳之後，天下甫定，國內多事，八王相殘，動輒得咎，大臣處乎其間，實亦難矣，而多有被殺者。故阮籍「口不論人過」「未嘗評論時事，臧否人物」，劉伶「澹默少言」，嵇康亦「性愼言行」，凡此皆韜晦保身之術也。而王戎「以王政將圯，苟媚取容，屬愍懷太子之廢，竟無一言匡諫」（《晉書‧本傳》）亦不過如上述諸名士之善於明哲保身也。道家主「無爲」，王戎之「與時舒卷，無蹇諤之節」實亦「無爲」精神之表現也。此應用人世上則是與時浮沈，不拘道德；應用政治上則是凡事委諸僚寀，終日乘馬出遊；應用於外交上則是偃兵息鼓，不尙撻伐。《晉書‧王戎傳》曰：「鍾會伐蜀，過與戎別，問計將安出。戎曰：『道家有言：爲而不恃。非成功難，保之難也。』及會敗，議者以爲知言。」王戎善以老莊之道自處，誠爲任達之士。故《世說新語‧儉嗇篇注》引戴逵論之曰：「王戎晦默於危亂之際，獲免憂禍，既明且哲，於是在矣，於是在矣。或曰：『大臣用心，豈其然乎？』逵曰：『運有險易，時有昏明。如子之言，則蘧瑗、季札之徒，皆負責矣。自古而觀，豈一王戎也哉？』」

　　王戎爲竹林名士，與阮籍等交往密切。《晉書‧王戎傳》曰：「阮籍與渾爲友。戎年十五，隨渾在郎舍。戎少籍二十歲，而籍與之交。籍每適渾，俄頃輒去，過視戎，良久然後出。謂渾曰：『濬冲清賞，非卿倫也。共卿言，不如共阿戎談。』」又曰：「戎每與籍爲竹林之游，戎嘗後至。籍曰：『俗物已復

來敗人意。』戎笑曰:『卿輩意亦復易敗耳!』」又曰:「嘗經黃公酒壚下過,顧謂後車客曰:『吾昔與阮嗣宗酣暢於此,竹林之遊,亦預其末。自嵇、阮之亡,吾便爲時之所羈絏。今日視之雖近,邈若山河。』」竹林名士以任誕交往,彼此情投意契,王戎之名士風格,當深受影響。

　　王戎善察於人倫鑒識,又精於談論,甚受時人賞識。《晉書・王戎傳》曰:「戎有人倫鑒識,嘗目山濤如璞玉渾金,人皆欽其寶,莫知名其器。王衍神姿高徹,如瑤林瓊樹,自然是風塵表物。謂裴頠拙於用長,荀勖工於用短,陳道寧纚纚如束長竿。族弟敦有高名,戎惡之。敦每候戎,輒託疾不見。敦後果爲逆亂。其鑒賞先見如此。」又曰:「戎爲人短小,任率不修威儀,善發談端,賞其要會。朝賢嘗上巳禊洛,或問王濟曰:『昨游何言談?』濟曰:『張華善說《史漢》,裴頠論前言往行,袞袞可聽。王戎談子房、季札之問,超然玄著。』其爲識鑒者所賞如此。」

　　王戎之從弟王衍,亦爲天下名士。衍字夷甫,神情明秀,風姿詳雅,山濤嘗歎曰:「何物老嫗,生寧馨兒,然誤天下蒼生者,未必非此人也。」後王敦常稱其「夷甫處衆中,如珠玉在瓦石間。」顧愷之作畫贊,亦稱其「嚴巖清峙,壁立千仞」是知其風采氣韻甚佳,年十四,往京師造僕射羊祜,申陳事狀,辭甚清辯,無屈下之色,衆咸異之。尚書盧欽嘗舉爲遼東太守,不就。於是口不論世事,唯雅詠玄虛而已。後父死,家資罄盡,乃出補元城令。終日清談,而縣務亦理。《晉書・王衍傳》謂其「妙善玄言,唯談老莊爲事。每捉玉柄麈尾,與手同色。義理有所不安,隨即改更,世號『口中雌黃』。朝野翕然,謂之『一世龍門』矣。累居顯職,後進之士,莫不景慕放效。選舉登朝,皆以爲稱首。矜高浮誕,遂成風俗焉。」後爲石勒所俘,欲求自免,自說少不豫事,因勸石勒尊號,欲委曲以求全,然卒爲石勒所害。王衍將死,顧而言曰:「嗚呼!吾曹雖不如古人,向若不祖尚浮虛,勠力以匡天下,猶可不至今日。」時年五十六。(以上見《晉書・王衍傳》)

　　以上阮籍、嵇康、山濤、向秀、劉伶、阮咸、王戎是爲竹林名士,亦曰「竹林七賢」。竹林名士,上接王、何等正始之音,下開東晉江左諸名士之風氣,其影響可謂既深且遠矣。其對當代之影響有三:

(一)放達風氣之形成

　　竹林名士,身處危世。其行爲之表現,皆偏激而逾越禮俗。如阮籍之個性乃「傲然獨得,任性不羈」,嵇康則爲「高亮任性,曠達不群」,山濤則爲

「少有器量，介然不群」，向秀則爲「進止無固必，並有拔俗之韻」，劉伶則爲「放情肆志，常以細宇宙，齊萬物爲心」，阮咸則爲「任達不拘，當世皆怪其所爲」，王戎則爲「短小任率，不修威儀」。因此七子之行爲，或蔑棄禮教，不苟時俗；或醉酒逞欲，脫衣裸形；或韜光隱跡，與時推移。凡此行徑，皆由於亂世之中，既欲保身活命，又欲純樸修眞之矛盾個性使然。故欲保身活命，祇有與世浮沈，不臧否人物善惡，其至藉酒裝瘋，以求脫離一切人世桎枯。而欲純樸修眞，祇有毀仁棄義，任性自然，以求曠遠超逸，不阿於俗。七賢之荒誕行徑，實爲亂世社會下之產物。然七賢於悖俗違禮中，仍不失其眞誠坦率之性情。故阮籍之母死，爲之吐血數升。嵇康〈與山巨源絕交書〉中有「七必不堪，二甚不可」之說，則充滿遺世高蹈之淡泊思想。山濤之隱身自晦，不以出處爲憂慮。向秀之與嵇康鍛鐵於洛邑，不慮家人有無，外物不足怫其心。劉伶之攜酒荷鍤，遺棄形骸。阮咸之貞素寡欲，深識清濁。王戎之母死守孝，因而吐疾增甚。凡此皆見竹林名士於曠廢任誕之中，仍不失其眞誠坦率之性情。是以其事蹟，千載以來，仍爲人所樂道。《莊子·漁父篇》曰：「眞者，精誠之至也。不精不誠，不能動人。故強哭者雖悲不哀，強怒者雖嚴不威，強親者雖笑不和。眞悲無聲而哀，眞怒未發而威，眞親未笑而和。眞在內者，神動於外，是所以貴眞也。其用於人理也，事親則慈孝，事君則忠貞，飲酒則歡樂，處喪則悲哀。忠貞以功爲主，飲酒以樂爲主，處喪以哀爲主，事親以適爲主。功成之美，不選其具矣。處喪以哀，無間其禮矣。禮者，世俗之所爲也；眞者，所以受於天也，自然不可易也。故聖人法天貴眞，不拘於俗。愚者反此，不能法天而恤於人，不知貴眞，祿祿而受變於俗，故不足。」因此七賢任達而不失其眞之作風，實爲竹林名士之特質。然後人不查其眞情，徒學其形骸外貌，效其越禮放軌行爲，私詡爲名士，自稱爲放達。於是競相仿摹，以此標奇，因而荒誕頹廢之習漸成，純樸率眞之風已失。干寶《晉紀總論》曰：「朝寡純德之人，卿乏不貳之老，風俗淫僻，恥尙失所。學習以老莊爲宗而黜六經，談者以虛蕩爲辨而賤名檢，行身者以放濁爲通而狹節信，進仕者以苟得爲貴而鄙居正，當官者以望空爲高而笑勤恪。是以劉頌屢言治道，傅咸每糾邪正，皆謂之俗吏。其倚杖虛曠，依阿無心者皆名重海內。若夫文王日昃不暇食，仲山甫夙夜匪懈者，蓋共嗤點以爲灰塵而相詬病矣。」《抱朴子·疾謬篇》亦曰：「世故繼有，禮教漸頹，故讓莫崇，傲慢成俗，儔類領會，或蹲或踞。暑夏之日，露首袒體，盛務唯在摴蒲彈棋，所

論極於聲色之間，舉足不離綺繻紈袴之側，游步不去勢利酒客之門。不聞清談講道之言，專以醜辭嘲弄為先。以如此者為高遠，以不爾者為峻野。於是馳逐之庸民，偶俗之近人。慕之者，猶宵蟲之赴明燭；學之者，猶輕毛之應颶風。嘲戲之談，或上及祖考，或下逮婦女，往者務必深焉，報者恐其不重焉。倡之者，不慮見答之後患；和之者，恥於言輕之不塞。周禾之芟，溫麥之刈，實由報恨，不能已也。」由此可知七賢對晉世放達頹靡風氣之影響。

（二）老莊學說之發揚

竹林名士皆老莊學說之篤信及實踐者。故阮籍「博覽群籍，尤好老莊。」其〈達莊論〉、〈大人先生傳〉皆發揮莊子逍遙浮世，與道俱成之旨。嵇康亦以「老子、莊周吾師也」，其〈卜疑篇〉曰：「將如莊周之齊物變化，洞達而放逸。」充出世情懷。而其〈養生論〉更是承襲《莊子》之〈養生主〉思想而來。向秀「雅好老莊之學」，其《莊子注》更能「發明奇趣，振起玄風。讀之者超然心悟，莫不自足一時也。」山濤亦「性好老莊，每隱身自晦。」劉伶作〈酒德頌〉，以「天地為一朝，萬期為須臾」，乃承襲阮籍〈大人先生傳〉而來，發揮老莊拔俗超逸之人生觀。阮咸之「少嗜欲，哀樂至到，過絕於人」，王戎之「性情簡要，不治儀望」，亦皆老莊思想之實踐者。竹林名士之嗜好老莊，崇拜老莊，將老莊學說推展至無比高聳之巨峯。使老莊學術在歷史上佔有輝皇之地位。形成整個社會「戶詠恬曠之辭，家畫老莊之像。」（《晉書‧忠義傳》嵇含語），整個學術界「學者以老莊為宗，而黜六經；談者以虛薄為辯，而賤名檢」「虛無放誕之論，盈于朝野」「天下共尚無為，貴談老莊」，形成「儒墨之迹見鄙，道家之言遂盛」（《晉書‧向秀傳》）之一家天下局面。此種風氣，緜延至渡江之後更形普遍。以至於劉琨、孫盛、范寧等人不得不作論抨擊。其甚者更以老莊為亡國之禍源。故陶侃曰：「老莊浮華，非先王之法言，不可行也。」（《晉書‧陶侃傳》）庾翼謂：「高談老莊，說空終日，雖云談道，實長華競。」（《晉書‧殷浩傳》）卞壺謂：「悖亂傷教，中朝傾覆，實由於此。」（《晉書‧卞壺傳》）而《晉書‧儒林傳》遂坦率指出五胡亂華，二京淪亡，皆此種老莊玄虛之風所致：「有晉始自中朝，迄於江左，莫不崇飾華競，祖述玄虛。擯闕里之典經，習正始之餘論，指禮法為流俗，目縱誕以清高。遂使憲章廢弛，名教頹毀。五胡乘間而競逐，二京繼踵以淪胥。運極道消，可為長嘆息也。」是竹林之祖尚玄虛，愛好老莊，對後代之影響，於此可見。

（三）談論風氣之衍盛

　　竹林名士上承何晏、王弼之餘風，皆以善於談論爲能事。阮籍發言玄遠，未嘗臧否人物。嵇康研覈玄理，精於辯論。向秀亦能妙析玄旨，大暢談風。王戎善於談論，超然玄著。於是名士皆精玄理，善清談。流風相演，朝野翕然景從。王衍、樂廣胥爲七賢之後清談名家。此種談論風氣，至過江依然熾盛。王導、庾亮、謝安以清言聞名。風氣所及，遠被齊梁，久盛不衰。清談家遂爲魏晉名士之專稱矣。竹林名士除口碩之論辯外，亦喜於文章上闡理論難。如嵇康有〈養生論〉、〈答難養生論〉、〈難宅無吉凶攝生論〉、〈難自然好學論〉等。向秀亦有〈難養生論〉。此外尚有剖析玄理，闡述老莊之專門論著。如阮籍有〈達莊論〉、〈通老論〉、〈通易論〉、〈樂論〉。嵇康有〈聲無哀樂論〉、〈無私論〉、〈明膽論〉等等。凡此乃形成社會清談論辯之風。無論名理派或玄論派紛紛投入，造成學術上一股空前高潮。

第四節　中朝名士

　　自竹林以來，天下攀慕名士之風興起。元康之後，談論復盛。袁宏〈名士傳〉以裴楷、樂廣、王衍、庾敳、王承、阮瞻、衛玠、謝鯤等人爲中朝名士。彼輩曠達善談如竹林，而恢閎深遠亦類七賢。除王衍，阮瞻已於上節敘述外，茲再將其餘諸人，簡介如下：

一、樂　廣

　　樂廣，字彥輔，南陽濟陽人。少孤貧，僑居山陽，寒素爲業，人無知者。性冲約，有遠識，寡嗜慾，與物無競，尤善談論，每以約言析理，其所不知，默如也。裴楷欲與廣共談，自歎不如也。尚書令衛瓘與魏正始中諸名士談論，見廣而奇之曰：「自昔諸賢既沒，常恐微言將絕，而今乃復聞斯言於君矣。」遂命諸子造訪曰：「此人之水鏡，見之瑩然，若披雲霧而覩青天也。」王衍亦每言：「與人語甚簡至。及見廣，便覺己之煩。」其爲識者所歎美若此。歷任元城令、河南尹，所在爲政，無當時功譽，然每去職，常爲人所思慕。凡與人交，皆樂稱人所長，善盡弘恕之道。樂廣與王衍俱宅心事外，名重於時，故天下言風流者，謂王、樂爲稱首焉。是時王澄、胡毋輔之等，皆亦任放爲達，或至裸體者，廣聞而笑曰：「名教內自有樂地，何必乃爾！」其居才愛物，

動有理中，皆此類也。值世道多虞，朝章紊亂，清己中立，任誠保素而已，時人莫見其際焉。（以上見《晉書·樂廣傳》）

二、裴楷

裴楷，字叔則。弱冠知名，尤精《老易》，少與王戎齊名，鍾會薦之於文帝，辟相國掾。歷任吏部郎、散騎常侍、可內太守、侍中等職。裴楷風神高邁，容儀俊爽，博涉群書，特精理義，時人謂之「玉人」，又稱「見裴叔則如近玉山，映照人也。」鍾會亦稱之曰：「裴楷清通，王戎簡要，皆其選也。」武帝初登阼，探策以卜世數多少，而得一，帝不悅。群臣失色，莫有言者。楷正容儀，和其聲氣，從容進曰：「臣聞天得一以清，地得一以寧，王侯得一以爲天下貞。」武帝大悅，群臣皆稱萬物。楷性寬厚，與物無忤。不持儉素，每遊榮貴，輒取其珍玩。雖車馬器服，宿昔之間，便以施諸窮乏。其從兄衍見而悅之，即以宅與衍。梁、趙二王，國之近屬，貴重當時。楷歲請二國租錢百萬，以散親族。人或譏之，楷曰：「損有餘以補不足，天之道也。」安於毀譽，其行己任率，皆此類也。長水校尉孫季舒與石崇酣燕，慢傲過度。崇欲上表免之。楷聞之，謂崇曰：「足下飲人狂藥，責人正禮，不亦乖乎？」崇乃止。裴楷子瓚娶楊駿女，然楷素輕駿，與之不平。駿既執政，乃轉爲衛尉，遷太子少師，優游無事，默如也。及駿誅，楷以婚親收付廷尉。將加法，眾人震恐，而楷容色不變，舉動自若，卒得免。太保衛瓘、太宰亮稱楷貞正不阿附，宜蒙爵土，乃封臨海侯，食邑二千戶。楷性不競於物，安於淡退，故周於朝廷昏亂之中，而超然終身。（以上見《晉書·裴楷傳》）

三、庾敳

庾敳，字子嵩。長不滿七尺，而腰帶十圍，雅有遠韵。爲陳留相，未嘗以事嬰心，從容酣暢，寄通而已。處眾人中，居然獨立。嘗讀《老莊》曰：「正與人意闇同。」太尉王衍雅重之。覩王室多難，乃著〈意賦〉以豁情，其詞曰：「至理歸於渾一兮，榮辱固亦同貫。存亡既已均齊兮，正盡死復何歎？物咸定於無初兮，俟時至而後驗。若四節之素代兮，豈當今之得遠？且安有壽之與天兮，或者情橫多戀。宗統竟初不別兮，大德亡其情願。蠢動皆神之爲兮，癡聖惟質所建。眞人都遣穢累兮，性茫蕩而無岸。縱驅於遼廓之庭兮，委體乎寂寥之館。天地短於朝生兮，億代促於始旦。顧瞻宇宙微細兮，眇若

毫鋒之半。飄飆玄曠之域兮，深漠暢而靡玩。兀與自然并體兮，融液忽而四散。」頗有老莊遺世超塵之氣概。是時天下多故，機變屢起，敳常靜默無爲。後爲東海王越軍諮祭酒。敳有重名，爲搢紳所推，而聚歛積實，談者譏之。都官從事溫嶠奏之，上反更器用之。時劉輿見任於越，人士多爲所構。惟庾敳縱心事外，無迹可間。劉輿乃譖之於東海王越。越於眾生中問於敳，而敳乃頹然已醉，幘墮机上，就頭就穿取，徐答云：「下官家有二千萬，隨公所取矣。」輿於是乃服。越甚悅，因曰：「不可以小人之慮，度君子之心。」是知其寬宏大度，善於韜光隱晦，明哲保身。後石勒之亂，與王衍等俱被害，時年五十。（以上見《晉書·庾敳傳》）

四、王　承

　　王承，字子期。清虛寡欲，無所修尚。言理辯物，但明其指要，要不飾文辭，有識者服其約而能通。弱冠知命，太尉王衍雅貴異之，比美南陽樂廣焉。永寧初，爲驃騎參軍，東海王越以爲記事參軍，並敕其子毗曰：「夫學之所益者淺，體之所安者深。閑習禮度，不如式瞻儀形，諷味遺言，不若親承意旨。王參軍人淪之表，汝其師之。」後見朝政漸替，辭以母老，遷東海太守，政尚清淨，不爲細察。小吏有盜池中魚者，綱紀推之。王承曰：「文王之囿，與眾共之。池魚復何足惜耶？」有犯夜者，爲吏所拘，承問其故。答曰：「從師受書，不覺日暮。」承曰：「鞭撻寧越以立威名，非政化之本。」使吏送令歸家。其從容寬恕如此。尋去官，東渡江。是時道路梗澀，人懷危懼。承每遇艱險，處之夷然。雖家人近習，不見其喜憂之色。而爲人推誠接物，盡弘恕之理，爲眾人所親愛。渡江名臣王導、衛玠、周顗、庾亮之徒，皆出其下，爲中興第一。年四十六而卒，朝野痛惜之。（以上見《晉書·王承傳》）

五、衛　玠

　　衛玠，字叔寶。年五歲，風神秀異。祖父瓘曰：「此兒有異於眾，顧吾年老，不見其成長耳！」總角乘羊車入市，見者皆以爲玉人，觀之者傾都。驃騎將軍王濟，玠之舅也，携爽有風姿，每見玠，輒歎曰：「珠玉在側，覺我形穢。」又嘗語人曰：「與玠同遊，冏若明珠之在側，朗然照人。」及長，好言玄理。後多病體羸，母恒禁其語。遇有勝日，親友時請一言，無不咨嗟，以爲入微。琅邪王澄有高名，少所推服。每聞玠言，輒歎息絕倒。故時人爲之

語曰：「衛玠談道，平子絕倒。」澄及王玄、王濟並有盛名，皆出玠下，世云：
「王家三子，不如衛家一兒。」玠妻父樂廣，有海內重名。議者以爲「婦公
冰清，女婿玉潤」。後天下大亂，衛玠乃扶輿率母至江夏。大將軍王敦謂長史
謝鯤曰：「昔王輔嗣吐金聲於中朝，此子復玉振於江表，微言之緒，絕而復續。
不意永嘉之末，復聞正始之音，何平叔若在，當復絕倒！」玠嘗以人有不及，
可以情恕；非意相平，可以理遣。故終身不見喜慍之容。後至京師，京師人
士聞其姿容，觀者如堵。玠勞疾遂甚，永嘉六年卒，年二十七。謝鯤哭之慟，
謂人曰：「棟梁折矣，不覺哀耳！」王導更譽之爲「風流名士，海內所瞻。」
于時中興名士，以王承與衛玠爲當時第一。（以上見《晉書·衛玠傳》）

六、謝　鯤

　　謝鯤，字幼輿。少知名，通簡有高識，不修威儀，好《老易》，能歌善舞。
王衍、嵇紹並奇之。永興中，長沙王乂入輔政。時有疾鯤者，言其將出奔。
乂欲鞭之，鯤解衣就罰，曾無忤容。既舍之，又無喜色。太傅東海王越聞其
名，辟爲掾。任達不拘，尋坐家僮取官稾除名。于時名士王玄、阮脩之徒，
並以鯤初登宰府，便至黜辱，爲之艱恨。鯤聞之，方清歌鼓琴，不以屑意，
莫不服其遠暢，而括於榮辱。鄰家高氏女有美色，鯤嘗挑之，女投梭，折其
兩齒。時人爲之語曰：「任達不已，幼輿折齒。」鯤聞之，傲然長嘯曰：「猶
不廢我嘯歌！」左將軍王敦引爲長史，以討杜弢功封咸亭侯。時王澄在敦坐，
見鯤談話無勌，惟歎謝長史可與言，都不眄敦，其爲人所慕如此。鯤不徇功
名，無砥礪行，居身於可否之間，雖自處若穢，而動不累高。敦有不臣之迹，
顯於朝野。鯤知不以道匡弼，乃優遊寄遇，不屑政事，從容諷議，卒歲而已。
每與畢卓、王尼、阮放、羊曼、桓彝、阮孚等縱酒。敦以其名高，雅相賓禮。
明帝嘗以「庾亮」方之，溫嶠譽爲「神鑒沈深，雖諸葛瑾之喻孫權不過也。」
後王敦叛，鯤屢以正言規之，敦雖不聽，亦不加害，使爲豫章太守。涖政清
肅，百姓愛之。尋卒於官，時年四十三。（以上見《晉書·謝鯤傳》）

　　上述中朝名士，其爲人之任達超邁，兀傲不俗，皆上承正始、竹林名士
而來。而善與時推移，遠暢恬淡之胸襟，皆能發揮老莊自然無爲之精神，可
謂清遠通達，名實兼賅。

　　渡江而後此類清介超逸，兀然不俗之名士亦不乏其人。如《晉書·羊曼
傳》曰：「溫嶠、庾亮、阮放、桓彝，同志友善，並爲中興名士。時州里稱陳

留阮放爲宏伯，高平郗鑒爲方伯，泰山胡毋輔之爲達伯，濟陰卞壼爲裁伯，陳留蔡謨爲朗伯，阮孚爲誕伯，高平劉綏爲委伯，而曼爲黠伯，凡八人，號兗州八伯，蓋擬古之八儁也。」此輩中興名士，皆身居官職，勠力保國，清廉愛民，所至有聲。而胸次清妙超逸遠致，亦頗有上述諸名士之風。如桓彝、卞壼、羊曼皆以討賊而殉難，直可謂之死士也。而郗鑒「少孤貧，博覽經籍，躬耕隴畝，吟詠不倦，以儒雅著名。」（《晉書・郗鑒傳》）〈桓彝〉「少孤貧，雖簞瓢處之，晏如也。」（《晉書・桓彝傳》）阮放「性清約，不營產業，爲吏部郎，不免饑寒。」（《晉書・阮放傳》）阮孚「端拱嘯詠，吹火蠟屐，神色閑暢，怡然自得。」（《晉書・阮孚傳》）彼輩非胸次清妙，性情澹泊，詎能有此超逸之情致？此外如謝安棲遲丘壑，縱心事外，疏略常節。然主持朝政，則身當艱鉅，蕭灑自如。若張翰以「身後千載名，不如即時一杯酒」爲樂，不要爵於亂世，不屈身於權貴，秋風思蓴鱸，毅然棄官買棹還鄉。王羲之遍遊名山，泛覽滄海，歎曰：「我卒當以樂死！」王廞登茅山，大痛哭曰：「琅邪王伯輿，終當爲情死。」而陶淵明任情自得，不爲五斗米折腰，解印去職，歸隱田園。凡此皆是老莊純樸率眞之個性使然，雖不免狂放，然皆爲後世之人所津津樂道。其風采流行，傳爲吟詠，誠所謂風流名士也。

　　阮、嵇等名士之蔑視禮教，狂放悖俗，原係憂時避世，不得不然之作。而竹林以次，名實兼賅之風流名士固有之；而虛盜其名，附會放達之名士更普遍。所謂「名士不須奇才，但使常得無事，痛飲酒，熟讀〈離騷〉，便可稱名士。」（《世說・任誕篇》）於是行爲乖謬，敗壞風俗，放蕩荒唐，越禮犯禁，無不是名士之派頭也。《世說新語・德行篇注》引王隱《晉書》曰：「魏末阮籍嗜酒荒放，露頭散髮，裸裎箕踞。其後貴游子弟阮瞻、王澄、謝鯤、胡毋輔之之徒，皆祖述於籍，謂得大道之本。故去巾幘，脫衣服，露醜惡同禽獸。甚者，名之爲通；次者，名之爲達也。」又《晉書・隱逸傳》曰：「胡毋輔之、謝鯤、阮放、畢卓、羊曼、桓彝、阮孚，散髮裸祖，閉室酣飲，已累日。光逸將排戶入，守者不聽。逸便於戶外脫衣，露頂於狗竇中，窺之而大叫。輔之驚曰：『他人決不能爾，必我孟祖也，遽呼入。』遂與飲，不捨晝夜，時人謂之八達。」凡此諸人，皆由放達而淪爲狂放，由縱情而至於越禮。於是上行下效，相率成風，非如此，洵不足以稱爲名士。甚連以清談著名之樂廣，亦以爲太過。《世說新語・任誕篇注》引〈竹林七賢論〉曰：「是時竹林諸賢之風雖高，而禮教尙峻。迨元康中，遂至放蕩越禮。樂廣譏之曰：『名教中自

有樂地，何至於此！』樂令之言有旨哉！謂彼非玄心，徒令其縱恣而已。」是當時所謂名士，已失其恢閎玄旨，徒然縱恣放肆而已。

因此元康之後，整個社會被曠放頹廢之風所彌漫。所謂「風俗淫僻，恥尚失所」「談者以虛薄爲辯，而賤名檢；行身者以放濁爲通，而狹節信」（干寶《晉紀總論》）道德不守，紀綱淪夷，淫風大行，社會多生怨曠。《晉書五行志》曰：「自咸寧、太康之後，男寵大興，甚於女色。士大夫莫不尚之，天下相倣效，或至夫婦離絕，多生怨曠。」「惠帝元康中，貴游子弟相與爲散髮裸身之飲，對弄婢妾，逆之者傷好，非之者負譏，希世之士，恥不與焉。」故王敦無節，以叛國奸臣，猶獲胡毋輔之、王澄、庾敳等名士相昵，號曰「四友」。王忱「性任達不拘，末年尤嗜酒，一飲連月，或裸體而遊。」（《晉書・王忱傳》）董京「至洛陽，被髮而行，逍遙吟詠，常宿白社中。時乞於市，得殘碎繒絮，結以自覆，全帛佳綿則不肯受。或見推排罵辱，曾無怒色。」（《晉書・董京傳》）周顗與王導及朝士等至尚書紀瞻家觀伎，竟「於眾中欲通其妾，露其醜穢，顏無怍色。」（《世說・任誕篇注》引鄧粲《晉紀》）而王濛美姿容，嘗覽鏡自照，稱其父字曰：「王文開生如此兒邪？」（晉書・王濛傳）胡毋輔之之子謙之，「才學不及父，而傲縱過之。至酣醉常呼其父子，輔之亦不介意。談者以爲狂。輔之正酣飮。謙之闚而厲聲曰：『彥國（輔之字）年老，不得爲爾，將令我尻背東壁。』輔之歡笑，呼入共飲。」（《晉書・胡毋謙之傳》）畢卓「爲吏部郎，常飲酒廢職。比舍郎釀熟，卓因醉夜至其甕間盜飲之，爲掌酒者所縛。明旦視之，乃畢吏部也。遽釋其縛。卓遂引主人宴於甕側，致醉而去。」（《晉書・畢卓傳》）凡此頹放荒誕之行，淫佚縱樂之風，皆其時名士引以津津樂道也。蓋老莊雖主不役於物，不循於俗，胸懷豁達，無所拘泥。然而常德不離，直而不肆（《老子》廿八章），天眞自然，不事浮僞。渠輩放蕩越禮者，又豈合乎道家之旨哉？至如荒淫露醜，盜酒乞食，披髮裸體，目無長紀等種種乖辟放縱之行爲。名士清介超逸之性情，皆爲其掩；老莊澹泊出世之精神，胥爲其誣。而託名爲放，自詡爲達。有晉之亡國，豈不在茲？

於是憂時之士，莫不奮然而起，嚴加指摘，務以挽救世風，重整道德爲志。江惇以爲「君子立身，應依禮而動。若乃放達不羈，以肆縱爲貴者，非但動違禮法，亦道之所棄也。」乃著「〈通道崇檢論〉」以明之。陶侃亦以爲「君子當正其衣冠，攝其威儀，何有亂頭養望，自謂宏達耶？」（《晉書・陶侃傳》）王導每勸帝克己勵節，匡主寧邦，特指時弊曰：「自魏氏以來，迄于

太康之際，公卿世族，豪侈相高，政教陵遲，不遵法度，群公卿士，皆厭於安息。遂使姦人乘釁，有虧至道。」（《晉書‧王導傳》）陳頵〈與王導書〉亦曰：「莊老之俗傾惑朝廷，養望者爲弘雅，政事者爲俗人。王職不恤，法物墜喪。」（《晉書‧陳頵傳》）卞壺亦曰：「放達者，悖禮傷教，罪莫斯甚，中朝傾覆，實由於此。」（《晉書‧卞壺傳》）應詹則謂：「元康以來，賤經尚道，以玄虛宏放爲夷達，以儒術清儉爲鄙俗。永嘉之弊，未必不由此也。」（《晉書‧應詹傳》）而王坦之憂時疾世，非時俗之放蕩，遂有「〈廢莊〉」之論：「苦夫莊生者，望大庭而撫契，仰爾高於不足，寄積想於三篇，恨我懷之未盡。其言詭譎，其義恢誕。君子內應，從我遊方之外，眾人因藉之，以爲弊薄之資。」（《晉書‧王坦之傳》）戴逵以禮度自處，深以放達爲非，對名士多有批評：「古之人，未始以彼害名教之體者何？達其旨故也。達其旨，故不惑其迹。若元康之人，可謂好遁跡而不求其本。故有捐本徇末之弊，舍實逐聲之行。是猶美西施而學其矉眉，慕有道而折其巾角。所以爲慕者，非其所以爲美，徒貴貌似而已矣。夫紫之亂朱，以其似朱也。故鄉愿似中和，所以亂德；放者似達，所以亂道。然竹林之爲放，有疾而爲矉者也；元康之爲放，無德而折巾者也。可無察乎？」（《晉書‧戴逵傳》）

自永嘉亂後，國脈阽危，道殣相望，而頹風敗俗依舊，有心之人，對名士委靡之風，亦復撻伐。劉琨〈答盧諶書〉曰：「昔在少壯，未嘗檢括。遠慕老莊之〈齊物〉，近嘉阮生之放曠，性厚薄何從而生？哀樂何繇而至？自頃輈張，困於逆亂，國破家亡，親友凋殘，塊然獨立，則哀憤兩集，負杖行吟，則百憂俱至。時復相與舉觴對膝，破涕爲笑。排終身之積慘，求數刻之暫歡？譬繇疾疢彌年，而欲一丸銷之，其可得乎？夫才生於世，世實須才。和氏之璧，焉得獨曜於郢握？夜光之珠，何得專玩於隨掌？天下之寶，固當與天下共之，但分拆之日，不能不悵恨耳。然後知聃周之爲虛誕，嗣宗之爲妄作也。」葛洪於《抱朴子‧疾謬篇》中尤多斥責清談誤國，而崇尚務實之論。其對當時名士評之曰：「蓬髮亂鬢，橫挾不帶。或褻衣以接人，或裸袒而箕踞。朋友之集，類味之遊，莫切切進德，闇闇修業，攻過弼違，講道精義。其相見也，不復敘離闊，問安否。賓則入門而呼奴，主則望客而喚狗。其或不爾，不成親至，而棄之不與爲黨。及好會，則狐蹲牛飲，爭食競割，掣撥淼摺，無復廉恥。以同此者爲泰，以不爾者爲劣。終日無及義之言，徹夜無箴規之益。誣引老莊，貴於率任，大行不顧細禮，至人不拘檢括。嗚呼惜乎，豈不哀哉？」

此外孫盛善言名理，極力反對名士頹廢之風，先後作〈老聃非大聖論〉、〈老子疑問反訊〉（見下章第三節）。嵇含作「〈莊周讚〉」，名為推崇道家，實對名士之譏諷：「遭矣莊周，天縱特放。大塊授其生，自然資其量。器虛神清，窮玄極曠。人僑俗季，真風既散。野無訟屈之聲，朝有爭寵之歡。上下相陵，長幼失貴，於是借玄虛以助溺，引道德以自獎。尸詠恬曠之辭，家畫老莊之象。」（《晉書·忠義傳》）至於范甯更以世風日下，道德凌替，當歸咎於王弼、何晏等正始名士。遂以二人之罪，深於桀紂。作論曰：「古之所謂言僞而辯，行僻而堅者，其斯人之徒歟！昔夫子斬少正卯於魯，太公戮華士於齊，豈非曠世而同誅乎？桀紂暴虐，正足以滅身覆國，為後世鑒戒耳，豈能迴百姓之視聽哉！王何叨海內之浮譽，資膏梁之傲誕，畫螭魅以為巧，扇無檢以為俗。鄭聲之亂樂，利口之覆邦，信矣哉！吾固以為一世之禍輕，歷代之罪重，自喪之釁小，迷惑之愆大也。」

　　漢末儒學不振，世衰道微，老莊之學趁勢興起。初期名士能涵詠老莊之風格，崇尚自然之奧旨，因而道家之學盛，玄談之風行。名士之出處進退，皆能恬澹寡欲，質樸無僞；待人處世，亦能發諸真誠，本之至性，饒有逸氣。而末世祖尚浮虛，徒效其皮毛，放辟邪侈，無不為己，誠已喪失道家之真精神。晉末諸衛道之士，痛詆老莊，極陳清談誤國之非。實則老莊何罪？清談何非？不過係時代風氣墮落，昏君庸臣相率浮僞，國家社會遂因此蒙受其害矣。故章太炎〈五朝學〉曰：「五朝所以不競，由任世貴，又以言貌舉人，不在玄學。」誠哉斯言也。至於正始、竹林以來之名士，致力於老莊學術之研究及闡揚，使得老莊思想於魏晉間大放異彩，甚至繁衍昌盛，至南北朝餘波未息。因而宋文帝特置「玄學」一科，使與「儒」、「史」、「文」三科並列。宋明帝增設「道部」，以示推崇。梁武帝蕭衍更以《老》、《莊》、《易》為「三玄」，帝恭親講論。是老莊玄學，因正始以來清談名士之提倡，已成為專門之學術也。

第三章　老莊思想對魏晉清談思想之影響

第一節　清談早期之發展

　　魏晉之學術以清談爲代表。清談諸家，無論是名理派、玄論派俱與老莊思想有密切之關係。魏晉人藉此清談，探討思想種種問題。而於其生活、言行中，亦難脫清談之種種影響。無論王戚貴族、公卿士子無不熱衷於清談。清談遂構成魏晉文化之特質。然而清談並非魏晉始有，而有其歷史之淵源。

一、漢人之談論

　　魏晉清談之發展，可上溯至漢代學術之論辯。言語本係用以論辯之工具。《說文》「言」部云：「直言曰言，論難曰語。」又曰：「談，語也。」「語，論也。」段玉裁《注》云：「語者，禦也。如毛說一人辯論是非，謂之語；如鄭說，與人相答問辯難謂之語。」綜上所述，所謂「言語」「談論」原係指與人辯論是非，或與人相答問之謂也。

　　辯論本爲學術發展過程中，不可缺少之一環。「辯」之目的在闡揚學說，分辨是非，非屈人之口，乃服人之心也。《韓詩外傳》卷六曰：「辯者，別殊類，使不相害，序異端使不相悖。輸公通易，揚其所謂，使人預知焉，不務相迷也。是以辯者不失所守，不勝者得其所求，故辯可觀也。」徐幹《中論·覆辯篇》曰：「夫辯者，求服人心也，非屈人口也。故辯之爲言別也，爲其善分別事類而明處之也。非謂言辭切給而以陵蓋人也。」

　　而「論」之目的在綜合群言，研精一理，使持之有故，言之成理，成一家之言也《文心雕龍·論說篇》曰：「論也者，彌綸群言，而研精一理者也。……

原夫論之爲體，所以辨正然否，窮于有數，追于無形，迹堅求通，鉤深取極，乃百慮之筌蹄，萬事之權衡也。故其義貴圓通，辭忌枝碎，必使心與理合，彌縫不見其隙；辭共心密，敵人不知所乘，斯其要也。是以論如析薪，貴能破理。斤利者越理而橫斷，辭辨者反義而取通，覽文雖巧，而檢迹如妄。唯君子能通天下之志，安可以曲論哉？」

辯論之目的皆在發掘眞理，闡述學說，以精闢之見解，生動之描述；無論係口碩，或藉諸文字，使對方能深深折服，而最後能達到辨明是非，調和異同之果效。此種辯論風氣，於漢朝已相當普遍。見諸文字如司馬長卿之〈難蜀父老〉，東方曼倩之〈答客難〉。而表現言詞如轅固與黃生之爭，韓嬰與董仲舒之辯等等。

至於漢武帝獨尊儒術後，經學大盛。當時士子因家法師傳各有不同，對學術觀點亦各執其異，於是論辯之風盛行。如宣帝時對《春秋經》之大辯論。《漢書・瑕丘公傳》曰：「乃召五經名倫，太子太傅蕭望之等，大議殿中，平《公羊》、《穀梁》同異，各以經處是非。時《公羊》博士嚴彭祖、侍郎申輓、伊推、宋顯，《穀梁》議郎尹更始，待詔劉向、周慶、丁姓並論。」

其時經師往復論辯風氣盛行，甚至於彼此論難中，涉及人身攻擊之事。《漢書・夏侯勝傳》曰：「勝從父子建，字長卿，自師事勝及歐陽高，左右采獲。又從五經諸儒問與《尚書》相出入者，牽引以次章句，具文飾說。勝非之曰：『建所謂章句小儒，破碎大道！』建亦非勝：『爲學疏略，難以應敵。』建卒自顓門名經。」宣帝時博徵群儒，論定五經於石渠閣，當亦有論辯之事。

光武中興，獎勵儒術。故討論經義之風益甚，論辯更形激烈。《後漢書・儒林傳・戴憑傳》曰：「正旦朝賀，百僚畢會。帝令群臣能說經者，更相難詰，義有不通，輒奪其席以益通者。憑遂重五十餘席。」肅宗建初四年，更有白虎觀講論五經同異之事。《後漢書・李育傳》曰：「（建初）四年，詔與諸儒論五經於白虎觀，育以《公羊》義難賈逵，往返皆有理證，最爲通儒。」《後漢書・賈逵傳》謂逵有「論難百餘萬言」當係此種經義探討表現於文字之紀錄。論難佳者，亦常受賞賜。如魏應甚得章帝敬重，「數進見，論難於前，特受賞賜。」而李育、賈逵等亦能自立宗義，往返論難，皆有理證。實已具後日談論之規模。唯當時所論難，多今古文之爭，劉歆首開其端，及鄭玄出，始採二家之注，糾紛漸息。〔註1〕此外楊盛、祈聖元亦皆以說經論難著名於時。《北

〔註1〕 當時論難,多今古文之爭。劉歆首肇其端。歆以今文經謬誤多，且殘缺不全。

堂書鈔》九十六《談論》十三引《東觀漢記》云:「楊政,字子行,治梁丘《易》,與京兆祁聖元同好,俱名善說經書。京師號曰:『說經硜硜楊子行,論難幡幡祁聖元。』」此類知名之士,頗似魏晉以清談聞名之士。

　　而皇帝亦喜參加說經問難之活動,每有開講,觀聽者如堵。《後漢書・儒林傳敍》曰:「中元元年,初建三雍。明帝即位,親行其禮。天子始冠通天,衣日月,備法物之駕,盛清道之儀,坐明堂而朝群后,登雲臺以望雲物。祖割辟雍之上,尊養三老五更。饗射禮畢,帝王坐自講。諸儒問難於前,冠帶縉紳之人,圜橋門而觀聽者,蓋億萬計。」此與魏晉清談中常有帝王參與之事相同。《三國志・魏志少帝紀》更載魏主曹髦於甘露元年四月臨幸大學,問諸儒以《周易》、《尚書》、《禮記》等問題,往返辯難。諸儒如《易》博士淳于俊,《尚書》博士庾峻、《禮記》博士馬照,皆無言以對。《注》引傅暢〈晉諸公贊〉曰:「帝常與中護軍司馬望、侍中王沈、散騎常侍裴秀、黃門侍郎鍾會等講宴於東堂,並屬文論。」曹髦實爲一才氣橫溢,且喜談辯之君主。

　　漢季諸儒講經,參與者往往互相應和。不僅師講,弟子亦要問難。如「都講」便係問難之要角。《後漢書・侯霸傳》云:「成帝時,任霸爲太子舍人。霸矜嚴有盛容,家累千金,不事產業。篤志好學,師事九江太守房元,治《穀梁春秋》,爲元都講。」又〈丁鴻傳〉曰:「鴻年十三從桓榮受歐陽《尚書》,三年而明章句,善論難,爲都講。」都講似講師助手,由高才生充任。〈桓榮傳〉中有都講生八人,其職務係向講師發問,而逐漸引出講師之偉論。此種都講形式,甚至影響後來佛教清談式講經。如《世說新語・文學篇》許詢爲支道林都講,「支爲法師,許爲都講。支道一義,四坐莫不厭心;許送一難,眾人莫不抃舞。」漢儒之說經談辯,實開爾後魏晉清談之先河。戴君仁先生曰:

　　　漢人經義辯難,不僅對後來義疏發生影響,實導致了魏晉名理的產

故建議設立《古文尚書》、《逸禮》、《毛詩》、《左氏春秋》於學官。哀帝將此議交諸博士,辯論遂生。卒使龔勝以去就力爭,劉歆亦懼而自求出爲太守。東漢光武之世,尚書令韓歆又上疏請立費氏《易》、《左氏春秋》博士,遂有靈臺之爭:「時難者以太史公多引《左氏》,升又上太史公違戾五經,謬孔子言及《左氏春秋》不可錄三十一事。」(《後漢書・范升傳》)後今文家何休亦極詆古文經,「何休妙得《公羊》本意,與其師博士羊弼,追述李育意,以難二傳。作《公羊墨守》,《左氏膏肓》,《穀梁廢疾》。」(《後漢書・何休傳》)而服虔亦「以《左傳》駁何休之所駁漢事六十條。」(《後漢書・服虔傳》)及鄭玄出,師事第五先,並事張恭祖,擺脫古文經家法。注經兼採今古,糾紛始平。

生。嵇康是一個卓越的名理學家,他的集中就有若干答人難的論文。

可是範圍已不限經學,而相當廣泛,技巧也可能進步。〔註2〕

漢儒於經義方面,無論藉諸文字,或口碩上之論辯,誠爲魏晉清談之先聲。魏晉名理派與玄論派之論辯,除內容外,其形式上與漢人並無多大出入。《文心雕龍·論說篇》曰:「莊周〈齊物〉,以論爲名,不韋《春秋》,六論昭列。至石渠論議,白虎通講,聚述聖言通經,論家之正體也。及班彪〈王命〉、嚴尤〈三將〉,敷述昭情,善入史體。魏之初霸,術兼名法,傅嘏、王粲校練名理。迄至正始,務欲守文,何晏之徒,始盛玄論。於是聃周當路,與尼父爭塗矣。」李充〈翰林論〉曰:「研覈名理,而論難生焉。論貴於允理,不求支離。若嵇康之論,成文美矣。」是漢代經義之「論」,演變爲清談之「論」,其中軌跡,斑斑可循。

二、清議與清談

世人每謂「清談」即爲「玄談」。如顧亭林曰:「昔之清談老莊,今之清談孔孟。」錢大昕亦曰:「魏晉人言老莊,清談也。宋朝人言心性,亦清談也。」或引干寶《晉紀·總論》曰:「談者,以虛薄爲辯而賤名檢。」是清談與玄談無異。然清談之始,實與老莊無涉。初期之「清談」與「清議」之意義相似。清者明也,潔也;見解清明,潔心無私之議,名曰「清議」。清議乃對國事公正無私之議論。《晉書·山簡傳》曰:「郭太、許劭之倫,明清議於草野。」〈傅玄傳〉曰:「虛無放誕之論,盈於朝野,使天下無復清議。」《庾純傳》曰:「聖恩愷悌,示加貶退,臣愚無所清議。」〈劉頌傳〉曰:「今閭閻才名士,官士無高能,其故何也?清議不肅,人不立德。」

漢末以來,由於政治之迫害,儒生由傳統討論經義之辯難,轉爲對國家時事之關係。於是由對義疏之討論,演變爲對社會善惡之批評及對人物臧否之探討,此即清議之產生。王瑤先生曰:

> 清談的來源也是有史可徵的。它的前身是太學中的清議。因爲自東漢中葉以後,外戚專橫,宦官禍亂,西羌侵擾,災害流行。政治社會上都表現著動盪和不安。而太學生群聚京師,桓帝時人數至三萬人。他們不滿意當時博士們流於繁瑣的章句之學,所謂今文家法,

---

〔註2〕 戴君仁〈經疏的衍成〉見《經學論文集》,頁114。

於是便形成博士倚席不講，學者們自謁名師，治求大義的風氣。但大多數人既聚居京師，又都是名門世族出身，目睹當時政治社會的黑暗，遂漸移其視線於實際問題。於是便放言高論，不隱豪強了，這就是所謂太學清議。〔註3〕

《後漢書・黨錮列傳》曰：「逮桓靈之間，主荒政謬，國命委於閹寺，士子羞與為伍。故匹夫抗儒，處士橫議。遂為激揚名聲，互相題拂，品覈公卿，裁量執政。奸直之風，於斯行矣。」是清議之產生，實由於政治形勢之使然。

然東漢以前，本有所謂清議之精神。武帝獎掖儒術，徵用名實。所用人才，皆州里所舉薦。鄉閭間之清議，正係察舉之根據。故陳湯無節，州里羞於齒及；李陵降虜，隴西深以為愧。東漢光武復以徵辟察舉網羅人才，凡「敦朴有道，能直言篤行，高節質直，清白敦厚之屬」皆在辟徵之列。於是輿論清議發揮極大之力量。不僅善人多得發掘，而大盜孟賊，亦往往被薰化成良。故「陳寔在鄉閭，平心率物。其有爭訟，輒求判正。曉譬曲直，退無怨者，至乃歎曰：『寧為刑罰所加，不為陳君所知。』」（《後漢書・陳寔傳》）而鄭玄於「建安元年，自徐州還高密，道遇黃巾賊數萬人。見玄皆拜，相約不敢入境。」（《後漢書・鄭玄傳》）可知當時清高之士，其德望足以支配社會，此鄉黨清議所生之由也。此種清議力量，亦緜延至晉。顧炎武曰：

古之哲王所以正百辟者，既已制官刑儆于有位矣，而又為之立閭師，設鄉校，存清議於州里，以佐刑罰之窮。移之郊遂，載在《禮經》，殊厥井疆，稱於畢命。兩漢以來，猶循此制。鄉舉里選，必先考其生平。一玷清議，終身不齒。君子有懷刑之懼，小人存恥格之風。教成於下，而上不嚴；論定於鄉，而民不犯。降及魏晉，而九品中正之設，雖多失實，遺意未亡，凡被糾彈付清議者，即廢棄終身，同之禁錮。至宋武帝篡位，乃詔有犯鄉論清議贓汙淫盜，一皆蕩滌洗除，與之更始。自後凡遇非常之恩，赦文並有此語。《小雅》廢而中國微，風俗衰而叛亂作矣。然鄉論之汙，至煩詔書為之洗刷。豈非三代之直道尚在於斯民，而畏人之多言，猶見於變風之日乎？〔註4〕

晉時因清議被坐廢者，有陳壽、閻義、卞粹等人。因清議被貶黜者有韓預、李含、王式、溫嶠、任讓、周劭、陳暄諸人。可見清議對社會之影響及其重

─────────

〔註3〕王瑤《中古文學思想文學與清談》，頁53。
〔註4〕顧炎武《日知錄清議條》。

要性。唯東漢以來，因清議而辟召之人才，亦有失實之處。故章帝六年詔書曰：「刺史守相，不明眞僞，茂材孝廉，歲以百數。」漢和帝時，人才之辟舉，又有配數。〔註5〕於是舉薦日多，人材浮濫，孝廉成爲常科。復加上官官相護，權貴用私，人才不實，欺世盜名者遂多。徐幹《中論》曰：「父盜子名，兄竊弟譽，骨肉相諂，朋友相詐。」桓帝時亦盛傳：「舉秀才，不知書；察孝廉，父別居。寒素清白濁如泥，高第良將怯如鷄。」（《抱朴子・審舉篇》）王符〈潛夫論〉亦曰：「今以大漢之廣土，士民之繁庶。……而官無善吏，位無良臣，此豈時之無賢，諒由取之乖實。其貢士者不復依其質幹，準其才行，但虛造聲譽。」此種情形至魏時益形普遍。甚至競爭虛名，自相薦舉。司馬孚曰：「今嗣王新立，當進用海內英賢，如何欲因際會，自相薦舉邪？官失其任，得者亦不足貴也。」（《資治通鑑・魏文帝紀》）雖任官者多名不符實，然漢末以來流傳於社會民間之清議，仍然在品覈人物，臧否善惡方面，發揮其影響力。成爲後來魏晉名理派人倫品鑒之基礎。

前所述桓靈之間，政治黑暗，政治黑暗，於是天子學子，批評論政，蔚然成風，使清議力量，由民間之私議，而演成爲一股公議力量，形成當時種種批評勢力。《後漢書・黨錮列傳序》曰：「指天下名士爲之稱號。上曰三君，次曰八俊，次曰八顧，次曰八及，次曰八厨，猶古之八元八凱也。竇武、劉叔、陳蕃爲三君。君者，言一世之所尊也。……」當時清議所評皆與政治有關，所謂「品覈公卿，裁量執政」便是。而品評士林亦多注重其本身道德行爲。如〈黨錮列傳序〉載學中語曰：「天下模楷李元體，不畏強禦陳仲舉，天下俊秀王叔茂。」三子皆名孚於士林之間。　其中最有名望者乃李膺。《世說新語・德行篇》曰：「李元禮風格整秀，高自標持，欲以天下名教是非爲己任。後進之士，有升其堂者，皆以爲登龍門之譽。」

清議固可對當時政治有矯正之作用，惟時日積久，不免漸趨嚴苛，因而形成水火不容之勢。宦官乃嗾使牢脩等上書，誣李膺輩養太學遊士，蓄諸郡生徒，更相驅馳，誹訕朝廷。名士遂慘遭殺害，形成黨錮之禍。然清議之士，並未因此停止。《後漢書・范滂傳》曰：「其時黨人之禍愈酷，而名愈高。天

〔註5〕和帝時人才辟舉，採定額配制。丁鴻、劉方建言：郡國二十萬，歲舉孝廉一人，四十萬者二人，如此類推一百二十萬者六人，不滿二十萬者二年一人，不滿十萬者三年一人。邊郡如幽、並，涼州，十萬口以上舉一人。由於定額分配，人材趨於浮濫。

下皆以名入黨中人爲榮。范滂初出獄歸汝南。南陽士大夫迎之者車千輛。」
是以迫害愈大，名士清議益出。甚且養成一種虛驕虛浮，重名不重實之風氣。
《後漢書荀韓鍾陳傳》曰：「漢自中世以下，閹豎擅恣，故俗遂以遁身矯絜放
言爲高。士有談此者，則芸夫牧豎已叫呼之矣。故時政彌惛，而其風愈佳。」
曹丕《典論》亦曰：「桓靈之際，閹寺專命於上，布衣橫議於下。干祿者殫貨
以奉貴，要名者傾身以事勢。位成乎私門，名定乎橫巷。由是戶異議，人殊
論。論無常檢，事無定價。長愛惡，興朋黨。」（《意林》卷五）於是黨門互
伐，逆豎相煎，終使士人學子慘受誅戮，死亡枕藉。然黨錮之禍，亦有其犧
牲之價值。《後漢書‧陳藩傳》論曰：「陳蕃之徒，咸能樹立風聲，抗論惛俗。
馳驅嶮阨之中，與刑人腐夫同朝爭衡，終取滅亡之禍者。彼非不能潔情志，
違埃霧也。憫夫世士以離俗爲高，而人倫莫相恤也。功雖不終，然其信義足
以攜持民心。漢世亂而不亡，百餘年間，數公之力也。」

　　自桓帝延熹九年至靈帝建靈二年兩次黨錮之禍，士人學子飽經屠害之
後，攝政治上之權勢，不復敢高言大志批評政治上一切。由漢末至魏晉，君
主以嗜殺酷害爲名，凡以議論干政者，動輒遭咎，於是論者祇有將政治批評
積極性之清議，轉而一變爲品評人物，鑑定人倫消極性之清談也。

　　早期「清談」與「清議」意義相近。《後漢書‧鄭太傳》曰：「孔公緒清
談高論，噓枯吹生。」此清談一辭之首見也。李賢《注》曰：「枯者，噓之使
生；生者，吹之使枯。言談論有所抑揚也。」是清談與漢時以清議取人之意
思相似。談論抑揚，即是臧否人物，品鑑良窳。《文選‧孔文舉論孝章書》云：
「今孝章實大夫之雄也。天下談士，依以揚聲。」（卷四一）「依以揚聲」亦
是品覈人物善惡之意。此與《隋書‧盧思道傳》所謂「彌拂吹噓，長其光價」
之意義相同。

　　漢魏之際，「清談」之名目已流行。《三國志‧臧洪傳》曰：「前刺史焦和，
好立虛譽，能清談。」《注》引《九州春秋》曰：「入見其清談干雲。」劉楨
〈贈五官中郎將詩〉云：「清談同日夕，情盼敘憂勤。」其內容皆與品評人物
有關。〈文選應璩與侍郎曹長思書〉曰：「足下去後甚相思，想叔由有無人之
歌，閭閻有匪存之思。風人之作，豈虛也哉！王肅以宿德顯授，何曾以後進
見拔。皆鷹揚虎視，有萬里之望。薄援助者不能追，參於高妙，復翼於故枝，
塊然獨處，有離群之志。汲黯樂在郎署，何武恥爲宰相，千載揆之，知其由
也。德非陳平，門無結駟之跡；學非揚雄，常無好事之客。才劣仲舒，無下

帷之思；家貧孟公，無置酒之樂。悲風起於閨闥，江塵蔽於機榻。幸有袁生，時步玉趾，樵蘇不爨，清談而已，有似周黨之過閔子。」（卷四二）文中應璩與袁生清談之內容，殆與所評王肅、何曾、汲黯、何武等人物有關。又《三國志鍾繇傳注》引《魏略》云：「太子書曰：『得報知喜南方，至於荀子之清談，孫權之嫵媚，執書唔噱，不能離手。若權復點，當折以汝南許劭月旦之評。權優遊二國，俯仰荀、許，亦已足矣。』」此所謂「荀公之清談」亦與品評人物爲主。

是早期之清談已漸離，政治事物之論評，而轉以人物評鑒爲主。《抱朴子‧正郭篇》指郭太「清議」爲「清談」：「林宗周旋，清談閭閻。」其〈疾謬篇〉中論及「清談」有三條。曰：「不聞清談論之言，專以醜辭嘲弄爲先。」又曰：「雖不能三思而後吐清談，猶可息譴調以防禍萌也。」又曰：「俗間有戲婦之法。……或清談所不能禁。」其中所謂清談者，皆有規勵人心之功，殆與玄學無涉，實屬品評用世之學。由漢人之清議，轉變爲魏晉之清談，其過程十分密切。唐長儒先生曰：

> 清談出現于玄學末興，莊老之學尚未爲人所重之先。清談者，雅談也，即指具體之人物批評。而清談通於清議，與虛玄之談無關。雖於南朝，猶有用清談爲清議者。清談自清議之互稱，轉變爲玄談，實即玄學形成之過程。〔註6〕

三、漢末之人物品評

早期之清談以品評人物爲主。我國自古以來即重人物之識鑒。《尙書‧皋陶篇》曰：「在知人，在安民」「知人則哲，能官人。」《論語》載孔子由人之行爲而觀人：「視其所以，觀其所由，察其所安，人焉廋哉？」（〈爲政〉）孟子則從人之眸子瞭眊，觀人心之善惡（〈離婁〉）。孟子且以「頌其詩，讀其書，不知其人可乎？」爲尙友之道（〈萬章〉）。孔子見子路「行行如也」知其「不得其死。」（〈先進〉）孟子見梁惠王，知其不似人君（《梁惠王》）《逸周書官人解》，〈大戴禮文王官人〉，皆有觀人六法。《莊子‧列禦寇篇》有觀人九徵之術。《呂氏春秋‧論人篇》有八觀六驗之論。《漢書‧藝文志》中有〈相人書〉二十四卷。《晉書‧束皙傳》戴汲冢書中已有《相書》。南朝陶弘景《文

〔註6〕唐長儒〈清談與清議〉見《魏晉南北朝史論》，頁290。

集》中有〈相經序〉。是以貌鑒人之術，淵源甚早。

　　然人之體貌，究竟能否代表其品格性情？則必涉所謂「鑒識」之學。否則徒以外貌判定其忠奸良窳，難免失之草率。教孔子曰：「吾以言取人，失之宰予，以貌取人，失之子羽（澹臺滅明）。」（《史記·仲尼弟子列傳》）《荀子·非相篇》曰：「形相雖惡，而心術善，無害為君子也；形相雖善，而心術惡，無害為小人也。」故孟子館於上宮，弟子枉遭竊屨之嫌（見〈盡心篇〉）。莊子遊於雕陵，虞人疑為盜粟之客（見〈山木篇〉）。平原君相士千人，以為不失天下之士。毛遂於門下，三年未蒙賞識，卒自薦，以三寸之舌勝百萬之師。平原君自慚曰：「勝不敢復相士矣！」（《史記·平原君列傳》）是人情之變化，幽邈難識，又豈是外貌形骸足以涵括。《莊子·列禦寇篇》曰：「凡人心險於山川，難於知天。天猶有春秋多夏旦暮之期，人者厚貌深情。故有貌愿而隘，有長若不肖，有順懁而達，有堅而縵，有緩而釬。故其就義若渴者，其去義若熱。」《抱朴子·清鑒篇》曰：「夫貌豐美者，不必賢；而形氣尪瘁者，不必愚。咆哮者，不必勇；淳淡者，不必怯。或外候同，而用意異；或氣性殊，而所務合。非若天地有常候，山川有定止也。物亦故有遠而易知，近而難料。譬猶眼能察天衢，而不能周項領之間；耳能聞雷霆，而不能識蟻蝱之音也。唐呂樊許善相人狀，惟知壽夭富貴，官秩尊卑；而不能審性情之寬刻，志行之汙隆。惟常難之，況庸人乎？」「欲聽言察貌，則或似是而非，真偽混錯。然而世人甚以為易，經耳過目，謂可精。余甚猜焉，未敢許也。區別臧否，瞻形得神，存乎其人，不可力為。」故鑒別人物，品評行為，臧否善惡，誠非徒憑外表，據其一二行止可遽以定之也。凡夫俗子固不易精此術，而達人卓士亦難全其理。非有真知灼識者，實難克盡其功。然此一鑒別人倫之術，由於政治上之清議不克賡續，遂成為早期清談家所致力研究之課題。

　　漢末品評人物之大家，首推郭太。郭太，字林宗，為漢末之高士。范滂嘗譽之為「隱不違親，貞不絕俗。天子不得臣，諸侯不得友」《後漢書·郭太傳》謂其「博通墳籍，善談論，美音制」又曰：「林宗雖善人倫，而不為危言覈論。故宦官擅政，而不能傷也。」〈郭太傳〉注引〈別傳〉云：「林宗有人倫鑒識，題品海內之士，或在幼童，或在里肆，後皆成英彥，六十餘人。自著書一卷，論取士之本。未行，遭亂亡失。」是郭太為善於人倫鑒識之清談人物。

　　郭太之書雖已亡佚，未知其品鑒人倫之術。然《抱朴子·清鑒篇》有評

其取士之論：「其所得者，顯而易識，其所失者，人不能紀。且夫所貴，貴乎見俊才於無名之中，料逸足乎吳坂之間，掇懷珠之蚌於九淵之底，指含光之珍於積石之中。若伯喈識絕音之器於烟燼之餘，平子刿逸響之竹於未用之前。六軍之聚，市人之會，暫觀一睹，無所眩惑。探其潛生之心計，定其始終之事行，乃爲獨見不傳之妙耳。若如末論。必俟考其操蹈之全毀，觀其云爲之好醜，此爲絲線既經於銓衡，布帛已歷於丈尺，徐乃說其斤兩之輕重，端匹之修短，人皆能之，何煩於明哲哉？」《抱朴子》雖對郭太有微言，其〈正郭篇〉亦有對郭太批評。然考覈人物，最初須憑外在容貌性情做爲判斷，此孔子所謂「視其所以，觀其所由，察其所安」之法也。

《世說新語‧德行篇》曰：「郭林宗至汝南，造袁奉高。車不停軌，鸞不輟軛；詣黃叔度，乃彌日信宿。人問其故，林宗曰：『叔度汪汪，如萬頃之波。澄之不清，擾之不濁，其器深廣難測也。』」《注》引〈郭太傳〉曰：「薛恭親問之。太曰：『奉高之器，譬諸氾濫，雖清易挹也。』」郭太善於鑒人，亦善於以譬喻狀人。《續談助》卷四殷芸《小說》引〈許劭別傳〉曰：「自漢以來，其狀人取士，援引扶持，進導招致，則有郭林宗。」對其狀人之術，頗爲推崇。

至於郭太所往返交遊之士，皆淳篤清介之輩。此乃郭太精於鑒識所致，《後漢書‧郭太傳注》曰：「謝承書曰：『太之所名，人品乃定。先言後驗，眾皆服之。故適陳則友符偉明，遊太學則師仇季智，之陳國則親魏德公，入汝南則交黃叔度。』」除黃叔度（憲）外，其餘亦皆高明之士。

如符融，字偉明。《後漢書‧符融傳》曰：「少爲都官吏，恥之，委去。後遊太學，師事少府李膺。膺夙性高簡，每見融，輒絕它賓客，聽其言論。融幅巾奮袞，談辭如雲，膺每捧手歎息。郭林宗始入京師，時人莫識，融一見嗟服。因以介於李膺，由是知名。」

仇覽，字季智。《後漢書‧仇覽傳》曰：「年四十，縣召補吏，選爲蒲亭長，勸人生業，爲制科令。至於果菜爲限，雞豕有數，農事既畢，乃令子弟群居，還就黌學。其剽輕遊恣者，皆役以田桑，嚴設科罰，躬助喪事，賑恤窮寡。朞年稱大化。」「時諸生同郡符融有高名，與覽比宇，賓客盈室。覽常自守，不與融言。融觀其容止，必獨奇之。乃謂曰：『與先生同郡壤，鄰房牖。今京師英雄四集，志士交結之秋，雖務經學，守之何固？』覽乃正色曰：『天子脩設太學，豈但使人游談其中！』高揖而去，不復與言。後融以告郭林宗。林宗因與融齎刺就房謁之，遂請留宿。林宗嗟歎，下床爲拜。」

魏昭，字德公。《後漢書・郭太傳注》引〈郭太別傳〉曰：「林宗嘗之陳國文學見童子。魏德公知其有異德，公求近其房止供給灑掃。林宗嘗不佳，夜中令作粥。德公為進焉，林宗一啜，怒而呵之曰：『高明為長者作粥，不如意，使沙不可食！』以杯擲地。德公更為粥，三進三呵，德公姿無變容。顏色殊悅。林宗曰：『始見子之面，今乃知卿心。』遂友善之，卒為妙士。故可知郭太所交遊者，誠非等閒之輩。若其命魏昭作粥，三進三呵，猶黃石老人與張良之遇，故辱屈之，實欲拔之也。郭太觀人之術，非徒以外貌取人，必驗諸行事而後知也。此郭太所以精於鑒識也。其論人述事每多所驗，〔註7〕查隱知，屢試不爽。此又豈是《抱朴子》所言「既經銓衡，顯而易識」者乎？

與郭太同時，並皆以善談聞世，除符融、仇覽、魏昭外，尚有謝甄、邊讓、酈炎、孔融等人。《後漢書・謝甄傳》曰：「謝甄，字子微，汝南召陵人也。與陳留邊讓並善談論，俱有盛名。每共侯林宗，未嘗不連日達夜。」又《後漢書・邊讓傳》曰：「少辯儁，能屬文。」《續漢書》曰：「（符）融與平原陶丘洪、陳留邊讓並以俊秀為後進冠。蓋融持論經理不及讓等，而逸才宏博過人。」蔡邕稱邊讓「心通性達，口辯辭長。若處狐疑之論，定嫌審之分，經典交至，檢括參合，眾夫寂焉，莫之能奪也。」（《後漢書・孔融傳》）諸家以郭太為中心，形成一股談風。

汝南許劭更是談論大家，與郭太齊名。《後漢書・許劭傳》曰：「許劭字子將，汝南平輿人也。少峻名節，好人倫，多所賞識。若樊子昭，和陽士者，並顯名於世。故天下言拔士者，咸稱許、郭。初為郡功曹，太守徐璆甚敬之。府中聞子將為吏，莫不改操飾行。同郡袁紹，公族豪俠，去濮陽令歸，車徒甚盛，將入郡界，乃謝遣賓客。曰：『吾輿服豈可使許子將見？』遂以單車歸

〔註7〕郭太鑒識人倫，屢見奇驗。其見茅容，「奇而異之，勸令學」，後卒以成德。見黃允謂曰：「鄉有絕人之才，定成偉器，然恐守道不篤。」允後卒以此廢於時。見孟敏知其德美，故「勸令遊學」，十年後果知名。左原犯法，郭太知其必復，設酒以慰之，後果如所言，卒見郭太而負愧，遂罷去。宋果性輕悍，郭太「訓之義方，懼以禍敗」，果感悔，足以烈氣聞。賈淑性險惡，郭太與其進，不與其退，賈淑遂改過自屬，終成善士。庾乘為諸生傭，郭太拔而勉之，後果以「徵君」聞世。史叔賓少有盛名，郭太告之曰：「牆高基下，雖得必失」後果以論議敗亡。謝甄、邊讓善談論，郭太曰：「二子英才有餘，而並不入道。」後甄以不拘細行，為時所毀；讓以輕侮，為曹操所殺。王柔兄弟總角共侯郭太。郭太曰：「叔優當以仕進顯，季道當以經術通。」後柔為護匈奴中郎將，澤為代郡太守。是郭太精於鑒識之學，其驗如此。（以上見《後漢書・郭太傳》）

隊。劭嘗到潁川，多長者之遊，唯不候陳寔。又陳蕃喪妻還葬，鄉人至，而劭獨不往。或問其故，劭曰：『太丘道廣，廣則難周；仲舉性峻，峻則少通。故不造也。』其多所裁量若此。曹操微時，常卑辭厚禮，求為己目。劭鄙其人而不肯對。操乃侵隙脅劭，劭不得已曰：『君清平之姦賊，亂世之英雄！』操大悅而去。劭從祖敬，敬子訓，訓子相，並為三公。相以為能諂事臣官，故自致台司封侯，數遣請劭。劭惡其薄行，終不候之。劭邑人李逵，壯直有高氣。劭初善之，而後為隙，又與從克靖不睦，時議以此少之。初，劭與靖俱有高名，好共覈論鄉黨人物，每日輒更其品題，故汝南俗有『月旦評』焉。司空楊彪辟，舉方正、敦樸，徵，皆不就。或勸劭仕。對曰：『方今小人道長，王室將亂，吾欲避地淮海，以全老幼。』乃南到廣陵，徐州刺史陶謙禮之甚厚。劭不自安，告其徒曰：『陶恭祖外慕聲名，內非眞正。待吾雖厚，其勢必薄，不如去之。』遂復投揚州刺史劉繇於曲阿。其後陶謙果補諸寓士。及孫策平吳，劭興繇南奔豫章而卒，時年四十六。」

許劭好人倫臧否，其「日月評」當係覈論鄉黨人物權威之作。又因精於鑒識人品，故能趨吉避凶。天下名士多賴其拔擢。《後漢書・汝南先賢傳》曰：「劭始發明樊子昭於鬻幘之肆，出虞永賢於牧豎，召李叔牙鄉黨之間，擢郭子瑜鞍馬之吏，援楊孝祖，舉和陽士。茲六賢者，皆當世之令懿也。其餘中流之士，或舉之於淹滯，或顯之於童齒，莫不賴劭顧採之榮。」

漢末談論家之往返論辯，已具備魏晉清談之基本形式。《後漢書・郭太傳》曰：「庾乘少給事縣庭為門卒，林宗見而拔之。勸游學官，遂為諸生傭。後能講論，自以卑第，每處下坐，諸生博士皆就譬問，由是學中以坐下為貴。」惠棟《注》曰：「譬問猶難問也。」（《後漢書補注》）唯談論家所聚集探討之內容，皆偏重人物之品評。其思想以儒學為基礎，其鑒別人物，亦祇以個人直覺之觀察，考驗其人行為之好壞，作為識鑒之依據。於是形成如「月旦評」一類集團之產生。此種考覈人物之風氣，上承兩漢清議，下開魏晉名理派清談家論評人物之先聲。於清談史上，具有無比重要之關鍵。

第二節　魏晉名理派清談之學術思想

由漢末至魏晉，政治之迫害，戰爭之威脅，生活環境之艱辛，使得社會風氣委頓浮靡。人心於飽受煎熬摧殘之餘，又不敢涉言現實政治問題，於是祇有

規避而走向清談之路途。清談學術大抵分爲「名理派」與「玄論派」二家，彼此觀點立論皆有不同。其中「名理派」則爲承繼漢末人物品評之精神而來。

一、名理釋義

　　清談分爲二派見於《三國志·荀粲傳》：「太和初，到京邑，與傅嘏談。嘏善名理，而粲尚玄遠。宗致雖同，倉卒時或有格而不相得意。裴徽通彼我之懷，爲二家騎驛，頃之，粲與嘏善。」傅嘏善名理，荀粲尚玄遠，二人見解有所不同。前者在於品鑒人物之高下，所涉事物皆尚實際。而後者以老莊思想爲主，所涉事物較玄虛，且生活行爲較浪漫。劉修士先生曰：

> 清談一開始，就分成了兩派。這兩派人的思想內容，以及談論的內容，都有不相同的地方。名理派雖也有老莊的思想，但以形名爲主。談論的內容，較爲切近實際。在處世行政方面，保持法家的精神，也不反對儒家。所以他們的行爲並不浪漫，生活謹嚴，辦事極有規律。因此這一般人對於當日士大夫的過於虛浮放誕，表示反對。如傅嘏、劉劭、鍾會、裴頠、孫盛之流。可稱爲這派的代表。玄論派以道家的思想爲主，談論的內容，都是一些玄妙的問題，如「無爲」、「養生」、「夢」、「聲無哀樂」、「言盡意」等等，是他們最歡喜的題材。他們反禮法，薄儒家。因此他們的行爲浪漫放縱，無論當官在野，無不是肆情酒色，不負責任。引起後人種種惡劣的批評。〔註8〕

「名理」一辭起於漢末。王符《潛夫論·考績篇》曰：「有號則必稱于典，名理者必效于實，則官無廢職，位無非人。」又《意林》引〈物理論〉：「國典之墮，猶位喪也。位之不建，名理廢也。」魏晉後始漸流行。如上引《三國志·荀粲傳》曰：「傅嘏善名理。」《文心雕龍·論說篇》曰：「魏之初霸，術兼名法。傅嘏、王粲校練名理。迄至正始，務欲守文。何晏之徒，始盛玄論。」《三國志·魏志鍾會傳》曰：「及壯，有才數技藝而博學，精練名理。」名理學家所談論皆有關甄察人物之理，及設官建位之事。此皆秉漢朝清議及人物鑒識之精神而來。唯東漢時太學生之清議，係對時事政治人物之批評。而名理清談家對涉及政治事物則絕口不談，乃偏向於人物才性上之探討。湯錫予先生曰：

> 漢魏名家亦曰形名家，其所談論者爲名理。王符〈潛夫論〉：「有號

〔註 8〕劉修士〈魏晉時代的清談〉見《魏晉思想論集》，頁 185。

則必稱于典，名理者必效于實。則官無廢職，位無廢人。」此謂典
制有號相稱，則官無廢職；人物有名見效，則位無廢人。然則名理
乃甄察人物之理也。傅玄曰：「國典之墮，猶位喪也；位之不建，名
理廢也。」據此，則設位建官亦謂之名理。荀粲善談名理，據《世
說注》，似其所善談者，才性之善也。此皆名理一辭之舊義。後人于
魏晉玄學家均謂長于名理，失其原義矣。〔註9〕

唐長儒先生亦曰：

從研究名實出發的學問，即是名理學。名理家大抵以名辯方法，考
察名與實的關係，作爲推行正名與循名核實的張本。名理也即是上
述刑名或形名之學，他們的目標具體一點來說，即是企圖在原則上
決定定選舉和人與職位配合的標準。《潛夫論‧考績篇》稱：「是故
有號者必稱典，名理者必效于實。則官無廢職，位無非人。」《意林》
引〈物理論〉：「國典之墮，猶位喪也。位之不建，名理廢也。」就
是說，要使人才與職位配合。必須要研究名理，使與實相符。所以
名理學是一種政治理論，希望求得名之理，以達到「官無廢職，位
無非人」。〔註10〕

二子對「名理」一辭皆有極中肯透徹之闡釋。「名理」實爲考察人倫「名實相
符」之理也。我國自古即有重視人品之名實論。《論語‧子路篇》曰：「必也
正名乎。名不正則言不順；言不順，則事不成；事不成，則禮樂不興；禮樂
不興則刑罰不中；刑罰不中，則民無所措手足。」因此儒家重「名實」，所謂
「君子去仁，惡乎成名？」《孟子‧離婁篇》亦曰：「聲聞過情，君子恥之。」
此外法家重「刑名」，亦屬「名實」問題。《管子‧九守篇》曰：「修名而督實，
按實而定名，名實相生；反相爲情。名實當則治，不當則亂。」法家主綜核
名實，以定賞罰。而名家更以「名實」爲認識事物之理。《尹文子》曰：「名
以檢刑，形以定名。名以定事，事以檢名。察其所以然，則形名之與事物，
無所隱其理矣。」墨家重「名辯」，故強調「名實合爲」(《經上》)「名實耦合」
(《經說》)之說法。名理學家實綜合以三家之精神，而應用於人倫品鑒上。
同時此種品鑒人物亦爲解決當時政治上之需要而產生。

　　蓋漢興以來，皆重視人才薦舉問題。漢武帝屢徵賢良，廣召人才。《漢書‧

〔註9〕 湯錫予《魏晉玄學論稿讀人物志》，頁18。
〔註10〕 唐長儒《魏晉玄學之形成》見《魏晉南北朝史論叢》，頁32。

東方朔傳》曰：「武帝初即位，徵天下舉方正賢良文學材力之士，待以不次之位。四方士多上書言得失，自衒鬻者以千數。」《漢書‧梅福傳》亦曰：「孝武皇帝好忠諫，說至言。出爵不待廉茂，慶賜不須顯功。是以天下布衣，各厲志竭精，以赴闕庭。自衒鬻者，不可勝數。漢家得賢，於此為盛。」然此一自舉自薦制度既久，遂有名實不符之事產生。如《後漢書‧符融傳》曰：「時漢中晉文經，梁國黃子文，並恃其才智，炫曜上京。臥託養疾，無所通接。洛中士大夫好事者，承其聲名，坐門問疾，猶不得見。三公所辟召者，輒以詢訪之。隨所臧否，以為與奪。融察其非眞，乃到太學，並見李膺曰：『二子行業無聞，以豪傑自置，遂使公卿問疾，王臣坐門。融其小道破義，空譽違實，特宜察焉。』膺然之。二人自是名論漸衰，賓徒稍省。旬日之間，慚歎逃去。後果為輕薄子，並以罪廢棄。」漢末此類沽名釣譽，徒浮虛名者甚多。

故葛洪《抱朴子‧名實篇》特舉其非：「漢末之世，靈獻之時，品藻乖濫，英逸窮滯，饕餮得志。名不準實，賈不本物。」〈審舉篇〉亦多此論。漢末崔寔《政論》一書「指切時要，言辯而确」，亦指摘人才之弊：「自漢興以來，二百五十餘歲矣。政令垢翫，上下怠懈，風俗漸敝，人庶巧僞，百姓嚚然，咸復思中興之救矣。」仲長統《樂志論》曰：「天下之士，有三可賤。慕名而不知實，一可賤。」王符〈潛夫論〉曰：「有號者必稱於典，名理者必效於實。則官無廢職，位無非人。」徐幹《中論》曰：「名者所以名實也。實立而名從之，非名立而實從之也。故長形立而名之曰長，短形立而名之曰短，非長短之名先立，而長短之形從之也。仲尼所貴者，名實之名也。貴名乃所以貴實也。」劉廙《政論》曰：「行不美，則名不得稱。稱必實其所以然，效其所以成。故實無不稱於名，名無當於實。」遂指出「王者必正名以督其實」。以上諸政論家，皆剴切痛陳漢末名實不符之情形。於是名理家學說乃針對此一情況而產生。牟宗三先生曰：

> 魏初品鑒人物之名理，因有其現實之因緣：即一方因漢魏間政論家之重名實，一方亦魏帝曹氏父子之好法術，而注重典制與刑律。此皆為政治上之實用者。政治上之實用與品鑒常是平行而起。如在東漢末年，因察舉而重名實，故有對於人物之題拂品藻。此即所謂品鑒。品鑒有兩指向。一是實用之指向；一是內在人格之本身而為純美之欣賞。前者為外在之利用，後者為內在之興起。……魏初之品鑒人物，即由現實之因緣而轉為內在興趣之品鑒。前面品鑒，即為

人格之欣賞。演爲理論，即爲才性名理。〔註11〕

魏時名理家評品人物風氣雖盛，然作品流傳甚少。名理派之作品如魏文帝之《士操》一卷，劉劭《人物志》三卷，姚信之《士緯新書》十卷，以及佚名《形聲論》一卷。皆是當時流行品評人物之著作。魏文帝之《士操》已散亡，姚信之《士緯新書》尚殘存數段，保存於《意林》一書中。其內容，乃是論人物之才性，以及從陰陽五行性質評品人物，與劉劭《人物論》相似。而論人物有具體之記載，始於傅嘏、鍾會。

二、傅嘏、鍾會才性論

「才性」問題爲魏晉士人辯析名理重要談題之一。王充時已有「才性」之論。《論衡‧命祿篇》曰：「夫臨事知愚，操行清濁，性與才也；仕宦貴賤，治產富貴，命與時也。」王充以決事之智愚爲「性」，操行之清濁爲「才」，將「才」與「性」分開。「才性」如此清楚區分，則二者是「異」，是「離」，是「合」，是「同」？王充未曾言及，却給後世帶來不少爭議。傅嘏、鍾會則是其中各有主張者。

傅嘏，字蘭石，北地泥陽人。弱冠知名，司空陳群辟爲掾。時散騎常侍劉劭作考課法，事下三府。傅嘏作論以難之曰：「夫建官均職，清理民物，所以立本也；循名考實，糾勵成規，所以治末也。本綱未舉而造制未呈，國略不崇而考課是先，懼不足以料賢愚之分，精幽明之理也。昔先王之擇才，必本行於州閭，講道於庠序。行具而謂之賢，道脩則謂之能。鄉老獻賢能于王，王拜受之。舉其賢者，出使長之；科其能者，入使治之。此先王收才之義也。方今九州之民，爰及京城，未有六卿之舉。其選才之職，專任吏部。案品狀則實才未必當，任薄伐則德行未爲敍。如此則殿最之課，未盡人才述綜王度，敷贊國式，體深義廣，難得而詳也。」（《三國志‧傅嘏傳》）考覈人才，以州閭庠爲先；選賢舉能，須循序而有致，傅嘏可謂善於錬舉人才。《三國志‧本傳》曰：「嘏常論才性同異，鍾會集而論之。」《注》云：「嘏既達治好政，而有清理職要。好論才性，原本精微，鈒能及之。」是知其爲精於才性論之名理學家。又善於鑑識人品，嘗謂「（夏侯）泰初志大其量。能合虛聲而無實才。何平叔言遠而情近，好辯而無誠，所謂口覆邦國之人也。鄧玄茂有爲而無終，

〔註11〕 牟宗三《才性與玄理名理與正名》，頁 236。

外要名利。內無關鑰，貴同惡異，多言而妬前。多言多釁，妬前無親。以吾觀此三人者，皆敗德也。」又評李豐曰：「豐飾僞而多疑，矜小失而昧於權利。若處庸庸者可也，日任機事，遭明者必死。」後卒如詖言。鍾會以功封侯，詖戒之曰：「子志大其量，而勳業難爲也，可不戒哉！」果以謀反被誅。（具見《三國志‧本傳》及《注》）

鍾會，字士季，潁川長社人。少敏惠夙成。中護軍蔣濟著《論》謂：「觀其眸子，足以知人。」會年五歲，繇遣見濟。濟甚異之，曰：「非常人也！」及壯，有才數技藝而博學精練名理。以夜續晝，由是獲聲譽。《三國志‧鍾會傳》曰：「會嘗論《易》無互體，才性同異。及會死後，于會家得書二十篇，名曰『《道論》』，而實刑名家也。」

才性論在當時已甚流行。「才」係指「才幹才能」，「性」是指「性情操行」而言，「才」與「性」孰爲先後之問題？徐幹《中論》以敘己。《中論‧智行篇》曰：「或問曰：『士或明哲窮理，或志行純篤，二者不可兼，聖人將何取？』對曰：『其明哲乎？夫明哲之爲用也，乃能殷民阜利，使萬物不盡其極者也。』」徐幹強調先「明哲窮理」，後言「志行純篤」，重「智」過於「仁」，亦即重「才」過於「行」（性），此與後來曹操之主張以「才」高於「行」相合。

《三國志‧盧毓傳》亦載盧毓與李豐言才性問題：「毓於人及選舉，先舉性行而後言才。黃門李豐嘗以問毓。毓曰：『才所以爲善也，故大才成大善，小才成小善。今稱之有才而不能爲善，是才不中器也。』豐等伏其言。」盧毓有〈九州人士論〉之作，皆探討才性之問題。文中所言，似與鍾會「〈才性四本論〉」中之「才性合」相似。

《世說新語‧文學篇注》曰：「《魏志》曰：『鍾會論才性同異，傳於世。』四本者，言才性同，才性異，才性合，才性離也。尚書傅嘏論同，中書令李豐論異，侍郎鍾會論合，屯騎校尉王廣論離。文多不載。」才性之「同、異、合、離」討論，見於以上四家。鍾會嘗將此四家意見寫成一書爲「《四本論》」。《世說新語‧文學篇》曰：「鍾會撰《四本論》始畢，甚欲使嵇公一見。置懷中既定，畏其難，懷不敢出。於戶外遙擲便回急走。」此《四本論》之作後世已不傳，然當時曾名噪一時，成爲「言家之口實，如客至之有設也。」（《南齊書‧僧虔傳》）

唯《四本論》多艱深，學者雖研而難解。《世說新語‧文學篇》曰：「殷仲堪精覈玄論，人謂莫不研究。殷乃歎曰：『使我解《四本》，談不翅爾。』」

又：「殷仲軍雖思慮通長，然於才性偏精，忽言及《四本》，便苦湯池鐵城，無可攻之勢。」殷仲堪精玄論，猶以不解《四本論》爲可歎，是知斯書之難澀。《晉書・阮裕傳》曰：「裕嘗問謝萬云，未見《四本論》，君試爲言之。萬敍說既畢，裕以傅嘏爲長。於是構辭數百言，精義入微，聞者皆嗟味之。」蓋晉以後玄論派見長，名理派之論才性，已不復受重視。謝萬係謝安之弟，屬名理派；阮裕爲阮籍族弟，以玄論見長。當時人已罕見《四本論》，後其書遂淹沒無聞。唯《南史隱逸傳》中尚載其事，然理甚不明。《南史隱逸顧歡傳》曰：「會稽孔珪嘗登嶺尋歡，共談《四本》。歡曰：『蘭石（傅嘏）危而密，宣國（李豐）安而疏，士季（鍾會）是而非，公深（王廣）謬而是。』」與鍾會同時之袁準有「《才性論》」一文（見《藝文類聚》卷二十）。袁準乃袁渙之子。《魏志・袁渙傳注》引《袁氏世紀》謂其「論議精當，精辯有機理。」當屬名理派。《才性論》曰：「凡萬物生於天地之間，有美有惡。物何故美？清氣之所生也。物何故惡？濁氣之所施也。……曲直者木之性也，曲者中鉤，直者中繩，輪桷之材也。賢、不肖者人之性也。賢者爲師、不肖者爲資，師資之材也。然則性言其資，才言其用，明矣。」此以賢、不肖爲人之本性。才是本性表現之一種作用，故「性言其資，才言其用」係指「才性同」，似與傅嘏論「才性同」相類。

此外尚有王廣亦以論才性聞名。廣乃王陵之子。《世說新語・賢媛篇》曰：「王廣有風量才學，名重當世。與傅嘏論才性同異行於世。」然並無作品傳世。

傅嘏、鍾會等名理家以談才性著稱，其學說雖與老莊無直接之關係。然言才性之理，則語涉玄虛，則與玄學家之取向相同。而傅嘏、鍾會亦皆精通《周易》、《老子》等玄理。鍾會少嘗學「《易》」與「《老子》」反覆誦習，曾言《易》無互體之論，又著《周易盡神論》，且注《老子》（見《隋書・經籍志》）。《魏志鍾會傳》曰：「及會死後，於會家得書二十篇，名爲《道論》，而實形名家也。」以「道」爲名，當與黃老刑名之術通也。

此外《隋志》中子部列《名家》之《尹文子》，亦與老莊思想有關。〔註12〕

〔註12〕《隋書經籍志》卷三十四子部《名家》列有下列四種書籍：（一）《鄧析子》
一卷（二）《尹文子》二卷（三）《士操》一卷（魏文帝曹丕撰）（四）《人物
志》三卷（劉劭撰）。於魏文帝《士操》項下，並註明：梁有「《刑聲論》」一
卷亡。劉劭《人物志》三卷項下，並註明梁有《士緯新書》一卷（姚信撰），
《姚氏新書》二卷（當姚信撰），《九州人士論》一卷（魏司空盧毓撰），《通
古人論》一卷（撰者不明）。以上九種二十二卷皆屬名家，可知名理一派與名

此書與《人物志》、《士操》、《九州人物論》、《姚氏新書》、《士緯新書》、《通古人論》等名理派著作並列，是知當爲性質相類之書。今本《尹文子·序》曰：「其學本於黃老，大較刑名家也。」高似之《孫子略論》亦言其雜取道法。《四庫提要》云：「其書本名家者流，大旨陳治道，欲自處於虛靜，而萬事萬物則一一綜核其實。故其言出入於黃老申韓之間。」魏代刑名家與漢時黃老重刑名之學其精神本一。《尹文子》所陳述與鍾會之「《道論》」當無殊。如《尹文子·大道》曰：「大道治者，則名法，儒墨自廢；以名法儒墨治者，則不得離道。老子曰：『道者，萬物之奧，善人之寶，不善人之所寶。』是道治者，謂之善人；藉名法儒墨者，謂之不善人。善人之與不善人，名分日離，不待審查而得也。」此《尹文子》之學本於道家之證也，《尹文子·大道》上下二篇之內容，誠據黃老之「道」而來。其「形名」一語，與「名實」之意亦相若。〈大道〉上曰：「大道無形，稱器有名。名也者，正形者也。形正由名，則名不可差。……故亦有名以檢形，形以定名，名以定事，事以檢名。察其所以然，則形名之與事物，無所隱其理也。……然形非正名，名非正形，則形之與名，居然別矣，不可相亂，亦不可相無。無名，故大道無稱；有名，故名以正形。今萬物具存，不可以名正之則亂；萬名具列，不以形應之則乖。故形名者，不可不正也。」「形」乃一切事物之本質，「名」乃名其形。形者，所以應名。檢形然後正名。由形名論而推於法理，正名始可定分；能定分，自可辨明善惡賞罰。此與名理派之審定名實相符之理相通。

　　與《尹文子》並列於名理家著作之中，尚有《鄧析子》一書。梁啓超《漢書·藝文志·諸子略考釋》曰：「全書皆膚廓粗淺，摭拾道家言。」該書強調名實之精神亦與《尹文子》同。如〈轉辭篇〉曰：「明君之督大臣，緣身而責名，緣名而責形，緣形而責實。」文曰：「聖人不死，大盜不止，何以知其然？爲之斗斛而量之則並與斗斛而竊之；爲之權衡以平之，則並與權衡而竊之；爲之符璽以信之，則並與符璽而竊之；爲之仁義以教之，則並與仁義而竊之。何以知其然？彼竊財誅，竊國者爲諸侯，諸侯之國仁義存焉。是非竊仁義耶？故逐於大盜，霸諸侯，此重利也。盜跖所不可桀者，乃聖人之罪也。」此全爲道家之語，與《莊子·胠篋篇》內容相似。

　　是當時與名理才性諸家並列之《伊文子》、《鄧析子》皆屬黃老刑名之作，

家有相當關係。蓋名家重名實，與名理家品評人物強調「名符其實」之理，其精神相同。

鍾會之《道論》亦屬性質相近之書。而名理學家之重法治，審名實之精神，亦與黃老相類。〔註 13〕若謂老莊思想對名理派清談學家有間接之影響，洵不爲過。正始以後，玄風日盛，名理學家亦漸走入玄虛之地步。《世說新語・文學篇》曰：「傅嘏喜言虛勝，荀粲談尚玄遠，每至共語，有爭而不相喻。裴冀州釋二家之義，通彼我之懷，常使兩情皆得，彼此俱暢。」名理學家漸拋棄艱深難懂「才性」之論，而亦走向以「虛勝」之地步。此時所論皆針對當時玄學所發，然立場與玄論派截然不同。

三、劉劭人物志

劉劭，字孔才，廣平邯鄲人。建安中爲計吏。黃初中爲散騎侍郎、尙書郎。受詔集五經群書，以類相從。明帝即位，出爲陳留太守，敦崇教化，百姓稱之。徵拜散騎都尉，與議郎庾嶷、荀詵等定科令，作《新律》十八篇。著《律略論》，遷散騎常侍。時詔書博求眾賢。散騎侍郎夏侯惠薦劭曰：「伏見常侍劉劭，深忠篤思，體周於數，凡所錯綜，源流弘遠。是以群才大小，咸取所同而斟酌焉。故性實之士，服其平和良正；清靜之人，慕其玄虛退讓；文學之士，嘉其推步詳密；法理之士，明其分數精比；意思之士，知其沈深篤固；文章之士，愛其著論屬辭；制度之士，貴其化略較要；策謀之士，贊其明明思通微。凡此諸論，皆取適己所長而擧其支流者也。臣數聽其清談，覽其篤論，漸漬歷年，服膺彌久，實爲朝廷奇其器量，以爲若此人者，宜輔翼機事，納謀緯幄，當興國道俱隆，非世俗所常有也。」對其折服若是。景初中，受詔作《都官考課》七十二條，又作《說略》一篇、《樂論》十四篇。正始中，執經講學，賜爵關內侯。凡所撰述《法論》、《人物志》之類百餘篇。（以上見《三國志・劉劭傳》）

《人物志》乃一部討論「才性」之書，凡十二篇。係專論從人之外形而推察人之內心著作。十二篇之大意如下：（一）〈九徵篇〉：觀人之基本原理。（二）〈體別篇〉：體性之十二偏差。（三）〈流業篇〉：人材之淵源流業。（四）

〔註 13〕名理學家多精於法典。如王粲「博物多識，問無不對，時舊儀廢弛，興造制度，粲恆典之。」（《三國志・王粲傳》引《典略》）又劉劭「與議郎庾嶷、荀詵等定科令，作《新律》十八篇，著《律略論》。」「撰述《法論》、《人物志》之類百餘篇。」而鍾會亦有「《道論》，而實刑名家也。」（以上皆見《三國志本傳》）是名理家有刑名法治之精神，此皆與黃老思想有關。故道家對名理家有間接之影響。

〈材理篇〉：辨理之七大要領。（五）〈材能篇〉：八能之大小異宜。（六）〈利害篇〉：六業之得失利弊。（七）〈接識篇〉：接識之兼偏通塞。（八）〈英雄篇〉：英雄之材質比較。（九）〈八觀篇〉：觀人之八種方式。（十）〈七謬篇〉：鑑別之七種謬誤。（十一）〈效難篇〉：察薦之兩大困難。（十二）〈釋爭篇〉：爭讓之損益禍福。

　　《人物志》開端便曰：「蓋人物之本，出乎情性。情性之理，甚微而玄，非聖之察，其孰能究之哉？」所謂「情性之理，甚微而玄。」已入「玄學」家之冥趣之中。〈九徵篇〉曰：「凡有血氣者，莫不含元一以爲質，禀陰陽以立性，體五行而著形。苟有形質，猶可即而求之。」此由《易繫辭》之「太極生兩儀，兩儀生四象。」以及老子之「道生一，一生二，二生三，三生萬物。萬物負陰而抱陽，沖氣以爲和。」（四二章）而來，實亦漢人一貫之主張。《論衡·無形篇》曰：「人禀氣於天，氣成而形立。」〈率性篇〉曰：「人之善惡，共一元之氣。氣有多少，故性有賢愚。」《人物志·九徵篇》曰：「人之質量，中和最貴。」「中和」係中庸之德，乃人禀上天而生之本質。又曰：「中和之質，必平淡無味，故能調成五材，變化應節。是故觀人之察質。必先察其平淡，而後求其聰明。」亦即品鑑人物，必先觀其德，而後論其材。因此「聰明者，陰陽之精。陰陽清和，則中叡外明。中庸之質，五常既備，包以澹味，五質內充，五精外章，是以目彩五暉之光。偏至之材，以勝體爲質者也。」人之性可依「金、木、水、火、土」五行而分，「若量其材質，稽諸五物（五行），五物之徵，亦名著於厥體矣。其在體也：木骨，金筋，火氣，土肌，水血，五物之象也。五物之實，各有所濟。骨植而柔者，謂之弘毅，仁之質也。氣清而朗者，謂之文理，禮之本也。體端而實者，謂之貞固，信之基也。筋勁而精者，謂之勇敢，義之決也。色平而暢者，謂之通微，智之原也。」是故一切內在德性皆可表現於外，「著乎形容，見乎聲色，發乎情味，各如其象。」

　　人之形貌分爲「神」、「精」、「筋」、「骨」、「氣」、「色」、「儀」、「容」、「言」謂之「九質」。九質各顯才性之象徵，是謂「九徵」：「平陂之貨在於神，明暗之實在於精，勇怯之勢在於筋，強弱之植在於骨，躁靜之決在於氣，慘懌之情在於色，衰正之形在於儀，態度之動在於容，緩急之狀在於言。」由「九徵」便可察其人格：「其爲人也，質素平淡，中叡外朗。筋勁植固，聲清色懌。儀正容直，則九徵皆至，則純粹之德也。」如此是謂兼德，「兼德而至，謂之

中庸。中庸者，聖人之目也。」具體而徵者，謂之德行，「德行者，大雅之稱也。」一至者，謂之偏材，「偏材，小雅之質也。」一違者，「似是而非，如訐直者似直，不遜似勇，此亂德之數也。一至一違，善惡參渾，心無定是，此無恒之人也。」（以上俱見〈九徵篇〉）劉劭《人物誌》之論人物精細如此。故鄭旻跋其書曰：「三代而下，善評人品者，莫或能踰之矣。劭生漢末，乃著論體裁纚然，有荀卿、韓非風致，而矗矗自成一家言。即九徵八則之論，質之孔孟觀人之法，唐虞九德之旨，自有發所未發者。後世欲辦官論材，惡可以不知也？」今觀其分析人物性情，理精義密，深入極微，且曰「人物之妙理不可得而窮也。」（〈七繆篇〉）此誠可謂「甚微而玄」，已將品鑒人物之學，翳入玄虛中。

　　《隋書·經籍志》將《人物志》置於名家，然此書本雜有諸家之說者。《四庫提要》稱：「其書主要論辨人才，以外見之符，驗內藏之器。分別流品，研析嶷似。故《隋志》以下，皆著錄於名家。然所言究悉物情，而精覈近理，視《尹文》之說，兼陳黃老、申韓、公孫龍之說，惟析堅白同異者，迥乎不同。其學雖近乎名家，其理則弗乖於儒者也。」是《人物志》一書亦雜有老莊之思想。如其謂：「凡有血氣者，莫不含元一以爲貴，禀陰陽以爲性。」此實係老莊之宇宙生化論。其〈流業篇〉曰：「主德者，聰明平淡，總達眾材，而不以事自任者也。……若道不平淡，與一材同好，則一材處權而眾材失任矣。」此老莊無爲而治，和光同塵之思想也。又〈釋爭篇〉發揮老子「不爭善勝」之旨：「老子以無爲德，以虛爲道。……並轡爭先而不能相奪，兩頓俱折而爲後者所趨。……物勢之反，乃君子所謂道也。是故君子知屈之可以爲伸，故含辱而不辭。知卑讓之可以勝敵，故下之而不疑。……是故君子之求勝也，以推讓爲利銳，以自修爲棚櫓。靜則閉嘿泯之玄門，動則由恭順之通路，是以戰勝而爭不形，敵服而怨不構。……老子曰『夫惟不爭，故天下莫能與之爭。』是故君子以爭途之不可由也。是以越俗乘高，獨行於三等之上。何謂三等？大無功而自矜一等，大功而伐之二等，功大而不伐三等。由此論之，不伐者，伐之也。不爭者，爭之也。讓敵者，勝之也。下眾者，上之也。」卑弱自持，以退爲進，係老莊處世之道，劉劭以之爲教人立身處世之法。

　　劉劭又以爲平治天下須聖人，聖人明智之極，故知人善任，《人物志序》曰：「夫聖賢之所美，莫美乎聰明。聰明之所貴，莫貴乎知人。知人誠智，則眾材得其序，而庶績之業興矣。是以聖人著爻象，則立君子小人之辭，敍《詩》

志，則別風俗雅正之業。制禮樂，則考大藝祇庸之德。躬南面，則援俊逸輔相之材，皆所以達眾善而成天功也。天功既成，則並受名譽。是以堯以克明俊德爲稱，舜以登庸二人爲功，湯以拔有莘之賢爲名，文王以舉渭濱之叟爲貴。由此論之，聖人興德，孰不勞聰明於求人，獲安逸於任使者哉！」聖人能知人善任則可垂拱而治，故能勞聰明於求人，獲安逸於任使。此爲劉劭釋人君無爲政治一解也。此說影響晉人甚深。如裴頠上疏曰：「故堯舜勞於求賢，逸於使能，分業既辦，居任得人，無爲而治，豈不宜哉！」頠以善言名理見稱，並作〈崇有〉以尊名教，殆受其影響。又如王弼《老子注》曰：「夫天地設位，聖人成能。人謀鬼謀，百姓與能者。能者與之，資者取之。能大則大，資貴則貴。物有其宗，事有其主。如此則冕旒充目而不懼於欺，纊塞耳而無戚於慢，又何爲勞一身之聰明以察百姓之情哉？」郭象《莊子注》亦曰：「夫在上者，患於不能無爲而代人臣之所司，使咎繇不得行其明斷，后稷不得施其播殖。則群才失其任，而主上困於役矣。」此知人尚任，賢能在位，君王可無爲而垂拱以治之思想，誠爲當時名理派之政治主張。故魏明帝至尚書門欲案行文書，尚書令陳矯跪阻曰：「此自臣職分，非陛下所宜臨也。若臣不稱其職，則請黜退，陛下宜還。」帝慚而反。（見《三國志·陳矯傳》）即其思想之發揮也。

　　《人物志·九徵篇論》人性「中和」，亦能以老莊「無名」之旨，闡揚儒家「中庸」之說；「凡人之質量，中和最貴矣。中和之質必平淡無味，故能調成五材，變化應節。是故觀人察質，必先察其平淡，而後求其聰明。」「夫中庸之德，其質無名，鹹而不鹹，淡而不𩜋，質而不縵，文而不績。能委能懷，能辯能訥，變化無方，以達爲節。」此「中庸之德」與老莊所強調「至人之德」相近。

　　〈材理篇〉論及四家，將道家置於四家之首：「若夫天地氣化，盈虛損益，道之理也。法制正事，事之理也。禮教宜適，義之理也。人情樞機，情之理也。」「是故質性平淡，思心玄微，能通自然，道理之家也。質性警徹，權略機捷，能理煩速，事理之家也。質性和平，能論禮教，辨其得失，義理之家也。質性機解，推情原意，能適其變，情理之家也。」故知劉劭實未曾輕蔑道家之功能。

　　總之魏晉間名理派雖所談爲人物之品鑒，然「人物之本，出乎情性。情性之理，甚微而玄。」此已由人倫之評論而深乎情性。由形而下之探討，而

漸入形而上之玄理。此名理學至正始之後，逐漸放棄人倫鑒識，而較偏向於玄虛事物探討之由也。牟宗三先生曰：

> 《人物志》之品鑒才性，即是美的品鑒與具體智悟之混融表現。智悟融於美的品鑒而得其具體，品鑒融於智悟而得其明徹。其品鑒才性之目的，固在實在，然其本身固是品鑒與智悟之結晶。它既能開出美的境界，而本身復即能代表美趣與智悟之表現。因此，故能開出「才性名理」而為有系統之妙著。下開王、何、向郭之「玄學名理」，乃是品鑒與智悟之用於「道理」者。〔註14〕

魏正始以後名理學家既偏於玄理上之探討，而品評人物之清談亦逐漸失去專門著作。此時人倫品鑒乃成為文人雅士休閒生活之中，怡情悅性，閒談佐興之作。於是識鑒之學遂一變為晉人文字上之藝術。周紹賢先生曰：

> 魏初品鑒人物，為識拔人才之用，故其言論亦較為實際。晉人品鑒人物，重在內在之情操，猶如郭林宗之觀人，有超世美觀之欣賞。自漢末以來，政治變亂至此益甚，學術思想，崇尚老莊，高明之士，多慕循世之路，勉強出而用世者，遭受刺激，亦只與時卷舒，聊以卒歲而已。爭權勢者，互相殘害，才智不得其用，富貴不為幸福。故品鑒人物，以掃除俗念，恬淡曠達者，為深得人生之美趣，為人生可貴之佳境。此種人倫鑒識，與劉劭徒從才德方面著眼不同。蓋才德所以應世，而此種人生本義，則不在乎應世之用；而乃超脫世情，別有其意趣，此即當時謂名士之人格。其評語亦多描象玄妙，如鏡花水月，只能意其美，而不能捉其實。〔註15〕

故正始以後品鑒人物皆偏向美辭華藻之飾，令人目不暇給。如形容衛玠之「囧若明珠之在側，朗然照人。」嵇康之「龍章鳳姿，天質自然。」山濤之「璞玉渾金。」王衍之「神姿高徹，如瓊林玉樹。」陳道寧之「纓纓如束長竿。」（以上俱見《晉書·衛玠》、〈嵇康〉、〈王戎傳〉）毛曾與夏侯玄共坐，如「蒹葭倚玉樹。」而「夏侯太初朗朗如日月之懷，李安國頹唐如玉之將崩。」王衍「處眾人之中，似珠玉在瓦石間。」裴楷如「玉山上行，光映照人。」王恭「濯濯如春月柳，」（以上俱見《世說·容止篇》）等等皆是。《世說·賞譽篇》曰：「有問秀才蔡洪，吳舊姓如何？答曰：『吳府君，聖王之老成，明時

〔註14〕 牟宗三《才性與玄理·人物誌之系統解析》，頁64。
〔註15〕 周紹賢《魏晉清談述論》第二章〈清談之內容〉，頁48。

之儁乂。朱永長，理物之至德，清選之高望。嚴仲弼，九皋之鳴鶴，空谷之
白駒。顧彥先，八音之琴瑟，五色之龍章。張伯咸，歲寒之松柏，幽夜之逸
光。陸士衡、士龍，鴻鵠之徘徊，懸鼓之待槌。』」以上諸例，但令人覺其辭
美，却難以掌握其實，此與名理家之審名察實之人倫品鑒精神，誠已不同。

四、裴頠崇有論

　　名理派早期人物如傅嘏、鍾會、劉劭等，雖亦精通老莊，然其觀點意識
與玄論派不同。蓋名理派之清談，原係由漢儒之清議所演變。故所談論乃人
物品評之現實事物，其思想上多兼有儒道名法諸家之色彩，較偏向於具體。
此與玄論派之偏向於玄虛有所不同。又因其善於批判，臧否人物善惡，在態
度上傾向於「名教」之維護。陳寅恪先生曰：

　　名教者，依魏晉人之解釋，以名為教，既以官長君臣之義為教，本
　　即入世求仕者所宜奉行者也。其主張與崇尚自然，即避世不仕者適
　　相違反。〔註16〕

晉人以儒家之「名教」與老莊之「自然」為相對之二事。《晉書・阮瞻傳》
曰：「（阮瞻）見司徒王戎。戎問曰：『聖人貴名教，老莊明自然，其旨同異？』
瞻曰：『將無同。』」《晉書・樂廣傳》曰：「是時王澄、胡毋輔之等，皆亦任
放為達，或至裸體。廣聞而笑曰：『名教內自有樂地，何必乃爾！』」東晉袁
宏《後漢記》係以名教出發而寫史。〈自序〉曰：「夫史傳之興，所以通古今
而篤名教也。」其〈光武帝紀〉卷三曰：「夫名者，必志之標榜也。故行著
一家，一家稱焉；德播一鄉，一鄉舉焉。故博愛之謂仁，辨惑之謂智，犯難
之謂勇，因實立名，未有殊其本者也。」其〈孝獻皇帝〉卷曰：「夫君臣父
子，名教之本也。然則名教之作，何為者也？蓋準天地之性，求自然之理，
擬議以制其名，因循以弘其教，辯物成器，以通天下之務也。」因此「名教」
乃指道德綱常之維護，人倫秩序之崇尚。與曠達狂放，不拘禮法之名士行徑，
迥然不同。

　　名理清談家思想上崇尚「名符其實」，此與名教之「因實立名」（見上引
《後漢紀・光武帝紀》）之精神係相同。因此見解上與玄論派之崇尚自然玄
曠不同。故《三國志・荀彧傳》謂「傅嘏善名理，荀粲尚玄遠」已分出二派。

〔註16〕陳寅恪〈陶淵明之思想與清談之關係〉見《陳寅恪先生論文集》下冊，頁1013。

名理清談家如傅嘏批評何晏：「言遠而情近，好辯而無誠，所謂利口覆邦國之人也。」又於曹爽前詆之曰：「何平叔外靜而內銛巧，好利不念務本，吾恐必先惑子兄弟，仁人將遠而朝政廢矣。」（《三國志・傅嘏傳》及《注》）鍾會亦與玄論派之夏侯玄、嵇康等人交惡。《世說新語・方正篇》曰：「夏侯玄既被桎梏，鍾會等人不與玄相知，因便狎之。玄曰：『刑餘之人，未敢聞命！』」《世說新語・簡傲篇注》引《魏氏春秋》曰：「鍾會聞嵇康名而造焉，康方箕踞而鍛，會至不爲之禮。會深銜之。」又〈文學篇〉曰：「鍾撰《四本論》始畢，甚欲使嵇公一見。置懷中既定，畏其難，懷不敢出。於戶外遙擲便回急走。」由上述可見出名理與玄論二派彼此思想扞格不入與心存之芥蒂。

正始之後，品評之後之名理漸衰。斯時玄論派之清談大盛，所謂「儒墨之迹見鄙，道家之言遂盛」（《晉書・向秀傳》）「虛無放誕之論，盈于朝野」（《晉書・傅玄傳》）於是名理家轉而攻擊老莊虛無之思想，及時人放蕩之行爲，亟思名義道德之維護，裴頠係其中代表人物。

裴頠，字逸民。自少知名，博學稽古，弘雅有遠識，其叔祖裴徽、叔裴楷、堂弟裴遐皆清談界名士。《世說新語・言語篇》曰：「王（衍）曰：裴僕射善談名理，混混有雅致。」《注》引《冀州記》曰：「頠弘激有清識，善言名理。」《晉書・裴頠傳》曰：「樂廣嘗與頠清言，欲以理服之。而頠辭論豐博，廣笑而不言。時人謂頠爲言談之林藪。」又曰：「王衍之徒攻難交至，並莫能屈。又著辯才論，古今精義皆辨釋焉，未成而遇禍。」可知裴頠係一精通名理，善於辯才之清談家，惜其書未成，未能一覘其貌。

裴頠於思想行爲上，甚反對玄論派名士之虛浮。《晉書裴頠傳》曰：「頠深患時俗放蕩，不尊儒術，何晏、阮籍素有高名於世，口談浮虛，不遵禮法。尸祿耽寵，仕不事事。至王衍之徒，聲譽太盛，位高勢重，不以物務自嬰。遂相放效，風教陵遲，乃著〈崇有〉之論，以釋其弊。」又《世說新語・文學篇注》引〈晉諸公贊〉云：「自魏太常夏侯玄、步兵校尉阮籍等，皆著《道德論》。於時侍中樂廣，吏部郎劉漢亦體道而言約。尚書令王夷甫講理而才虛。散騎常侍戴奧以學道爲業。後進庾敳之徒，皆希慕簡曠。頠疾世俗尚虛無之理，故著〈崇有〉二論以折之。才博喻廣，學者不能究。樂廣與頠清開欲說理，而頠辭喻豐博，廣自以體虛無，笑而不言。」王衍、樂廣皆西晉玄論派清談之巨擘，然卒無法以言辭取勝。一從「有」而論，故辭喻豐頠；一

從「無」而發揮，亦祇能笑而不答。王衍性雖自大，然對裴頠亦甚雅重之。《世說新語・文學篇》曰：「中朝時有懷道之流，有詣王夷甫咨疑者，值王昨已語多，小極，不復相酬答。及謂客曰：『身今少惡，裴逸民亦近在此，君可往問。』」可知王衍對其折服若此。又〈文學篇〉曰：「裴成公有〈崇有論〉。時人攻難之，莫能折。唯王夷甫來，如小屈，時人即以王理難裴，理還復申。」是裴頠之精於辯才，理復精闢，獨步一時。

反對「虛無」之論，三國時吳楊泉已有之。其〈物理論〉曰：「夫虛無之談，尚其華藻，無異春蠶，聒耳而已。」裴頠於〈崇有論〉中乃更具體攻詰時下流行之虛無學說。裴頠〈崇有論〉首先以「有」為萬物化生之本體原理：「夫總混群本，宗極之道也。方以族異，庶類之品也。形象著分，有生之體也。化感錯綜，理迹之原也。夫品而為族，則所稟者偏。偏無自足，故憑乎外資。是以生而可尋，所謂理也。理之所體，所謂有也。有之所須，所謂資也。資有攸合，所謂宜也。擇乎厥宜，所謂情也。」裴頠以「有」為資生萬物之理，則萬物皆在實體之中，是以生之迹可尋，凡事皆非虛無。

一般玄談之士，崇尚虛無，行為誇誕，道德渙散。於是政治不濟，風教不清。裴頠指出，此皆為「賤有」之害：「若乃淫抗陵肆，則危害萌矣。故欲衍則速患，情佚則怨博，擅恣則興攻，專利則延寇，可謂以厚生而失生者也。悠悠也徒，駭乎若慈之釁，而尋艱爭所緣。察夫偏質有弊，而覩簡損之善，遂闡貴無之議，而建賤有之論。賤有則必外形，外形則必遺制，遺制則必忽防，忽防則必忘禮。禮制弗存，則無以為政矣。」

對於魏晉世風日下，裴頠則痛言極詆「貴無」之弊以及名士荒誕之行為：「夫盈欲則可損而未可絕有也，過用可節而未可謂無貴也。蓋有講言之具者，深列有形之故，盛稱空無之美。形器之故有徵，空無之義難檢。辯巧之文可悅，似象之言足感。眾聽眩焉，溺其或說。雖頗有異此心者，辭不獲濟，屈於所狃，因謂虛無之理，誠不可蓋。唱而有和，多往弗反，遂薄綜世之務，賤功烈之用，高浮游之業，埤經實之賢。人情所殉，篤夫名利。於是文者衍其辭，訥者讚其旨，染其眾也。是以立言藉於虛無，謂之玄妙；處官不親所司，謂之雅遠；奉身散其廉操，謂之曠達。故砥礪之風，彌以陵遲。放者因斯，或悖吉凶之禮，而忽容止之表，瀆棄長幼之序，混漫貴賤之級。其甚者至於裸裎，言笑忘宜，以不惜為弘，士行又虧矣。」

《老子》書中所謂「有生於無」之說，裴頠亦表反對，甚至以老子之本

旨即是在「有」。此點殆受王弼「老子是有者也，故恒言無所不足。」（《三國志傅玄傳注引何劭〈王弼傳〉》）之影響：「老子既著五千之文，表擭穢雜之弊，甄舉靜一之義，有以令人釋然自夷，合於《易》之〈損〉、〈謙〉、〈艮〉、〈節〉之旨。而靜一守本，無虛無之謂也。〈損〉、〈艮〉之屬，蓋君子之一道，非《易》之所以爲體守本無也。觀《老子》之書，雖博有所經，而云『有生於無』，以虛爲主，偏立一家之辭，豈有以而然哉？人之既生，以保生爲全，全之所階，以順感爲務。若味近以虧業，則沈溺之釁興，懷末以忘本，則天理之眞滅。故動之所交，存亡之會也。夫有非有，於無非無，於無非無，於有非有。是以申縱播之累，而著貴無之文。將以絕所非之盈謬，存大善之中節，收流遁於既過，反澄正于胸懷。宜其以無爲辭，而旨在全有。故其辭曰：『以爲文不足』，若斯，則是所寄之塗，一方之言也。若謂至理，信以無爲宗，則偏而害當矣。先賢達識，以非所滯，示之深論。惟班固著難，未足折其情。孫卿、揚雄大體抑之，猶偏有所許。而虛無之言，日以廣衍，眾家扇起，各列其說。上及造化，下被萬事。莫不貴無，所存僉同。情以眾固，乃號凡有之理。皆義之坫者，薄而鄙焉。」

〈崇有論〉最末強調「無」不能生「有」，「有」者恒「有」。故「虛無」非益於群生，唯「有」可濟於萬物：「夫至無者，無以能生。故始生者，自生也。自生而必體有，則有遺而生虧矣。生以有爲己分，則虛無是有之所謂遺者也。故養既化之有，非無用之所能全也；理既有之眾，非無爲之所能循也。心非事也，而制事必由於心。然不可以制事以非事，謂心爲無也。匠非器也，而制器必須於匠。然不可以制器以非器，謂匠非有也。是以欲收重泉之鱗，非偃息之所能獲也；隕高墉之禽，非靜拱之所能捷也；審投弦餌之用，非無知之所能覽也。由此可觀，濟有者，皆有也。虛無奚益於己有之群生哉！」

裴頠所敘述之「有」「無」觀念，乃邏輯上之「有」「無」。老莊論「有」「無」皆從本體上論，而非邏輯上之否定觀念。因此「有」「無」乃係相對而非絕對。故老子曰：「無，名天地之始；有，名萬物之母。故常無，欲以觀其妙；常有，欲以觀其徼。」（一章）又曰：「有之以爲利，無之以爲用。」老子既未否定「有」，亦未推翻「無」，老子之道，即是不可名相之自然本體現象。魏晉有不少人將「有」「無」觀念落於邏輯觀念。故崇「無」者，否認一切現實事物，落入違反禮教之放蕩行爲中；崇「有」者（如裴頠）則肯定一切現實現象，卻弗能超越名相世界之具體觀念之外。牟宗三先生曰：

裴頠之「無」祇是一個邏輯概念之「非有」。此解非道家所言之無也。

然其「崇有」之理路，可開一接觸存在問題而重「客觀性」之哲學，

亦甚有價值。〔註17〕

與裴頠同時之名理學家，尚有裴頠之從兄弟裴遐。《世說新語・文學篇注》引〈鄧粲晉紀〉曰：「遐以辯論爲業，善敍名理。辭氣清暢，冷然若琴瑟。聞其言者，知無不知，無不歎服。」裴遐係王衍女婿，裴頠亦王戎女婿，王、裴二族，盛於魏晉，皆是清談世家。王族偏於玄論，裴族則重名理。《世說新語・文學篇》曰：「裴散騎娶王太尉女。婚後三日，諸婿大會。當時名士，王、裴子弟悉集。郭子玄在坐，挑與裴談。子玄才甚豐瞻，始數交未快，郭陳張甚盛。裴徐理前語，理至甚微，四坐咨嗟稱快。王亦以爲奇。謂諸人曰：『君輩忽爲爾，將受困寡人女婿。』」子玄係注《莊子》之郭象，王衍謂其「語議如懸河瀉水，注而不絕。」(《世說・文學篇》)〈名士傳〉亦謂「子玄有儁才，能言《莊老》。」當是玄論派清談高手，尚且不敵，可知裴遐談辯之高。《晉書裴楷傳》亦曰：「善言玄理，音辭清暢，冷然若琴瑟。嘗與河南郭象談論，一坐嗟服。又嘗在平東將軍周馥坐，與人圍棊。馥司馬行酒，遐未即飲，司馬醉怒，因曳服墮地。遐徐起還坐，顏色不變，復棊如故，其性虛如此。」是知其頗有儒家「溫良恭儉讓」之德也。

此外裴頠另一從弟裴邈亦善名理。《世說新語・雅量篇注》引〈諸公贊〉曰：「邈少有通才，從兄頠器賞之。每與清言，終日達曙。」《世說新語・雅量篇》曰：「王夷甫與裴景聲志好不同。景聲惡欲取之，卒不能，乃故詣王。肆言極罵，要王答己，欲以分謗，王不爲動色。」裴邈之向王衍挑戰，實乃名理派與玄論派見解上之歧異。而裴頠之叔裴楷亦善清談。裴楷弱冠即知名於世，明悟有識量，尤精《老》《易》。少與王戎齊名，甚得名理派鍾會喜愛，薦之於文帝曰：「裴楷清通，王戎簡要，皆其選也。」《晉書・裴楷傳》曰：「楷有知人之鑒。初在河南。樂廣僑居郡界，未知名。楷見而奇之，致之於宰府。嘗目夏侯玄云：『蕭蕭如入宗廟中，但見禮樂器。』鍾會如『武庫森森，但見矛戟在前。』傅嘏『汪翔靡所不見。』山濤若『登山臨下，幽然深遠。』」人倫識鑒正係早期名理派之特色。由於裴、王二族之主張各有不同，時人遂將名理派之裴族與玄論派之王族並觀，於是有「八裴方八王」之喻：「徽比王祥，楷比王衍，康比王綏，綽比王澄，瓚比王敦，遐比王導，頠比王戎，邈比王

〔註17〕仝〔註22〕《自然與名教》，頁369。

玄。」(見《晉書・裴楷傳》)

　　除裴氏一族外，尚有衛瓘、衛玠父子亦屬清談名理派。衛瓘，字伯玉。《晉書・衛瓘傳》曰：「十歲喪父，至孝過人，性貞靜有名理，以明識清允稱。」又「時權臣專政，瓘優遊其間，無所親疏，甚爲傅嘏所重，謂之寗武子。」衛瓘與傅嘏俱爲名理派人士，故爲傅嘏所重。其上晉武帝書中，主張廢九品之制，而採鄉邑清議之論，以爲居官選材之本：「盡除中正九品之制，使舉善進才，各由鄉論。然則下敬其上，人安其教，俗與政俱清，化與法並濟。人知善否之教，不在交遊，即華競自息，各求於己也。」蓋魏立九品中正之法後，晉時已質變爲士大夫競相仕宦之途。其末流卒演成「人棄德而忽道業，爭多少於錐刀之末，傷損風俗，其弊不細。」因此衛瓘主張「鄉邑清議，不拘爵位。褒貶所加，足爲勸勵，猶有鄉黨餘風。」(以上見《晉書・衛瓘傳》)此推崇鄉邑清議之精神，實爲名理學派繼兩漢以來之遺風。衛瓘之子衛玠，字叔寶，亦爲名理清談家。《世說新語・語譽篇注》引〈衛玠別傳〉曰：「玠少有名理，善通《莊》《老》。瑯邪王平子高氣不群，邁世獨傲。每聞玠之語議，至於理會之間，要妙之際，輒絕於坐，前後三聞，爲之三倒。時人遂曰：『衛君談道，平子三倒。』」又曰：「玠至武昌見王敦，與之談論，彌日信宿。敦顧謂僚屬曰：『昔王輔嗣吐金聲於中廟，此子今復玉振於江表。微言之緒，絕而復續，不悟永嘉之中，復聞正始之音，阿平(何平叔)若在，當復絕倒。』」《晉書・本傳》謂其「風神秀異」「朗然照人」「好言玄理」又謂：「王澄及王玄、王濟並有盛名，皆出玠下。世云：『王家三子，不如衛家一兒。』」可知衛玠不但精通名理，亦爲善於玄理之清談家。

　　至於與衛玠談論彌日之王敦，字處仲，亦善名理(見《世說新語・文學篇注》引)。《晉書・王敦傳》謂其「眉目疏朗，性簡脫，有鑒裁，學通《左氏》，口不言財利，尤好清談。」王敦表面上係精通人倫鑒識，不苟財利之儒者。然實爲內心貪刻暴戾，驕恣不仁之徒，卒以心懷不軌，有圖謀問鼎之心，遂遭剖棺戮尸，懸首南桁。此爲名理家之矯俗枉行者。《晉書・王敦傳》曰：「時王愷、石崇以豪侈相尚。愷嘗置酒，敦與導俱在坐。有女伎吹笛小失聲韵，愷便毆殺之。一坐改容，敦神色自若。他日，多造愷。愷使美人行酒，以客飲不盡，輒殺之。酒至敦、導所。敦故不肯持，美人悲懼失色，而敦傲然不視。導素不能飲，恐行酒者得罪，遂勉強盡觴。導還，歎曰：『處仲若當世，心懷剛忍，非令終也。』洗馬潘滔見敦而目之曰：『處仲蜂目已露，但豺

聲未振。若不噬人，亦當爲人所噬。』」若王敦之流，雖善於清談名理，然心懷剛忍，其行徑之惡劣，實較玄論派之荒誕曠廢者，猶過之而不及。

五、孫盛排老論

晉室渡江之後，有識之士鑒於亡國之恥，咸思振奮以圖濟。名理派之思想，復爲江左人氏所歡迎，孫盛即爲其代表人物。

孫盛，字安國。《晉書・孫盛傳》曰：「博學，善言名理。于時殷浩擅名一時，與抗論者，惟盛而已。盛嘗詣浩談論，對食，奮擲麈尾，毛悉落飯中，食冷而復暖者數四。至暮忘餐，理竟不定。又著〈醫卜〉及〈易象妙於見形論〉。浩等竟無以難之，由是遂知名。」又「著《魏氏春秋》、《晉陽秋》，並造詩賦論亂復數十篇。《晉陽秋》直而理正，咸稱良史焉。」可知孫盛傳學多能，善於清談。時殷浩亦是談中能手，彼此往復攻難，相持不決。《世說新語・文學篇》嘗記此次辯論之激烈：「孫安國往殷中軍許共論，往反精苦，客主無間，左右進食冷而復暖者數四。彼我奮擲，麈尾悉脫落，滿餐飯中，賓主遂至忘食。殷乃語孫曰：『卿莫作強口馬，我當穿卿鼻。』孫曰：『卿不見決鼻牛，人當穿卿頰。』」可知雙方往返爭執之情形，甚而出現感情似之漫罵。而殷浩本身亦是精於名理之清談家。高逸《沙門傳》謂：「殷浩能言名理。」同時又精於正始時代名理派之才性《四本論》。《世說新語・文學篇》曰：「殷中軍雖思慮通長，然於才性偏精，忽言及《四本》，便若湯池鐵城，無可攻之勢。」又曰：「支道林，殷淵源俱在相王許，相王謂二人可試一交言，而才性殆是淵源崤函之固，君其慎焉。支初作改轍遠之，數四交，不覺入其玄中。相王撫肩笑曰：『此自是其勝場，安可爭鋒？』」殷浩本是名理派中之翹楚，然其善玄言，好《老易》，後爲風流談論者所交，終走向玄論派。

孫盛對玄論派之反對，見於其〈易象妙於見形論〉文中，蓋玄論派原主張「言不盡意」之說。如《魏志》引何劭〈荀粲傳〉曰：「粲諸兄並以儒術論議，而粲獨好道，常以爲子貢稱夫子之言性與天道不可得聞。然則六籍雖存，固聖人之糠粃。粲兄俁難曰：『《易》亦云：聖人立象以盡意，〈繫辭〉焉以盡言，則微言胡爲不可得而聞見哉？』粲答曰：『蓋理之微者，非物象之所舉也。今稱立象以盡意，此非通於意外者也。〈繫辭〉焉以盡言，此非言乎繫表者也。斯則象外之意，繫表之言，固蘊而不出矣。』」荀俣當爲主張「言盡意」之說

者，而荀粲則爲主張「言不盡意」之一派。〔註18〕王弼注《易》亦以爲「言者所以明象，得象而忘言；象者所以存意，得意而忘象。」「存言者非得象者也，存象者非得意者也。」「忘象者乃得意者也，忘言者乃得象者也。」此種「言不盡意」之說，用於經義，則是不守章法，求其大意之領略；用於思想，則是崇尚虛無，嚮往玄風；用於行爲，則是蔑棄禮法，忘其形骸。如阮籍「得意忽忘形骸」（《晉書‧阮籍傳》）何劭「奚用遺形骸？忘筌在得魚。」（〈贈張華詩〉）皆是。

然而名理家皆尙篤實，故多主「言盡意」之說。此說除荀俁提出外，西晉歐陽建亦有《言盡意論》：「夫天不言而四時行焉，聖人不言而識鑒形焉。形不待名而方圓已者，色不俟稱而黑白已彰。」然則名之於物，無施者也；言之於理，無爲者也。而古今務於正名，聖賢不能去言，其故何也？誠以理得於心，非言不暢；物定於彼，非名不辨。言不暢意，則無以相接；名不辨物，則鑒識不顯。鑒識顯而名品殊，言稱接而情志暢。原其所以，本其所由，非物有自然之名，理有必定之稱也。欲辨其實，則殊其名；欲宣其志，則立其稱。名逐物而遷，言因理而變。此猶聲發響應，形存影附，不得相與爲二。苟其不二，則無不盡，吾故以爲盡矣。此外《世說新語‧文學篇》曰：「王丞相過江左，止道〈聲無哀樂〉、〈養生〉、〈言盡意〉三理而已。」是王導亦主此說，惜其理已亡。

孫盛反對玄論派之「言不盡意」之說，其〈易象妙於見形論〉則主張「因形達變，因言見情」之觀點：「聖人知觀器不足以達變，故表圓應於著龜；圓應不可爲典要，故寄妙迹於六爻。六爻周流，唯化所適。故雖一畫而吉凶並彰，微一則失之矣。擬器托象而慶咎交著，繫器則失之矣。故說八卦者，蓋緣化之

<hr />

〔註18〕言意之辨爲魏晉玄論、名理二派常相爭辯問題。載籍所存，論及此一主題者有：（一）魏荀粲「〈言象不盡意論〉」（見《三國志‧魏書‧荀彧傳注》引《晉陽秋傳》）其兄荀俁則主張「象能盡意」之說。（二）魏王弼「〈忘言忘象得意論〉」（《見周易略例‧明象篇》）（三）魏嵇康「〈周易言不盡意論〉」（王應麟《玉海》卷卅六著錄）（四）西晉歐陽建「〈言盡意論〉」（《藝文類聚卷》卷十九載引）（五）西晉張翰（韓）「〈不用舌論〉」（《藝文類聚》卷十七引）（六）東晉王導「〈言盡意論〉」（《世說‧文學篇》第廿一條提及）（七）東晉殷融「〈象不盡意論〉」（《世說‧文學篇》第七十一條《注》引〈中興書〉言之）（八）東晉庾闡「〈著龜論〉」（《藝文類聚》卷七十五）（九）東晉孫盛「〈易象妙於見形論〉」（《世說‧文學篇注》引）。大抵玄論派主「言不盡意」之論，而名理派主「言盡意」之說。

影跡也，天下者寄見之一形也。圓影備未備之象，一形兼未見之形。」（《世說新語‧文學篇注》引）故對於王弼之籠統注《易》，採「得意忘象」之說，表示反對：「《易》之為書，窮神知化，非天下之至精，其孰能與於此？世之注，殆皆妄也！況弼以附會之辨而欲籠統玄旨者乎！故其敘浮義，則麗辭溢目；造陰陽，則妙賾無間。至於六爻變化，群象所效，日時歲月，五氣相推。弼皆擯落，多所不關。雖有可觀者焉，恐將泥夫大道。」（何劭《王弼傳注》）

　　《世說新語‧文學篇》記孫盛與玄論派辯論「〈易象妙於見形〉」之情形曰：「殷中軍、孫安國、王謝能言諸賢，悉在會稽王許。殷與孫共論《易象妙於見形》。孫語道合，意氣干雲，一坐咸不安孫理，而辭不能屈。會稽王慨然歎曰：『使真長（劉惔）來，故應有以制彼。』即迎真長。孫意己不如。真長既至，先令孫自敘本理。孫粗記己語，亦覺悟不及向。劉便作二百許語，辭難簡切。孫理遂屈，一坐同時拊掌而笑，稱美良久。」可知玄論派初佔下風，後佔上風，實乃孫盛心理上自以為不如，自然「粗說己語，悟不及向」以至於鎩羽而敗。

　　孫盛思想既屬於名理派，故對於玄理派攻擊亦不遺餘力。《廣弘明集》卷五載有其「〈老子疑問反訊〉」一文，即是針對此而發。全文共十一篇。孫盛採名家辯證之法，頗有王充《論衡‧問孔》、〈刺孟〉之氣勢。茲舉數例如下，以窺一斑：

　　評老子「天下皆知美之為美斯惡已；皆知善之為善，斯不善已。」孫盛論曰：「然則大美大善，天下皆知之，何得云斯惡乎？若虛美非美，為善非善；為美過美，所善違中。若此皆聖教所疾，聖王奮戒，天下亦自知之於斯談。」

　　評老子「不尚賢，使民不爭，不貴難得之貨，使人不為盜。常使民無知無欲，使知者不敢為。」又「絕學無憂，唯之與何，相去幾何？善之與惡，相去何若？」又「善人不善人之師，不善人善人之資。不貴其師，不愛其資，雖智大迷。」孫盛論曰：「盛以為民苟無欲，亦何所師於師哉？既所師資，非學如何？不善師善，非尚賢如何？貴愛既存，則美惡不得不彰，非相去何若之謂。」

　　評老子「絕聖棄知，民利百倍」孫盛論曰：「夫有仁聖，必有仁聖之德迹。此而不崇，則陶訓焉融；仁義不尚，則孝慈道喪。老氏既云絕聖，而每章輒稱聖人。既稱聖人，則迹焉能得絕？若所欲絕者，絕堯舜周孔之迹，則所稱聖者為是何聖之迹乎？即如是言，聖人有宜滅其迹者，有宜稱其迹者。稱滅

不同，吾誰適從？絕仁棄義，民復孝慈，若如此談，仁義不絕，則不孝不慈矣。復云：居善地與善仁，不審與善仁之仁，是向所云欲絕者非耶？如其是也，則不宜復稱述矣。如其非也，則未詳二仁之義，一仁宜絕，一仁宜明，此又所未達也。」

評老子「禮者，忠者之薄而道之首。前識者道之華而愚之始。是以大丈夫處其厚不處其薄，處其實不處其華。」孫盛論曰：「老聃足知聖人禮樂非玄勝工具，不獲已而制作耳。而故毀之何哉？是故屏撥禮學以全其任自然之論，豈不知叔末不復得返自然之道，直欲伸己好之懷。然則不免情於所悅，非浪心救物者也。非唯不救，乃獎其弊矣。」

評老子「執者失之，爲者敗之。」又「執古之道以御今之有。」孫盛論曰：「或執或否，得無陷矛盾之論乎？」

評老子「道冲而用之，或不盈。和其光，同其塵。」孫盛論曰：「盛以爲老聃可謂知道，非體道者也。……既處濁位，復遠導西戎，行止則猖狂其迹，著書則矯誑其言。和光同塵，固若是乎？」

孫盛以子之予攻子之盾，反覆致詰，頗見功力。其末總結老莊之思想，及爲拘執不遇者之言，爲偏侗一方之語，未足取信也：「聖人之道廣大悉備矣，猶日月懸天，有何不照者哉？老氏之言，皆駁於六經矣。審復有所衍忘，俟佐助於聃周乎？即莊周所謂日月出矣，而爝火不息者也。至於虛誑矯詭之言，尚拘滯於一方而橫稱不經之奇詞也。」

《廣弘明集》卷五又有孫盛之「〈老聃非大聖論〉」。文中強調儒術之重要，反對老子尊無，亦反對裴頠崇有之論，而認爲儒術能兼包老學之長而無其短，實調和折哀「無」「有」二家之說：「余以爲尚無既失之矣，崇有亦未爲得也。道之爲物，惟恍惟惚，因應無方。唯變所適。值澄淳之時，則司契垂拱；遇萬動之化，則形體勃興。是以洞鑒雖同，有無之教異陳；聖致雖一，而稱謂之名殊。自唐虞不希結繩，湯武不擬揖讓，夫豈易哉？時運故也。而伯陽欲執古之道以御今之有，逸民欲執今之有，以絕古之風。吾故以爲彼二子者，不達圓化之道，各矜其一方耳。」其批評道家之犀利若此。孫盛排老之論著名於時，其後又有王坦之以〈廢莊論〉聞名於世。

六、王坦之廢莊論

王坦之，字文度。《晉書‧王坦之傳》曰：「弱冠與郄超俱有重名。時人

為之語曰:『盛德絕倫郗嘉賓,江東獨步王文度。』」又曰:「坦之有風格,尤非時俗放蕩,不敦儒教,頗尚刑名學。」是知王坦之亦屬名理派思想。

莊子行為曠放不羈,個性超邁縱逸,故多為魏晉玄論派名士的欣賞。却為禮法之士所不容,遂由攻擊名士之荒誕行徑,轉而而詆莊排莊。三國時蔣子之〈萬機論〉已言之:「莊周婦死而歌,夫通性命者,以卑及尊,死生不悼,周不可論也。夫象見死皮,無遠近必泣,周何忍哉!」(《全三國文》卷三十三) 後雖有沐德信為莊周辯護,然老莊為道德之士所排斥,已成事實。沐德信〈豫作終制戒子儉書〉曰:「昔莊周闊達,無所適莫。又楊王孫裸體,貴不久容耳。至夫末世,緣生怨死之徒,乃有含珠鱗柙玉床象袩。殺人以徇。壙穴之內,錮以紵絮,藉以蜃灰,千載僵燥,託類神仙。于是大教陵遲,競于厚葬。謂莊子為放蕩,以王孫為戮屍,豈復識古有衣新之鬼,而野有孤霾之觜乎哉!」(《全三國文卷》三十五) 可見魏時已有人認為莊子放蕩,不拘禮檢,而對其有所評訾。

至永嘉亂後,東晉有識之士鑒於世風日下,人心不古,曠廢之積習日深,虛靡之風俗益甚,於是非難老莊之論漸興。劉琨有「知聘周之為虛誕,嗣宗之為妄作」之言(〈答盧諶書〉)。干寶於《晉紀‧總論》中對老莊大張撻伐(見《晉書‧愍帝紀》)。葛洪作〈疾謬篇〉對世俗曠廢行徑痛加詆諆(《抱朴子》)。嵇含為王粹作「〈莊周贊〉」以譏切時人(《見《晉書‧忠義傳》)。王坦之之「〈廢莊論〉」乃應時而出。

〈廢莊論〉曰:「荀卿稱莊子『蔽於天而不知人』,揚雄亦曰:『莊周放蕩而不法』,何晏云:『鬻莊軀,放玄虛,而不周乎時變。』三賢之言,遠有當乎!夫獨構之唱,唱虛而莫和;無感之作,義偏而用寡。動人由於兼忘,應物在乎無心。孔父非不體遠,以體遠故用近;顏子豈不具德,以德備故膺教。」又曰:「若夫莊生者,望大庭而撫契,抑彌高於不足,寄積想於三篇,恨我懷之未盡。其言詭譎,其義恢誕。君子內應,從我遊方之外。眾人因藉之,以為弊薄之資。然則天下之善人少,不善人多。莊子之利天下也少,害天下也多。故曰:魯酒薄而邯鄲圍,莊生作而風俗頹。禮與浮雲俱征,偽與利蕩並肆。人以克己為恥,士以無惜為通。時無履德之譽,俗有蹈義之愆。驟語賞罰不可以造次,屢稱無為不可與適變。雖可用於天下,不足以用天下人。」又曰:「昔漢陰丈人修渾沌之術,孔子以為識其一不識其二。莊生之道,無乃類乎!與夫如愚之契,何殊間哉!若夫利而不害,天之道也,為而不爭,聖

之德也。群方所資而莫知誰氏，在儒而非儒，非道而有道，彌貫九流，玄同彼我。萬物用之而不既，亹亹日新而不朽，昔吾孔老固已言之矣。」（以上見《晉書・王坦之傳》）

此蓋針對玄論派名士崇莊之習而發。文中詆莊周之語，無異訾時人之狂放頹廢之風。而其文末以以孔老並稱，似未完全排斥老子。今觀其上表白：「臣聞人君之道以孝敬爲本，臨御四海以委任爲貴，恭順無爲，則盛德日新，親杖賢能，則政道邕睦。」（《晉書・王坦之傳》）實調和儒道二家之言。

王坦之與謝安善。謝安「愛好聲律。碁功之修，不廢妓樂，頗以成俗。」王坦之乃「非而苦諫之」，謝安遂遺書王坦之曰：「知君思相愛惜之至，僕所求者聲，謂稱情義，無所不可爲，聊復以自娛耳。若絜軌跡，崇世教，非所擬議，亦非所屑。常謂君粗得鄙跡者，猶未悟之濠上耶？故知莫逆，未易爲人。」王坦之答曰：「具君雅旨，此是誠心而行，獨往之美，然恐非大雅中庸之謂。意者以爲人之體韻，猶器之方圓。方圓不可錯用，體韻豈可易處？各順其方，以弘其業，則歲寒之功，必有成矣。吾子少立德行，體議淹允，加以令地，優遊自居。僉日之談，咸以清遠相許。至於此事，實有疑焉。公私二三，莫見其可，以此爲濠上，悟之者得無鮮乎？且天下之寶，故爲天下所惜，天下之所非，何爲不可以天下爲心乎？想君幸復三思。」（《晉書王坦之傳》）王坦之與謝安書信往返數四，謝安竟不從。此一則可見莊子思想影響時之深切，連德高望重，盛名一時之謝太傅，猶難免受濠上之風所波及，再則亦可看出名理派與玄論派之處世態度，有所迥異。

又謝安兄子謝玄，亦善名理。〈謝玄別傳〉曰：「玄能清言，善名理。」謝玄以事功見長，生活嚴瑾。其主要之名理思想爲何？因無著作傳世，不可得知。然必與其叔謝安有所不同。

除裴頠之〈崇有論〉、孫盛之排老論、王坦之〈廢莊論〉外，對於所謂曠放頹廢時風有所訾議者，尚有以下諸人：

李充，字弘度。《晉書李・充傳》謂其「幼好刑名之學，深抑虛浮之士。」其所著之〈翰林論〉亦自謂：「研至名理，論貴於允理，不求支離。」（《太平御覽》卷五五九引）是李充亦爲精於名理之名教中人士。嘗作《學箴》一文，對時下虛誕浮華之習有所批評。文曰：「老子云：『絕仁棄義，家復孝慈。』豈仁義之道絕，然後孝慈乃生哉？蓋患乎情仁義者寡，而利仁義者眾也。道德喪而仁義彰，仁義彰而名利作，禮教之弊，直在茲也。先王以道德之不行，

故以仁義化之，行仁義之不篤，故以禮律檢之。檢之彌繁，而僞亦愈廣。老莊乃明無爲之益，塞爭欲之門。夫極靈智之妙，總會通之和者，莫尙乎聖人。革一代之弘制，垂千載之遺風，則非聖不立。然而聖人之在世，吐言則爲訓辭，涖事則爲物軌，運通則時隆，理喪則與世弊矣。是以大爲之論以標其旨。物必有宗，事必有主，寄可責於聖人而遺累乎陳迹也。故化之以絕聖棄智，鎮之以無名之樸。聖教救其末，老莊明其本，本末之塗殊而爲教一也。人之迷也，其日久矣。見形者眾，及道者尟。不覿千仞之門而逐適物之迹。逐迹逾篤，離本愈遠。遂使華端與薄俗俱興，妙緒與淳風並絕，所以聖人長潛而迹未嘗滅矣。懼後進惑其如此，將越禮棄學而希無爲之風，見義教之殺而不觀其隆矣。略言所懷，以補其闕。引道家之弘旨，會世教之適當。義之違本，言不流放，庶以袪困蒙之蔽，悟一往之惑乎。」此乃從儒道二家出發，既言其真精神，復言其流弊，以箴規時病。

　　戴逵，字安道。《晉書‧戴逵傳》謂其「少博學，好談論，善屬文。」雖未言其爲名理派，然觀其言論，亦當屬名理派之流。《晉書‧本傳》又謂其「不樂當世，常以琴書自娛。」又謂「性高潔，常以禮度自處，深以放達爲非道。」乃著《論》曰：「夫親沒而採藥不反者，不仁之子也。君危而屢出近關者，苟免之臣也。而古之人未始以彼害名教之體者何？達其旨故也。達其旨，故不惑其迹。若元康之人，可謂好遁跡而不求其本。故有捐本徇末之弊，舍實逐聲之行，是猶美西施而學其矉眉，慕有道而折其角。所以爲慕者，非其所以爲美，徒貴貌似而已矣。夫紫之亂朱，以其似朱也。故鄉原似中和，所以亂德；放者似達，所以亂道。然竹林之爲放，有疾而爲顰者也；元康之爲放，無德而折巾者也，可無察乎！且儒家尙譽者，本以興賢也。既失其本，則有色取之行。懷情喪具，以容貌相欺，其弊必至於末僞。道家去名者，欲以篤實也。苟失其本，又有越檢之行。情禮俱虧，則仰詠兼忘，其弊必至於本薄。夫僞薄者，非二本之失，而爲弊者必託二本以自通。夫道有常經，而弊無常情，是以六經有失，王政有弊。苟乖其本，固聖賢所無奈何也。嗟夫！行道之人自非性足體備，闇蹈而當者，亦曷能不棲情古烈，擬規前修。苟迷擬之然後動，議之然後言。固當先辯其趣舍之極，求其用心之本，識其枉尺直尋之旨，採其被褐懷玉之由。若斯，塗雖殊，而其歸可觀也；跡雖亂，而其契不乖也。不然，則流遁忘反，爲風波之行，自驅以物，自誑以僞，外眩囂華，內喪道實，以矜尙奪其真主，以塵垢翳其天正，貽笑千載，可不愼歟！」文

中攻繫世俗之敗壞，強調儒道之至道，語切時弊，深中肯綮，誠屬的論。

范甯，字武子。其父范汪，字玄平，「博學多通，善談名理。」（《晉書・范汪傳》）范甯自幼耳濡目染，當受其父影響，為清談名理家。《晉書・范甯傳》曰：「時以浮虛相扇，儒雅日替，甯以為其源始於王弼、何晏，二人之罪深於桀紂。」遂作《論》曰：「或曰：『黃唐緬邈，至道淪翳，濠濮輟詠，風流靡託。爭奪兆於仁義，是非成於儒墨。平叔神懷超絕，輔嗣妙思通微，振千載之頹綱，落周孔之塵網。斯蓋軒冕之龍門，濠梁之宗匠。嘗聞夫子之論，以為罪過桀紂，何哉？』答曰：『子信有聖人之言乎？夫聖人者，德牟二儀，道冠三才。雖帝皇殊號，質文異制。而統天成務，曠代齊趣。王何蔑棄典文，不遵禮度，游辭浮說，波蕩後生。飾華言以翳實，騁繁文以惑世。縉紳之徒，翻然改轍；洙泗之風，緬焉將墜。遂令仁義幽淪，儒雅蒙塵，禮壞樂崩，中原傾覆。古之所謂古僞而辯，行僻而堅者，其斯人之徒歟！昔夫子斬少正於魯，太公戮華士於齊，豈非曠世而同誅乎！桀紂暴虐，正足以滅身覆國，為後世鑒戒耳。豈能迴百姓之視聽哉！王何叨海內之浮譽，資膏梁之傲誕。畫魑魅以為巧，扇無檢以為俗。鄭聲之亂樂，利口之覆邦，信矣哉！吾固以為一世之禍輕，歷代之罪重，自喪譽小，迷惑之愆大也。』」其崇儒抑俗，訾詆放達之士，可謂鞭辟入裡。

此外尚有江惇，字思俊。《晉書・江惇傳》謂其「孝友淳粹，高節邁俗，性好學，儒玄並綜。」著有〈通道崇檢論〉，世咸稱之。其意「以為君子立行，應依禮而動，雖隱顯殊途，未有不傍禮教者也。若乃放達不羈，以肆縱為貴者，非但動違禮法，亦道之所棄也。」（見《晉書・江惇傳》）

總之，名理派承襲漢時清議之精神而來，自魏武帝以「霸術兼名法」，其臣屬為之「校練名理」，因使名理思想逐漸發展。早期名理派注重人物之品鑒，而求「名實相符」，以適合政治之需要。由評論人物，發展成才性名理，此時流行所謂「〈才性四本論〉」。兩晉以後，才性論漸衰，取而代之則是針對時下曠發之風，以及玄論派之「貴無」、「言不盡意」等思想之種種論評。彼輩大抵還承襲名理派求真務實之精神，故立身處世皆能崇尚道德，服膺禮教，在濁世之中，成為一股清流。名理派人士亦多精通《老莊》，然或從老莊之原意著手，或調合儒道二家立場，甚至由批評時俗轉而排老廢莊。名理派與玄論派正是魏晉同時並行之兩股巨流，唯其聲勢難免較弱，然於彼昏然之世，猶能激起若干反響，此對沈溺放蕩者而言，亦何啻暮鼓晨鐘。《劉勰文心雕龍・論說篇》曰：「詳觀

蘭石之才性，仲宣之去代，叔夜之辨聲，太初之本元，輔嗣之兩例，平叔之二論，並師心獨見，鋒穎精密，蓋人倫之英也。至如李康〈運命〉，同《論衡》而過之；陸機〈辨亡〉，效〈過秦〉而不及，然亦其美矣。次及岱宗、郭象銳思於幾神之區；夷甫、裴頠交辨於有無之域，並獨步當時，流聲後代。然滯有者全繫於形用，貴無者專守於寂寥，徒銳偏解，莫詣正理，動極神源，其般若之絕境乎。」所謂「滯有者全繫於形用，貴無者專守於寂寥。」正說明名理派、玄論派二者並存與發展之情形。劉修士先生曰：

> 在古今人士一致罵為虛無放浪的魏晉清談中，還存在著這樣的一派。無論在思想行為及其學說的背景，它都與玄論派不同，而時時站在對立的地位。在論辯中，總是採取鬥爭的形式。由劉劭、傅嘏的論人物才性，裴頠的論「有」與「有為」，到孫盛、王坦之的正面的攻老排莊，我們很可看出他們思想進展的程序。〔註19〕

第三節　魏晉玄論派清談之學術思想

　　名理派清談雖能於魏晉時代，造成一股衝激與反響，而真正於學術界上蔚為主流，乃係以老莊玄學為中心之玄論派清談。彼輩於亂世侘傺之際，一躍而取代兩漢以來衰微之儒學，成為魏晉時代最具代表性之思潮。

一、玄論釋義

　　《說文》釋「玄」字曰：「玄，幽遠也。象幽，而人覆之也。黑而有赤色者為玄。」所謂幽者，深也；幽遠者，深遠也。《廣雅》曰：「夫玄也者，天道也，地道也，人道也。」天、地、人三才之道幽遠難識，因謂之「玄」。老子強調「道」之微妙難識，深不可測，亦以「玄」來形容之。所謂「玄之又玄，眾妙之門。」（一章）又「玄」有「小」意。「玄」字，殷金文「玄婦壺」作「𢆯」，周金文「頌鼎」作「𢆯」，「龜公華鐘」作「𢆯」，「汗簡」作「𢆯」。故容庚云：「『幺』與『玄』古為一字。」《爾雅釋天》曰：「理之微妙者為『玄』。」《說文》云：「幺，小也。」《老子》書中形容「道」之玄遠，常用微、妙、細、小、精字形容之。《莊子・秋水篇》曰：「夫精，小之微也。」〈則陽篇〉曰：「至精無倫。」〈達生篇〉曰：「精而又精，反而相天。」此與老子之「玄

〔註19〕劉修士〈魏晉時代的清談〉見《魏晉思想論集》，頁209。

之又玄，眾妙之門。」意思相同。老子喜從「有」「無」之觀點來釋「玄」字，
所謂：「常無，欲以觀其妙；常有，欲以觀其徼。」《抱朴子・暢玄篇》釋「玄」
曰：「玄者，自然之始祖，而萬殊之大宗也。因兆類而爲有，託潛寂而爲無。」
是「玄」乃道中最小，最幽遠者，可合爲「有」，可散爲「無」，既彌綸天地，
又可舒卷於懷。故《莊子・天道篇》曰：「夫道，於大不終，於小不遺。」綜
上所述。「玄」字及形容道之至深至遠，至精至細，包含萬物，體物不遺。

　　老子係發明「玄」學之精義者，《老書》中屢言「玄」字。如「玄德」「玄
牝」「玄覽」「玄通」之辭。而「《莊子》一書，乃《老子》之注疏。」（憨山
大師語）書中屢言「玄德」「玄聖」「玄冥」「玄宮」之說。《韓非子・解老篇》
更有「玄虛」之辭。「玄」字遂爲道家學術專門用語。漢時揚雄作《太玄經》，
以「玄」爲代替「道」之專稱，「玄學」由茲浸盛。一般文人學士亦多企慕老
莊玄遠之風。馮衍〈顯志賦〉曰：「常務道德之實，而不求當世之名。濶略杪
小之禮，蕩佚人間之事。」因此要「抗玄妙之常操」，而「大老聃之貴玄」。
仲長統亦「逍遙一世之上，睥睨天地之間，不受當世之責，永保性命之期」，
因而「安神閨房，思老氏之玄虛。」（〈昌言〉）。傅毅言「游心于玄妙，清思
于黃老。」（〈七激〉）然東漢之玄學，與魏晉之玄學有所不同。桓譚《新論》
曰：「揚雄作《玄書》，以爲玄者，天也，道也。言聖賢著法作事，皆引天道
以爲本統。而因附屬萬類王政人事法度。」此時天道之說，仍不失漢人天人
感應，吉凶禍福之論。故揚雄〈太玄賦〉曰：「觀大《易》之損益兮，覽老氏
之倚伏。」張衡〈思玄賦〉曰：「吉凶倚伏，幽微難明。」皆此之類也。張衡
〈玄圖〉曰：「玄者，無形之類，自然之根，作於太始，莫之與先。」乃又由
老子之「玄」，而涉及自然萬物之探討，應用於科學之理，此又與魏晉純作形
上之玄學哲理探討，有所差異。湯錫予先生曰：

> 漢代偏重天地運行之物理，魏晉貴談有無之玄致。二者雖均嘗託始
> 於老子，然前者常不免依物象數理之消息盈虛，言天道合人事；後
> 者建言大道之遠玄無朕，而不執著于實物，凡陰陽五行以及象數之
> 談，遂均廢置不用。因乃進於純玄學之討論。漢代思想與魏晉清言
> 之別，要在斯矣。〔註20〕

　　至於魏晉玄學之內涵如何？《南濟書・王僧虔傳》引王氏〈誡子書〉曰：「往
年有意於史，取《三國志》聚置床頭，百日許，復徙業就玄。自當小差於史，

猶未近彷彿。曼倩有云：『談何容易？』見諸玄，志為之逸，腸為之抽。專一書，轉誦數十家注，自少至老，手不釋卷，尚未敢輕言。汝開《老子》卷頭五尺許，未知輔嗣何所道？平叔何所說？馬、鄭何所異？《指例》何所明？而使盛於麈尾，自呼談士，此最險事。設令袁令命汝言『《易》』，謝中書挑汝言『《莊》』，張吳興叩汝言『《老》』，端可復言未嘗看耶？談故如射，前人得破，後人應解，不解即輸賭矣。且論注百氏，荊州『八表』，又『〈才性四本〉』、〈聲無哀樂〉，皆言家口實，如客至之有設也。汝皆未經拂耳瞥目。豈有庖廚不修，而欲延大賓者哉？」文中所提《易》、《老》、《莊》三書，後世「總謂三玄」（見《顏氏家訓・勉學篇》）是為玄論派清談家所談玄學之內容。

　　老莊本是一家，《莊》書尊老子為博大真人，祖述其學，發揚其說，尤能將老氏玄旨，闡揚透徹。然而老莊亦各有特色。嵇康〈卜疑〉一文曰：「如老聃之清淨微妙，守玄抱一乎。將如莊周之齊物變化，洞達而放逸乎。」可知亦各有殊途。晉人喜將老莊或道家以「玄學」稱之。如《晉書・陸雲傳》曰：「雲嘗宿故人家，夜暗迷路。忽望草叢中有火光，於是趨而寄宿。見一少年，美風姿。共談《老子》，辭致深遠。向曉辭去。至故人家云：『此數十里中無人居。』雲意始悟，卻尋昨宿處，乃王弼冢。雲本無玄學，自此談《老》殊進。」可知談論《老子》之問學，晉人名之曰「玄學」。《世說新語・賞譽篇注》引徐廣《晉紀》曰：「江惇，字思悛。博覽典墳，儒道兼綜。」又《晉書・江統傳》曰：「統，字應元。性好學，儒玄並綜。」是則「玄學」乃道家老莊之別稱。

　　「三玄」之中，《易經》雖為儒家經典，然本身則有神秘色彩，《老莊》與《易經》相通之處甚多。故漢人如范升、翟輔、馮顥、郎顗、虞翻、王肅、鍾繇……等儒者注《易》並兼注《老子》（俱見《後漢書・本傳》），《老易》且常並稱。如《後漢書向長傳》曰：「性尚中和，好誦《老易》。」至魏晉時《老易》相注並稱之風更形普遍，晉人著作多言「研精《老易》」，王弼注《老易》，阮籍有《通老論》，講《老易》相通之義，殷浩與叔父融俱好《老易》。晉以後《老易》並見益多。《南史・儒林傳》曰：「伏曼容善《老易》，宋明帝以方嵇叔夜。」〈高道傳〉曰：「鴻濛子張無夢，好清虛，窮《老易》。宋真宗問以長久之策。對曰：『臣野人也，山中常誦《老子》《周易》而已，不知其他。』」魏晉時通《易》學者又同時注重《太玄》，宋忠對揚雄《太玄》、《法言》二書，素稱名家。虞翻、陸績等《易》學家皆誦習《太玄》，何晏、王弼皆推論彼輩乃「玄學之祖」。故《老子》、《莊子》、《易經》為玄學之主要內容。

自王弼以卓異之才，提倡玄學，開正始之音。雋秀聰慧之士，多往玄學方面發展，於是玄論派清談家乃盛極一時。如王湛「剖析玄理，微妙有奇趣。」（《晉書・王湛傳》）謝朗「善言玄理，文義艷發。」（《晉書・謝朗傳》）凡從事玄學而能發精妙之論者，必享殊譽。上自天子王公，下至士大夫，無不傾心於玄學。故晉明帝自稱曰：「不能仰陶玄風，俯洽宇宙。」（《晉書・王導傳》）王獻之上《疏》云：「故太傅臣安，少振玄風，道譽洋溢。」（《晉書・王獻之傳》）玄學成為魏晉之風尚。一直連縣至南北朝，宋明帝遂置「總明觀」分設儒、玄、文、史四科，各置學士十人，專門負責鑽研。（見《宋書・王儉傳》）同時還廣收生徒，從事講學。《宋書・何尚之傳》曰：「尚之為丹陽尹，立宅南郭外，置玄學，聚生徒。……謂之南學。」玄學遂成為獨立之學術。

玄論派除談辯中喜以三玄為內容外，另有許多以三玄為基礎，而引申之文章及著作，此即所謂之「玄論」。《文心雕龍・論說篇》曰：「迄至正始，務欲守文，何晏之徒，始盛玄論。於是聘周當路，與尼父爭塗矣。」此種「玄論」原與漢時以來之「文論」有所不同，乃係專為剖析事理，發揮辭辯而作。所謂：「其義貴圓通，辭忌枝碎。必使心與理合，彌縫莫見其隙。辭共心密，敵人不知所乘，斯其要也。是以論如析薪，貴能破理。」（《文心雕龍・論說篇》）玄論中有不少係針對當時名理派之論難。如王弼之〈難聖人無喜怒哀樂論〉，王衍〈難崇有論〉，嵇康〈難張邈宅無吉凶攝生論〉……等。而亦有不少是發揮三玄奧旨者。如何晏〈無名論〉、〈無為論〉，阮籍〈達莊論〉、〈通老論〉、〈通易論〉，嵇康〈養生論〉，皇甫謐〈玄守論〉……等。此外尚有「注」。「論」係研精一理，「注」則解散「論」體，「雜文雖異，總會是同。」如何晏之《論語集解》，王弼之《老子注》、《周易注》，向秀郭象之《莊子注》，張湛之《列子注》……等皆是發揮玄旨。研究以上「玄論」及「玄注」，使吾人更能瞭解玄論派思想之內涵。

玄論派無論係思想或行為，皆與名理派不同。名理派崇尚務實，偏向於人物才性及道德等具體事物之探討，其生活態度較嚴謹；而玄論派却講求玄虛，傾注於老莊哲學及有無等抽象事物之研究，其生活態度較浪漫。劉修士先生曰：

> 從各方面講，名理派偏於保守，玄論派是帶著新興的革命意識的。
> 前者重於現實，後者則富於浪漫。他們這一派人所崇奉的是老子，
> 所談的問題是《易》泰、無為與無名。對於儒道二家，採取調和的
> 態度，無非是把老子的地位提高而已。這是他們提倡道學的第一步，

等到後來老子的地位確定了。他們再來向儒家的聖人開刀。〔註21〕

二、何晏之道家思想

　　玄論派初期人物，是以何晏、王弼爲主之「正始玄風」。《晉書・王衍傳》曰：「魏正始中，何宴、王弼等祖述老莊，立論以爲天地萬物，皆以無爲本。」《晉書・儒林傳》曰：「擯闕里之典經，習正始之餘論，指禮法爲流俗，目縱誕以清高。此則虛名雖被於時流，篤論未忘乎學者。是以講明六藝，鄭、王爲集漢之終。演說《老莊》，王、何爲開晉之始。」「正始玄風」以何晏、王弼爲首，漫繽老莊之學，開魏晉以次玄論派清談玄學之風氣。

　　何晏，字平叔，好老莊玄言。天下談士，多宗尙之。《魏書・何晏傳》曰：「好老莊言，作〈道德論〉及諸文賦，著述凡數十篇。」《魏書・王微傳》曰：「微報何晏書曰：『卿少陶玄風，淹雅修暢，自是正始中人。』」《魏書・管輅傳注》引〈輅別傳〉載裴徽語曰：「吾數與平叔共說《老莊》及《易》，常覺其辭妙於理，不能折也。」《世說新語・文學篇》曰：「何晏爲吏部尙書，有位望，時談客盈坐，」《注》引《文章敍錄》曰：「晏能清言，而當時權勢，天下談士，多宗尙之。」又引《魏氏春秋》曰：「晏少有異才，善談《易老》。」王坦之〈廢莊論〉曰：「何晏云：『鬻莊軀放玄虛，而不周乎時變。』」由以上所引，知正始玄論派名士，何晏實居其首。其精通《老》、《莊》、《易》三玄。著述有《論語注》、《老子注》〈無爲論〉、〈無名論〉、〈道論〉和賦數十篇，皆發揮老莊玄旨。今《列子・仲尼篇》、〈天瑞篇〉張湛《注》中尙保留其作品之片段。茲敍述其思想如下：

（一）援道入儒

　　何晏之思想，傾向儒道之殊途同歸。《世說新語・文學篇注》引〈文章敍錄〉曰：「自儒者論，老子非聖人，絕理棄學，晏說與聖人同，著論行於世也。」此外儒解經，喜正音讀而通訓詁，考制度以辨名物，是以淳樸塙切，義有典據。而何晏以玄學入儒，注重其大意之發揮，與當時儒者之守章句訓詁，斟字酌句不同，此點對後人注經發揮很大影響。《顏氏家訓・勉學篇》曰：「漢時賢俊，皆以一經弘聖入道。上明天時，下該人事，用此致卿相多矣。末俗空守章句，但誦師言。施之世務，殆無一可。故士大夫子弟，皆以博涉爲貴，

不肯專論。」

關於《論語集解》，劉寶楠《論語正義考證》，謂此書成於正始三、四年，為何晏任吏部尚書時所作。《論語集解序》云：「集諸家之善，記其姓名，有不安者，頗為改易。」何晏於《注》中以「援道入儒」之精神，一掃漢儒空疏之弊。如：

釋〈里仁篇〉「吾道一以貫之。」何晏《注》曰：「善有元，事有會。天下殊塗而同歸，百慮而一致。知其元，則眾善舉矣。故不待多學，一以知之也。」元者，玄也，老子「道」之謂也。「元」、「歸」、「一」皆道家之專門術語。

釋《論語‧公冶長篇》「夫子之言性與天道，不可得而聞也。」何晏《注》曰：「性者，人之所受以生也。天道者，元亨日新之道。深微，故不可得而聞也。」此與老子所謂「道者，微妙玄通，深不可識。」（十五章）意思相同。

釋〈雍也篇〉「仁者樂山。」何晏《注》曰：「仁者，樂如山之安固，自然不動，而萬物生焉。」此從老莊自然無為之修養發揮。

釋〈述而篇〉「志於道，據於德。」何晏《注》曰：「道不可體，故志之而已。德有成形，故可據也。」此從老子之「道生之，德畜之」（五一章）發揮。

釋〈先進篇〉「回也其庶乎，屢空。賜不受命，而貨殖焉，億則屢中。」何晏《注》曰：「屢，猶每也。空，猶虛中也。以聖人之善道，教數子之庶幾，猶不至於知道者，各內有此害。其於庶幾，每能虛中者，唯回懷道深遠，不虛心不知道。子貢雖無數子之病，然亦不知道者，雖不窮理而幸中，雖非天命而偶富，亦所以不虛心也。」此從老子之「致虛極，守靜篤。」（十六章）發揮。

釋〈子罕篇〉「子絕四：毋意，毋必，毋固，毋我。」何晏《注》曰：「以道為度，故不任意。用之則行，舍之則藏，故無專必。無可無不可，故無固行。述古而不自作，處群萃而不自異。唯道是從，故不有其身。」此從老子之「孔德之容，惟道是從。」（廿一章）發揮。

釋〈子罕篇〉「仰之彌高，鑽之彌堅。瞻之在前，忽焉在後。」何晏《注》曰：「言不窮盡，言恍惟惚不可為形象。」此從老子之「道之為物，惟恍惟惚。」（廿一章）發揮。

釋〈子罕篇〉「唐棣之華，偏其反而，豈不爾思，室是遠而。子曰：『未之思也，夫何遠之有哉？』」何晏《注》曰：「唐棣，栘也，華反而後合。賦此詩

以言權道反而後至於大順也。……夫思者當思其反，反是不思，所以爲遠也。能思其反，何遠之有？」此從老子「玄德深矣遠矣，與物反矣，然後乃至大順。」（六十五章）以及莊子「性脩反德，同乎大順。」（〈天地篇〉）發揮。

　　釋〈季氏篇〉「畏大人，畏聖人之言。」何晏《注》曰：「大人，即聖人。與天地合其德，深遠不可易知測，聖人之言也。」此從老子之「善爲道者，微妙玄通，深不可識。」（十五章）發揮。

　　何晏援道入儒之精神，對當代及後世解經之態度，影響甚鉅。陳澧《東塾讀書記》卷二曰：「何《注》始有玄虛之語，如子曰『志於道。』《注》云：『道不可體，故志之而已。』『回也其庶乎屢空。』《注》：『一曰：空猶虛中也。』自是以後，玄談競起。『六十而耳順。』孫綽云：『耳順者，廢聽之理也。朗然自玄悟，不復役而後得。』『子畏於匡。』孫綽云：『兵事阻險，常情所畏，聖人無心，故即以物畏爲畏也。』『久矣，吾不復夢見周公。』李充云：『聖人無想，何夢之有？蓋傷周德之日衰，故寄慨於不夢。』『吾不試，故藝。』繆協云：『聖人體無哀樂，而能以哀樂爲體，不失過也。』郭象云：『人哭亦哭，人慟亦慟。蓋無情者，與物化也。』『修己以安百姓。』郭象云：『以不治治之，乃得其極。』『君子道者三，我無能焉。』江熙云：『聖人體是極於冲虛，是忘其神武，遺其靈智。』其尤甚者，『回也，其庶乎屢空。』顧歡云：『夫無欲於無欲者，聖人之常也；有欲於無欲者，聖人之分也。二欲全無，故全空以目聖；一有一無，故每虛以稱賢。』太史叔明申之云：『按其遺仁義，忘禮樂，隳支體，黜聰明，坐忘大通，此忘有之義也。忘有頓盡，非空如何？若以聖人驗人，聖人忘忘，大賢不能忘忘。不能忘忘，心復爲未盡，一未一空，故屢名生焉。』此皆皇侃《疏》所采，而皇氏玄虛之說尤多。甚至謂原壤爲方外聖人，孔子爲方內聖人。」

　　是以何晏《論語集解》融合儒道二說，發揮玄意解孔之精神，遂使後代數字注《論》，亦步亦趨，難出其巢臼。王弼之《論語釋疑》即爲其例。除王弼外，茲再舉數家於下：

　　如南齊沈麟士著《論語訓注》。馬國翰曰：「其說亦涉玄宗，而文筆清俊可喜。」（〈玉函山房輯佚書〉）其釋《論語》「導之以政」章。《注》曰：「夫立政以制物，物則矯以從之；用刑以齊物，物則巧以避之。矯則跡從而心不化，巧避則苟免而情不恥，由失其自然之性也。若道之以德，使物各得其性，則皆用心不矯其眞，各體其性，則皆知恥而自正也。」（皇侃《論語義疏》引）

南齊顧歡著《論語注》。馬國翰曰:「語涉沖玄,聃周餘緒。史稱歡著《夷夏論》,黨於道教。又嘗注《老子》行世,心游悄惚,自不覺言近文離也。然清辨滔滔,其味雋永。」(〈玉函山房輯佚書〉)其釋《論語》「季路問事鬼神」章。《注》曰:「夫從生可以善死,盡人可以應神。雖幽顯路殊,而誠恒一。苟未能此,問之無益,何處問彼耶?」此《莊子‧大宗師》「善吾生者,乃所以善吾死。」之旨。其釋《論語》「回也其庶乎屢空。」章。《注》曰:「夫無欲於無欲者,聖人之常也;有欲於無欲者,賢人之分也。二欲同無,故全空以目聖,一有一無,故每虛以稱賢。賢人自有觀之,則無欲於有欲;自無觀之,則有欲於無欲。虛而未盡,非屢如何?」(皇侃《論語義疏》引)此就老莊無欲以發揮也。梁皇侃著《論語義疏》。此書取自何晏《集解》,旁稽江熙所集十三家《論語注》,擇其善者為疏。皮錫瑞《經學歷史》云:「唐人謂南人約簡,得其英華。不過名言霏屑,聘揮麈之清談;屬詞尚腴,侈雕蟲之餘技。如皇侃之《論語義疏》,名物制度,略而勿講。多以老莊之旨,發為駢麗之文,與漢人說經,相去懸絕。」〔註22〕其釋《論語》「修己以安百姓,堯舜其猶病諸。」章。皇侃取郭象《注》云:「夫君子者不能索足,故修己者索足。故修己者僅可以內敬其身,外安同己之人耳,豈足安百姓哉?百姓百品,萬物殊風,以不治治之,乃得其極。若欲修己以治之,雖堯舜必病,況君子乎。今見堯舜非修之也,萬物自無為而治。若天之自高,地之自厚,日月之明,雲行雨施而已。故能夷暢條達,曲成不遺,而無病也。」此就老莊無為而治以發揮也。

此外尚有郭象之《論語體略》,梁太史叔明之《論語集解》、褚仲都之《論語義疏》,皆受何晏援道入儒之影響甚深。

至於《易經》,未見何晏有何著述傳世。然《三國志管輅傳注》引《輅別傳》曰:「至十月,舉為秀才。輅辭裴使君。使君言:『丁、鄧二尚書,有經國才略,於物理不精也。何尚書神明精微,言皆巧妙。巧妙之志,殆破秋毫,君當慎之。自言不解《易》九事,必當以相問,比至洛,宜善精其理也。』輅言:『何若巧妙以攻難之才,游形之表,未入於神。夫入神者,當步天元,推陰陽,探玄虛,極幽明,然後覽當無窮,未暇細言。若欲差次老莊,而參爻象,愛微辯而興浮躁,可謂射侯之巧,非能破秋毫之妙也。若九事皆至義

<hr>

〔註22〕戴君仁嘗就皇侃《論語義疏》舉其語涉玄談之說者,逐條考辨,揭其本據,凡得三十一節。參〈孔孟學報〉第21期戴君仁〈皇侃論語義疏的內涵思想〉。

者，不足勞思也。……』」何晏說《易》，「差次老莊，而參爻象」，亦知其秉援道入儒之精神論《易》也。

（二）〈道德論〉、〈無名論〉

　　何晏有〈道德論〉一文，發揮老莊本體論之思想。《世說新語・文學篇》曰：「何晏注《老子》未畢，見王弼自說注《老子》旨。何意多所短，不復得作聲，但應之。遂不復注，因作〈道德論〉。」又曰：「何平叔注《老子》始成，詣王輔嗣。見王《注》精奇，迺神伏曰：『若斯人，可與論天人之際矣。』因以所注為〈道德〉二論。」今〈道德論〉已佚，唯張湛《列子注》中有引，略可窺其旨。

　　何晏之本體論，強調老莊「無名」之說。老子曰：「無名天地之始。」（一章）莊子曰：「聖人無名。」（〈逍遙遊〉）《晉書・王衍傳》曰：「魏正始中，何晏、王弼等祖述老莊，立論以為天地萬物，皆以無為本。無也者，開物成務，無往而不存也者。陰陽侍以化生，萬物侍以成形，賢者侍以成德，不肖者恃以免身。故無之為用，無爵而貴矣。」何晏、王弼皆強調老莊本體「無」之性質，以敍述「道」之功用。

　　《列子・天瑞篇注》有引何晏之〈道德論〉：「有之為有，恃無以生；事而為事，由無以成。夫道之而無語，名之而無名，視之而無形，聽之而無聲，則道之全焉。故能昭音響而出氣物，包形神而章光影。玄以之黑，素以之白，矩以之方，規以之圓。圓方得形，而此無形；白黑無名，而此無名。」「道」即是「無」，「無」即是「道」。因「道」是「無」，故「無語」、「無名」、「無形」、「無聲」，四者兼備，乃「道」之全。此係從《老子》之「視之不見名曰夷，聽之不聞名曰希，搏之不得名曰微。此三者不可致詰，故混而為一。」（十四章）而發揮。

　　此外《列子・仲尼篇注》有引何宴之〈無名論〉：「為民所譽，則有名者也；無譽，無名者也。若夫聖人，名無名，譽無譽。謂無名為道，無譽為天。則夫無名者，可以言有名矣；無譽者，可以言有譽矣。然與夫可譽可名者，豈同用哉！此比於無所有，故皆有所有矣。而於有所有之中，當與無所有相從，而與夫有所有者不同。同類無遠而不相應，異類無近而不相違。譬如陰中之陽，陽中之陰，各以物類，自相求從。夏日為陽，而夕夜遠，與冬日共為陰。冬日為陰，而朝晝遠，與夏日同為陽，皆異於近而同於遠也。詳此異同，而後無名之論可知矣。凡所以至於此者何哉？夫道者，惟無所有者也，

自天地以來，皆有所有也。然猶謂之道者，以其能復用無所有也。故雖處有名之域，而沒其無名之象。由以在陽之遠縣，而忘其自有陰之遠類也。夏侯玄曰：『天地以自然運，聖人以自然用。自然者，道也。道本無名，故老氏曰：彊爲之名。仲尼稱堯蕩蕩無能名焉。下云：巍巍成功。則彊爲之名，取世所知而稱耳。豈有名而更當云無能名焉者邪！』夫惟無名，故可得徧以天下之名名之。然豈其名也哉？唯此足喻而終莫悟，是觀泰山崇崛，而謂元氣不浩芒者也。」

　　《老子》書中，以「道」爲萬物化生之原理。唯後世已將「道」之意義混淆。有道德意義之「道」，如《孟子》曰：「仁也者，人也。合而言之，道也。」（〈盡心〉下）有政治意義之「道」，如《管子》曰：「道也者，上之所以導民也。」（《君臣》上）或如《關尹子》所謂：「曰天，曰命，曰神，曰玄，合曰道。」（〈一宇篇〉）「道」已失老莊原始之涵義。故何晏將「無」與「道」相提並論，強調「無」之特性，甚至以「無」代替「道」。老子曰：「道常無爲而無不爲。候王若能守之，萬物將自化。化而欲作，吾將鎮之以無名之樸。」（三七章）此乃何晏「〈無名論〉」之所根據者。

（三）〈聖人無喜怒哀樂論〉

　　何晏由此〈無名論〉推論，認爲聖人既體道無名，故其應物也無情，因主張聖人無喜怒哀樂。《三國志・鍾會傳注》引何劭〈王弼傳〉云：「何晏以爲聖人無喜怒哀樂，其論甚精，鍾會等述之。」何晏之論，今皆不傳，無由觀之。蓋其論說，當從老莊啓發而來。〈莊子・養生主〉曰：「適來，夫子時也；適去，夫子順也。安時而處順，哀樂不能入也。」〈大宗師〉曰：「得者，時也；失者，順也。安時而處順，哀樂不能入也。」〈庚桑楚〉曰：「惡欲喜怒哀樂六者，累德也。」至德之人，超脫物累，了然生死，狀似無情。故莊妻死，惠子弔之，莊子鼓盆而歌。（〈莊子・至樂〉）子桑戶死，其友子反、琴張二人鼓琴相和而歌。（仝上）又孔子困於匡，仍絃歌不輟。孟子爲嬖人所讒，而全無怒心。令尹子文三仕爲令尹，無喜色；三已之，無慍色。大舜「象憂亦憂，象喜亦喜。」（《孟子・萬章》上）孟孫才居喪不哀，人哭亦哭。（〈莊子・大宗師〉）凡此皆聖人無情之證也。湯錫予先生對何晏所以持「聖人無情」之義，有極精闢之看法：

　　「漢儒上承孟、荀之辨性，多主性善情惡。推至其極，則聖人純善而無惡，則可以言無情。此聖人無情說所據理之一。漢魏之間，自然天道觀盛行，天理

純乎自然，貪欲出乎人為。推至其極，則聖人道合自然，純乎天理。則可以言無情，此聖人無情說所據理之二。必何晏、鍾會之說所由興，乃道家之論也。」又曰：「聖人無情，乃漢魏間流行學說應有之結論，而為當時名士之通說。聖人無情之說，蓋出於聖德法天。此所謂天，乃謂自然，而非有意志之天。夫天何言哉，聖人為人倫之至，自當則天之得。得時在位，則與寒暑同其變化，而未嘗有心於寬猛，與四時同其推移，而未嘗有心於喜怒。……漢魏之間，名家漸行，老莊漸興，名學以形名相檢為宗而歸於無形無名之天道，老莊以虛無無為為本，行化則法自然。當時之顯學均重天道，而有意志之天道觀已經桓譚、王充之斥破而漸失其勢。因此當時名士如何平叔、鍾士季等受當世學說之濡染，而推究性情之理，自得聖人無情之結論也。」〔註23〕

　　關於「聖人有情無情」之問題，乃當時清談家普遍流行之題材。《世說新語‧文學篇》曰：「僧意在瓦官寺中，王苟子（脩）來，與共語。便使其唱理，意謂王曰：『聖人有情不？』王曰：『無。』重問曰：『聖人如柱耶？』王曰：『如籌算，雖無情，運之者有情。』僧意云：『誰運聖人耶？』苟子不得答而去。」僧意反復致詰，有類禪語，然聖人是否有情？時人必多有爭議。

　　王弼之意見與何晏相反，以為聖人之情與人同。唯其神明茂，故能超脫於物累，而返於本無也。《三國志‧鍾會傳注》引何劭〈王弼傳〉曰：「弼與（何晏）不同，以為聖人茂於人者，神明也。同於人者，五情也。神明茂，故能體沖和以通無；五情同，故不能無哀樂以應物。然則聖人之情應物而無累於物者也。今以其無累，便謂不復應物，失之多矣。」何晏以聖人無情，故不為世事所累，而王弼以為聖人有情而不為情所累，因聖人體道，故能役物而不為物所役。又何劭〈王弼傳〉引弼答潁川人荀融〈難大衍義書〉曰：「夫明足以尋極幽微，而不能去自然之性。顏子之量，孔父之所預在。然遇之不能無樂，喪之不能無哀，又常狹斯人，以為未能以情從理者也，而今乃知自然之不可革。是足下之量，雖已定乎胸懷之內，然而隔踰旬朔，何其相思之多乎？故知尼父之於顏子，可以無大過矣。」聖人亦有情，此情原出於自然不可革也。故聖人遇顏回則喜；顏回死，則有「天喪予」之哀，固乃不能無情也。王弼《論語釋疑》曰：「夫喜懼哀樂，民之自然；應感而動，則發乎歌聲。」（《皇疏四》）又曰：「情動於中，而形於言；情正實，而其言的不怍。」（皇《疏》七）能導情從理，故能樂而不淫，哀而不傷，應物而不害，資乎自然而行，此聖人所以神明茂於常

_____

〔註23〕　湯錫予《魏晉玄學論稿王弼聖人有情義釋》，頁76、85。

人也。此王弼之說誠較何晏之說，更勝一籌也。湯錫予先生曰：

> 何晏、王弼同祖老氏，而其持說相違者，疑亦有故。何晏對於體用
> 之關係，未能如弼所體會之親切。何氏似猶未說漢代之宇宙論，未
> 有本無分爲二截，故動靜亦遂對立。王弼主體用一如，故動非對靜，
> 而動不可廢。蓋言靜而無動，則著無遺有，而本體遂空洞而無有。
> 夫體而無用，失其所謂體矣。輔嗣既深知體用之不二。故不能言靜
> 而廢動，故聖人離德合天地，而不能應物而動，而其論性情，以動
> 靜爲基本觀念。聖人既應物而動，自不能無情。平叔言聖人無情，
> 廢動言靜，大乖體用一如之理。輔嗣所論天道人事，以及性情契合
> 一貫，自較平叔爲精密。何劭〈王弼傳〉曰：「其論道附會文辭，不
> 如何晏，自然有所拔得多宴也。」蓋亦有所見之評判也。〔註24〕

三、王弼之道家思想

王弼，字輔嗣。好論儒道，通老莊，好辯能言。《三國志・鍾會傳》曰：
「弼好論儒道，辭才逸辯，注《易》及《老子》。」《注》引何劭《傳》曰：「弼
幼而察惠，年十餘好老氏，通辯能言。」又：「何宴爲吏部尙書，甚奇弼。歎
之曰：『仲尼稱後生可畏。若斯人者，可與言天人之際乎。』」「弼注《老子》，
爲之《指略》，致有理統。著《道略論》。注《易》，往往有高麗言」「太原王
濟好談，病老莊，常云見弼《易注》，所悟者多。」「其論道，附會文辭不如
何宴，自然有所拔得，多宴也。」又《世說新語・文學篇》曰：「王弼未弱冠，
往見宴。晏聞弼名，因條向者勝理。語弼曰：『此理，僕以爲極，可得復難否？』
弼便作難，一坐人便以爲屈。」《注》引《魏氏春秋》曰：「弼論道約美不如
宴，自然出拔過之。」王弼與何晏俱爲正始宗師，王弼尤能較何晏於老莊之
奧旨多有所拔得。有《老子注》、《周易略例》、《論語釋疑》等著作。茲敍述
其思想如下：

（一）以道解孔

王弼《論語釋疑》一書，乃繼何晏以來援道入儒之精神。對於《論語》
中有難關滯義者：或文義相違（如同問而答異），或言行費解（如子見南子，
佛肸召子欲往之類），皆以老莊思想爲之解答也。對王充《論衡・問孔篇》之

〔註24〕仝〔註31〕，頁86。

議，亦有所解釋。所以如此，孔子之言性與天道，本爲玄虛之學，而《論語》所載，多關人事，與《老》、《易》之談天道者不同，故欲發明聖道，則非予以《論語》新解不可。則此書之作，非但在解滯釋難，更在附會老莊玄旨，使之義理契合。今其書已佚，《隋唐志》及《釋文敍錄》均著錄。皇侃《論語義疏》及刑昺《論語正義》中尚保留若干。如：

釋〈學而篇〉「孝悌也者，其爲仁之本歟。」王弼解曰：「自然親愛爲孝」。此將儒家之孝，歸諸於自然親愛之天性，將儒家仁德之修養，以道家無僞自然之精神釋之。

釋〈里仁篇〉「夫子之道，忠恕而已。」王弼解曰：「忠者情之盡也，恕者反情以同物者也。未有反諸其身而不得物之情；未有能全恕，而不盡理之極也。能盡理極，契神故能即物。此所以聖人知幾，於物則極其情也。」聖人神與道會，應物自然，故能知幾。幾者，道也；極其情者，即老莊之順物自然也。

釋〈泰伯篇〉「民無能名焉。」王弼解曰：「若夫大愛無私，惠將交至。至美無倫，名將何生？故則天成化，道同自然，不私其子而君其臣。凶者自罰，善者自功，功成而不立，其譽罰如而不任其刑，百姓日用而不知所以然，夫又何名也？」此道家則天自然，無黨無私之精神也。

釋〈泰伯篇〉「狂而不直，侗而不愿，悾悾而不信，吾不知之矣。」王弼解曰：「是以聖人務使民皆歸厚，不以探幽爲明。務使姦僞不興，不以先覺爲賢。故雖明竝日月，猶曰不知也。」此老子之「常使民無知無欲，使夫智者不敢爲也。」（三章）之旨也。

釋《論語·泰作篇》「興於《詩》，立於禮，成於樂。」王弼解曰：「言有爲政之次序也。夫喜懼哀樂，民之自然，感應而功，則發乎聲歌。所以陳詩采謠，以知民志。既見其風，則損益基焉。故因俗立制，以達其禮也。矯俗檢刑，民心未化，故必感以聲樂，以和其神也。」此以道家因順自然，不任自造作爲釋也。

釋〈陽貨篇〉「子曰：予欲無言。」王弼解曰：「子欲無言，蓋欲明本。舉本統末而示物於極者也。夫立言垂教，將以通性，而弊至於遲；寄旨傳辭，將以正邪，而勢至於繁。既求道中，不可勝御。是以修本廢言，則天而行化。以淳而觀，則天地之心見於不言；寒暑代序，則不言之令行乎四時，天豈諄諄者哉？」此道家法天自然，無爲無言之旨也。

〈陽貨篇佛肸章〉稱譽聖人。王弼解曰：「聖人通遠虛微，應變神化。濁亂不能污其潔，凶惡不能害其性。」此將儒家之聖人與道家同觀。《莊子‧天運篇》曰：「聖也者，達於情而遂於命也。」其旨一也。

王弼、何晏之所以作《論語集解》及《釋疑》此蓋王、何等人仍相承漢代以來尊孔之觀念。《漢書‧古今人名表》將人品分爲九等，列孔子爲上上，而老子僅中上。晉時仍有人認爲孔子之才智，遠在老莊之上。如《晉書‧孫盛傳》記孫盛之子孫放，字齊莊。庾亮問曰：「欲齊何莊耶？」孫放曰：「欲齊莊周。」亮曰：「不慕仲尼耶？」答曰：「仲尼生而知之，非希企所及。」王弼、何宴當繼承此類思想。《弘明集》載周顒〈答長史書〉曰：「王、何舊說皆云老子不及聖。」故王弼《論語釋疑》、《周易注》中，皆以孔子爲聖人。何劭《王弼傳》記裴徽之問王弼曰：「夫無誠萬物之所資也。然聖人莫肯致言，而老子申之無已者何？」王弼曰：「聖人體無，無又不可以訓，故不說也。老氏是有者也，故恒言其所不足。」此以聖人體「無」，而老子處「有」，老子之地位似較孔子爲低，雖陽尊儒聖，而實陰崇道術。儒與道既有相通之處，王弼乃將儒家聖人及思想，予以改頭換面，穿上道家之外衣，使孔子成爲老莊思想之護法者。

（二）援道入《易》

《易經》本爲卜筮之書。《左傳》僖公十五年，晉大夫韓簡曰：「龜，象也，筮，數也。物生而後有象，象而後有滋，滋而後有數。」《注》曰：「龜以象示，筮以數告。象數相因而生，然後有占，占所以知吉凶。是《易經》本爲以象數卜占相滋生而成之書。又因其爲卜筮之書，歷經秦火以後，獨能僥倖保存。」至漢朝諸帝崇尙鬼神迷信，《易》學寖盛，儒家之徒附會益眾。《史記‧儒林列傳》曰：「自魯商瞿受《易》於孔子。孔卒，商瞿傳《易》。六世，至齊人田何，字子莊而漢興。」自田何以降，《易》學分而爲二：(1)焦（延壽）、京（房）數術之學。其說託之孟喜，長於災變，創爲納甲、爻辰以占驗災異。蓋後世術士占筮之所自仿也。(2)費直古《易》之學。費《易》長於卦筮，無章句，徒以《彖象繫辭文言》十篇解上下經。後世凡以《彖象文言》參入卦中者，皆祖費氏。蓋今《易》之權輿也。東漢鄭玄、馬融等經學家以《易》緯思想，參入《易》學中，並發揮費氏之學。

至魏時王弼乃繼承費氏之精神，黜爻象，脫卦氣。又怯除鄭、馬附會之緯說。以經附傳，且將老莊之思想，滲入《易》象之中。發揮何晏「差次老

莊，而參爻象」之解《易》精神。使漢《易》至魏晉，別有一番新氣象。《隋書經籍志》曰：「漢初，傳《易》者有田何，何授丁寬，寬授王王孫，王孫授沛人施讎、東海孟喜、琅邪梁丘賀，由是有施、孟、梁丘之學。又有東郡京房，自云受《易》於梁國焦延壽，別爲京氏學，嘗立，後罷。後漢施、孟、梁丘、京氏，凡四家並立，而傳者甚眾。漢初，又有東萊費直傳《易》，號爲古文《易》。以授琅琊王璜，璜授沛人高相，相以授子康及蘭陵毋將永。故有費氏之學行於人間，而未得立。後漢陳元、鄭眾皆傳費氏之學，馬融又爲其傳，以授鄭玄。玄作《易注》，荀爽又作《易傳》。魏代王肅、王弼，並爲之注。自是費氏大興，高氏遂衰。」

　　費氏注《易》，亡章句，以《彖象繫辭文言》解說上下經。此種解法，與今文家重訓詁章句者不同。王弼因習之以經附傳。《玉海》朱震曰：「王弼以《文言》附《乾》、《坤》二卦。」則《文言傳》之附入經文，始於王弼。又《正義》曰：「弼意《象》本釋經，宜相近附。故分爻之《象》辭，各附當爻下。」則《小象傳》之附入經文，亦始於王弼。此外又以《彖》辭附入經文。今本《周易》以經傳互見，始出於王弼之手。是王弼於《易》學史上，誠有不可抹滅之功績。錢福林〈六朝經術統派論〉曰：「鄭氏沒後，王肅之徒，始與爲難，逞其邪說，是足臆造。若詞有所窒，說有不通，或妄改經文，以見根據；或自爲一書，以相左證。雖言繁而意達，實理疎而情漏。王弼注《易》，能作清言，異彼前儒，詭其親見。僞《孔書傳》亦興此時。學者珍之如玉策，奉之如金科。鄭學之衰，浸胎於此。」〔註25〕王船山《周易內傳發例》亦曰：「乃秦既夷之於卜筮之家，儒者不敢講習。技術之士又各以其意擬議，而詭於情僞之利害。漢人所傳者，非純乎三聖之教。而秦以來，雜占之說，紛紜而相亂。故襄楷、郎顗、京房、鄭玄、虞翻之流，一以象旁搜曲引而不要諸理。王弼氏知甚陋也，盡棄其說，一以道爲斷，蓋庶幾拾三聖之意。」

　　王弼既以道家玄義解義，一洗漢《易》重象數之習，故對占驗《易》緯之說，遂加以呵斥。其《周易略例》曰：「義苟在健，何必馬乎？類苟在順，何必牛乎？爻苟合順，何必《坤》乃爲牛？義苟應建，何必《乾》乃爲馬？而或者定馬於《乾》。案文責卦，有馬無《乾》，則僞說滋漫，難可紀矣。互體不足，遂及卦變。變卦不足，推致五行。一失其原，巧愈彌盛，縱復或值，

〔註25〕錢福林《六朝經術統派論》見《皇清經解》卷一千三百八十五《經義叢鈔》引。

而義無所取，蓋存象忘意之由也。忘象以求其意，義斯見矣。」（〈明象篇〉）所謂「忘象存意」乃是針對漢儒辟者，一味追求所謂「卦象」、「卦變」、「互體」、「推致五行」等說法，而忽略《易經》本身之應用及實際意義。

　　王弼《周易略例‧明象篇》釋《易繫辭》：「書不盡言，言不盡意，然則聖人之意見其不可見乎？子曰：『聖人立象以盡意，設卦以盡情僞，《繫辭》焉以盡其言。』」曰：「夫象者，出意者也；言者，明象言也。盡意莫若象，盡象莫若言，言生於象，故可尋言以觀象；象生於意，故可尋象以觀意。意以象盡，象以言著。故言者所以明象，得象而亡言；象者所以存意，得意而忘象。猶蹄者所以在兔，得兔而忘蹄；荃者所以在魚，得魚而忘筌也。然言者象之蹄也，象者意之荃也。是故存言者，非得意者也。象生於意，而存象焉，則所存者，乃非其象也。得意在忘象，得象在忘言。故立象以盡意，而象可忘也；重畫以盡情，而畫可忘也。是故觸類可爲其象，合意可爲其徵。」王弼之「得意在忘象，得象在忘言」之思想，乃欲掃除漢儒重象數之學。漢儒以「象」爲天之顯示。王弼以爲「象」既由「意」而生，則可藉卦象以推究作《易》之本意。符瑞災異之說，自可不攻而破。故《乾》卦《文言注》曰：「《易》者，象也。象之所生，生於義也。有斯義，然後明之以其物。故以龍敍《乾》，以馬明《坤》，隨其事義，而聚象焉。」

　　重意而忘象之精神，古人論文已有言。《左傳》隱公元年杜《注》曰：「詩人之作，各以情言。君子論之，不以文害意。故《春秋傳》引《詩》不皆與今說《詩》者同，後皆仿此。」《孟子‧萬章篇》曰：「不以文言辭，不以辭害意。以意逆志，是爲得之。」《莊子》書中更有諸多敍述：如〈外物篇〉曰：「荃者所以在魚，得魚而忘荃。蹄者所以在兔，得兔而忘蹄。言者所以在意，得意而忘言。吾安得忘言之人，而與之言哉。」又〈天道篇〉曰：「語有貴也，語之所貴者意也。意有所隨，意之所隨者，不可以言傳也。」〈秋水篇〉曰：「可以言論者，物之粗也；可以意致者，物之精也。言之所不能論，意之所不能察致者，不期精粗焉。」蓋言語有窮，而意念無限，欲表達意念，則不得不借重言辭，或不得不借重卦象。然其重點，則在意念之表達，非執著於文字卦象本身也。如能忘象、忘言，方能眞正得意。故王弼《論語釋疑》解「予欲無言」「天何言哉」曰：「夫立言垂教，將以通性，而弊至於湮。寄旨傳辭，將以正邪，而勢至於樂。既求道中，不可勝御。是以修本廢言，則天而化行。」（皇侃《論語義疏》引）此說與「得意忘象，得象忘言」之語其旨

相同。

「得意忘象」之說，即玄論派所謂「言不盡意」之論，此與當時歐陽建、荀俣、孫盛等名理派主張「言盡意」之說法不同。此種思想對魏晉玄論派人士之思想行為，皆有深遠之影響。湯錫予先生曰：

> 魏晉名士之人生觀，既在得意忘形骸。或雖在朝市而不經世務。或遁跡山林，遠離塵世。或放馳以為達，或佯狂以自適。然既旨在得意，自指心神之超然無累。如心神遠舉，則亦不必故意忽忘形骸。讀書須視玄理之所，在不必拘於文句。行事當求風神之蕭朗，不必泥於形迹。夫如是，則雖廟堂之上，心無異於在山林之中。「名教之中自有樂地」，不必故意造作也。故嵇阮之流，雖貴「得意，忽忘形骸」，而何劭〈贈張華詩〉則曰：「希用遺形骸，忘筌在得魚。」二者均用得意忘言之旨也。

又曰：

> 言意之辨，不惟於玄理有關，而於名士之立身行事，亦有影響。按玄者，玄遠。宅心玄遠，則重神理，而遺形骸。〔註26〕

故阮籍宅心玄遠，放蕩形骸，「徒寄形軀於斯域，何精神之可察？」（〈答伏義書〉）盧諶之「誰謂言精，致在賞意。不見得魚，亦忘厥餌。遺其形骸，寄之深識。」（〈贈劉琨詩〉）嵇康之「俯仰自得，游心泰玄。嘉彼釣叟，得魚忘筌。郢人逝矣，誰與盡言。」（〈贈秀才入軍詩〉）皆此類思想之表現。至若晉人張韓作「〈不用舌論〉」引《論語》「天何言哉」意曰：「余以留意於言，不如留意於不言。徒知無舌之通心，未盡有舌之必通心也。仲尼云：『天何言哉？四時行焉。』『夫子之文章可得而聞也。夫子之言性與天道不可得而聞。』是謂至精，愈不可聞。……」〔註27〕郭象注〈莊子·逍遙遊〉「北冥之鯤化而為鵬」曰：「鯤鵬之實，吾所未詳也。夫莊子之大意，在乎逍遙遊放，無為而自得。故極小大之致，以明性分之適。達觀之士，宜要其會歸而遺其所寄，不足事事曲與生說。自不害其宏旨，皆可略之耳。」凡此皆發揮王弼「言不盡意」之說法也。而向秀「觀書鄙章句」（見顏延年〈五君詠〉），陶淵明「好讀書，不求甚解。每有會意，便欣然忘食。」（〈五柳先生傳〉）其〈飲酒詩〉曰：「此

〔註26〕湯錫予〈魏晉玄學論稿言意之辨〉，頁39。
〔註27〕《藝文類聚》十七引作張韓〈不用舌論〉。嚴可均曰：「韓爵里未詳，『韓』疑『翰』之誤。」見《全晉文》卷一百七張翰文。

中有眞意，欲辨已忘言。」陸機〈文賦〉曰：「恒患意不稱物，文不逮意。蓋非知之難，能之難也。」而支遁「不留心象喻，解釋章句或有所漏，文字之徒，多以爲疑。謝安石聞而善之曰：『此九方皋之相馬也，略其玄黃而取其儁逸。』」（《世說・輕詆篇注》引〈支遁傳〉）以及後代《文心雕龍・神思篇》曰：「意翻空而易奇，言徵實而難巧。」凡此或立身處世以曠達超逸之態度；或注經解書，行文屬論皆取其大意弗拘其形式。無不受王弼「得意忘象，得象忘言」之思想所啓發。故王弼不但在經學上功不可沒，於玄學之發展上有其地位，對魏晉以來文人之處世態度，文學修養亦極有其影響力。（參本篇第四章第二節）

除以上「得意忘象」之說法，多得自道家者外，王弼於闡釋《易》理方面亦發揮老莊之旨：

如釋《繫辭傳》「天下之動，貞夫一者也。」王弼《注》曰：「夫眾不能治眾，治眾者，至寡者也。夫動不能制動，制天下之動者，貞夫一者。故眾之所以得咸存者，主必致一也；動之所以得咸運者，原必無二也。物無妄然，必有其理，統之有宗，會之有元，故繁而不亂，眾而不惑。……故自統而尋之，物雖眾，則知可以執一御也。由本以觀之，義雖博，則知可以一名舉也。故處璇璣以觀大運，則天地之動，未足怪也；據會要以觀方來，則天合輻輳未足多也。」此所謂「致一」乃係從老子玄理之至道出發。老子曰：「昔之得一者，天得一以清，地得一以寧，神得一以靈，谷得一以盈，萬物得一以生，候王得一以爲天下貞。」（卅九章）王弼將《易》之本體，統攝於「一」字，猶道家將「道」之本體，統攝於「一」字相同。王弼釋《論語》「道以一貫之」亦有如此說法：「貫猶統也，夫事有歸，理有會，故得其歸。事雖殷大，可以一名舉；總其會，理其博，可以至約窮也。譬猶以君御民，執一統眾之道也。」（皇侃《論語義疏》引）

又釋《復》卦《象》辭「復，見其天地之心乎。」王弼《注》曰：「復者，反本之謂也。天地以本爲心者也。凡動息則靜，靜非對動者也。語息則默，默非對語者也。然則天地雖大，富有萬物，雷動風行，運化萬變，寂然無至，是其本矣。」以天地之本，爲「寂然至無」，此係從道家觀點論之。

釋《復》卦之象「雷在地中復，先王以至日閉關，商旅不行，后不省方。」王弼《注》曰：「方事也。冬至，陰之復也。夏至，陽之復也。故爲復，則至於寂然大靜，先王則天地而行者也。動復則靜，行復則止，事復則無事也。」

其中「大靜」「無事」亦道家之旨。

釋《恆》卦上六「振恆凶。」王弼《注》曰：「夫靜爲躁君，安爲動主，故安者上上所處也。靜者可久之道也。處卦之上，居動之極。以此爲恆，無施而得也。」此係從老子「靜爲躁君」之旨發揮也。

釋《繫辭傳》「《乾》以易知，《坤》以簡能。」王弼《注》曰：「天地之道，不爲而善始，不勞而善成，故曰易簡。」孔穎達《正義》申之曰：「《乾坤》相合，皆無爲自然，養物之始也，是自然成物之終也。是《乾》亦有簡，《坤》亦有易。故注合而言之也，用使聖人俱行易簡無爲之化。」

釋《繫辭傳》「一陰一陽之謂道。」王弼《注》曰：「道者何？無之稱也。無不通也，無不由也。況之曰：道，寂然天體，不可爲象，必有之用極而無之功顯，故至乎神無方而易無體，而道可見矣。」此係從老子「有生於無。」（四十章）發揮也。

王弼有弟子韓康伯，《晉書韓康伯傳》稱其「清和有思理」，其補王弼《注》，亦多發揮玄旨。如：

釋《繫辭傳》「是故《易》有太極，是生兩儀。」韓康伯《注》曰：「夫有必始於無，故太極生兩儀也。太極者，無稱之稱，不可得而名，取有之所極，況之太極者也。」孔穎達《正義》申之曰：「太極謂天地未分之前，元氣混而爲一，即是太初太一也。故老子云：『道生一，即此太極是也。』又謂混元既分，即有天地。故曰太極生兩儀，即老子云一生二也。」以「太極」爲「無」之稱，或以「太極」爲老子之「道生一」，此係受道家思想影響。宋周敦頤之〈太極圖〉「無極而太極」，或受此而啓悟。

釋《繫辭傳》「陰陽不測之謂神。」韓康伯《注》曰：「神也者，變化之極，妙萬物而爲言，不可以形詰者也。故曰陰陽不測。嘗試論之曰：原夫兩儀之運，萬物之動，豈有使之然哉？莫不獨化於太虛，欻爾而自造矣。造之非我，理自玄應。化之無主，數自冥運。故不知所以然，而況之神。是以明兩儀，以太極爲始。言變化，而稱極乎神也。夫惟知天之所爲者，窮理體化，坐忘遺照。至虛而善應，則以道爲稱。不思而玄覽，則以神爲名。蓋資道而同乎道，由神而冥於神也。」此誠爲玄理似之《易注》也。韓康伯爲王弼之弟子，當亦據王弼道家思想而發揮也。

此外王弼亦有「〈大衍義〉」之說。《三國志·荀彧傳注》曰：「弼注《易》，潁川人荀融難弼〈大衍義〉，弼答其義。」按《易繫辭》曰：「大衍之數五十，

其用四十有九。」大衍之數四十九,尚缺一不用,何以之故?漢儒《易》學家亦各有說法。有依筮法解之者,如《周易》鄭玄《注》曰:「以五十之數,不可以為七八九六卜筮之占以用之,故更減其一,故四十有九。」有從卦爻解之者,如《周易正義》引荀爽曰:「卦各有六爻,六八四十八加《乾坤》二用,凡有五十。《乾》初九潛龍勿用,故用四十九也。」又引姚信、董遇曰:「天地之數五十有五者,其六以象六畫之數,故減之而用四十九也。」有從「主氣之神」說者,如孔《疏》引京房曰:「其一不用者,天之生氣。將欲以虛來實,故用四十九焉。」(按生氣,當係主氣之誤。《乾鑿度鄭《注》曰:「故《星經》曰:『天一太乙主氣之神。』」太乙又為北辰之神名。)孔《疏》又引馬融曰:「北辰居中不動,其餘四十九,轉運而用。」

然王弼不採漢儒之說法,而以玄理釋之。王弼〈大衍義〉,今已佚,離窺全貌,韓康伯注《易》引王弼〈大衍易〉之說法,可略窺其旨:「演天地之數,所賴者五十也。其用四十有九,則其一不用也。不用而用以之通,非數而數以之成,斯《易》之太極也。四十有九,數之極也,天無不可以無明,必因於有。故常於有物之極,而必明其所由之宗也。」此「一」王弼以為即「太極」,與四十九有別。「一」係指形而上之「道」,乃指「道」之體「無」而言,四十九指形而下之「數」,乃指物之體「有」而言,王弼使形上形下相結合,而統歸之於「體用」之別,猶道家講「有無」之理也。老子曰:「天下萬物生於有,有生於無。」(四十章)又曰:「有之以為利,無之以為用。」(十一章)王弼以《易》之「太極」,即老莊之「道」,亦即「無」之稱。《繫辭傳》曰:「《易》有太極,是生兩儀。」韓康伯《注》曰:「夫有必始於無,故太極生兩儀也。太極者,無稱之稱,不可得而名。」阮籍因謂之曰:「道者,《易》謂之太極,《春秋》謂之元,《老子》謂之道。」(〈通老論〉見《太平御覽》卷二)此王弼將《易經》之「太極」與老莊之「道體虛無」相結合也。

唯當時人未能接受此觀念。《晉書・紀瞻傳》載紀瞻與顧榮赴洛塗中,共論《易》太極之事。顧榮曰:「太極者,蓋謂混沌之時,矇昧未分,日月含其輝,八卦隱其神,天地混其體,聖人藏其身。然後廓然既變,清濁乃陳,二儀著象,陰陽交泰,萬物始萌,六合闓拓。老子云:『有物混成,先天地生。』誠《易》之太極也。而王氏云:『太極天地。』愚謂未當。夫兩儀之謂,以體為稱,則是天地;以氣為名,則名陰陽。今若謂太極為天地,則是天地自生,無生天地者也。老子又云:『天地所以能長且久者,以其不自生,故能長久。』」

『一生二，二生三，三生萬物。』以資始冲氣以爲和。原元氣之本，求天地之根，恐宜以此爲準也。」紀瞻曰：「昔庖犧畫八卦，陰陽之理盡矣。文王、仲尼係其遺業，三聖相承，共同一致，稱《易》準天，無復其餘也。夫天清地平，兩儀交泰，四時推移，日月輝其間，自然之數，雖經諸聖，熟知其始？吾子云：『矇昧未分』，豈其然乎？聖人，　人也。安得混沌之初，能藏其身於未分之內。老氏先天之言，此蓋虛誕之說，非《易》者之意也。意謂吾子神體解，所不應疑。意者直謂太極極盡之稱，言其理極，無復外形。外形既極，而生兩儀。王氏指向可謂近之。古人舉至極以爲驗，謂二儀生於此，非復謂有父母。若必有父母，非天地，其孰在？」

顧榮固未能瞭解王弼，紀瞻雖譽王弼，然究非完全通曉其說。其實王弼書中「天地」一辭，亦代表其形而上之概念，如前引〈復〉卦《注》：「然則天地雖大，富有萬物，雷動風行，運化萬變，寂然至無，是其本矣。」則以天地爲「寂然至無」之性質，非純指形而下之物質也。老子曰：「天長地久，天地所以能長且久者，以其不自生，故能長生。」（七章）此「天地」實亦指「道」之本體而言也。故王弼以「太極」與老莊之「道」合用，實打破漢儒傳統之界限，發揮「體用合一」之新論。韓康伯《周易繫辭傳注》亦多運用「體用」二字者。如釋「一陰一陽之謂道。」韓《注》曰：「道，寂然無體，不可爲象，必有之用極，而無之功顯。」又釋「百姓日用而不知，故君子之道鮮矣。」韓《注》曰：「君子體道爲用也。」釋「鼓萬物而不與聖人同處。」韓《注》曰：「聖雖體道以爲用，未能至無以爲體，故順通天下，則有經營之跡也。」韓氏之說本王弼而來，是「體用」之說，爲王弼所強調。蓋漢儒論《易》，本從實體上發演，此與玄論派諸家看法不同，湯錫予先生曰：

　　王弼雖知漢代宇宙學說，但其解《易》，則掃舊說，專闡玄理。玄學與漢學差別甚大。簡言之，玄學蓋爲本體論，而漢學則爲宇宙論或宇宙構成論。玄學主體用一如，用者依眞體而起，故體外無用。體者非於用後別爲一物，故亦可言用外無體。漢學主萬物依元氣而始生。元氣永存而執爲實物。自宇宙構成言之，萬物未形之前，元氣已存。萬物全毀之後，元氣不靈。如此則似萬有之外，之後，別有實體。如依此而言體用，則體用分二截。漢儒如京房等之太極太一，本指天地未分之渾淪。渾淪固無形無名，似玄學家所談之體，然此則體其所體，非玄學之所謂體也。老子云「有生於無」語亦爲漢儒

所常用。但玄理之所謂生，乃體用關係，而非謂此物生彼。此則生
其所竹扛，亦非漢學所了解之生也。漢學元氣化生，固有無物而有
氣之時。玄學即體即用，實不可謂無用而有空洞之體也。〔註28〕

總上所述，則知玄論派所述之《易》，確與漢儒注《易》有所不同。故當時傳
統《易》學家或名理派之人士，對何晏、王弼等人援道入《易》之思想，頗
表不滿。管輅自以爲久精陰陽，而鄙何晏之談《易》曰：「若欲差次老莊而參
象，愛微辯而興浮藻，可謂射侯之巧，非能破秋毫之妙也。」（《三國志管輅
傳注》引〈輅別傳〉）《三國志‧鍾會傳》引孫盛《雜記》曰：「《易》之爲書，
窮神知化，非天下至精，其孰能與於此。世之註解皆妄也。況弼以附會之辯，
而欲籠統玄旨者乎？故其敍浮議則麗辭溢目，造陰陽則妙賾無間。至於六爻
變化，群象所效，日時歲月，五氣相推，弼皆擯落，多所不關。雖有可觀者
焉，恐將泥夫大道。」由以上時人對王弼等人之批評，則潁川人荀融之難《大
衍義》，顧榮、紀瞻之評王弼，實可知矣。清初王船山論王弼則毀譽參半：「弼
學本老莊虛無之旨，既詭於道，且其言曰：『得意亡言，得言亡象。』則不知
象中之言，言中之意，爲天人之蘊所昭示於天下者，而何可忘耶？自是以後，
《易》爲學者身心事理之要典。」（《周易內傳發例》）《四庫全書總目提要》
亦曰：「《易》本卜筮之書，故末派流於讖緯。王弼乘其極敝而攻之，遂能排
擊漢儒，自標新理。」又曰：「闡明義理，使《易》不雜於術數者，弼與康伯
深爲有功。使《易》意入於老莊者，弼與康伯亦不能無過。」錢基博《經學
通志》第二則對王弼、韓康伯多所推崇：「王弼生當正始，辭才逸辯。老學實
爲宗師，而明《易》亦造玄風。風流所仰，學者宗焉。唯弼注者僅上下經，
而補《繫辭》、《說卦》、《雜卦》、《序卦》注者，其門人韓康伯也。自是王《注》
行而鄭學亦衰。河南及青齊之間，儒生多講王《注》，師訓蓋寡，奚論江左。」
可知其對《易》學影響之大。

（三）《老子注》

王弼之注《老子》，係以《老子》之「無」爲中心，此係繼何晏以來思想
之發展。《晉書‧王衍傳》曰：「何晏、王弼立論天地萬物皆以無爲本。」何
晏認爲「道」係「惟無所有」，以「無」爲玄學之最基本概念。王弼注《易》
中亦強調此點，其〈復〉卦《象注》曰：「天地雖大，富有萬物，雷動風行，

〔註28〕湯錫予《魏晉玄學論稿王弼大衍義略釋》，頁68。

運化萬變，寂然至無，是其本矣。」其《論語釋疑》曰：「道者，無之稱也，無不由也。況之曰道，寂然無禮，不可爲象。」其注《老子》更發揮「道體虛無」之說。如：「萬物萬形，其歸一也，何由致一？由於無也。由無乃一，一可謂無。已謂之一，豈得無言乎？」（四十二章《注》）「自然者，無稱之言，窮極之辭也。用智不及無知，而形魄不及精象，精象不及無形，有儀不及無儀。」（廿五章《注》）「混然不可得而知，而萬物由之以成，故曰混成。不知其誰之子，故先天地生。凡有皆始于無。故未形無名之時，則爲萬物之始。及其有形名之時，則長之育之亭之毒之，爲其母也。言道以無形無名始成，萬物以始以成，而不知其所以，玄之又玄也。」（廿一章《注》）「無狀無象，無聲無響，故能無所不通，無所不往，不得而知。更以我耳目體不知爲名，故不可致詰，混而爲一也。欲言無耶？而物由以成。欲言有耶？而不見其形。故曰無狀之狀，無物之象也。」（十四章《注》）「是以天地雖廣，以無爲心；聖王雖大，以虛爲主。」（卅八章《注》）

　　王弼強調「無」以爲係天地萬物之本。萬物皆生於「無」。「無」即是「道」，亦即是「自然」，係宇宙終極之靜體。故曰：「運化萬變，寂然至無。」明乎「無」之本體，故一切因循自然，不自造作。由「無」因而產生「無爲」之思想：「天地任自然，無爲無造，萬物自相治理，故不仁也。」（五章《注》）「萬物以自然爲性，故可因而不可爲也，可通而不可執也。」（廿九章《注》）「聖人達自然之至，暢萬物之情，故因而不爲，順而不施，除其所以迷，去其所以惑，故心不亂而物性自得矣。」（廿九章《注》）

　　由個人修養之自然無爲，引伸至政治，則爲「無爲而治」之政治理想：「若乃多其法網，煩其刑罰，塞其徑路，攻其幽宅，則萬物失其自然，百姓喪其手足。鳥亂於上，魚亂於下。是以聖人之於天下，歙歙焉心無所主也，爲天下渾心焉，意無所適莫也，無所察焉，百姓何避？無所求焉，如姓何應？無避無應，則莫不用其情矣。人無爲舍其所能而爲其所不能；舍其所長而爲其所短。如此則言者言其所知，行者行其所能，百姓各皆注其耳目焉，吾皆孩之而已。」（四十九章《注》）此係發揮老子無爲政治之理論。王弼進一步強調政治上實施無爲之果效：「夫天地設位，聖人成能。人謀鬼謀，百姓與能者。能者與之，資者取之。能大則大，資貴則貴。物有其宗，事有其主。如此則可冕旒充目而不懼於欺，黈纊塞耳而無戚於慢，又何爲勞一身之聰明，以察百姓之情哉？夫以明察物，物亦競以明應之；以不信察物，物亦競以其不信

應之。夫天下之心不必同，其所應不敢異，則莫肯用其情矣。甚矣，害之大也，莫大於用其明矣。夫在智則人與之訟，在力則人與之爭。智不出於人，而立乎訟地，則窮矣；力不出於人，而立乎爭地，則危矣。未有能使人無用其智，力乎己者也。如此，則己以一敵人，而人以千萬敵己也。」其發揮老子之旨，若此也。

　　注《老》之作，早期有韓非〈解老〉、〈喻老〉等篇，然皆以政治世事證老子之言，對《老子》全理，則鮮有發揮。漢文帝時，有河上公《老子注》，書中多偏向黃老神仙之思想。其闡《老子》之「道可道」曰：「道乃經術政教之道。」釋「常道」曰：「自然長生之道。」解《老子》六章「谷神不死」謂：「谷養也，人能養神則不死也。」是則漫失《老子》之真義。河上公之事蹟，見葛洪〈神仙傳〉。東漢張陵有《老子注》，已失傳，唐僧法琳《正論》引其《注》，謂此書係方士服食養身之說。又《道藏》載齊顧歡《老子注疏》引有《老子想爾注》，傳為漢末張魯所撰，與張陵《注》相似，皆天師道一家之言。真正融會《老子》玄意，而能加以闡揚而發揮《老子》之旨者，實唯王弼之《老子注》。故周紹賢先生曰：

> 以前注《老子》者，皆未闡揚老子之玄意。王弼獨具性靈，了悟道體，深入玄境，對五千言作有體係之解說。勝義始得顯揚，洵可謂老學之慧炬也。」又曰：「全部《老子注》，義理精微，足以發人深思。其靈明之思想，妙解玄理，後之講老學者，踵其緒，雖繼續有所研進，理論愈見周密，而弼之玄珠，依然照耀千古。〔註29〕

王弼除《老子注》，鄭樵《通志・藝文略》有《老子微指例略》一書，為王弼所撰。今《道藏》內亦有《老子微旨例略》一卷，未著姓名，然文體與王弼《周易略例》相似，當為王弼作。《例略》總括《老子》全書大義曰：「《老子》之文，欲辯而詰者，則失其旨也；欲名而責者，則違其義也。故其大歸也，論太始之原，以明自然之性，演幽冥之極，以定惑罔之迷。因而不為，損而不施，崇本以息末，寄母以存子，賤夫巧術，為在未有，無責於人，必求諸己，此其大要也。」又謂「《老子》之書，其幾乎可一言而蔽之，噫！崇本息末而已矣。」

　　「崇本息末」四字，實為老子之精義也。老子毀仁棄義，絕聖棄智，非真詆毀也。老子之仁，乃真仁；老子之義，乃真義；老子之學；係真正發乎自然，不事妄作，出於至誠，發乎至性，乃真誠無偽之人格矣。故王弼注《老

〔註29〕周紹賢《魏晉清談述論》第二章〈清談之內容〉，頁67。

子》第五章「天地不仁，以萬物爲芻狗。」曰：「天地任自然，無爲無造，萬物自相治理，故不仁也。仁者必造立施化，有恩有爲。造立施化，則失其眞；有恩有爲，則物不俱存，則不足以備載矣。地不爲獸生芻，而獸食芻；不爲人生狗，而人食狗。無爲於萬物，而萬物各適其所用，則莫不贍矣。莫慧由己樹，未足任也。」此言萬物率眞，應乎自然，尤深得老子眞誠之理。故「崇本息末」四字，實托盡老莊之玄旨，亦爲道家精神之所在。

　　何晏、王弼二人能調合儒道，且能發揮老莊玄旨，具有繼往開來之精神，開創所謂「正始玄風」。對晉以後玄論派思想影響甚大。是故名理派等人士攻擊玄論派必以王、何二人爲罪魁。范寧謂：「王、何蔑棄典文，不尊禮度，游辭浮說，波蕩後生。」並以「二人之罪，深於桀紂」（《晉書·范寧傳》）裴頠亦其「口談浮虛，不遵禮法。」（《晉書·裴頠傳》）此固爲名理派因立場之不同而輕詆，然若論二人於學術之貢獻，實功不可沒。錢大昕《何晏論》曰：「自古以經訓顓門者，列於儒林，若輔嗣之《易》，平叔之《論語》。當時重之，更數千載不廢。方之漢儒，即或有間，魏晉說經之家，未能或先也。」又曰：「論者又以王、何好老莊，非儒者之學。然二家之書具在，初未嘗援儒以入老莊，於儒乎何損？且平叔之言曰：『鬻莊放玄虛而不周於時變。』若是乎其不足於莊也，亦無庸以罪平叔矣。」（《潛研堂集》卷一）朱彝尊《王弼論》亦曰：「毀譽者，天下之公，未可以一人之是非偏聽而附和之也。孔穎達有言：『得《易》者更相祖述，惟魏世王輔嗣之《注》，獨冠古今。』漢儒言《易》，或流入陰陽災異之說，弼始暢以義理。惟因范寧一言，詆其罪深桀紂。學者過信之，讀其書先者，橫『高談理數，祖尙清虛』八字胸中，謂其以老莊解《易》。」是王、何行爲之曠放，實無損其學術上之地位。若論其時代風氣之開創，顧炎武曰：「正始之間，上承漢末淵源，下啓六朝流變。」（《日知錄卷》十三）王、何二人誠爲關鍵之人物。

四、阮籍之道家思想

　　阮籍，字嗣宗。言貌壞傑，志氣宏放，傲然獨往，任性不羈，喜怒不形於色。或閉戶視書，累月不出；或登山臨水，竟日忘歸，嗜酒能嘯，善彈琴，博閱群覽，尤好《老莊》。（其中生平事蹟可參前章）代表其思想之著作，除見於其〈詠懷詩〉外，尙有〈大人先生傳〉、〈達莊論〉、〈通易論〉、〈樂論〉等作品。

　　阮籍之道家思想見於其〈詠懷詩〉八十二首之中。《晉書阮籍傳》曰：「籍本有濟世志，屬魏晉之際，天下多故，名士少有全者。籍由是不與世事，遂酣飲爲常。」又云：「嘗登廣武，觀楚、漢爭處，歎曰：『時無英雄，使豎子成名。』登武牢山，望京邑而歎，於是賦〈豪傑詩〉。」阮籍生當亂世，動見遭忌，因而放蕩禮法，超然脫俗，以求遠禍避世，飛軒絕迹。其〈詠懷詩〉更是此類思想之流露。〔註30〕

　　〈詠懷詩〉第十五首：「昔年十四五，志尚好《書詩》。被褐懷珠玉，顏閔相與期。開軒臨四野，登高所思，丘墓蔽山岡，萬代同一時。千秋萬歲後，榮名安所之？乃悟羨門子，噭噭今自嗤。」阮籍年輕時，本有儒家思想之傾向。故顏淵、閔子騫皆爲所慕，更期與聖賢不朽，所謂「籍本有濟世志」。然以亂世難保，天下多故，人命危淺，「存亡有長短，慷慨將焉知。」（八十首）「世務何繽紛，人道若不遑。」（卅五首）遂由儒家積極入世之學，轉而企慕道家出世之理想。故阮籍詩中多慕老莊之語者。如：

　　「炎光延萬里，洪川蕩湍瀨。彎弓掛扶桑，長劍倚天外。泰山成砥礪，黃河爲裳帶。視彼莊周子，榮枯何足賴？捐身棄中野，烏鳶作患害。豈若雄傑士，功名從此大。」（卅八首）

　　「儒者通六藝，立志不可干。違禮不爲動，非法不敢言。渴飲清泉流，飲食并一簞。歲時無以祀，衣服常苦寒。屨履詠〈南風〉，褞袍笑華軒。信道守《詩書》義不受一餐。烈烈褒貶辭，老氏用長歎。」（六十首）

　　至於其體表現其思想，則在其所作諸「玄論」之中，茲敍述其要點如下：

（一）〈達莊論〉

　　〈達莊論〉係魏晉最早論《莊》之專門著作。通篇在發揮莊子之學說。其首段曰：「伊單閼之辰，執徐之歲，萬物權輿之時，季秋遙夜之日，先生徘徊翱翔，迎風而遊，往遵乎赤水之上，來登乎隱坌之丘，臨乎曲轅之道，

〔註30〕阮籍〈詠懷詩〉，鍾嶸《詩品》評爲「厥旨淵放，歸趣難求」之後，李善注《文選》亦引顏延年語稱其「文多隱避，百代之下，難以情測。」此實亂世之中爲文，不得不然也。陳沆「詩比興箋」取〈詠懷詩〉三十八首析爲「悼宗國將亡十二首，刺權奸以戒後世十首，述己志，或憂時，或自勵十六首。」葉祖棻〈阮嗣宗詠懷詩初論〉析爲「含尋繹八十二篇，主題所關，大體不外六類：或爲憂國，或爲刺時，或爲思賢，或爲懼禍，或爲避世。此五點而外，時亦應及生命無常，爲人類超時世之永恒悲哀而詠歎。」要之皆與憂世哀生有關，此皆受老莊出世思想影響。

顧乎汱澤之州。恍然而止，忽然而休。不識曩之所以行，今之所以留，悵然而無樂，愀然而歸白素焉。平晝閒居，隱几而彈琴。於是縉紳好事之徒，相與聞之，共議撰辭合句，啓所常疑。……」此文中襲用莊子之文辭和寓義甚多〔註31〕可知莊子對阮籍思想影響之深切，以及阮籍對《莊子》一書研習之嫻熟。其行文之氣勢，亦頗有莊子〈逍遙遊〉中「列子御風而行」之超逸。

〈達莊論〉曰：「天地生於自然，寓物生於天地。自然者無外，故天地名焉；天地者有內，故萬物生焉。當其無外，誰謂異乎？當其有內，誰謂殊乎？……是以重陰雷電，非異出也；天地日月，非殊物也。故曰：『自其異者視之，則肝膽楚越也；自其同者視之，則萬物一體也。』人生天地之中，體自然之形。身者，陰陽之精氣也；性者，五行之正性也；情者，遊魂之變欲也；神者，天地之所以馭者也。以生言之，則物無不壽；推之以死，則物無不夭。自小視之，則萬物莫不小；由大觀之，則萬物莫不大。殤子爲壽，彭祖爲夭；秋毫爲大，泰山爲小。故以死生爲一貫，是非爲一條也。別而言之，則鬚眉異名，合而說之，則體之一毛也。……凡耳目之官，名分之施，處官不易司，舉奉其身，非以絕手足，裂肢體也。然後世之好異者，不顧其本，各言我而已矣。何時於彼？殘生害性，還爲讎敵，斷割肢體，不以爲痛。目視色而不顧耳之所聞，耳所聽而不待心之所思，心奔欲而不適性之所安。故疾癘萌，則生意盡；禍亂作，則萬物殘矣。夫至人者，恬於生而靜於死。生恬則情不惑，死靜則神不離。故能與陰陽化而不易，從天地變而不移。生究其壽，死循其宜，心氣平治，消息不虧。是以廣成子處崆峒之山，以入無窮之門，軒轅登崑崙之阜，而遺玄珠之根。此則潛身者，易以爲活；而離本者，難以永存也。」

通篇發揮《莊子‧齊物論》中所謂「天地與我並生，而萬與我爲一。」「天地一馬也，萬物一指也。」之旨，將生死存亡，富貴窮達，等一齊觀，故能知「凡物無成與毀，復通爲一。」（〈齊物論〉）自能視「死生存亡爲一體」（〈大宗師〉）「死生爲一條」（〈德充符〉），達到「上與造物者游，而下與外死生無

〔註31〕〈達莊論〉中襲用《莊子》文辭處甚多，如此段中「赤水之上」一句，即源自《莊子‧天地篇》「黃帝遊乎赤水之北，登乎崑崙之丘而南望。」「隱弇之丘」一句，出於〈知北遊〉「知北遊於玄水之上，登隱弇之丘。」「曲轅之道」一句，出於〈人間世〉「匠石之齊，至乎曲轅。」「曩之所以行，今之所以留」一句，出於〈齊物論〉「曩子行，今子止。」是知莊子對阮籍影響之深切，以及阮籍對《莊子》一書之嫻熟。

終始者爲友。」(〈天下篇〉)之境界。萬物之貴賤、大小、有無、是非本係相對。雖有等是非,均貴賤,方能超然物外。《莊子‧秋水篇》曰:「以道觀之,物無貴賤;以物觀之,自貴而相賤;以俗觀之,貴賤不在己;以差觀之,因其所大而大之,則萬物莫不大;因其所小而小之,則萬物莫不小。知地之爲稊米也,知毫末之爲秋山也,則差數等矣。」〈達莊論〉能把握莊子之旨發揮。其所謂「至人者,恬於生而靜於死。」便是莊子修養之極至。

〈達莊論〉又指出後世才智之士並出,於是虛僞並起,糾紛日出,大道泮亡,國事益紊:「儒墨之後,堅白竝起,吉凶連物,得失在心,結徒聚黨,辯說相侵。昔大齊之雄,三晉之士,嘗相與瞋目張膽,分別此矣。咸以爲百年之生難致,而日月之蹉無常,皆盛僕馬,修衣裳,美珠玉,飾帷墻。出媚君上,入欺父兄,矯麗才智,競逐縱橫。家以慧子殘,國以才臣亡,故不終其天年,而大自割繫其於世俗也。」貪圖勢利,竊取富貴,矯厲才智,縱橫競逐,製造是非,此皆泯於自然,有違無爲,唯須「心氣平治,消息不虧」,方足以保生養壽,裕國永年。

因此阮籍〈達莊論〉強調無爲無欲之人生觀:「馮夷不過海若,則不以己爲小;雲將不失於鴻蒙,則無以知其少。由斯言之,自是者不章,自建者不立,守其有者有據,持其無者無執。目弦則滿,日朝則襲,咸池不留陽谷之上,而懸車之後將入也。故求得者喪,爭明者失。無欲者自足,空虛者受實。夫山靜而谷深者,自然之道也。得之道而正者,君子之實也。是以作智造巧者害於物,明是考非者危其身,修飾以顯潔者惑于生,畏死而榮生者失其眞。……至德之要,無外而已,大均淳固,不貳其紀,清淨寂寞,容豁以俟。善惡莫之分,是非無所爭,故萬物反其所得其情也。……莊周見其若此,故述道德之妙,敍無爲之本,寓言以廣之,假物以延之,聊以娛無爲之心,而逍遙於一世,豈將以希咸陽之門,而與稷下爭辯也哉。」由齊物而無爲,由外世而逍遙,〈達莊論〉確能將老莊保身應世之旨,發揮透徹。

蓋兩漢老學盛,莊學未顯。《漢書‧藝文志》引錄道家三十七家,九百九十三篇。《莊子》五十二篇,不過係其中一家。漢時注《莊子》僅劉安之《莊子略要》、《莊子后解》二書而已。唯有系統且能綜合整理其說,發其閟旨,僅阮籍之〈達莊論〉一文,其重要性可知。

(二)〈大人先生傳〉

阮籍之〈大人先生傳〉,乃針對時人之虛假僞善,矯情悖性而作。通篇趨

向於老莊之曠達超逸人生觀，而鄙夷禮法君子拘拘於浮文，對俗儒之迂濶不實亦多譏諷：

　　茲節錄其文曰：「大人先生，蓋老人也。不知姓字。陳天地之始，言神農黃帝之事，昭然也。莫知其生年之數。嘗居蘇門之山，故世咸謂之間。養性延壽，與自然齊光。其視堯舜之所事，若手中耳。以萬里為一步，以千歲為一朝。行不赴而居不處，求乎大道而無所寓。先生以應變順和，天地為家，運去勢隤，魁然獨存。自以為能足與造化推移，故默探道德，不與世同之。自好者非之，無識者怪之，不知其變化神微也。而先生不以世之非怪而易其務也。先生以為中區之在天下，曾不若蠅蚊之著帷，故終不以為事，而極意乎異方奇域，遊覽觀樂非世所見，徘徊無所終極。遺其書於蘇門之山而去。天下莫知其所如往也。或遺大人先生書曰：天下之貴，莫貴於君子。服有常色，貌有常則，言有常度，行有常式。立則磬折，拱若抱鼓。動靜有節，趨步商羽，進退周旋，咸有規矩。心若懷冰，戰戰慄慄。束身修行，日慎一日。擇地而行，唯恐遺失。頌周孔之遺訓，嘆唐虞之道德。……於是大人先生乃逌然而嘆，假雲霓而應之曰：若之云，尚何通哉？夫大人者，乃與造物同體，天地並生，逍遙浮世，與道俱成。變化散聚，不常其形。天地制域於內，而浮明開達於外。天地之永固，非世俗之所及也。……且汝獨不見夫虱之處於褌中，逃乎深縫，匿乎壞絮。自以為吉宅也。行不敢離縫際，動不敢出褌襠，自以為得繩墨也。饑則嚙人，自以為無窮食也。然炎丘火流，焦邑滅都。群虱死於褌中，而不能出。汝君子之處區內，亦何異夫虱之處褌中乎？悲夫！而乃自以為遠禍近福，堅無窮也。……昔者天地開闢，萬物並生。大者恬其性，細者靜其形。陰藏其氣，陽發其精。害無所避，利無所爭。放之不失，收之不盈。亡不為夭，存不為壽。福無所得，禍無所咎。各從其命，以度相守。明者不以智勝，闇者不以愚敗，弱者不以迫畏，強者不以力盡。蓋無君而庶物定，無臣而萬事理，保身修性，不違其紀。惟茲若然，故能長久。……夫無貴則賤者不怨，無富則貧者不爭，各足於身而無所求也。恩澤無所歸，則死敗無所仇。奇聲不作，則耳不易聽；淫色不顯，則目不改視。耳目不相易改，則無以亂其神矣。此先世之所至止也。今汝尊賢以相高，競能以相尚，爭勢以相君，寵貴以相加，趨天下以趣之，此所以上下相殘也。竭天地萬物之至，以奉聲色無窮之欲，此非所以養百姓也。於是懼民之知其然，故重賞以喜之，嚴刑以威之。財匱而賞不供，刑盡而罰不行，乃始有亡國戮君潰敗

之禍。此非汝君子之為乎？汝君子之禮法，誠天下殘賊亂危死亡之術耳。而乃目以為美行不易之道，不亦過乎？今吾乃飄颻於天地之外，與造化為友。朝餐湯谷，夕飲西海，將變化遷易，與道周始。此之於萬物，不亦厚哉！故不通於自然者，不足以言道；闇於昭昭者不足與達明，子之謂也。」

阮籍之〈大人先生傳〉乃針對時人之「背質追文」而來，所謂「繁稱是非，背質追文者，迷罔之倫也。」老莊皆以道觀之眞實性為出發點。故講求天眞自然，更棄絕虛偽。老子曰：「智慧出，有大偽。」（十八章）又曰：「天下多忌諱，而民彌貧；民多利器，國家滋昏；人多伎巧，奇物滋起；法令滋彰，盜賊多有。」（五七章）因此主張「絕聖棄智，民利百倍；絕仁棄義，民復孝慈；絕巧棄利，盜賊無有。」（十九章）又曰：「失道而後德，失德而後仁，失仁而後義，失義而後禮。夫禮者，忠信之薄而亂之首。」（卅八章）莊子亦曰：「純樸不殘，孰為犧尊？白玉不毀，孰為珪璋？道德不廢，安取仁義？性情不離，安用禮樂？」（〈馬蹄〉）此皆注重自然之眞精神，而以仁義禮法為後天情偽之起也。阮籍《大人先生傳》全文發揮道家之閫旨，視世俗之君子崇禮守法，遠禍近福，比之於「虱之處褌中」，此誠善於妙諷。《晉書何曾傳》謂阮籍「負才放誕，居喪無禮。」嵇康與〈山濤絕交書〉亦謂其「至為禮法之士所繩，疾之如讎。」其本人亦以「禮豈為我輩設耶？」自詡，凡此亦未嘗不是「大人先生」高妙之表現也。《大人先生傳》非但係闡述老莊思想之絕妙文章，亦何嘗為對魏晉上流社會虛偽風氣之反動。

阮籍除〈大人先生傳〉外，尚有〈答伏犧書〉，亦頗有飄然遺世之氣概：「夫人之立節也，將舒網以籠世，豈樽樽以入罔？方開模以範俗，何暇毀質以適檢？若良運未協，神機無准，則騰精抗志，邈世高超，蕩精舉於玄區之表，攄妙節於九垓之外，而翱翔之。乘景躍躍，踔陵忽慌，從容與道化同逌，逍遙與日月竝流。交名虛以齊變，及英祇以等化。上乎無上，下乎無下；居乎無室，出乎無門。齊萬物之去留，隨六氣之虛盈，總玄綱於太極，撫天一於廖廓。飄埃不能揚其波，飛塵不能垢其潔。徒寄形軀於斯域，何精神之可察？唯業無不聞，略無不稱，而明有所逮，未可怪也。」

（三）〈通老論〉、〈通易論〉

〈通老論〉亦如〈達莊論〉，旨在闡述老子自然無為主義之理想。惜今已亡佚，僅《太平御覽》卷一引其二段：

「聖人明於天人之理，達於自然之分，通於治化之體，審於大愼之訓。故

君臣垂拱，完太素之樸；百姓熙怡，保性命之和。」

「道者，法自然而爲化，侯王能守之，萬物將自化。《易》謂之太極，《春秋》謂之元，老子謂之道。三皇依道，五帝仗德；三王施仁，五霸行義，強國任智，蓋優劣之異，薄厚之降也。」

又有〈老子贊〉以歌之曰：「陰陽不測，變化無倫。飄颻太素，歸虛返眞。」

是〈通老論〉及言論自然之理，施無爲之政，法自然而物自化。君臣垂拱，百姓熙怡，可以完太素之樸，保性命之和。其中將老子之「道」，與《春秋》之「元」，《易經》之「太極」齊觀，實含有儒道並綜之思想。

《全三國文》中又有阮籍〈通易論〉，係以儒家思想爲中心，綜貫全經之義，然亦隱含道家思想在內，此蓋承何、王以來援道入《易》之精神。

如〈通易論〉首段曰：「《易》之爲書也，覆燾天地之道，囊括萬物之情。道至而反，事極而改，反用應時，改用當務。應時故天下仰其澤，當務故萬物侍其利。澤施而天下服，此天下之所以順自然惠生類也。」此明天道順乎自然，與時偕行。故寓道於《易》，尋跡可見。

其結尾曰：「是以明夫天之道者不欲，審乎人之德者不憂。在上而不凌乎下，處卑而不犯乎貴。故道不可逆，德不可拂也。是以聖人獨立无悶，大群不益，釋之而道存，用之而不可。」按「无悶」之辭見《易大過象辭》：「君子以獨立不懼，遯世无悶。」《乾文言》初九曰：「潛龍勿用，何謂也？」子曰「龍德而隱者也。不易乎世，不成乎名，遯世无悶。不見是而无悶，樂則行之，憂則違之，確乎其可拔，潛龍也。」《正義》曰：「不成乎名者，言自隱默，不成就於令名，使人知也。遯世无悶者，謂逃遯避世，雖逢无道，心无所悶。不見是无悶者，言舉世皆非，雖不見善，而心亦无悶。上云遯世无悶，心處僻陋，不見是而无悶，此因見世俗行惡，是亦无悶，故再起无悶之文。樂則行之，憂則違之者，心以爲樂己則行之，心以爲憂己則違之。確乎甚不可拔者，自雖逐物推移，隱遯避世，必志所道，確乎堅實其不可拔，此是潛龍之義也。」此雖釋潛龍君子之德，然亦隱然有道家和光同塵，與物遷移，不憂不懼，守道不變之意也。則阮籍〈通易論〉雖以儒家立說，亦未完全拋置道家思想也。

（四）〈樂論〉

《晉書・阮籍傳》謂其「嗜酒，能嘯，善彈琴。當其得意，忽忘形骸，時人多謂之痴。」是阮籍爲一天份甚高之音樂家。蓋音樂乃情性之發，其極致則可感天地，應鬼神，有近於玄妙之境界。故《尚書・舜典》云：「八音克諧，無

相奪倫，神人以和。」《禮記・樂記》曰：「樂者，天地之和也。」又曰：「凡姦聲感人，而逆氣應之。逆氣成象，而淫樂興焉。正聲感人，而順氣應之。順氣成象，而和樂興焉。」阮籍亦有此說。其〈樂論〉曰：「夫樂者，天地之體，萬物之性也。合其體，得其性，則和；離其體，失其性，則乖。昔者聖人之作樂也，將以順天地之性，體萬物之生也。……《乾坤》易簡，故雅樂不煩；道德平淡，故無聲無味。不煩，則陰陽自通；無味，則百物自樂。日遷善成化而不自知。風俗移易，而同於是樂。此自然之道，樂之所始也。……昔先生制樂，非以縱耳目之觀，崇曲房之嬿也。必通天地之氣，靜萬物之神也。固上下之位，定性命之真也。……故達道之化者，可與審樂。好音之聲音，不足與論律也。……夫雅樂，周通則萬物和，質靜則聽不淫，易簡則節制合神，靜重則服人心。此先生造樂之意也。自後衰末之樂也，其物不真，其器不固，其制不信。取於近物，同於人間。各求其好，恣意所存。……樂者使人精神平和，衰氣不入，天地交泰，遠物來集，故謂之樂也。今則流涕感動，噓唏傷氣，寒暑不通，庶物不遂，雖出絲竹，宜謂之哀。奈何俛仰歎息以此為樂乎。」

阮籍之〈樂論〉從形而上發揮，以音樂為天地之體，亦即以自然為本體也。故樂者，雖動乎心發乎口，實天地陰陽之調暢也，亦自然所用以開群生萬之情氣也。音樂既由自然所生，則自然之性，亦即音樂之性也。自然之性為何？乃易簡質靜之謂也。能順自然之性，則可成雅樂，使萬物和合；萬物和合，則天下亦可平治也。阮籍因發揮以樂治國之理論：「昔者聖人之作樂也，將以順天地之體，成萬物之性也。故定天地八方之音，以迎陰陽八風之聲，均黃鍾中和之律，開群生萬物之情氣。故律呂協則陰陽和，音聲適而萬物類，男女不宜其所，君臣不犯其位，四海同其觀，九州一其節，奏之圜丘而天神下，奏之方丘而地祇上。天地合其德，則萬物合其生，刑賞不用而民自安矣。」阮籍之〈樂論〉，實建立於老莊自然哲學之基礎上。故音樂之表現須配合道體之性質；而音樂之運用，則何通向無為而治之政治理想。是阮籍之〈樂論〉，誠為玄學家之音樂觀也。

《晉書・阮籍傳》謂其「能嘯」，此亦一獨特之技藝。唐人有《嘯旨》一書，其《序》曰：「夫氣激於喉中而濁，謂之言。激於舌而清，謂之嘯。言之濁，可以通人事，達性情。嘯之清，可以感鬼神，致不死。蓋出其言善，千里應之；出其嘯善，萬靈受職，斯古之學道者哉。□君授王母，母授南極真人，真人授廣成子，廣成子授風后，風后授嘯父，嘯父授務光，務光授堯，

堯授舜，舜演之爲琴與禹，自後乃廢。續有晉太行山仙君孫公獲之，乃得道而去，無所授焉。阮嗣宗得少年，其後湮沒不復聞矣。」又此書十一章〈蘇門〉章曰：「〈蘇門〉者，仙君隱蘇門所作也。……昔人有遊蘇門，時聞鸞鳳之聲，其音美暢。……後尋其聲，乃仙君之長嘯矣。仙君之嘯，非止於養道怡神。蓋於俗則致雍熙，於時則致太平，於身則道不死，於事則攝百靈。御五雲於萬物，則各得其所。感應之效，莫近於音，而仙君得之。至於飛走禽獸，嘯之末者。晉阮嗣宗善嘯，聞仙君以爲己若，往詣焉。方被髮握坐，籍再拜而請之，順風而請者三，承風而請者再。仙君神色自若，竟無所對。籍因長嘯數十聲而去。仙君料籍固未遠，因動清角而嘯。至四五發聲，籍但覺林巒草木皆有異聲。須臾，飄風暴雨忽至。已而鸞鳳孔雀，繽紛而至，不可勝數。籍既懼又喜而歸，因傳寫之，十得其二，謂之〈蘇門〉。今之所傳者是也。」

此處將「嘯」誇張，實爲方伎神話之類。然嘯以氣相接，發諸胸臆，可以通人事，達性情，感鬼神，致不死，有類「道」之作用，故學仙者多好此技。仙君孫公，即孫登也。《晉書‧孫登傳》曰：「孫登字公和，汲郡共人也。無家屬，於郡北山爲土窟居之。夏則編草爲裳，冬則被髮自覆。好讀《易》，撫一絃琴，見者皆親樂之。」《注》引〈孫登別傳〉云：「文帝使阮籍往見之，與語不應。嗣宗自下趨進，既坐莫得與言。嗣宗乃嘹嘈長嘯，與琴音諧會，雍雍然。登乃逌爾而笑，因嘯和之，妙響動林壑，風氣清太元。」《晉書‧阮籍傳》亦有類似記載：「籍嘗於蘇門山，遇孫登，與商略終古及棲神導氣之術。登皆不應，籍因長嘯而退。至半嶺，聞有聲若鸞鳳之音，響乎巖谷，乃登之嘯也。」是〈嘯旨〉所云當有所本。

魏晉人多藉「嘯詠」以舒發心臆。《世說新語‧文學篇》曰：「桓玄嘗登江陵城南樓云：『我今欲爲王孝伯作誄。』因吟嘯良久。隨而下筆，一坐之間，誄以之成。」〈任誕篇〉曰：「劉道眞少時，常漁草澤，善歌嘯，聞者莫不留連。有一老嫗識其非常人，甚樂其歌嘯，乃殺豚進之。」〈簡傲篇〉曰：「晉文王功德盛大，坐席嚴敬，擬於王者。唯阮籍在坐，箕踞嘯歌，酣放自若。」又〈簡傲篇〉記王子猷於竹下諷嘯良久。《晉書‧阮孚傳》謂阮孚以種竹爲「端拱嘯詠，以樂當年」之願。〈王渾傳〉謂其妻鍾氏，以一女流亦「美容止，善嘯詠。」〈劉琨傳〉謂琨於晉陽爲胡騎所圍數重，城中窘迫無計，「琨乃乘月登樓清嘯。賊聞之，皆悵然長歎。」而文人亦好「長嘯」。陶淵明〈歸去來辭〉曰：「登東臯以

舒嘯，臨清流而賦詩。」《晉書·成公綏傳》曰：「綏雅好音律，嘗當暑承風而
嘯，泠然成曲，因為〈嘯賦〉。」其〈嘯賦〉云：「發妙聲於丹脣，激哀音於皓
齒。響抑揚而潛轉，氣衝鬱而熛起。協黃宮於清角，雜商羽於流徵。飄浮雲於
太清，集長風於萬里。……故能因形創聲，隨事造曲，應物無窮，機發響速。……
隨口吻而發揚，假芳氣而遠逝。音要妙而流響，聲激濯而清厲。……百獸率伸
而扑足，鳳皇來儀而拊翼。乃知長嘯之奇妙，此音聲之至極。」

　　嘯音以氣為激，因形制聲，隨事造由，因意而發，隨物感應，心領神，
有類天籟，頗為玄妙，為音聲之至極。阮籍愛好玄學，善於此技，又作〈樂
論〉，此實「嘯」與「音樂」皆本自然，與老莊精神有相通之處也。

五、嵇康之道家思想

　　嵇康，字叔夜。有奇才，遠邁不群，學不師受，博覽無不該通，長好老莊。
《晉書·王粲傳注》引嵇喜為嵇康作《傳》曰：「家世儒學，少有儁才。曠邁不
群，高亮任性，不修名譽，寬簡有大量，學不師授，博洽多聞。」又曰：「長而
好老莊之業，恬靜無欲，性好服食，常採御土藥。善屬文論，彈琴詠詩，自足
於懷抱之中。」其〈與山巨源絕交書〉曰：「老子、莊周吾之師也。」又曰：「不
涉經學，又讀《老莊》，重增其放。故使業進之心日頹，任逸之情轉篤。」

　　嵇康與何晏有姻親之關係，其清談玄論，當受其影響。〈答二郭詩〉云：
「昔蒙父兄祚，少得離負荷。因疏遂成懶，寢蹟北山河。但願養性命，終已
靡有他。良辰不我期，當年值紛華。坎壈趣世務，常恐嬰網羅。羲農邈已遠，
拊膺獨咨嗟。朔戒貴尚容，漁父好揚波。雖逸不已難，非余心所嘉。豈若翔
區外，餐瓊漱朝霞。遺物棄鄙累，逍遙遊太和。結友集靈嶽，彈琴登清歌。
有能從此者，古人豈足多？」又〈幽憤詩〉曰：「爰及冠帶，憑寵自放。抗心
希古，任其所尚。託好莊老，賤物貴身。志在守樸，養素全真。」〈秋胡詩〉
曰：「絕聖棄智，遊心於玄默。遇過而悔，當不自得。垂釣一壑，所樂一國。
被髮行歌，和氣四塞。歌以言之，遊心於玄默。」是知嵇康弱冠以後，便希
世老莊。其一生所致力，乃係潛默於全真返樸之玄趣中。

　　嵇康思想上，乃繼承正始以來玄論派之思想，以老莊為主。然其思維方
法上，則更獨立自主。〈聲無哀樂論〉曰：「夫推類辨物，當先求之自然之理。
理已足，然後借古書以明之耳。今來得之於心。而多侍前言以為談證，自此以
後，恐巧歷不能紀耳。」又〈答向子期難養生論〉曰：「夫至理誠微，善溺於世。

然或可求諸身而後悟，校外物以知之。」故《晉書・本傳》謂其「不涉經學」，其立論著述乃完全從「推類辨物」之思辨而來。李充《翰林論》謂「論貴於允理，不求支離。若嵇康之論，成文美矣。」（《御覽卷五九九》）王、何皆喜談「無」與「自然」。而嵇康文中，每多以「理」字論物，所謂「物全理順，莫不自得。」（〈難張遼叔自然好學論〉）實因其善於思辨，故能「論貴於理，不求支離。」錢穆先生云：「弼之後有嵇康，亦治莊老，而最善持論。其集中亦常言及理字，然尚可謂其乃自抒己見。」〔註32〕嵇康以理論說，其思想散見於〈釋私論〉、〈養生論〉、〈答難養生論〉、〈聲無哀樂論〉、〈明膽論〉、〈難自然好學論〉、〈難宅無吉凶攝生論〉等著作中。茲將其諸「玄論」略述如下：

（一）〈釋私論〉

〈釋私論〉以「有措」釋「公」「私」之分，定「君子」「小人」之際，通篇發揮老莊氣靜神虛，泯滅是非之玄旨。

〈釋私論〉曰：「夫稱君子者，心無措乎是非，而行不違乎道者也。何以言之？夫氣靜神虛者，心不存乎矜尚；體亮心達者，情不繫於所欲。矜尚不存乎心，故能越名教而任自然；情不繫於所欲，故能審貴賤而通物情。物情順通，故大道無違，越名任心，故是非無措也。是故言君子，則以無措爲主，以通物爲美；言小人，則以匿情爲非，以違道爲闕。何者？匿情矜吝，小人之至惡；虛心無措，君子之篤行。是以大道言：及吾無身，吾有何患？無以生爲貴者，是賢於貴者也。由是而言，夫至人之用心，固不存於有措矣。……君子之行賢也，不察於有度而後行也；仁心無邪，不議於善而後正也；顯情無措，不論於是而後爲也。是故傲然忘賢，而賢與度會；忽然任心，而心與善遇；儻然無措，而事與是俱也。」

老子有「無私」之論：「是以聖人後其身而身先，外其身而身存，非以其無私耶？故能成其私。」（七章）又曰：「吾所以有大患者，爲吾有身。及吾無身，吾有何患？」（十三章）莊子亦有「不譴是非」（〈天下篇〉）之語，故〈齊物論〉曰：「是非之彰也，道之所虧也。」又曰：「至人之用心若鏡，不將不迎，應而不藏。」是「眞誠無私，泯然是非」當爲行道之人所必備修養。而世俗之君子，矯情匿性，以名教是尚，不過係「有矜忮之容，矯飾之言」以及「匿情矜吝」而已，凡此皆「只能成其私之體，而喪其自然之質也。」各爲君子，實爲小人，

〔註32〕見錢穆「《王弼郭象注易老莊用理字條》」錄。關於嵇康言「理」，參何啓明《竹林七賢之研究》嵇康部分，頁 830。

豈不哀哉！嵇康特指出眞正君子，應以老莊自然爲務，「心無所矜，而情無所繫」，是「以無措爲主，以通物爲美」，係「抱一而無措，而無私無非」，如此方能「越名教而任自然」。此爲其〈釋私論〉之精神所在。

（二）〈聲無哀樂論〉

《禮記·樂記》曰：「樂也者，聖人之所樂也，而可以善民心。其感人深，其移風易俗，故先王著其教焉。」音樂之感人至深，甚且可以移風易俗，然究竟是否音樂本身感人？亦或人心本有其情，因之動感，方足以得其效果？此爲〈聲無哀樂論〉中所欲辨明之問題。嵇康自設辯難，自作自答，一主聲有哀樂，一主聲無哀樂，凡七難七答。全文約五千五百餘言，弗克全載。僅舉數例，約言如下：

有秦客問於東野主人曰：「治世之音安以樂，亡國之音哀以思。夫治亂在政，而音聲應之。故哀思之情，表於金石；安樂之象，形於管絃也。又仲尼聞韶，識虞舜之德。季札聽絃，識眾國之風。斯已然之事，先賢所不疑也。今子獨以爲聲無哀樂，其理何居？」

主人應之曰：「斯義久滯，莫肯拯救。故今歷世，濫于名實。……音聲之作，其猶臭味在於天地之間。其善與不善，雖遭濁亂，其體自若，而無變也。豈以愛憎易操，哀樂改度哉？」此言聲音自當以善惡爲主，無關哀樂。故心與聲，判爲二物。哀樂自當以情感爲發，無關聲音。心戚者形爲之動，情悲者則聲爲之表。例如：「殊方異俗，歌哭不同，使錯而用之，或聞哭者歡，或聽歌而感。然其哀樂之情均也。今用均同之情，而發萬殊之聲，斯非音聲之無常哉？」

秦客難曰：「今平和之人，聽箏笛批把，則形躁而志趣。聞琴瑟之音，則靜聽而心閑。同一器之中，曲用每殊，則情隨之變。奏秦聲，則歎羨而慷慨；理齊楚，則情一而思專；肆姣弄，則歡放而欲惬。心爲聲變，若是其眾。苟躁靜由聲，則何爲限其哀樂，而但云：至和之聲無所不感，託大同於聲音，歸眾變於人情，得無知彼不明此哉？」

主人答曰：「批把箏笛，問促而聲高，變眾而節數。以高聲御數節，故使形躁而志趣。猶鈴鐸警耳，而鐘鼓駭心。故聞鼓鼙之音，則思將帥之臣。蓋以聲音大小，故動人有猛靜也。琴瑟之體，間遼而音埤，變希而聲清。以埤音御希變，不虛心靜聽，則不盡清和之極。是以聽靜而心閑也。」因聲音之發，有其不同形具音質，非能支配人心之哀樂。故支配人情，不是外在力量，而是內心之感發。「情之處變，猶茲味異美，而口輒識之也。美有甘，和有樂。

然隨曲之情，盡於和域；應美之口，絕於甘境。安得哀樂於其間哉？人情不同，各有所懷。有主於內，所感故異。」例如：「會賓盈堂，酒酣奏琴。或忻然而歡，或慘爾而泣。非進哀於彼，導樂於此也。其音無變於昔，而歡戚並用。」可知聲音與人之心情乃「殊途異軌，不相經緯。」

秦客問曰：「仲尼有言，移風易俗，莫善於樂。即如所論，凡百哀樂，皆不在聲，則移風易俗，果以何物耶？」

主人答曰：「古之王者，承天理物，君靜於上，臣順於下。玄化潛通，天人交泰。群生安逸，自求多福，默然從道，懷忠抱義。和心足於內，和氣見於外。故歌以敘志，舞以宣情。然後昭之以《風雅》，播之以八音，感之以太和。導其神氣，養而就之。迎其性情，致而明之。使心與理相順，和與聲相應。故凱樂之情，見於金石，含弘光大，顯於音聲也。大道之隆，莫盛於茲；太平之業，莫顯於此。故曰移風易俗，莫善於樂。」

聲音發諸於樂器，成為音聲。然能感動人之情緒者，實肇之於心。故荀子〈解蔽篇〉曰：「心者，形之君，而神明之主也。」《禮記・樂記》云：「凡音者，生於人心者也，通倫理者也。」又曰：「情動於中，故形於聲；聲成文，謂之音。」聲音之哀樂，在於人心之感應。《新唐書・禮樂志》記唐太宗謂侍臣曰：「古者聖人沿情以作樂，國之興衰，未必始此。」御史大人杜淹曰：「陳將亡也，有〈玉樹後庭花〉；齊將亡也，有〈伴侶曲〉。」帝曰：「夫聲之所感，各因人之哀樂。將亡之政，其民苦，故聞以悲。今〈玉樹伴侶〉之曲尚存，為今奏之，知必不悲。」魏徵進曰：「孔子稱：樂云樂云，鐘鼓云乎哉！樂在人和，不在音也。」此與嵇康之「聲無哀樂」之論相符也。嵇康強調「心」與「聲」判然有別，所謂「琴瑟之清濁，不在操音之工拙。心能辨理善譚，而不能令內籥調利。猶瞽者能善其曲度，而不能令器必清和也。器不假妙瞽而良，籥不因慧而調。然則心之與聲，明為二物。二物誠然，則求情者不留觀於形貌，揆心者不假聽於聲音也。察者欲因聲以知心，不亦外乎。」又「聲音以平和為體，心志以所俟為主，應感而發。然則聲之與心，殊途異軌，不相經緯，焉得染太和歡感，綴虛名於哀樂哉？」

嵇康雖言聲無哀樂，然非謂人對於音樂全無感應。其言「聲音以善惡為主。」又曰：「聲音和平，感人之最深者也。」蓋「和聲」乃發諸自然之善聲，亦即〈樂記〉所謂「大樂與天地同和」，此即阮籍〈樂論〉所主張之「雅樂」。外在之和聲與內在之心境，互相感應，方能發揮效果：「夫哀心藏於內，遇和

聲而後發。和聲無象，而哀心有主。夫以有主之哀心，應乎無象之和聲而後發，其所覺悟，惟哀而已。」嵇康音樂之理論，完全由莊子而來。《莊子‧天運篇》記黃帝與北門成論樂。帝曰：「吾奏之以人，徵之以天，行之以禮義，建之以太清。夫至樂者，先應之以人事，順之以天理，行之以五德，應之以自然。」郭向《注》云：「由此可知，至樂非聲音之謂也。必先順乎天，應乎人，得於心，而適於性，然後發之以聲，奏之以曲耳。故咸池之樂，必待黃帝之化，而後成焉。」郭象謂莊子之樂，乃順乎天，應乎人，得於心，適於性。此與嵇康之論樂，其旨契合也。是以嵇康之論樂曰：「樂之為體，以心為主。故無聲之樂，民之父母也。至八音諧會，人之所悅，亦總謂之樂。然風俗移易，本不在此也。」有形之樂，徒飾形表，實不足以取；必待無聲之樂，發諸本心，方足以導善化民，移風易俗，誠為樂之精義所在。此嵇康由形而下之「聲樂」，而上溯於形而上之「心樂」也。

　　阮籍精通樂理，善於彈琴嘯詠。嵇康亦同，然尤妙於琴技。《三國志‧王粲傳注》引嵇喜為〈康傳〉曰：「（嵇康）喜屬文論，彈琴詠詩，自足於懷抱之中。」向秀〈思舊賦〉亦言其「博綜技藝於絲竹情妙。」其〈與山濤絕交書〉亦謂：「今但願守陋巷，教養子孫，時與親舊敘離濶，陳述生平。濁酒一盃，彈琴一曲，志願畢矣。」其所彈「〈廣陵散〉」更堪稱當世一絕。蓋音樂可陶冶性情，頤養精神，心與神會，契合大道。故嵇康曰：「琴詩可樂，遠遊可珍。合道獨往，棄智遺身。」（〈贈兄從軍詩〉第十七首）其〈四言詩〉謂：「弦超子野，歎過縣駒。流詠太素，俯讚玄虛。」尤其彈琴之時「目送歸鴻，手揮五絃，俯仰自得，遊於泰玄。」（〈贈兄從軍詩〉第十四首）益能體會逍遙自得，與天地冥合之情趣。故在樂器中，嵇康最獨鐘於琴，其〈琴賦序〉云：「少好音聲，長而玩之不倦。」〈琴賦〉中敘述琴之長處曰：「若論其（琴）體勢，詳其風聲。器和故響逸，張急故聲清，間遼故音庳，弦張故徽鳴。性絜靜以端理，含至德之和平。」因琴聲和平，最符合自然，能激發人心之共鳴，此與其〈聲無哀樂論〉中所謂「聲以平和為體，而感物為常。」之旨相同。聽琴音最能令人體道悟玄，遺世棄俗，達於返樸歸真之境界。〈琴賦〉曰：「是故懷戚者聞之，莫不憯懍慘悽，愀愴傷心，含哀懊咿，不能自禁。其康樂者聽之，則欨愉歡釋，抃舞踊溢，留連瀾漫，嗢噱終日。若和平者聞之，則怡養悅愉，淑穆玄真。恬虛樂古，棄事遺身。」故嵇康之愛琴，實亦與老莊之性情攸關也。

（三）〈養生論〉

「養生」為漢代道士所重視。《抱朴子・釋滯篇》以「寶精、行炁、服藥」為仙家養生之三要。自魏晉以來，清談名士亦多喜食樂以養生。《晉書・何宴傳》謂其「服五石散。非惟治病，亦覺神明開朗。」所謂「五石散」，《抱朴子・金丹篇》曰：「五石為丹砂、雄黃、白礬、曾青、慈石。」《晉書・裴秀傳注》云：「五石為丹砂、雄黃、雲母、石英、鐘乳之屬。」以五石為藥，最早見《史記・扁鵲倉公列傳》：「齊王侍醫遂病，自鍊五石服之。」五石可做藥養命。張華《博物志》曰：「上藥養命，為五石之煉形，六芝之延年。」「五石散」又名「寒食散」。《世說新語・言語篇》注引秦丞相寒食散論曰：「寒食散之方雖出漢代，而用之者寡，靡有傳焉。魏尚書何宴首獲神效，由是大行於世，服食相尋。」俞正燮《癸巳存稿》七云：「《通鑑注》言寒食散蓋始於何宴，又云煉鐘乳、硃砂等藥為之。言可避火食，故曰寒食。按寒食言服者食宜涼，衣宜薄，惟酒微溫飲，非不火食。其方漢張機製，在《金匱要略》中。」

關於服寒食散之功效。《本草》云：「益精益氣，補不足，令人有子，久服輕身延年。」《抱朴子・仙藥篇》曰：「玉屑服之與水餌之，俱令人不死。所以為不及金者，令人數數發熱，似寒食散狀也。」〈王羲之帖〉云：「服足下五色石膏散，身輕如飛。」（《全晉文》二十六）嵇含有〈寒食散賦〉嘗記以寒食散醫其男孩之例（《參藝文類聚》七五所引）。孫思邈《千金翼方》云：「五石更生散，治男子五勞七傷，虛羸著床，醫不能治，服此無不愈。」又曰：「或腎冷、脫肛、陰腫，服之尤妙。」甚至服散可增進色欲。《通鑑晉紀》三十七胡三省《注》引蘇軾曰：「世有食鐘乳，烏啄而縱酒色以求長年者，蓋始於何宴。宴少而富貴，故服寒食散，以濟其欲。」魏晉人生於亂世，無不企求長生保身，寒食散既有諸多妙處，眾人逐趨之若驚。

然寒食散亦非無弊害。隋巢元方《諸病源候總論》卷六《寒食散・發候篇》曰：「近世尚書何宴，耽好聲色，始服此藥。心加開朗，體力轉強。京師翕然，轉以相授。歷歲之困，皆不終朝而愈。眾喜於近利者，不覩後患。宴死之後，服者彌繁，於時不輟。余亦豫焉。隴西辛長緒脊肉瀾潰；蜀郡趙今烈中表六喪。悉寒食散之所為也。」蓋散劇毒，如措置失當，非惟弗能養生，反且遭害。《晉書・皇甫謐》傳言其「初服寒食散，而性與之忤，每委頓不倫，常悲恚，叩刃卻自殺，叔母諫之而止。」武帝嘗下詔，欲徵其出仕，其上《疏》

曰：「服寒食散，違錯節度，辛苦荼毒，於今七年。隆冬裸袒食冰，當暑煩悶，加以咳逆。或若溫瘧，或類傷寒，浮氣流腫，四肢酸重。」《晉書・裴秀傳》亦言其「服寒食散，當飲熱酒而飲冷酒，泰始七年薨。」〈哀帝紀言〉帝「服食過多，遂中毒，不識萬機。」〈賀循傳〉言其「服寒食散，露髮袒身，手不可用。」此外〈王戎傳〉謂其「藥發墮廁。」《世說新語・規箴篇》謂「殷顗病困，目瞑無所見。」可知服寒食散不當，輕者癲狂，重者中毒而死。且寒食散食後，通體發熱，〔註33〕謂之「石發」。侯白〈啓顏錄〉曰：「後魏文帝時，諸王及貴臣多服石藥，皆稱石發。乃有熱者，非富貴者，亦云服石發熱。時人多嫌其詐作富貴體。有一人於市門前臥，宛轉稱熱。要人競看，同伴怪之，報曰：『我石發！』同伴人曰：『君何時服石？今得石發。』曰：『我昨市米中有石，食之今發。』眾人大笑，自後少有人稱患石發者。」時人熱衷於五行散之風，於斯可見。故《晉書・裴秀傳注》曰：「所以六朝貴游，動云散發，蘊寒生熱，輒喪厥軀。」

服藥之目的，乃希冀養生，企求長壽。王充《論衡・自紀篇》曰：「適輔服藥引導，無冀性命可延。」〈無形篇〉曰：「人恆服藥固壽，能加本性，益其身年也。」非但士人百姓熱衷服藥，甚至帝王亦喜之。《三國志・魏武紀》謂「太祖（曹操）又好養性，亦解方藥。」又曰：「初帝服寒食散，自太醫令陰羌死後，藥數發動，至此愈甚。」於是食藥養生之風，蔚為一時俗尚。

嵇康之養生論，乃魏晉潮流下之產物。《晉書・嵇康傳》謂其「常修養性服食之事，彈琴詠詩，自足於懷。以為神仙稟之自然，非積學所得，至於導養得理，則安期、彭祖之倫可及。」其〈與山濤絕交書〉亦自謂：「聞道士遺言，餌朮黃精，令人久壽。游山澤觀魚鳥，心甚樂之。」又曰：「吾頃學養生之術，方外榮幸，去滋味，游心於寂寞，以無為為貴。」是其篤信神仙之說，並致力於養生求壽之術。觀其詩中，亦多養生求仙之色彩。如〈幽憤詩〉曰：「采薇山阿，散髮巖岫。永嘯長吟，頤性養壽。」〈述志詩〉曰：「願與知己遇，舒憤啓幽微。巖穴多隱逸，輕舉求吾師。晨登箕山領，日夕不知饑。玄居養營魄，千載長自綏。」〈四言詩〉曰：「乘風高逝，遠登靈臺。結好松喬，

〔註33〕食「寒食散」後常通體發熱。《宋書・吳喜傳》載宋明帝《詔》云：「凡置官養士，本在利國。……譬猶餌藥，當人羸冷，資散石以全身。及熱勢發動，去堅積以止患。」《南史・張孝秀傳》言其「服寒食散，盛冬臥於石上。」〈張邵傳〉謂直閤將軍房伯玉服五石散十許劑，冬日以冷水灌治，始救其疾，「自爾恒發熱，冬月猶單禪衫，體更肥壯。」

携手俱游。朝發泰華，夕宿神州。」〈重作四言詩〉曰：「徘徊鍾山，自駕于層城。上蔭華蓋，下乘若英。受道王母，遂升紫庭。逍遙天衢，千載長生。」〈遊仙詩〉曰：「遙望山上松，隆谷鬱青蔥。自遇一何高，獨立無邊叢。願想遊其下，蹊路絕不通。王喬棄我去，乘雲駕六龍。飄飄戲玄圃，黃老路相逢。授我自然道，曠若發童蒙。採藥鍾山喝，服食改姿容。蟬蛻棄穢累，結交家梧桐。臨觴奏九韶，雅歌何邕邕。長與俗山別，誰能覩其蹤。」

　　嵇康〈養生論〉首先承認世上有長壽神仙之人：「世或有謂神仙可以學得，不死可以力致者。或云上壽百二十，古今所同，過此莫非妖妄者。此皆兩失其情，請試粗論之。夫神仙雖不目見，然記籍所載，前史所傳，較而論之，其有必矣。似特受異氣，稟之自然，非積學術所能致也。至於導養得理，以盡性命，上獲千歲，下可數百年，可有之耳。而世皆不精，故莫能得之。」

　　至於修養之方法，在於保守精神，使喜怒哀樂之情，不入於心：「精神之於形骸，猶國之有君也。……君子知形恃神以立，神須形以存。悟生理之易失，如一過之害生。故修性以保神，安心以全身。愛憎不棲於情，憂喜不留於意。泊然無感，而體氣和平。又呼吸吐納，服食養身，使形神相親，表裏俱濟也。」

　　同時須節制飲食情慾，使勿戕害身心：「且豆令人重，榆令人瞑。合歡蠲忿，萱草忘憂。愚智所共知也。薰辛害目，豚魚不養，常世所識也。……推此而言，凡所食之氣，蒸性染身，莫不相應。……故神農曰：上藥養命，中藥養性者。誠知性命之理，因輔養以通也。而世人不察，惟五穀是見，聲色是耽。目惑玄黃，耳務淫哇。滋味煎其府藏，醴醪煮其腸胃，香芳腐其骨髓，喜怒悖其正氣，思慮銷其精神，哀樂殃其平粹。夫以蔓爾之軀，攻之者非一途；易竭之身，而外內受敵。身非木石，豈能久乎？其自用甚者，飲食不節，以生百病。好色不倦，以致乏絕。風寒所災，百毒所傷，中道夭於眾難，世皆知笑悼，謂之不善持生也。」

　　面對養生之道狐疑無恆，或強忍情慾，此皆過猶不及，亦終歸失敗：「縱聞養生之事，則斷以所見，謂之不然。其次狐疑，雖少庶幾，莫知所由。其次自力服藥，半年一年，勞而未驗，志以厭衰，中路復廢。或益之以溝澮，而洩之以尾閭，而欲坐望顯報者。或抑情忍慾，割棄榮願，而嗜好常在耳目之前，所希在數十年之後，又恐兩失，內懷猶豫。心戰於內，物誘於外，交賒相傾，如此復敗者。」

　　嵇康最末則將養生之道歸之於老莊「清靜寡欲」之修養：「善養生者，則不然矣。清虛靜泰，少私寡欲。知名位之傷德，故忽而不營，非欲而強禁也。識厚味之害性，故棄而弗顧，非貪而後抑也。外物以累心不存，神氣以醇泊獨著。曠然無憂患，寂然無思慮。又守之以一，養之以和。和理日濟，同乎大順。然後蒸以靈芝，潤以醴泉，晞以朝陽，綏以五絃，無為自得，體妙心玄。忘歡而後樂足，遺生而後身存。若此以往，庶可與羨門比壽，王喬爭年。何為其無有哉？」

　　養生之學本老莊所強調。故老子歸之於「見素抱樸，少私寡欲。」（十七章）〈莊子・庚桑楚〉曰：「全汝形，抱汝生，無使汝思慮營營。」〈在宥篇〉曰：「必靜必清，無勞女形，無搖女精，乃可以長生。」皆從人內心之清靜寡欲著手。嵇康一則採老莊「靜默無為」作為修身養性之依據，再則又採神仙家之說法，「蒸以靈芝，潤以醴泉」，以道士辟穀服食之事為尚，遂使嵇康〈養生論〉染上若干方士之色彩。

　　此外又有向秀作〈難嵇康養生論〉。文曰：「夫人受刑於造化，與萬物並存，有生之最靈者也，異於草木，殊於鳥獸。……有生則有情，稱情則自然。若絕而外之，則與無生同。何貴於有生哉？且夫嗜欲，好榮惡辱，好逸惡勞，皆生於自然。……夫人含五行而生，只思五味，目思五色，感而思室，餓而求食，自然之理也。但當節之以禮耳。今五色難陳，目不敢視；五味雖存，口不得嘗，以言爭而獲勝則可，焉有勺藥為茶蓼，西施為嫫母，忽而不欲哉？……且生之為樂，以恩愛相接。天理人倫，燕婉娛心。榮華悅志，服饗滋味，以宣五情。納御聲色，以達性氣。此天理之自然，人之所宜，三王所不易也。今若舍聖軌而恃區種，離親棄懽，約己苦心，欲積塵露以望山河，恐此功在身後，實不可冀也。背情失性，不本天理，長生且猶無懽，況以短生守之邪？」

　　向秀之〈難康養生論〉，頗似楊朱之言，實乃魏晉人士對人生普遍之看法。向、嵇二人交誼歡洽，情投意合。《晉書向秀傳》曰：「康善鍛，秀為之佐。相對欣然，傍若無人。」其意見本非相佐，其作難之目的實乃「辭難往復，欲發康高致也。」（《晉書・向秀傳》）非真難養生也。故欲以時俗之看法，引嵇康之高見。

　　嵇康遂作〈答難養生論〉，既駁正時人之謬見，復增藻其說，闡明老莊之玄意，使養生之論更周密完備。其大意曰：「夫嗜欲雖出於人，而非道德之正。

猶木之有蝎，雖木之所生，而非木之所宜也。……而世未之悟，以順欲爲得
生。雖有厚生之情，而不識生生之理。故動之死地也。是以古之人知酒色爲
甘鴆，棄之如遺。識名位爲香餌，逝而不顧。使動足資生，不濫於物。知正
其身，不營於外。背其所凶，守其所吉。此所以用智逐生，養一示蓋之道也。……
故世之難得者，非財也，非榮也。患意之不足耳。意足者，雖耦耕畎畝，被
褐啜菽，莫不自得。不足者無外之不須也。無不須，故無往而不乏；無所須，
故無適而不足。不以榮華肆志，不以隱約趨俗。混乎與萬物並行，不可寵辱。
此眞有富貴也。故遺貴欲貴者，賤及之。忘富欲富者，貧得之。理之然也。
今居榮華而憂，富莫大於知足。』此之謂也。……養生有五難：名利不滅，
此一難也。喜怒不除，此二難也。聲色不去，此三難也。滋味不絕，此四難
也。神慮精散，此五難也。五者必存，雖心希難老，口誦至言，咀嚼英華，
呼吸太陽，不能不回其操，不夭其年也。五者無於胸主，則信順日濟，玄德
日全，不祈喜而有福，不來壽而自延。此養生大厘之都所也。」此文較前文
嚴整周洽，而闡理發微更接近道家之面貌，使讀之者超然心悟，盡脫俗世之
鉛華，而攀慕老莊之大道。後向秀承其「高致」，發爲《莊子注》，益精練而
肆，故能「發明奇趣，振起玄風，讀之者超然心悟。」（《晉書·向秀傳》）其
得之嵇康「答難」，洵足爲多矣。

（四）〈難自然好學論〉

　　《嵇中散集》卷七，載有張遼叔（邈）之〈自然好學論〉及〈嵇康之難
自然好學論〉。此二篇係嵇康與張邈對有關文化教育之探討。彼此往復攻難，
乃因二對「自然」與「名教」之基本立場有所不同。張遼叔主張可調和，而
嵇康則主張二者爲對立，誠無融通之可能也。

　　張遼叔〈自然好學論〉曰：「夫喜怒哀樂愛惡欲懼，人之有也。得意則喜，
見犯則怒，乖離則哀，聽和則樂，生育則愛，違好則惡，飢則欲食，逼則欲
懼。凡此八者，不教而能，若論所云，即自然也。……有言之曰：苴竹管蒯，
所以表哀；溝池嶮岨，所以寬懼；弦木剡金，所以解憤；豐財殖貨，所以施
與；苟有肺腸，誰不忻然貌悅心釋哉？尚何假於食膽蜇而嗜蒲菹也。……在
於幽室之中，覩蒸燭之光，雖不教告，亦皎然喜於所見也。……況以長夜之
冥，得照太陽，情變鬱陶，而發其蒙也，故以爲難。事以未來，而情以本應，
即使六藝紛華，名利雜詭，計而復學，亦無損於有自然之好也。」張遼叔認
爲「喜怒哀樂愛惡欲懼」八者，乃自然之本性。而人之好學六經，猶如長夜

之慕見太陽，亦皆性分之自然表現，當不損於自然之好。

嵇康難之曰：「夫民之性，好安而惡危。故不擾，則其願得；不逼，則其志從。洪荒之世，大朴未虧，君無文於上，民無競於下。物全理順，莫不自得。飽則安寢，飢則求食，怡然鼓腹，不知為至得之世也。若此則安知仁義之端，禮律之文？及至人不存，大道陵遲，乃始作文墨，以傳其意；區別群物，使有類族；造立仁義，以嬰其心，制其名分，以檢其外；勸學講文，以神其教。故六經紛錯，百家繁熾，開榮利之塗，故奔騖而不覺，是以貪生之禽，食園池之粱菽；求安之士，乃詭志以從俗。操筆執觚，足容蘇息，積學明經，以代稼穡。是以困而後學，學以致榮；計而後習，好以習成。有似自然，故令吾子謂之自然耳。推其原也，六經以抑引為主，人性以從欲為歡。抑引則違其願，從欲則得自然。然則自然之得，不由抑引六經；全性之本，不須犯情之禮律。故仁義務於理偽，非養真之要術；廉讓生於爭奪，非自然之所出也。由是言之，則鳥不毀以求馴，獸不群而求畜，則人之真性無為，正當自然躭此禮學矣。」此完全站在老莊之立場，駁斥仁義禮學之後起，而主張反乎大朴未虧之洪荒之世，方足以復性歸真，全其自然也。

張遼叔〈自然好學論〉又曰：「嘉肴珍膳，雖所未嘗。嘗必美之，適於口也。處在闇室，覩炎燭之光，不教而悅得於心。況以長夜之冥，得照太陽，情變鬱陶而發其蒙。雖事以未來，情以本應，則無損於自然好學。」

嵇康難曰：「夫口之於甘苦，身之於痛癢，感物而動，應事而作。不須學而後能，不待借而後有，此必然之理，吾所不易也。今子必然之理，喻未必然之好學，則恐似是而非之議。學如一粟之論，於是乎在也。今子立六經以為準，仰仁義以為主；以規矩為軒駕，以講誨為哺乳。由其塗則通，乖其路則滯。遊心極視，不覩其外，終年馳騁，思不出位，聚族獻議，唯學為貴，執書摘句，俛仰咨嗟，使服膺其言，以為榮華。故吾子謂六經為太陽，不學為長夜耳。今若以□堂為丙舍，以誦諷為鬼語，以六經為蕪穢，以仁義為臭腐。覩文籍則目瞧，脩揖讓則變傴，襲章服則轉筋，譚禮典則齒齲。於是兼而棄之，與萬物為更始，則吾子雖好學不倦，猶將闕焉。則向之不學，未必為長夜，六經未必為太陽也。……以此言之，則今之學者，豈不先計而後學，苟計而後動，則非自然之應也。子之云云，恐故得菖蒲葅耳。」

張遼叔主張「自然」與「名教」可相互調合，認為人應學習仁義禮樂等修養，且當「立六經以為準，仰仁義以為主，以規矩為軒駕，以請誨為哺乳。

故「視六經如太陽，不學爲長夜。」而強調好學無損於自然之性分。嵇康則完全站在鄙薄儒家之立場，以爲「六經以抑引爲主，人性以從欲爲歡。」又曰：「自然之得，不由抑引之六經；全性之本，不須犯情之禮律。」因此激烈批評仁義之虛僞，而主張回復老莊純樸之至道。此種對儒教仇視之態度，亦表現其〈與山濤絕交書〉中，所謂「每非湯武而薄周孔，會顯世教所不容，此甚不可一也。」故嵇康傾向道家之態度，較王弼、何晏等人援道入儒或調和孔老，實有過之而無不及。

此外嵇康尚有〈難宅無吉凶攝生論〉，〈及答釋難宅無吉凶攝生論〉，要之皆在破除世俗迷信「宅有吉凶」之說，而歸之人當注重攝生。蓋藥之止病，其驗可見，故君子信之，而宅之吉凶，其報賒遙，故君子疑之。此類符合道家自然主義之說。又有〈明膽論〉，言呂子以爲人有膽可無明，有明便有膽。嵇康則以明膽殊用，不能相生。故智者不必有勇，勇者不必有智。又有〈管蔡論〉敍述政治之見解。嵇康之善於推類述理，於茲可見。《晉書・本傳》稱其「善談理，又善屬文」洵非誣也。《世說新語・文學篇》曰：「王丞相過江，只道〈聲無哀樂〉、〈養生〉，〈言盡〉三理而已。然轉關生，無所不入。」三理中，嵇康佔其二理，可見其對時人影響之深。

六、向秀、郭象之注莊

向秀，字子期。《晉書・向秀傳》謂其「清悟有遠識。少爲山濤所知，雅好老莊之學。莊周著內外數十篇，歷世才士，雖有觀者，莫適論其旨統也。秀乃爲之隱解。發明奇趣，振起玄風。讀之者，超然心悟，莫不自足一時也。惠帝之世，郭象又述而廣之。儒墨之迹見鄙，道家之言遂盛焉。」又：「始秀欲注。嵇康曰：『此書詎復須注？正是妨人作樂耳！』乃成，示康曰：『殊復勝不？』」《世說新語・文學篇》曰：「初，注《莊子》者數十家，莫能究其旨要。向秀於舊注外爲解義，妙析奇致，大暢玄風。」《注》引〈秀別傳〉曰：「〈秀本傳〉或言：『秀游記數賢，蕭屑卒歲，都無注述。唯好《莊子》，聊應崔譔所注，以備遺忘。』云。」

向秀之思想，表現其《莊子注》中。向秀之前，本有注《莊子》數十家，以及崔譔《注》本，然諸家皆未能究其旨要，發明玄旨。唯向秀之《莊子注》，最能解義精詳，妙析奇致。《莊子》之精神經其闡揚，遂使讀之者，超然心怡，有所啓發。劉《注》又引〈竹林七賢論〉曰：「秀爲此義，讀之者無不超然，

若己出塵埃而窺絕冥，始了視聽之表，有神德玄哲。能遺天下，外萬物，雖復使動競之人，顧觀所徇，皆悵然自有振拔之情矣。」向秀《莊子注》，受人評價之高，於斯可見。

唯向秀之《莊子注》後世已亡，郭象又有《莊子注》行世。《世說新語·文學篇》曰：「向秀於舊注外爲解義，妙析奇致，大暢玄風。唯〈秋水〉、〈至樂〉二篇，未竟而秀卒。秀子幼，義遂零落，然猶有別本。郭象者，爲人薄行，有儁才，見秀義不傳於世，遂竊以爲己注。乃自注〈秋水〉、〈至樂〉二篇，又易〈馬蹄〉一篇，其餘眾篇，或定點文句而已。後秀義別本出，故今有向、郭二《莊》，其義一也。」《晉書·郭象傳》亦仿此說。

《晉書·向秀傳》以爲向秀之《莊子注》乃「郭象述而廣之」，而《世說新語·文學篇》及《晉書·郭象傳》皆以爲郭象「竊以爲己注」。究竟如何？前人議論不決。〔註34〕主郭象述而廣之者有錢曾〈讀書敏求記〉、王先謙《莊子集解》、吳承仕《經典釋文序錄疏證》等等。其主要之論點，如錢曾《讀書敏求記》曰：「予覽陸氏《釋文》引向《注》者非一處，疑秀尚有別本行世。時代遼遠，傳聞異詞，《晉書》云云，恐未必信然也。」（卷三）然主此說者未能提出有力確證，僅對郭《注》竊自向說，表示懷疑而已。主竊自向秀說，除《世說新語·文學篇》外，有高似孫《子略》、王應麟《困學紀聞》、集竑《筆乘》、胡應麟《四部正僞》、謝肇淛《文海披沙》、陳繼儒〈續狂夫之言〉、王昶《春融堂集》、袁守定《佔畢叢談》、《四庫全書總目提要》及《簡明目錄》、陸以湉《冷廬雜識》、顧炎武《日知錄》等等。其主要之論點，如焦竑《筆乘》所云：「《世說》去晉未遠，當得其實。」及王昶《春融堂集》謂：「史稱東海王越引象爲太傅主簿，權熏灼內外，由是素論去之，然象固非能注《莊》者。」此乃據《世說新語·文學篇》「郭象者，爲人薄行。」而論斷之。

向秀《莊子注》今已佚，無由與郭象《注》相比較。〔註35〕然張湛《列

〔註34〕關於郭象注《莊》是否竊自向秀之問題，前人議論未決，文繁不及錄。可參劉盼遂由《郭象注莊子不盜向秀義》（〈文字同盟〉第 10 期）。楊明照《郭象莊子注是否竊自向秀檢討》（〈燕京學報〉第 28 期）。王叔岷《莊子向郭注異同考》（〈中央圖書館刊〉第 1 期）。侯光廬《向秀與郭象的莊注疑案與莊義隱解》（《中國思想通史》第三卷第六章第二節）。湯錫予《向郭義之莊周與孔子》（《魏晉玄學論稿》）。武內義雄《莊子考》（《先秦經籍考》引）。壽普暄《由經典釋文試探莊子古本》（〈燕京學報〉20 期）等著作。

〔註35〕向秀《莊子注》今已佚。唐陸德明《經典釋文敍錄》謂有向秀《注》二十卷，二十六篇。《隋書經籍志》雖錄有向秀《注》本二十卷，然云：「今闕。」《新

子注》及陸德明《經典釋文》尚有引向秀《莊子注》若干條可供參考。則向、郭二《注》相對照，略可窺二者之關係。

1. 向、郭二《注》篇卷之差異：

《隋書‧經籍志》卷三子部《道家類》曰：「《莊子》三十卷，晉散騎常侍向秀《注》，本二十卷。今闕。」又：「《莊子》三十卷，晉太傅主薄郭象《注》。梁《七錄》三十三卷。」《經典釋文敍錄老莊》條曰：「向秀《注》二十卷，二十六篇（一作二十七篇，一作二十八篇，亦無《雜篇》，爲《音》三卷）。」又「郭象《注》三十卷，三十三篇（《內篇》七，《外篇》十五，《雜篇》十一，爲《音》三卷。）」故向、郭二人所注篇卷不同，內容亦當有多寡之差異。

2. 本句本身之異同

比較二者使用文字之差異，可知其承襲之關係。如〈逍遙遊〉「聾者無以與乎鐘鼓之聲」下，《釋文》引向本，尚有「眇者無以與乎眉目之好夫，刖者不自爲假文屨夫」二十字，而郭本則無之。〈太宗師〉「蘧然覺」下，《釋文》引向本，尚有「發然汗出」四字，而郭本無之。〈胠篋篇〉「聖人不死，大盜不止」下，《釋文》引向注二十八字。「爲之斗斛以量之」下，《釋文》引向《注》十六字，而郭本皆無。然亦有二《注》完全文字乖異者。如〈人間世〉「而目將熒之」《釋文》曰：「向崔本作營。」又「息息莘然」，《釋文》曰：「向崔本作失而生。」此文字或有乖異，或有增減。

3. 辭義本身之異同：

甲類、向《注》與郭《注》同者：如〈應帝王〉「鄭人見之，皆棄而走。」向《注》「不喜自聞死日也。」（《列子‧黃帝篇》張《注》引）而郭《注》亦曰：「不喜自聞死日也。」〈齊物論〉「而獨不見之調調，之刁刁乎？」向《注》「調調刁刁，皆動搖貌。」（《釋文》引）而郭《注》亦曰：「調調刁刁，動搖貌也。」凡此類字辭意義皆相同。楊明照輯爲四七條，王叔岷輯爲二八條。﹝註36﹞楊明照曰：「或解詁相合，或持論不殊；同心同理，何若是之巧耶？」

唐書‧藝文志》又著錄有《莊子》向秀《注》二十卷，是否爲劉煦等所見，不無疑問。宋初王堯臣等所編之《崇文總目》僅載郭《注》而不及向《注》。尤袤《遂初堂書目》亦不載向《注》，宋末陳振孫《直齋書錄解題》卷九，亦僅錄郭《注》，並注云：「向義今不傳，但時見陸氏《釋文》。」向《注》至宋時已亡佚不見。

﹝註36﹞見王叔岷〈莊子向郭注異同考〉《中央圖書館館刊復刊》第一卷第四號。楊明照〈郭象莊子注是否竊自向秀檢討〉《燕京學報》第 28 期。

　　乙類、向《注》與郭《注》近者：如〈逍遙遊〉「海則將徙於南冥。」向《注》：「非海不行，故曰海運。」（《釋文》引）郭《注》：「非冥海不足以運其身。」）〈人間世〉「時其飢飽，達其怒心。」向《注》「達其心之所以怒而順之也。」（《列子・黃帝篇注》引）郭《注》：「知其所以怒而順之。」凡此類字辭意義相近者。楊明照輯爲十五條，王叔岷輯爲三二條。楊明照曰：「雖說解有殊，而旨趣則近，同的放矢，所距固不遠也。」

　　丙類、向《注》與郭《注》異者：如〈人間世〉「我其內熱與？」向《注》：「食美食者內熱。」（《釋文》引）郭《注》：「內熱飲冰者，誠憂患之難，非美食之爲。」〈應帝王〉「一以是終。」向《注》：「遂得道也。」（《列子・黃帝篇注》引）郭《注》：「使物各自終。」〈在宥篇〉「其動也縣而天。」向《注》：「希高慕遠，故曰縣天。」（《釋文》引）郭《注》：「動之則係天而踴躍也。」〈達生篇〉：「蹈火不熱，行乎萬物之上而不慄。」向《注》：「天下樂仕而不厭，非吾之自高，故不慄者也。」（《列子・黃帝篇注》引）郭《注》：「至適，故無不可耳，非動往可之。」凡此類字辭意義皆不同。楊明照輯爲二七條，王叔岷輯爲三十條。

　　由以上可知向、郭之《莊注》，有文義皆同，有文異而義同，有文義皆異。而二人注《莊》篇卷亦不同，采字或有乖異，且郭象又「自注〈秋水〉、〈至樂〉二篇，又易〈馬蹄〉一篇。」吾人因此可謂：《世說新語・文學篇》言郭象將向秀解《莊》之義「竊爲己注，其餘眾篇點定文句而已。」之說法，稍嫌誇張。實郭象亦非一味因襲，亦有其獨特之見解也。唯所同者多，所異者少，間出新義。故《晉書・向秀傳》謂其「述而廣之。」〔註37〕然向、郭《莊注》其義同出一源，殆無可疑。《世說新語・文學篇》曰：「《莊子・逍遙篇》，舊是難處。諸名賢可鑽味，而不能拔理於郭、向之外。」已將郭、向並列，則二人於思想之相近可知矣。

　　郭象既承向秀之《注》來，且能述而廣之，遂使「儒墨之迹見鄙，道家之言遂盛。」（《晉書・向秀傳》）後世言《莊注》皆以此書爲準的。馮夢禎《莊

〔註37〕《世說新語》及《晉書》描述事物皆稍有誇誕之嫌。《史通》斥《晉書》「多不符實錄」「多采小說」（見《通釋》卷一）又謂其「以此書事，奚其厚顏。」宋人潘本盛稱其爲「稗官之體」，楊家駱《晉書述要》謂《晉書》可議者三：（一）記載舛訛（二）記載怪異（三）臧否人物之失當。（鼎文版新校本《晉書》卷首）故其述郭象《莊注》，或竊向秀之義，或述而廣之，敍述有所不同也。

子注序》曰：「注《莊子》者，郭子玄以下凡數十家。而精奧淵深，有發《莊》義所未及者，莫如子玄氏。近世金陵焦弱侯，並行《老莊》翼，蓋全數郭《注》而並及諸家，趙女吳娃，俱充下陳。余則盡去諸家而單宗郭氏，迴頭一顧，六宮無色。」對其推崇備至。

向郭之〈莊注序〉曰：「夫莊子者，可謂知本矣。」又曰：「（莊生）通天地之統，序萬物之性，達生死之變，而明內聖外王之道。」「雖復貪婪之人，進躁之士，暫而攬其餘芳，味其溢流，彷彿其音影，猶足曠物有忘形自得之懷，況探其遠情而玩永年者乎。」可知其深得莊子之旨，因能漫演莊子之意。茲將向、郭注《莊》之特點說明如下：

（一）儒道合一論

謝康樂，〈辨宗論〉云：「向子期以儒道爲一。」蓋調和儒道，玄論派初期人物王、何等人皆嘗致力之。《晉書‧阮瞻傳》載：「王戎問曰：『聖人貴名教，老莊明自然，其旨同異？』瞻曰：『將無同。』」是阮瞻已有「自然」與「名教」合一之論，甚如玄論派名士樂廣亦謂「名教中自有樂地。」是儒道合一之說，亦盛於玄論派之中。向、郭之《注》，亦有此傾向（按：郭象有《論語體略》二卷亦採援道入儒之精神，敍述孔意不離玄宗，唯已亡佚）。

如釋《莊子大宗師》「孔子曰：『彼遊方之外者也，而丘遊方之內者也。』」向郭《注》曰：「夫理有至極，外內相冥，未有極遊外之致而不冥於內者也，未有能冥於內而不遊於外者也。故聖人常遊外以冥內，無心以順有，故雖終日見形而神氣無變，俯仰萬物而淡然自若。夫見形而不及神者，天下之常累也。是故睹其與群物並行，則莫能謂之遺物而離人矣；覩其體化而應物，則莫能謂之坐忘而自得矣。豈直謂聖人不然哉？乃必謂至理之無此。是故莊子將明流統之所宗，以釋天下之可悟，若直就稱仲尼之如此，或者將據所見以排之，故超聖人之內跡，而寄方外於數子。宜忘其所寄以尋述作之大意，則夫遊外冥內之道坦然自明，而《莊子》之書，故是涉俗蓋世之談矣。」

向郭注《莊》，將老莊與儒家視爲一致，此種精神本之王弼。王弼認爲「老氏是有者也」（何劭〈王弼傳〉引）而向郭《注》則將方外方內視爲一體，認爲理想之聖人人格，乃係不溺於一偏，集迹冥於一身：「故聖人常遊外以冥內，無心以須有，故雖終日見形而神氣無變，俯仰萬機而淡然自若。」此即向郭所企望之聖人人格。故程顥云：「本末內外都是一理也。方是道。莊子曰遊方之外者，方何嘗有內外？如此，則是道有隔斷，內面是一處，外面又別是一

處。」（《二程全書》卷一）此與向郭之意相同。

因此向郭《注》中，每以老莊自然之「道」爲體。而視儒家之「名教」爲用，認爲二者係相輔相成。

故〈人間世〉篇目之下，向郭《注》云：「與人群者，不得離人。然人間之變故，世世異宜，唯無心而不自用者，爲能隨變所適，而不荷其累也。」

釋〈大宗師〉「是惡知禮義？」向郭《注》云：「夫知禮義者，必游外以經內，守母以存子，稱情而直往也。」

釋〈天運篇〉「夫六經先王之陳迹也，豈其所以迹哉？今子之所言，猶迹也。夫迹，履之所出，而迹豈履哉？」向郭《注》云：「所以迹者，眞性也。夫任物之眞性者，其迹則六經也。況今之人事，則自然爲履，六經爲迹。」

釋〈繕性篇〉「中純實而反乎情，樂也，信行容體而順乎文，禮也。」向郭《注》云：「仁義發中，而還任本懷，則志得矣。志得矣，其迹則樂也。信行容體而順乎自然之節文者，其迹則禮也。」

由向郭《注》文可知，「仁義禮樂」、「六經節文」等儒家修養，實皆發乎自然之道體；而此自然之道體，亦須以仁義道德爲應迹，而後始不陷於虛無凝滯。此即向郭所謂：「未有遊極外之致而不冥於內也，未有能冥於內而不遊於外者也。」

向郭以「仁義」爲人之本性，此點與傳統道家不同。向郭注〈天運篇〉曰：「夫仁義者，人之性也。人性有變，古今不同也。故遊寄而過，去則冥若無滯，而係於一方則見。見則僞生，僞生則責多矣。」老莊本皆反義。《莊子·天運篇》曰：「孔子見老聃而語仁義。老聃曰：『夫播糠眯目，則天地四方易位矣；蚊虻噆膚，則通昔不寐矣。夫仁義憯然，乃憤吾心，亂莫大焉。』」而向郭却認爲仁義乃性分所有，自然而成。唯其不強調外在人爲之仁義，而注重人內心中之仁義，「有爲則非仁義。」是則實合儒道二家而來。

傳統道家有離群避世之思想，向郭則認爲雖居廟堂魏闕，亦不妨礙其內在自然之德性。其釋〈逍遙遊〉曰：「藐姑射之山有神人居焉。」向郭《注》曰：「夫聖人雖在廟堂之上，然其心無異於山林之中。世豈識之哉！徒見其戴黃屋，佩玉璽，便謂足以纓紱其心矣；見其歷山川，同民事，便謂足以憔悴其神矣。豈知至至者之不虧哉？」此將儒家治國平天下之外在理想，與老莊沖虛淡泊之內在修養，相與爲一。故謝靈運之「兼抱濟物性，而不嬰垢氛。」（〈述祖德詩〉）當有此意。

　　老莊皆有反儒家聖人之傾向，向郭則認為聖人於亂世中不可或缺。《莊子·胠篋篇》曰：「由是觀之，善人不得聖人之道不立，跖不得聖人之道不行。天下之善人少而不善人多。則聖人之利天下也少而害天下也多。」向郭《注》曰：「信哉斯言。斯言雖信，而猶不可亡聖者。猶天下之知未能都亡，故須聖道以鎮之也。群知不亡，而獨亡聖知，則天下之害又多於有聖矣。然則有聖之害雖多，猶愈於亡聖之無治也。雖愈於亡聖，故未若都亡之無害也。」此一則強調聖知之可貴，推翻莊子認為聖人有害之說，再則強調自然無為之重要性，儒道並陳之迹甚明。

　　《莊子》書中常有譏諷孔子之語，向郭則將孔子地位提高與老子平等。故《莊子·天道篇》、〈天運篇〉藉老子訓斥孔子之非。而〈天道篇〉向郭《注》曰：「此常人之所謂仁義者也，故寄孔老以正之。」〈天運篇〉向郭《注》曰：「此皆寄孔老以明絕學之義也。」以孔老並列，且將孔子置於老子之前，尊孔子心可見。

　　因此向郭理想之聖人，當係集儒家之「有為」與道家之「無為」於一身。《莊子·逍遙遊》「堯讓天下於許由」一段。向郭《注》曰：「夫能令天下治，不治天下者也。故堯以不治治之，非治之而治者也。今許由方明既治，則無所代之。而治實由堯，故有子治之言。宜忘言以尋其所況。而或者遂云：治之而治者，堯也。不治而堯得以治者，許由也。斯失之遠矣。若治之由乎不治，為之出乎無為也，取於堯而足。豈借之許由哉？若謂拱默山林之中，而後得稱無為者，此莊老之談，所以見棄於當塗者，自必於有為之域而不反者，斯之由也。」堯以無為治天下，乃「治於不治」「為於無為」，故能「垂拱而天下治」，而許由一味「逃隱避世」「拱默山林」，故「見棄於當塗」。因此成《疏》斷之曰「堯負扆汾陽，而喪天下。許由不夷其俗，而獨立高山，圓照偏溺，斷可知矣。」是以向郭亦所不取也。

　　老子之政治主張，偏向無為而治之「虛君論」。老子曰：「至人無為，大聖不作。」又曰：「天下神器不可為也，為者敗之，執者失之。」向郭則偏向「有君論」。〈莊子·齊物論〉「並遞相為君臣乎？」郭郭《注》云：「故知君臣上下手足外內，乃天理自然，豈直人之所為哉？夫臣妾者，各皆其分耳，未為不足以相治也。相治也者，若手足耳目四肢百體，各有所司，而更相御用也。夫時之所賢者為君，才不應世者為臣。若天之自高，地之自卑，首自在上，足自居下。」〈莊子·人間世〉「臣之事君，義也。無適而非君也，無

所逃於天地之間。」向郭《注》曰：「千人聚，不以一人爲主，不聚則散。故多賢不可以多君；無賢不可以無君。此天人之道，必至之宜。」此向郭之認同儒家君臣之分，且認爲係合乎自然之道，與當時阮籍、鮑敬言所謂「無君而庶物定，無臣而萬事理」之虛君主義迥然不同。

君臣之間宜各適所適，各當所當，順乎各人之性分，而不加以干涉。此即爲其「有君論」引伸出之政治主張。〈莊子・人間世〉「嗟乎神人，以此不材。」向郭《注》曰：「枝王不材於百官，故百官御其事。而明者爲之視，聰者爲之聽，智者爲之謀，勇者爲之扞。何爲哉？玄默而已。而群材不失其當，則不材乃材之所至賴也。故天下樂推而不厭，乘萬物而無害也。」《莊子・在宥篇》「無爲而尊者，天道也；有爲而累者，人道也。」向郭《注》曰：「在上而任萬物之自爲也。以有爲爲累者，不能率其自得也。同乎天之任物，則自然居物上，各當所任。君任無爲，而委百官。百官有所司，而君不與焉。二者俱以不爲而自得，則君道逸，臣道勞。勞逸之際，不可同日而論之也，不察則君臣之位亂矣。」君臣「各當其能」，則天下各遂其性，君逸臣勞，無爲而治，此係融合儒政治與黃老治術爲一爐之政治觀。

向郭極力盛稱此無爲而治之政治體系。〈莊子・天道篇〉「以此退居而閒遊江海，山林之士服；以此進而撫士，則功大名顯而天下一也。」向郭《注》曰：「夫無爲之體大矣，天下何所不無爲哉？故主上不爲冢宰之任，則伊呂靜而司尹矣；冢宰不爲百官之所執，則百官靜而御事矣；百官不爲萬民之所務，則萬民靜而安其業矣；萬民不易被我之所能，則天下之彼我靜而自得矣。故自天子以下至於庶人，不及昆蟲，孰能有爲而成哉？是故彌無爲而彌尊矣。」

向郭之主張儒道合一，雖非完全契合老莊原意，然主張無爲有爲並行，仁義自然合一，外迹內冥俱重，老莊孔聖並列，對魏晉浪漫頹唐之時風，頗有起衰振弊之功。蓋老莊之本旨又豈是虛無曠廢之意？雖老子有絕聖棄智，詆仁詆義之說，要皆是「正言若反」之遮詮，實乃「寄言以出意」。莊子亦非全然遠離塵世，不食人間煙火。故《莊子・人間世》曰：「天下有大戒二：其一命也，其一義也。子之愛親，命也，不可解於心；臣之事君，義也，無適而非君也，無所逃於天地之間。是之謂大戒。是以夫事其親者，不擇地而安之，孝之至也；夫事其君者，不擇事而安之，忠之盛也。」人倫孝悌本出於自然，又豈可逃避於天地之間？所謂「順物而遺名跡，而名跡自立。」（向郭〈德充符注〉）「非爲仁而仁迹行，非爲義而義功見。」（〈駢拇注〉）此向郭誠妙通於老莊「無爲」「有

為」之際，是〈莊子・逍遙遊〉所謂「是其塵垢粃糠，將猶陶鑄堯舜者也。」亦即韓康伯注《易》所謂「非忘象者，無以制象；非遺數者，無以極數。」故《梁書・處士列傳》阮孝緒綜論之曰：「夫至道之本，貴在無為。聖人之迹，存乎拯弊。弊拯由迹，迹用有乖於本。本既無為，為，非道之至。然不垂其迹，則世無以平。不究其本，則道實交喪。兵且將存其迹，故宜權晦其本。老莊但明其本，故宜深抑其迹，宜權晦其本。老莊但明其本，故宜深抑其迹。迹既可抑，數子所以有餘。本方見晦，尼丘是故不足。非得一之士，闕彼明智體二之徒，獨懷鑒識。然聖已極照，反創其迹。賢未居宗，更言其本。良由迹須拯世，非聖不能。本實明理，在賢可照。若能體茲本迹，悟彼抑揚，則孔莊之意，其過半矣。」明乎此，亦達向郭所以將儒道合一之精神也。

（二）自生自然說

道家形上學之終極探討，為魏晉人所感興趣者。老子曰：「人法地，地法天，天法道，道法自然。」（廿五章）又曰：「道生一，一生二，二生三，三生萬物。」（四二章）又曰：「天下萬物生於有，有生於無。」（四十章）「常德不忒，復歸於無極。」（廿八章）然此宇宙之終極（道）之性質，究竟為何？何晏、王弼則歸之於「無」。《晉書・王衍傳》：「何晏、王弼等，祖述老莊，立論以為天地萬物，皆以無為本。」王弼曰：「道者，無之稱也。」（《論語釋疑》）何晏曰：「夫道者，惟無所有者也。」（〈無名論〉）而名理派之裴頠，則主張「有」，其〈崇有論〉曰：「夫至無者，無以能生。故始生者，自生也，自生必體有。」

向郭之注《莊》，既不主張「無」，亦不偏向「有」，而主張「自生」說。〈齊物論〉「夫吹萬不同，而使其自己也。」向郭《注》曰：「無既無矣，則不能生有；有之未生，又不能為生。然則生生者誰哉？塊然而自生耳。」〈庚桑楚〉「有不能以有為有，必出乎無有，而無有一無有。」向郭《注》曰：「夫有之未生，以何為生乎？故必自生耳，豈有之所能有乎？此所以明有之不能為有而自有耳，非謂無能為有也。若謂無乎，一無有則遂無矣。無者遂無，則有自欻生明矣。」向郭皆推翻「有」、「無」二說，而認為萬物係「自然自生」。

〈大宗師〉論「道」係「神鬼神帝，生天生地。」向郭《注》曰：「無也，豈能生神哉？不神鬼帝自神，斯乃不神之神也；不生天地而天地自生，斯乃不生之生也。故夫神之果不足以神，而不神則神矣，功何足有？事何足恃哉？」莊子以「道」為創生之實體，向郭卻將「神鬼神帝」曲解之為「不神

鬼帝自神，斯乃不神之神也。」莊子云：「先天地生」向郭却曲解爲「不生天地而天地自生，斯乃不生之生也。」使「道」之本體宇宙論，意義消失，而化以「自生」之說。

　　莊子思想本身最能表達自然自生說。莊子既反對有，亦推翻無。〈齊物論〉曰：「有始也者，有未始有始也者，有未始夫未始有始也者。有有也者，有無也者，有未始有無也者，有未始有夫未始有無也者。俄而有無矣，而未知有無之果孰有孰無也。」〈庚桑楚〉曰：「有乎生，有乎死；有乎出，有乎入。入出而無見其形，是謂天門。天門者，無有也。萬物出乎無有，有不能以有爲有，必出乎無有，而無有一無有，聖人藏乎是。」是莊子不以「有」「無」論道，而從「非有」、「非無」論道。此即從「道」之冲虛寧靜，自生自化性質而言也。故〈齊物論〉曰：「子游曰：『地籟則眾竅是已，人籟則比竹是也。敢問天籟？』子綦曰：『夫吹萬不同，而使其自己也，咸其自取，怒者其誰邪？』」所謂「天籟」，即本身順應自然而產生之現象。「咸其自取」，便係不依賴外力。〈在宥篇〉有更清楚說明：「汝徒處無爲，而物自化。墮爾形體，吐爾聰明，倫與物忘。大同乎涬溟，解心釋神，莫然無魂。萬物云云，各復其根。各復其根而不知，渾渾沌沌，終身不離；若彼知之，乃是離之。無問其名，無窺其情，物固自生。」可見自生自化，原本係莊子學說之精義，而向郭注《莊》，頗能發其玄旨。

　　〈齊物論〉「夫吹萬不同，而使其自己也。咸其自取，怒者其誰耶？」向郭《注》云：「此天籟也。夫天籟者，豈復別有一物哉？即眾竅比竹之屬，按乎有生之類，會而共成一天耳。無既無矣，則不能生有；有之未生，又不能爲生。然則生生者誰哉？塊然自生耳。自生耳，非我生也。我既不能生物，物亦不能生我，則我自然矣。自己而然，則謂之天然。天然耳，非爲也。故以天言之，所以明其自然也，豈蒼蒼之謂哉？」此謂萬物本然自生，非謂萬物之外，別有一超越之天或本體也。〈天運篇〉「天其運乎？地其處乎？日月其爭於所乎？孰維綱是？孰居無事推而行是？」向郭《注》云：「不運而自行也，不處而自止也，不爭所而自代謝也。皆自爾。無則無所能推，有則各自有事。然則無事也推行是者誰乎哉？各自行耳。自爾，故不可知也。」向郭之自然發生論，實最能闡釋道家自然主義之精神。由此「自生」說，應用於修養上，便係順乎自然，而產生「無待」之觀念。〈齊物論〉「吾有待而然者耶。」向郭《注》曰：「言天機自爾，坐起無待。無待而獨得者，孰知其故，

而責其所以哉？若其所待而尋責無極，卒至於無待，而獨化之理明矣。」〈齊物論〉「罔兩問景。」向郭《注》曰：「故造物者無主，而物各自造，物各自造而無所待焉，此天地之正也。故彼我相因，形景俱生，雖復玄合，而非待也。明斯理也，將使萬物各宗於體中而不待乎外，外無所謝而內無所矜，是以誘然皆生而不知所以生，因焉皆得而不知所以得也。」

而此「自生」說應該用於政治上，便係「無為而治」之思想。〈在宥篇〉「故君子不得已而臨蒞天下，莫若無為。」向郭《注》曰：「無為者，非拱默之謂也，直各任其自為，則性命安矣。不得已者，非迫於威刑也。直抱道懷朴，任乎必然之禮，而天下自賓也。」

向郭之「自然自生」說甚符合老莊自然學說之精義。於玄論派與名理派爭論「無」「有」二說之際，向郭能闡明老莊之真精神，因而應用在修養上之「無待」及政治上之「無為」，實令人耳目一新，超然心悟。

（三）逍遙義

莊子「逍遙義」本係最難懂，又為清談家所熱衷之談題。向郭於此獨有所見，為當時諸名賢所佩服。《世說新語・文學篇》曰：「《莊子・逍遙篇》舊是難處。諸名賢所可鑽味，而不能拔理於郭、向之外。支道林在白馬寺中，將馮太常共語，因及逍遙。支卓然標理於二家之表，立異議於眾賢之外。皆是諸名賢尋味之所不得。後遂用支理。」《世說新語注》云：「向子期、郭子玄逍遙義曰：夫大鵬之上九萬，尺鷃之起榆枋，小大雖差，各任其性。苟當其分，逍遙一也。然物之芸芸，同資有待。得其所待，然後逍遙耳。唯聖人與物冥而循大變，為能無待而常通，豈獨自通而已？又從有待者，不失其所待。不失，則同於大通矣。」

《莊子・逍遙遊》本注重「無待」之境界。所謂「乘天地之正，而御六氣之辯，以遊無窮者，彼且惡乎待哉？」向郭《注》中亦發揮此一觀點敘述：「故乘天地之正者，即是順萬物之性也；御六氣之辯者，即是遊變化之途也。如斯以往，則何往而有窮哉！所遇斯乘，又將惡乎待哉？此乃至德之人，玄同彼我者之逍遙也。」

然而向郭又承認另一種逍遙，則係「有待」之境界。向郭《注》曰：「夫大鵬之上九萬，尺鷃之起榆枋，小大雖差，各任其性。苟當其分，逍遙一也。」其〈逍遙篇題注〉亦云：「夫小大雖殊，而放於自得之場，則物物任其性，事稱其能，各當其分，逍遙一也，豈容勝負於其間哉？」

其實「無待」之境界，則需沈潛修鍊，又豈是一般人所能達到？而「有待」之境界，又難免有所罣礙，或者淪為外物牽引，有失高妙之德行。

向郭卻能調和此「無待」「有待」之看法，而主張「適性」之說。〈莊子・逍遙遊〉「彼且惡乎待哉。」向郭《注》曰：「夫唯與物冥而循大變者，為能無待而常通，豈獨自通而已哉。又順有待者，使不失其所待，所待不失，則同於大通矣。」又曰：「有待無待，吾所不能齊也。至於各安其性，天機自張，受而不知，則吾不能殊也。夫無待猶不足以殊有待，況有待者之巨細乎？」故「無待」、「有待」之二種心境，皆在各安其性，順物自然之天機下，消彌融合。

〈莊子・逍遙遊〉「尸祝不越俎而代之矣。」向郭《注》曰：「庖人尸祝，各安其所司；鳥獸萬物，各足於所受；帝堯許由，各靜其所遇，此乃天下之至實也。各得其實，又何所為乎哉？自得而已矣。故堯許之行雖異，其於逍遙一也。」向郭將一切人事跡象予以冥化，於是摒除是非惡善之成見，各適其性，各遂其能，安於自然，順乎物化，達到「各安其性，天機自張」怡然自得之境界。〈逍遙遊〉中「小大之辯。」向郭《注》曰：「各以得性為至，自盡為極也。向言二蟲殊翼，故所至不同，或翱翔天池，或畢志榆枋。直各稱體而足，不知所以然也。今言小大之辯，各有自然之素，既非跂慕之所及，亦各安其天性，不悲所以異，故再出之。」〈逍遙遊〉「蜩與學鳩笑之。」向郭《注》曰：「苟足於其性，則雖大鵬無以自貴於小鳥，小鳥能無羨於天池，而榮願有餘矣。故小大雖殊，逍遙一也。」

由上所述，可知向郭之逍遙義，完全在乎自適其性，不分大小貴賤，「大鵬之能高，斥鷃之能下，椿木之能長，朝菌之能短，凡此皆自然之所能，非為之所能也。」因此順其自然而發演，不刻意追求「無待」或「有待」。自能調和二者，既「無待而常通」，又能「順有待者，使不失其所待」，而達於「大通」之境界。

至於支道林之「〈逍遙論〉」。《世說新語・文學篇注》引其文曰：「夫逍遙者，明至人之心也。莊生建言大道，而寄指鵬鷃。鵬以營生之路曠，故失適於體外；鷃以在近而笑遠，有矜伐於心內。至人乘天地而高興，遊無窮於放浪，物物而不物於物，則遙然不我得。玄感不為，不疾而速，則逍遙靡不適，此所以為逍遙也。若夫有欲，當其所足；足其所足，快然有似天眞。猶饑者一飽，渴者一盈。豈忘烝嘗於糗糧，絕觴爵於醪醴哉？苟非自足，豈所以逍遙乎？」

　　支遁之陳義，大抵從《莊子》「至人無待」而來。其義爲「夫逍遙者，明至人之心也。」，而此「至人乘天地而高興，遊無窮於放浪」即莊子所言「乘天地之正，而御六氣之辯，以遊無窮者。」然若就逍遙之意境，出於「有待」「無待」之間，向郭之「逍遙義」實較支遁之思想更超致有彈性。湯錫予先生曰：

　　　　至若《世說》載支公通〈逍遙遊〉，卓然標新理於二家之表，似若支
　　　　與向郭立義懸殊，此則亦不盡然。蓋向郭謂萬物大小雖差，而各安
　　　　其性，則同爲逍遙。然向郭均言逍遙雖同，而分有待與無待。有待
　　　　者必得其所待，然後逍遙；無得者則與物冥而循大變，不惟無待，
　　　　而且能順有待，而使其不失其所待。有待者，芸芸眾生；無待者，
　　　　聖人神人。有待者自足，無待者至足。支公新義，以爲至足乃能逍
　　　　遙，實就二家之說，去其所待，而存其無待。〔註38〕

牟宗三先生曰：

　　　　（向郭逍遙義）以上三層：一是從理上一般說。二是分別說。三是
　　　　融化說。支遁義只是分別說，實未眞能「標新理於二家之表」也。
　　　　且未能至向郭義之圓滿。〔註39〕

（四）齊物觀

　　〈莊子·齊物論〉一篇之旨，乃係泯滅是非成見，而達到「天地與我並生，而萬物與我爲一」之境界。向郭注《莊》，遂就「適性」「性分」之說，而闡發其旨。

　　〈莊子·齊物論〉「故爲是舉莛與楹，厲與西施，恢恑憰怪，道通爲一。」向郭《注》云：「夫莛橫而楹縱，厲醜而西施好。所謂齊者，豈必齊形狀，同規矩哉？故舉縱橫好醜，恢恑憰怪，各然其所，然各可其所可，則理雖萬殊，而性同得，故曰道通爲一也。」又同篇「天下莫大於秋毫之末，而大山爲小；莫壽於殤子，而彭祖爲夭。天地與我並生，而萬物與我爲一。」向郭《注》云：「夫以形相對，則大山大於秋毫也。若各據其性分，物冥其極，則形大未爲有餘，形小不爲不足。苟足於其性，則秋毫不獨小其小，而大山不獨大其大矣。若以性足爲大，則天下之足，未有有過於秋毫也；若性足者非大，則雖大山亦可稱小矣。故曰：天下莫大於秋毫之末而大山爲小。大山爲小，則

〔註38〕楊錫予《魏晉玄學論稿魏晉玄學流別略論》，頁53。
〔註39〕牟宗三《才性與玄理·向郭之注莊》，頁184。

天下無大矣。秋毫爲大，則天下無小也，無小無大，無壽無夭，以蟪蛄不羨大椿而欣然自得。斥鷃不貴天池而榮願以足。苟足於天然而安其性命，故雖天地未足爲壽而與我並生，萬物未足爲異而與我同得。則天地之生又何不並，萬物之得又何不一哉？」

　　向郭從「性分自足」爲出發，以爲萬物各遂其性，便能泯滅是非，齊一萬物。所謂「天性所受，各有本分，不可逃，亦不可加。」（〈養生主注〉）「以小求大，理終不得，各安其分，則大小俱足矣。」（〈秋水篇注〉）由此出發，人間應無客觀之是非善惡。向郭〈逍遙篇注〉曰：「理無是非，而惑者以爲有，此以無有爲有也。惑心已成，雖聖人不能解，故付之自若而不強知也。」又曰：「物皆自是，故無非是；物皆相彼，故無非彼。無非彼，則天下無是矣；無非是，則天下無彼矣。無彼無是，所以玄同也。」

　　然此性分說之極至，若一味偏執「性各有分」或「各安其分」，則易形成「命定論」，而忽略人間活體之功能，將人視爲死體，因此易生若干偏激言論出現。如〈莊子‧齊物論〉「夫隨其成心而師之，誰獨且無師乎？」向郭《注》曰：「夫心之足以制一身之用者，謂之成心。人自師其成心，則人各自有師矣。人各自有師，故付之而自當。」此將各人成心，認爲係本之性分，故各自有師，遂泯滅一切是非標準。此蓋與莊子去其「師心自用」之原旨相違矣。莊子雖主張泯滅是非，然非謂人間絕無是非，而是欲人對事物須有客觀之認識標準。所謂「其爲物，無不將也，無不迎也，無不毀也，無不成也。」（〈大宗師〉）此乃欲打破個人虛妄偏執之成見也。故〈齊物論〉曰：「道惡乎隱而有眞僞？言惡乎隱而有是非？道惡乎往而不存？言惡乎存而不可？道隱於小成，言隱於榮華。」而向郭注《莊》卻無法深刻體認此無執之境界，爲求順性安分，則任物自爲，反而遠離莊旨益甚。故向郭〈齊物論注〉曰：「夫自是而非彼，美己而惡人，物莫不皆然。故是非雖異而彼我均也。」「物皆自足，故無非是；物皆相彼，故無非彼。無非彼，則天下無是矣；無非是，則天下無彼矣。無彼無是，所以玄同。」「性各有分，故知者守知以待終，而愚者抱愚以至死，豈有能中易其生者也？」因此向郭主張安於性分，完全順任各人是非善惡愚智弗加以干涉，遂演成一種命定論者。〈天道篇注〉曰：「夫無爲之體大矣，天下何所不爲哉？……萬民不易彼我之所能，則天下之彼我靜而自得矣。故自天子以下至於庶人，下及昆蟲，孰能有爲而成哉？是故彌無爲而彌尊也。」韋政通先生曰：

「性各有分」或「各安其分」，這在匱乏經濟的小農社會裡，還有它一定的意義。但把這樣思想如再加推廣，竟然主張「萬民不易彼我之所能。」竟然主張「知者守知以待終，而愚者抱愚以至死。」並鼓勵人去過一種「知止其分，物稱其生，生斯足矣，有餘則傷。」（〈達生篇注〉）的生活，這已超出一般所謂命定論的想法。……郭、向只是順著他們認爲的至理，一條鞭地推下去，完全忽視了人類基本慾望和基本經驗，形成了一種泛自然主義的論調，以自然平齊了一切，他消燬了一切。〔註40〕

林聰舜先生曰：

《莊子》齊物境界之「無是無非」，乃超越於成心之偏執，對待而來之「無是無非」，此「無是無非」方能眞正消融是非之對立。故實涵有一大是大非之價值抉擇於其間也。而向郭《莊注》既順任現象意義之「性分」以言「無是無非」，則其「無是無非」正乃爲成心之偏執，而爲莊子所欲轉化之「大非」。此種「無是無非」將使是非之對立益發尖銳。若欲由此言齊物，實無異南轅而北轍也。〔註41〕

總之，向郭之注《莊》，雖其齊物性分之說，有乖莊旨。然其他學說或融合儒道，或獨抒莊意，皆能「妙析奇致，大暢玄風」，使讀之者「無不超然，若已出塵埃而窺絕冥」「悵然自有振拔之情」，則重振莊學，當屬第一，功莫大焉。明文震孟云：「夫惟莊子注郭象，象《注》所以傳；若使郭注莊子，則吐棄時賢久矣。」（歸有光〈南華眞經評注序〉）尋繹向郭所傳，誠令人翫味良深。

七、列子及張湛注

東晉除玄談之外，有具體之學術著作流傳下來，並不多。而《列子》及張湛《注》，乃爲其中最重要之著作。

《列子》一書，傳爲烈禦寇所作。列禦寇爲先秦典籍中傳說之人物。《莊子》、《戰國策》、《呂氏春秋》、《尸子》、《韓非子》等書皆有敍及，然屬於神話寓言中人物。宋高似孫曰：「觀太史公殊不傳《列子》，如莊周所載許由、務光之事，漢去古未遠也。許由、務光往往可稽，遷猶疑之，所謂列禦寇之說，獨見於寓言耳。遷於此詎得不致疑耶？周之末篇（《莊子‧天下篇》）敍

〔註40〕韋政通《中國思想史》十九章〈向秀與郭象〉，頁686。
〔註41〕林聰舜《向郭莊學之研究》第六章〈向郭之齊物觀〉，頁152。

墨翟、禽滑釐、慎到、田駢、關尹之徒以及於周，而禦寇獨不在其列，豈禦
寇者，其亦所謂鴻蒙、列缺者歟？」（《子略》卷二）

然《呂覽・不二篇》曰：「老聃貴柔，孔子貴仁，墨翟貴廉，關尹貴清，
子列子貴虛，陳駢貴齊，陽生貴己，孫臏貴勢，王廖貴先，兒良貴後，此十
人者，皆天下之豪士也。」文中除列子之外，其餘九人事蹟皆可考，故列子
亦當必有其人。且其說以「貴虛」爲本（今本《列子・天瑞篇》有貴虛之主
張，《尺子・廣澤篇》亦敍及列子貴虛）

漢時劉向將列子學說二十篇著作，去其重覆，定爲《列子》八篇。且曰：
「〈穆王〉、〈湯問〉二篇，迂誕恢詭，非君子之言也。至於〈力命〉篇，一推
〈分命〉、〈楊子〉之篇，雖貴放逸。唯貴放逸。二義乖背，不似一家之書。
可知其時《列子》之書駁雜乖義者已多。唯此八篇，漢末散失。東晉時張湛
祖父張嶷，復搜集殘卷，爲今《列子》八篇。張湛並爲之注。其《列子序》
曰：「湛聞之先父曰：『吾先君與劉正輿、傅穎根，皆王氏之甥也，並少游外
家。舅始周，始周從兄正宗、輔嗣皆好集文籍，先并得仲宣家書，幾將萬卷。
傅氏亦世爲學門。三君總角，競錄奇書。及長，遭永嘉之亂，與穎根同遊南
行，車重各稱力，竝有所載。而寇虜彌盛，前途尚遠。張謂傅曰：「今將不
能盡全所載，且共料簡世所希有者，各各保錄，令無遺棄。」穎根於是唯賷
其祖玄、父咸子集。』先君所錄中有《列子》八篇，及至江南，僅有存名，
《列子》唯餘《楊朱》、《說符》、《目錄》三卷。比亂，正輿爲揚州刺史，先
來過江，復在其家得四卷，尋從輔嗣女壻趙季子家得六卷。參校有無，始得
全備。」唯因今本《列子》書中所含資料龐雜，有與古書雷同者甚多，有本
之浮圖思想者，甚至有「與《莊子》合者十七章」（南宋高似孫《子略》），
故今本《列子》之書究竟是否原始之風貌，實令人存疑。故學者多以爲今本
《列子》，爲魏晉人如張嶷等所纂雜諸家作品，間雜有兩漢魏晉人之思想。
莊萬壽先生曰：

> 今本《列子》是魏晉人據《列子》殘卷，秦漢以前的一些古書（主
> 要爲《莊子》）」及魏晉資料加以編選或改寫的，綜貫全書八篇的主
> 旨，既不能反映秦漢以前的思想，也不是代表列禦寇一人或一派的
> 思想，而是代表某些魏晉人（或張湛的祖父張嶷）的思想。這個思
> 想正是整個魏晉上層社會思想的一部份。〔註42〕

〔註42〕莊萬壽《列子讀本列子思想》，頁 27。關於《列子》一書，疑其僞者極多。錢

張湛《列子注序》亦曰：「其書大略明群有以至虛爲宗，萬品以終滅爲驗，神惠以凝寂常全，想念以著物自喪，生覺與化夢等情。巨細不限一域，窮達無假智力，治身貴肆任，順性則所之皆適，水火可蹈；忘懷則無幽不照，此其旨也。然所明往往與《佛經》相參，大歸同於老莊，屬辭引類特與莊子相似。」所謂「《佛經》相參」、「同於老莊」實爲漢末至魏晉學術之特色。茲將此疑似魏晉人所撰雜之《列子》思想，略述於下：

（一）本體論

列子之思想既多有同於老莊，故其本體論亦與老莊思想無殊。

《列子・仲尼篇》舉出「道」字，並賦予其形上之意義：「在己無居，形物其箸。其動若水，其靜若鏡，其應若響。故其道若物者也。物自違道，道不違物。善若道者，亦不用耳，亦不用目，亦不用力，亦不用心。欲若道而用視聽形智以求之，弗當矣。瞻之在前，忽焉在後。用之，彌滿六虛；廢之，莫知其所。亦非有心者所能得遠，亦非無心者所能得近。唯默而得之，而性成之者得之。知而亡情，能而不爲，眞知眞能也。發無知，何能情？發不能，何能爲？聚塊也，積塵也。雖無爲而非理也。」此與老子本體之道「惟恍惟惚」（廿一章）「是謂無狀之狀，無物之象。」（十四章）相同。故《列子》本體之道恍惚虛冲，不可致詰，「（至道）無知也，無能也，而無不知也，而無不能也。」（〈天瑞篇〉）乃係繼承老莊說法而來。

至於「道」之化生爲何？〈天瑞篇〉曰：「夫有形者生於無形，則天地安從生？故曰：有太易，有太初，有太始，有太素。太易者，未見氣也；太初者，氣之始也；太始者，形之始也；太素者，質之始也。氣形質具而未相離，故曰渾淪。渾淪者，言萬物相渾淪而未相離也。視之不見，聽之不聞，循之不得，故曰易也。易無形埒，易變而爲一，一變而爲七，七變而爲九。九變者，究也，乃復變而爲一。一者，形變之始也。清輕者上爲天，濁重者下爲地，冲和氣者爲人，故天地含精，萬物化生。」此宇宙生化論顯係從老子「道生一，一生二，二生三，三生萬物。」「冲氣以爲和」（四二章）而來，並雜有《易乾鑿度》之思想。

大昕謂《列子》書，晉時始行，恐是晉人依託（《十駕齋養新錄》卷十八）。俞正燮謂出晉人王浮、葛洪後（《癸巳存稿》卷十《火浣布條》）。甚有疑爲張湛所僞作，如陳文波《僞造列子者之一證》（〈清華學報〉一卷 1 期）。是《列子》一書內容爲魏晉人所滲入者當不少。

道之本質，無始無終，此與莊子「道無始終」（〈秋水篇〉）之說相同，〈湯問篇〉曰：「物之始終，初無極也。始或爲終，終或爲始，惡知其紀？」〈天瑞篇〉曰：「道終乎本無始，進乎本不久。」道既無終無始，故能往復循環，生化無窮。〈天瑞篇〉曰：「有生不生，有化不化。不生者能生生，不化者能化化。生者不能不生，化者不能不化，故常生常化。常生常化者，無時不生，無時不化。陰陽爾，四時爾。不生者疑獨，不化者往復。其際不可終，疑獨，其道不可窮。《黃帝》曰：『谷神不死，是謂玄牝；玄牝之門，是謂天地之根，綿綿若存，用之不勤。』故生物者不生，化物者不化，自生自化，自形自色，自智自力，自消自息。謂之生化形色智力消息者，非也。」此類「道無始終」，「往復循環」之思想，皆從老莊學說發演。〈莊子・大宗師〉曰：「朝徹而後能見獨，見獨而後能無古今，無古今而後能入於不死不生。殺生者不死，生生者不生。」〈齊物論〉曰：「道通爲一，其分也，成也；其成也，毀也。凡物無成與毀，復通爲一。」老子曰：「夫物芸芸，各復歸其根。歸根曰靜，是謂復命。」（十六章）《列子》本體之「道」誠脫胎於老莊，按之理肌，脈胳可尋。

（二）知識論

老莊主無爲，故有絕聖棄智，泯滅是非之言。《列子》知識論，多繼承老莊思想發揮。〈天瑞篇〉曰：「言天地壞者亦謬，言天地不壞者亦謬。壞與不壞，吾所不能知也。雖然彼一也，此一也。故生不知死，死不知生；來不知去，去不知來。壞與不壞，吾何容心哉？」〈仲尼篇〉曰：「得意者無言，進知者亦無言。用無言爲言亦言，無知爲知亦知。無言與不言，無知與不知，亦言亦知。亦無所不言，亦無所不知；亦無所言，亦無所知，如斯而已。」此完全發揮〈莊子・齊物論〉「物無非彼，物無非是，自彼則不見，自知則知之。故曰彼出於是，是亦因彼。」之說法。

列子既否認一切知識及是非，故對一切事物，皆能從「道」體觀之，將大小同異，泯然化之。〈湯問篇〉曰：「雖然，形氣異也，性鈞已，無相易已，生皆全已，分皆足已。吾何以識其巨細？何以識其修短？何以識其同異哉？」有此思想，便能超脫生死富貴之外，哀樂不能移心。〈仲尼篇〉曰：「鄉譽不以爲榮，國毀不以爲辱。得而不善，失而弗憂。視生如死，視富如貧，視人如豕，視吾如人。處吾之家，如逆旅之舍；觀吾之鄉，如戎蠻之國。凡此眾疾，爵賞不能勸，刑罰不能威，盛衰利害不能易，哀樂不能移。」此與《莊子・秋水篇》所謂「萬物一齊，孰短孰長？道無終始，物有死生，不恃其成，

一虛一滿，不位乎其形。」之旨相同。莊子由齊物而泯滅是非，因而有「坐忘」之說，「墮肢體，黜聰明，離形去知，同於大通，此謂坐忘。」（〈大宗師〉）列子亦踵繼其說。〈周穆王篇〉曰：「曩吾忘也，蕩蕩然不覺天地之有無。今頓識既往數十年來存亡得失，哀樂好惡，擾擾萬緒起矣。吾恐將來之存亡得失哀樂好惡之亂吾心如此也，須臾之志，可復得乎？」

（三）修養論

　　列子之人生觀多從老莊思想而來，應用於修養上，亦多與老莊同。茲歸納數項如下：

　　1. 虛靜。〈天瑞篇〉曰：「或謂子列子曰：『子奚貴虛？』列子曰：『虛者，無貴也。』子列子曰：『非其名也，莫如靜，莫如虛。靜也虛也，得其居矣。』」《尸子‧廣澤篇》曰：「列子貴虛。」是列子以虛靜修身，亦多與老莊同。老子曰：「致虛極，守靜篤。」（十六章）莊子曰：「虛靜恬淡無爲者，天地之平，而道德之至。」（〈天道〉）

　　2. 柔弱。〈黃帝篇〉曰：「天下有常勝之道，有不常勝之道。常勝之道曰柔，常不勝之道曰彊。二者易知。而人未之知，故上古之言：彊先不己若者，柔先出於己者，先不己若者，至於若己，則殆矣。以此勝一身若徒，以此任天下若徒。謂不勝而自勝，不任而自任也。粥子曰：『欲剛必以柔守之，欲彊必以弱保之。積於柔必剛，積於弱必彊，觀其所積，以知禍福之鄉。彊勝不若己，至於若己者剛，柔勝出於己者，其力不可量。』老聃曰：『兵彊則滅，木彊則折。柔弱者生之徒，堅彊者死之徒。』」此顯然係發揮老子「柔弱勝剛強。」（卅六章）「守弱曰強。」（五二章）之旨也。

　　3. 持後。〈說符篇〉曰：「子列子學於壺丘子林。壺丘子林曰：『子知持後，則可言持身矣。』列子曰：『願聞持後。』曰：『顧若影，則知之。』列子顧而觀影，形枉則影曲，形直則影正。然則枉直隨形而不在影，屈申任物而不在我。此之謂持後而處先。」此與《莊子‧天下篇》「人皆取先，己獨取後，曰：受天下之垢。」老子之「不敢爲天下先，則能成器長。」（六七章）之旨同。

　　4. 順命。〈天瑞篇〉曰：「生生死死，非物非我，皆命也。」〈力命篇〉曰：「既謂之命，奈何有制之者邪？朕直而推之，曲而任之，自壽自夭，自窮自達，自貴自賤，自富自貧，朕豈能識之哉？」此安時處順之順命思想，與《莊子‧天運篇》「達於情而遂於命。」〈達生篇〉「不知吾所以然而，命也。」〈人間世〉「知其不可奈何，而安之若何，德之至也。」之思想相同。

5. 達生。〈天瑞篇〉曰:「故生不死,死不知生;來不知去,去不知來。」列子認爲人對生死壽夭茫然無法掌握,故要人安時處順,達於生死:「死之與生,一往一反,故死於是者,安知不生於彼?故吾知其不相若矣。吾又安知營營而求生,非惑乎?亦又安知吾今之死,不愈昔之生乎?」又曰:「死人爲歸人,生人爲行人。」上與〈莊子‧大宗師〉「不知說生,不知惡死」之超然達觀,與物冥化,翛然往來之思想相同。

(四)政治論

列子政治論亦發揮老莊無爲而治之政治思想。〈仲尼篇〉曰:「西方之人,有聖者焉,不治而不亂,不言而自信,不化而自行,蕩蕩乎民無能名焉。」此實老子「太上不知有之」(十七章)之境界。

政治之取向,在於「道化」,不在任於「巧智」。〈說符篇〉曰:「宋人有爲其君以玉爲楮葉者,三年而成。鋒殺莖柯,毫芒繁澤,亂之楮葉中,而不可別也,此人遂以巧食宋國。子列子聞之曰:『使天地生物,三年而成一葉,則物之有葉者寡矣。故聖人恃道化而不恃智巧。』」同時在位者亦要知賢善任。〈說符篇〉曰:「故治國之難在於知賢,而不在自賢。」又曰:「君欲無盜,莫若舉賢而任之,使教明於上,化行於下。民有恥心,則何盜之焉?」此頗有黃老政治之精神。

老子有「小國寡民」之理想社會,列子亦有此「無爲而治」之理想國。〈湯問篇〉曰:「濱北海之北,不知距齊州幾千萬里。其國名曰終北。不知際畔之所齊限,無風雨霜露,不生鳥獸蟲魚草木之類。四方悉平,周以喬陟。當國之中,有山。山各壺領,狀若甔甄。頂有口,狀若員環,名曰滋穴。有水湧出,名曰神瀵。臭過蘭椒,味過醪醴。一源分爲四埒,注於山下。經營一國,亡不悉徧。土氣和,亡札厲。人性婉而從物。不競不爭。柔心而弱骨,不驕不忌;長幼儕居,不君不臣;男女雜游,不媒不聘;緣水而居,不耕不稼。土氣溫適,不織不衣;百年而死,不夭不病。其民孳阜亡數,有喜樂,亡衰老哀苦。其俗好聲,相攜而迭謠,終日不輟音。飢惓則飲神瀵,力志和平。過則醉,經旬乃醒。沐浴神瀵,膚色脂澤,香氣經旬乃歇。」

此美麗熙和之理想世界,實由自然無爲,純樸無文之風氣形成。〈黃帝篇〉亦敍述此一美好社會:「其國無師長,自然而已。其民無嗜欲,自然而已。不知樂生,不知惡死。故無夭殤;不知親己,不知疏物,故無愛憎;不知背逆,故無利害,都無所愛惜,都無所畏忌。」又「入水不溺,入火不熱,斫撻無傷痛,

指摘無痾癢，乘空如履實，寢虛若處床。雲霧石硋其視，雷霆不亂其聽，美惡不滑其心，山谷不躓其步，神行而已。」此與〈莊子・山木篇〉所謂「南越有邑焉，名為建德之國。其民愚而朴，少私寡欲，知作而不知藏，與而不求其報，不知義之所適，不知禮之所將，猖狂妄行，乃蹈乎大方。其生可樂，其死可葬。」之理想治世相同。魏晉人生活於兵燹干戈之中，列子所敍述「終北」之國，不僅是道家政治最終之理想，亦是魏晉人於痛苦中所跂慕之「烏托邦」。

（五）〈楊朱篇〉之人生觀

老莊之「至樂」，乃係追求心靈之恬靜以及對是非生死之徹悟，因而摒棄情慾上之恣縱，而嚮往自然無為之修養。《列子》中楊朱思想正完全相反，充分表現對生命無常之悲觀，而極力追求肉體之滿足，及感官上之快樂。〈楊朱篇〉與《列子》他篇在思想上有極明顯之差異。劉向《序》曰：「〈力命篇〉一推分命，〈楊子〉之篇雖貴放逸，二義乖背，不似一家之言。」〈楊朱篇〉之貴我縱欲之思想，充分反映魏晉人對生命現勢之無奈，而趨於曠發放達之情懷。莊萬壽先生曰：

> 本篇由張湛從北方帶到江南，材料比較特殊。其內容雖略涉「不以一毫利物」的先秦楊朱思想，但主要卻極端地表現縱慾、厭世的人生觀。可確定是魏晉士大夫借楊朱之名，發揮頹廢和反名教的思想。〔註43〕

〈楊朱篇〉首揭示人生短暫，生命無常，苦多樂少。楊朱曰：「百年，壽之大齊，得百年者，千無一焉。設有一者，孩抱以逮皆老，幾居其半矣。夜眠之所弭，晝覺之所遺，又幾居半矣。痛疾哀苦，亡失憂懼，又幾居其半矣。量十數年之中，逌然而自得亡介焉之慮者，亦亡一時之中爾。則人之生也，奚為哉？奚樂哉？為美厚爾，為聲色爾。而美厚復不可常厭足，聲色不可常翫聞。乃復為刑賞之所禁勸，名法之所進退。遑遑爾競一時之虛譽，規死後之餘榮，偊偊爾順耳目之觀聽。惜身意之是非，徒失當年之至樂，不能自肆於一時。重囚纍桔，何以异哉？太古之人，知生之暫來，知死之暫住，故從心而動，不違自然所好，當身之娛非所去也。」

楊朱非但認為生前痛苦，而死後亦歸斷滅：「萬物所異者，生也。生則有賢愚貴賤，是所異也；死則有臭腐消滅，是所同也。雖然，賢愚貴賤，非所

〔註43〕仝〔註50〕《楊朱》第七注釋，頁217。

能也；臭腐消滅，亦非所能也。故生非所生，死非所死，賢非所賢，愚非所愚，貴非所貴，賤非所賤。然而萬物齊生齊死，齊賢齊愚，齊貴齊賤。十年亦死，百年亦死，仁聖亦死，凶愚亦死。生則堯舜，死則腐骨；生則桀紂，死則腐骨。腐骨一矣，孰知其異？且趣當生，奚遑死後。」

生既是如此可悲，死亦是如此無奈。因此須把握短暫人生，恣縱耳目情慾，享受片刻榮華，如此方為養生頤性：「晏平仲問養生於管夷吾曰：『肆之而已，勿壅勿閼。』晏平仲曰：『其目奈何？』夷吾曰：『恣耳之所欲聽，恣目之所欲視，恣鼻之所欲向，恣口之所欲言，恣體之所欲安，恣意之所欲行。夫耳之所欲聞者音聲，而不得聽，謂之閼聰；目之所欲見者美色，而不得視，謂之閼明；鼻之所欲向者椒蘭，而不得嗅之謂之閼顫；口之所欲道者是非，而不得言，謂之閼智；體之所欲安者美厚，而不得從，謂之閼適；意之所欲為者放逸，而不得行，謂之閼性。凡此諸閼，廢虐之主。去廢虐之主，熙熙然以俟死，一日、一月、一年、十年，吾所謂養。拘此廢虐之主，錄而不舍，戚戚然所以至久生，百年、千年、萬年，非吾所謂養。』」

因此認為舜禹周孔雖擁有聖人之美名，然於物質享受上，付之闕如；未若桀紂雖擁有惡名，却能樂以終身：「天下之美，歸之舜禹周孔；天下之惡，歸之桀紂。彼四聖者，生無一日之歡，死有萬世之名。名者固非實之所取也。雖稱之勿知，雖賞之不知，與株塊無以異矣。彼二凶也，生有縱之歡，死被愚暴之名。實者固非名之所與也。雖毀之不知，雖稱之勿知，此與株塊奚以異矣。彼四聖雖美之所歸，苦以至終，同歸於死矣。彼二凶雖惡之所歸，樂以至終，亦同歸於死矣。」

由是縱欲放情，及時行樂，乃係順應本性，合乎自然之道：「太古之人，知生之暫住，故從心而動，不違自然所好。當生之娛，非所去也。故不不為名所觀。從性而游，不逆萬物所好，死後之名，非所取好，故不為刑所及。名譽先後，年命多少，非所量也。」

楊朱以為若公孫朝、公孫穆、端木叔等人之行止，方是足資效法之正確人生觀：「朝好酒，穆好色。朝之室也，聚酒千鍾，積麴成封，望門百步，糟漿之氣，逆於人鼻。方其荒於酒也，不知世道之安危，人理之悔吝，室內有亡，九族之親疏，存亡之哀樂也。雖水火兵刃交於前，弗知也。穆之後庭，比房數十，皆擇稚齒婑媠者以盈之。方其耽於色也，屏親昵，絕交游，逃於後庭，以盡足夜。三月一出，意猶未愜，鄉有處子之娥姣者，必有賄而招之，

媒而挑之，弗獲而已。」「衛端木叔者，子貢之世也。藉其先資，家累萬金，不治世故，放意所好。其生民之所欲為，人意之所欲玩者，無不為也，無不玩也。牆屋、台榭、園囿、池沼、飲食、車服、聲樂、嬪御、擬齊楚之君焉。至其情所欲好，耳所欲聽，目所欲視，口所欲嘗，雖殊方偏國，非齊土之所產育者，無不必致之，猶藩牆之物也。及其游也，雖山川阻險，途徑修遠，無不必之，猶人之行咫步也。賓客在庭者日百數。庖廚之下，絕煙火；堂廡之下，不絕聲樂。奉養之餘，先散之宗族，次散之邑里；邑里之餘，乃散之一國。行年六十，氣幹將衰，棄其家事，都散其庫藏、珍寶、車服、妾媵、一年之中盡焉，不為子孫留財。及其病也，無藥石之儲；及其死也，無瘞埋之資。一國之人，受其施者，相與賦而藏之，反其子孫之財焉。」

　　楊朱之思想，乃是極端自然主義之結果，亦正反應時人對人生之看法。魏晉人士有感於政治之迫害，生存環境之艱難，於是厭棄人生，轉而規避人生。因而託名老莊自然，假借虛無放達，爭脫名教之束縛，沈湎於放縱情慾，奢侈浮華之惡習中。

　　而欲逃避現世，亦祇有沈湎於「酒色」，方足以銷憂解愁。故「酒」遂成為魏晉人之恩物。《世說新語‧寵禮篇》曰：「張季鷹縱任不拘，時人號為江東步兵。或謂之曰：『卿乃可縱適一時，獨不為身後名耶？』答曰：『使我身後名，不如即時一杯酒。』」又「畢茂世云：『一手持觸螯，一手持酒杯。拍浮酒池中，便足了一生。』」曹操《短歌行》曰：「何以解憂？唯有杜康。」孔融亦歎曰：「坐上客常滿，尊中酒不全，吾無憂矣。」（《後漢書‧孔融傳》）因此阮籍「縱酒昏酣，遺落世事。」（《晉書‧王粲傳注》引《魏氏春秋》）劉伶「著〈酒德頌〉，意氣所寄。」（《世說‧文學篇》）嵇康「其醉也，傀俄若玉山之將崩。」（《世說‧容止篇》）皆是〈楊朱篇〉中公孫朝之人生觀。魏晉人好「色」。《晉書‧五行志》曰：「惠帝元康中，貴遊子弟相與為散髮倮身之飲，對弄婢妾，逆之者傷好，非之者負譏。」甚連后妃亦沾染淫習。《晉書‧賈后傳》曰：「賈后荒淫放恣，與太醫令程據等亂彰內外。」則〈楊朱篇〉之公孫穆，於魏晉社會中比比皆是。此外崇尚奢侈，誇富鬥奇，滿足一時快慰之風，瀰漫社會：「如（石）崇財產豐積，室宇宏麗，後宮百數，皆曳紈繡，珥金翠。絲竹盡當時之選，庖膳窮水陸之珍。與貴戚王愷，羊琇之徒，以奢靡相尚。愷以粘澳釜，崇以蠟代薪。愷作紫絲巾步障四十里，崇作錦步障五十里以敵之。崇塗屋以椒，愷用赤石脂。崇愷爭豪如此。」（《晉書‧石崇傳》）

則〈楊朱篇〉中之端木叔又何嘗魏晉時人之寫照。楊朱之思想正代表魏晉人之人生觀。老莊成為放蕩縱恣之藉口，亦擔當保守派名教人士攻擊之罪名。

至於注《列子》之張湛，字處度。《隋書・經籍志》著錄《列子》八卷，下《注》曰：「東晉光祿勳張湛《注》。」其生平事蹟除其《列子序略》有所記，其餘皆不詳，約距范寧之時代不遠。張湛之注《列子》，大抵亦循向郭注《莊》之路線，以發揮道家思想為主旨。

如敍述宇宙起源出於自然。〈天瑞篇注〉曰：「天地無所從生而自然生。」〈湯問篇注〉曰：「夫生者自生，形者自形，明者自明，忽然自爾，固無所因假也。」〈周穆王篇注〉曰：「造物者豈有心哉？自然似妙耳。」

又敍述物物相禪，循環變化，始終不窮。〈天瑞篇注〉曰：「夫生生物者不生，形形物者無形，故能生形。萬物于我體無變。今謂既生既形，而復返於無生無形者。此故存亡之往復爾，非始終之不變者也。」「聚則成形，散則為終，此世之所謂終始也。然則聚者以形實為始，以離散為終。散者以虛漠為始，以形實為終。故迭相與為終始，而理實無終無始者也。」〈湯問篇注〉曰：「今之所謂終者或為物始，所謂始者或是物終，終始相循，竟不可分也。」

向郭注《莊》不從「有」、「無」說，而主「自然自生」。張湛亦有此類思想。〈天瑞篇注〉曰：「謂之生者則不死，無者則不生。故有無之不相生，理既然矣。則有何由而生？忽爾而自生。忽爾而自生，而不知其所以生。不知所以生，生則本同於無。本同於無，而非無也。此明有形之自形，無形以相形者也。」「天尚不能自生，豈能生物？人尚不能自有，豈能有物？此乃明其自生自有者也。」

萬物既自生自有，故人當順其自然，不可強蘄以害生。〈黃帝篇注〉曰：「應理處順，則所適常通。任情背道，則遇物斯滯。」〈天瑞篇注〉：「夫萬物與化為體，體隨化而遷，化不暫停，物豈守故？故向之形生，非今形成。俯仰之間，已涉變化。氣散形朽，非一旦頓至。而昧者操必化之器，託不停之運，自謂變化可逃，不亦悲乎。」

其注〈楊朱篇〉則又多強調適性任情之快樂放縱主義。〈楊朱篇注〉曰：「夫生者一氣之暫聚，一物之暫靈。暫聚者終散，暫靈者歸虛。而好逸惡勞，物之常性。故當生之所樂者，厚味美服，好色音聲而已耳。而復不能肆性情之所安，耳目之所娛，以仁義為關鍵，而禮教為衿帶，自枯槁於當年，求餘名於後世者，是不達乎生生之趣也。」「任情適性，窮歡盡娛，雖近期促年，

且得盡當生之樂也。」「惜名拘禮，內懷於矜懼憂，苦以至死者，長年遐期，非所貴也。」

因此亦有厭世之傾向。〈楊朱篇注〉曰：「或好或惡，或安或危，如循環之無窮。若以為樂邪？則重來之物，無所復欣。若以為苦邪？則切己之患，不可再經。故生彌久而憂彌積也。」

此外張湛又有「自然命定論」之思想，此與莊子「不知吾所以然而然，命也。」（〈達生〉）「知其不可奈何，而安之若命。」（〈人間世〉）相同。〈仲尼篇注〉曰：「天者，自然之分；命者，窮達之數也。」〈力命篇注〉曰：「不知所以然而然者，命也，豈可以制也？」「命者，必然之期，素定之分也。雖此事未驗，而此理已然。若以壽夭存於御養，窮達繫於智力，此惑於天理也。」

同時反對虛名，而主廢名之說。〈天瑞篇注〉曰：「為善不以為名。名自生者，實名也。為名以招利而世莫知者，偽名也。偽名，則得利者也。」「凡貴名之所以生，必謂去彼而取此，是我而非物。今有無兩忘，萬異冥一。故謂之虛。虛既虛矣，貴賤之名，將何所生？」蓋魏晉乃門閥分立，注重階級名號時代。張湛反對虛名，正是詁責時代弊風之諍言。〈天瑞篇注〉曰：「夫天地委形，非我有也。飾愛色貌，矜伐智能，己為惑矣。至於甚者，橫認外物以為己有，乃標名氏以自異，倚親族以自固，整章服以耀物，藉名位以動眾，封殖財貨，樹立權黨，終身欣玩，莫由自悟。」

其政治主張，乃繼魏漢以來黃老思想，主君逸臣勞，無為而治。〈說符篇注〉：「自賢者所謂孤立而無輔。知賢，則智者為之謀，能者為之使。物無棄才，則國易治也。」〈仲及篇注〉曰：「不能知眾人之所知，不能為眾人之所能，群才並為之用者。不居知能之地，而無惡無好，無彼無此，而以無為心者也。故明者為視，聽者為聽，智者為謀，勇者為戰，而我無事焉。」

張湛於《列子序》謂《列子》一書「往往與《佛經》相參。」而張湛注《列子》亦不免受佛教之影響。其注文中常顯出此類傾向。如以「無常」釋人生。〈楊朱篇注〉曰：「達於理智，知萬物之無常，財貨之暫聚。」「虛寂」之說，雖可由道家「虛靜」解說，亦可以釋氏「養心」釋之。〈皇帝篇注〉曰：「夫心者何？寂然而無意想也。」〈仲尼篇注〉曰：「夫心，寂然無想者也，若橫生意慮，則失心之本矣。」又「寂然不動，都忘其智。智而都忘，則神理獨運，感無不通矣。」而最明顯乃「輪廻」之見解。〈楊朱篇注〉曰：「『生實暫來，死實長往』，是世俗常談。而云『死復暫住』，卒然覽之，有似字誤。

然此書大旨，自以爲存忘往復，形氣轉續，生死變化，未始絕滅也。」

無論《列子》、《楊朱》或《張湛注》，皆反映魏晉人士對生命之看法，則知老莊思想非惟影響《列子》此一派，亦且激進轉變爲《楊朱》另一派。張湛《列子注》時而趨向道家自然主義派，時而趨向縱欲派，時而間雜佛教觀念，正反映老莊思想對魏晉時代影響之深入及其多變化。

八、鮑敬言之道家思想

鮑敬言亦爲東漢思想家，唯其生平事蹟多不可考，僅於《抱朴子·外篇》之〈詰鮑篇〉中，見其大略。其生年當與葛洪同時，或較早。〈詰鮑篇〉曰：「鮑生敬言，好《老莊》書，治劇辯之言。以爲古者無君，勝於今世。故其著論云。……」

鮑敬言之思想，頗富政治革命之傾向，其「虛君論」正是對魏晉人君之制裁。鮑前阮籍〈大人先生傳〉已開其端。〈大人先生傳〉曰：「君立而虐興，臣設而詐生。坐制禮法，束縛下民。欺愚誑拙，藏智自神。強者睽睽而凌暴，弱者憔悴而事人。」鮑敬言因而更策定反儒教，主張無君主義。

鮑敬言認爲君權非天授，以爲人君之設立係強凌弱，智詐愚而產生之結果：「儒者曰：『天生烝民而樹之君。』豈其皇天諄諄言，亦將欲之者爲辭哉？夫強者凌弱，則弱者服之矣。智者詐愚，則愚者事之矣。服之，故君臣之道起焉，事之，故力寡之民制焉。然則隸屬役御，由乎爭強弱而校愚智，彼蒼天果無事也。」蒼天乃係自然之天，無意識，亦無作爲。「君權天授」不過是政治上爭權奪利之藉口而已。

因此君主之設立，既違自然，亦逆民性。君臣既立，一切迫害便發生：「夫天地之位，二氣範物。樂陽則雲飛，好陰則川處。承剛柔以稟性，隨四方而化生。各附所安，本無尊卑也。君臣既立，而變化遂滋。夫獺多則魚擾，鷹衆則鳥亂，有司設則百姓困，奉上厚則下民貧。甕崇寶貨，飾玩臺樹，食則方丈，衣則龍章。內聚曠女，外多鰥男。採難得之寶，貴奇怪之物，造無益之器，恣不已之欲。非鬼非神，財力安出哉？夫穀帛積，則民有飢寒之儉，百官備，則坐靡供奉之費。宿衛有徒食之衆，百姓養游手之人。民乏衣食，自給已劇。況加賦斂，重以苦役。不下堪命，且凍且飢。冒法斯濫，於是乎在。」此完全就老子之「天下多忌諱，而民彌貧；民多利器，國家滋昏；人多伎巧，奇物滋起；法令滋彰，盜賊多有。」（五七章）之旨發揮。漢末至魏

晉，社會風氣之浮靡，實由君王權貴者所倡。彼輩揮霍無度，極逞奢侈，而百姓徒蒙其害，而生活彌艱。所謂「上欲無節，眾下肆情，浮奢並舉，而百姓受其殃毒矣。」（傅玄〈校工篇〉）

特別係國君以徭賦重役壓迫百姓，益使民不聊生：「人生也衣食已劇，況又加之以收賦，重之以力役。飢寒並至，民不堪命，冒法犯罪，於是乎生。」此外君主尚假借符瑞，以欺騙百姓：「王者欽相奇瑞，弔誘幽荒，以崇德邁威，厭耀朱服，白雉玉環，何益齊民？」

因此鮑敬言以為立君係違反自然及民意，而人性本自由，提出其「虛君」之論：「夫混茫以無名為實，群生以得意為歡。故剝桂刻漆，非木之願，拔鵰裂翠，非鳥所欲。促轡銜鑣，非馬之性。荷軛運重，非牛之樂。詐巧之萌，任力違眞。伐根之生，以飾無用。捕飛禽，以拱華玩。穿本玩之鼻，絆天放之脚，蓋非萬物並生之意。夫役彼黎烝，養此在官，貴者祿厚而民亦困矣。……曩古之世，無君無臣，穿井而飲，耕田而食，日出而作，日入而息，汎然不繫，恢爾自得，不競不營，無榮無辱。……勢利不萌，禍亂不作，干戈不用，城池不設，萬物玄同，相忘於道。疫癘不流，民獲考終。純白在胸，機心不生。含餔而熙，鼓腹而遊，其言不華，其行不飾。安得聚斂以聚民財？安得嚴刑以為坑穽？降及杪季，智用巧生。道德既衰，尊卑有序。繁升降損益之禮，飾紱冕玄黃之服。……使夫桀紂之徒，得燔人，辜諫者，脯諸侯，菹方伯，破人脛，窮驕淫之惡，用炮烙之虐。若令斯人並為匹夫，性雖凶奢，安得施之？使彼肆酷恣欲，屠割天下。由於為君，故得縱意也。」

鮑敬言對君主之詬病，正代表魏晉百姓對當政者之不滿與對道家理想治世之嚮往。然而鮑生對現實政治之一味否定，而思企慕太古純樸，無知無欲，優遊卒歲之美好社會，畢竟是可企而不可及，亦是人間永難實現之夢想。故《抱朴子·詰鮑篇》批評其「道家之言，高則高矣，用之則弊。……可得而論，難得而行也。」鮑生之思想無疑承傳玄論派從何、王、阮、嵇以來對禮法制度、現實社會之消極反抗精神，唯其批評時政之態度較以上諸子更加激烈而已。

以上王弼、何晏、阮籍、嵇康、向秀、郭象、以及東晉之張湛、鮑敬言等，皆是玄論派清談家有具體著作傳世者。自王、何「正始之音」首開玄談之門後，以老莊「玄學」思想為主之清談發展，有如黃河瀉堤，一日千里，其聲勢遠在名理派清談之上。惜乎向、郭之後，玄論派清談家或僅止於辭談辯而無具體著作流傳於世，或雖有著作傳於後世，胥湮沒而弗詳。如干寶

之《周易爻義》、劉兆之《周易訓注》，李充之《周易旨》，宋岱之《周易論》，羊祜之注釋《老子》，司馬彪之《莊子注》，鄧粲之《老子注》，孫登之《老子注》以及王長安之「擬《易》名曰《通玄經》，有《文言》卦象，可用卜筮。」徐苗之「依道家著〈玄微論〉，凡數萬言，皆有義味。」（俱見《晉書・本傳》）等等許多屬於「三玄」之論著，今已亡佚。正始竹林之後，中朝名士如王衍「妙善玄言，唯談老莊為事。」（《晉書・王衍傳》）樂廣「每以約言析理，以厭人心。」（《晉書・樂廣傳》）復以玄談聞名。其所結交者如王澄、潘京、阮瞻、山簡、阮脩、謝鯤、胡毋輔之、庾敳、光逸之流，俱以放達超逸，縱論談玄為尚。東晉時玄風尤甚，公卿名士「莫不崇飾華競，祖述玄虛，擯闕里之典經，習正始之餘論，指禮法為流俗，目縱誕以清高。遂使憲章發弛，名教頹敗。」（《晉書・儒林傳序》）中興名臣如王導、庾亮仍以「愛老莊，尚玄談」為事，所選用人才，悉為美姿容，精玄論之談客，如謝尚、殷浩、王濛、王述、桓溫之流。玄論派之勢力再盛於江左。而君王亦善玄談，如簡文帝「清虛寡欲，尤善玄言。」其所汲引者常為雅好玄論之人士，如王濛、劉惔為簡文帝「入室之賓」（見《晉書・王濛傳》）。劉惔甚且以「第一流人物」自詡（自《世說新語・品藻篇》）。可見玄論派人士之廣受歡迎，甚如佛教僧徒支道林等亦深受玄論派之影響。因此玄論派清談可謂魏晉學術之主流。其餘風所及，緜延至南北朝，依然盛行不竭。宋明理學以及隋唐後之佛教仍可覓其遺跡。

第四章　老莊思想對魏晉文學之影響

第一節　對純文學之影響

　　文學本係人類感情之自然表現。《漢書‧藝文志》曰：「哀樂之心感，而歌詠之聲發。」《宋書‧謝靈運傳》曰：「民禀天地之靈，含五常之德，剛柔迭用，喜慍分情。夫志動於中，則歌詠外發。六義所因，四始攸繫，升降謳謠，紛披風什。」朱子〈詩集傳序〉亦曰：「有欲則不能無思，有思則不能無言。言所不能盡而發於咨嗟之餘音者，必有自然之音響節奏而不能已。」文學既是感情自然流露，故《詩經》、《離騷》等作品，皆能直透人性，表達情懷，最符合人情之自然，此點與老莊哲學之「因天地之自然」思想相符。

　　然而兩漢以來，崇儒尊經之結果。使《離騷》、《詩經》等純文學作品，被賦予名教色彩。故言《詩》，則必合乎「禮樂教化」，以求「思無邪」；言《楚辭》，則必「依託五經以立義」（王逸《離騷章句敍》）。將純文學之作品加以儒化，以求合乎禮教。甚至兩漢最流行之辭賦，亦衹不過係政治上之附庸而已。故「兩漢的辭賦，不是『無病而呻』的『騷』，便是浮辭滿紙，少有眞情的『賦』和『七』。他們衹知追蹤于屈、宋的『形式』之後，而遺棄其內在的眞實的詩情。」〔註 1〕《文心雕龍‧情采篇》亦指出：「昔詩人什篇爲情而造文，辭人賦頌，爲文而造情，何以明其然？蓋《風雅》之興，志思蓄憤，而吟詠情性，以諷其上，此爲情而造文也。諸子之徒，心非鬱陶，苟馳夸飾，鬻聲釣世，此爲文而造情也。故爲情者，要約而寫眞，爲文淫麗而煩濫。而

〔註 1〕 鄭振鐸《插圖本中國文學史古代文學鳥瞰》，頁 17。

後之作者，採濫忽眞，遠棄《風雅》，近師辭賦，故體情之製日疎，逐文之篇愈盛。故有志深軒冕，而汎詠臯壤，心纏幾務，而虛述人外，眞宰弗存，翩其反矣。」是漢代之辭賦祇有虛飾之外表，缺乏眞實之自然才情。

此種現象，王充時已稍打破。其《論衡・書解篇》曰：「著作者爲文儒，說經者爲世儒。……世儒當時雖尊，不遭文儒之書，其迹不傳。」〈超奇篇〉曰：「能說一經者爲儒生，博覽古今者爲通人，采掇傳書以上書奏記者爲文人，能精思著文連結篇章者爲鴻儒。儒生過俗人，通人勝儒生，文人踰通人，鴻儒踰通人。」是王充以文人身份踰越儒生。且認爲文章有「載人之行，傳人之名」「極筆墨之力，定善惡之質」，將文學地位提高於經學之上。

至魏晉以後，儒朵衰微，名教廢棄。時代之動亂，政治之迫害，促使老莊之學復甦。文學亦由經學之束縛解脫而出，成爲寄情抒懷，發舒胸臆之純文學浪漫作品。所謂「文章合爲時而著，詩歌合爲事而作」之功用，已不存在。此種特質，於魏晉初期之建安文學已露其端倪。錢穆先生曰：

> 蓋建安文學之所由異於其前者。古之爲文，則莫不於社會實際世務，有某種特定之應用。經史百家皆然，故古有文章而無文人。下逮兩漢，前漢有《儒林》，無《文苑》。賈、董、匡、劉皆儒生也。惟鄭、枚、司馬相如之徒，不列《儒林》，是先已有文人之格，而尚無文人之稱。《文苑》之傳，事始東京，至是乃有所謂文人者出現。有文人，斯有文人之文。文人之文之特徵，在其無意於在人事上作特種之施用。甚至者，則僅以個人自我作中心，以日常生活爲題材，抒寫性靈，歌唱情感，不復以世用攖懷。是性莊周之所謂「無用之用」。荀子譏之，謂其知有天而不知有人者，庶幾近之。循此乃有所謂純文學。故純文學作品之產生，論其淵源，不如謂其乃導始於道家，如一遵孔、孟、荀、董舊轍，專以用世爲懷，殆不可有純文學。故其機運轉變，並待之東漢，至建安乃始有彰著之特姿異采呈現也。〔註2〕

建安以後，文學理論更因時蠭時。曹丕〈典論・論文〉、陸機〈文賦〉、李充〈翰林論〉、摯虞〈文章流別論〉、〈文章流別集〉，對於傳統儒家之文學觀，俱作一番反省。如曹丕《典論・論文》主張：「文章經國之大業，不朽之盛事。」將文學視爲極有價值之事業。陸機〈文賦〉曰：「伊茲文之爲用，固眾理之所因。恢萬里而無閡，通億載而爲津。」亦有此意。至葛洪《抱朴子》更發揮老莊自然主義，使之應用於文學上。文學遂與道德並立，「文章之與德行，猶

〔註2〕錢穆《中國學術思想史論叢史》十一〈讀文選〉。

十尺之與一丈，謂之餘事，未之前聞。……」甚至將其置於德行之上，「且夫本不必皆珍，末不必悉薄。譬若錦繡之因素地，珠玉之居蚌石，雲雨生於膚寸，江海始於咫尺爾。則文章雖為德行之第，未可呼為餘事也。」（《抱朴子‧尚博篇》）「德行為有事，優劣易見；文章微妙，其體難識。夫易見者粗也，難識者精也。夫唯粗也，故銓衡有定焉。夫唯精也，故品藻難一焉。」（全上）非惟如此，葛洪更以文章及順應自然發展而產生，故文章有其時代性，今文比古文更合乎人性，更見乎才情。《抱朴子‧鈞世篇》曰：「古之著書者，才大思深，故其文隱而難曉。今文意淺力近，故露而易見。以此易見比彼難曉，猶溝澮之方江河，螘垤之與嵩岱矣。」「且夫古者事事醇素，今則莫不雕飾，時移世改，理自然也。」又曰：「至於罽錦麗而且堅，未可謂之減於簀衣，輜軿妍而又牢，未可謂之不及椎車也。若舟車之代步涉，文墨之改造繩，諸後作而善於前事，其功業相次千萬者，不可復縷舉也。世人皆知之快於曩矣，何以獨文章不及古耶？」葛洪之思想可代表魏晉文人對純文學之看法及傾向。魏晉文人既於思想上沾染老莊色彩，故文學之創作，能秉自然之情性，抒發吟詠，直寫心懷，脫離禮教傳統之束縛，發揮老莊無用之用，使文學走向更純淨之地步。

第二節　對文學理論之影響

老莊思想既為魏晉文人所崇尚，故其文學理論之建構，亦常受老莊精神所影響。茲敘述於下：

一、自然論

老莊對文辭之看法，主自然無文之說。故老子曰：「信言不美，美言不信。」（八一章）又曰：「君子處其厚不居其薄，處其實不居其華。」（三八章）《韓非‧解老釋》之曰：「夫君子取情而去貌，好質而惡飾。夫恃貌而論情者，其情惡也；須飾而論質者，其質衰也。何以論之？和氏之璧不飾以五采；隨侯之珠不飾以銀黃。其質至美，物不足以飾之。」蓋文章能發諸情性，質於自然，不飾藻稅，率性真誠，方足感人深切。此種思想，甚受魏晉文學理論家所賞識。《蜀志‧秦宓傳》曰：「或問宓何故揚文藻？宓答曰：『夫虎生而文炳，鳳生而五色，豈以五采自飾畫哉？天性自然也。』」是以魏晉人士漸有拋棄兩

漢文人注重推砌，徒飾文藻之傾向。《文心雕龍‧通變篇》曰：「魏晉淺而綺。」
蓋指魏晉作品能順應自然，發諸眞情，而感人甚切也。劉師培先生釋之曰：

> 晉人文學其特長之處，非惟忻理已也。大抵南朝之文，其佳者必含
> 隱秀，然開其端者，實惟晉文；又出語必雋，恒在自然，此亦晉文
> 所持擅，齊梁以下能者鮮矣。〔註3〕

摯虞〈文章流別論〉亦指出虛文浮辭之妨實害要：「且夫玉卮無當，雖寶非用；
侈言無驗，雅麗非經。」「夫假象過大，則與類相遠；逸辭過壯，則與事相違；
辯言過理，則與義相失；麗靡過美，則與情相悖。此四過者，所以背大體而害
政教。是以司馬遷割相如之浮說，揚雄疾辭人之賦麗以淫。」由厭惡文辭之雕
砌，因而主張「文本乎情」之論。陸機〈文賦〉曰：「放言遣辭，良多變矣。妍
媸好惡，好得而言。每自屬文，尤見其情。」因此認爲「詩緣情而綺靡。」後
來《文心雕龍》更主張「情性」之說，以爲質諸本性之自然，勝於外在之文辭。
〈情采篇〉曰：「夫鉛黛所以飾容，而盼倩生於淑姿；文采所以飾言，而辨麗本
於情性。故情者文之經，辭者理之緯。經正而後緯成，理正而後辭暢，此立文
之本源也。」而依情行文，本之自然，便是「清新」，陸士龍〈與兄平原書〉曰：
「雲今意視文，乃好清省，欲無以尙意之至此，乃出自然。」由「清新」而更
進入「簡易」。沈約遂有「三易」之說。《顏氏家訓‧文章篇》曰：「沈隱侯曰：
『文章當從三易：易見事一也，易識字二也，易讀誦三也。』邢子才常曰：『沈
侯文章，用事不使人覺，若胸臆語也。』深以此服之。」

　　魏晉人受老莊「自然論」之影響，已漸拋棄兩漢虛浮之華表，重視文章
內在之生命。無論主「性情」，主「清新」，主「簡易」，要在能從平實處表達
最眞摯之情感。使文學能脫離政治禮教，重藻華梲之拘囿，更能自由表達內
心之願望。因此魏晉人之作品，無論敍事寫景，詠志抒懷，無不感人甚深，
樸質中益見其眞情流露。

二、神遇論

　　老莊主張順應自然，與道相冥，物我相忘，心志交合。發諸墨楮，則無
不合節，妙然見意，此即所謂「神遇」之境界。故《莊子‧養生主》謂庖丁
解牛：「手之所觸，肩之所倚，足之所履，膝之所踦，砉然響然，奏刀騞然，

〔註3〕劉師培《中國中古文學史魏晉文學之變遷》，頁61。

莫不中音，合於桑林之舞，乃中經首之會。」此乃「以神遇而不以目視，官知止而神欲行。依乎天理，批大卻，導大窾，因其固然。」當爲修養之最高地步。斯時「視乎冥冥，聽乎無聲。冥冥之中，獨見曉焉；無聲之中，獨聞和焉。故深之又深而能物焉，神之又神而能精焉。」（〈天地〉），此種「神遇」之境界，乃係體道之最高之表現。

而老莊「神遇」之說，運用於文學上，便是精神與作品冥然合一之「神思」境界。《文心雕龍・神思篇》曰：「神居胸臆而志氣統其關鍵；物沿耳目，而辭令管其樞機。樞機方通，則物無隱貌；關鍵將塞，則神有遯心。是以陶鈞文思，貴在虛靜，疏瀹五藏，澡雪精神。積學以儲寶，酌理以富才，研閱以窮照，馴致以懌辭。然後使玄解之宰，尋聲律而定墨；獨照之匠，闚意氣而運斤。」神與文會，故作品自然生動，涵蘊無窮，契合大道。令大饒有玄思，徘徊涵詠不已。達到「思理神妙，神與物遊」之地步。亦即陸機〈文賦〉所謂「行中區以玄覽」「籠天地於形內，挫萬物於筆端」「課虛無以責有，叩寂寞而求音。函綿邈於尺素，吐滂沛乎寸心。」之境界。魏晉人好玄理，作品中多有使人含詠思味之深切內涵，當受老莊「神遇」之說所影響。

三、文氣論

老莊以人稟自然之氣而生：「人之生，氣之聚也。」（〈知北遊〉）「氣變而有形，形變而有生。」（〈至樂〉）因此人欲順應自然，必合之於氣：「若一志，無聽之以耳，而聽之以心；無聽之以心，而聽之以氣。」（〈人間世〉）而且要「壹其性，養其氣，合其德，以通乎物之所造。」（〈達生〉）魏晉文人亦以文章氣勢稟之於自然。嵇康〈明膽論〉曰：「夫元氣陶鑠，眾生稟焉。賦受有多少，故才性有昏明。」因此於文學作品上，便表現出稟氣之清濁剛柔，各有不同。《典論・論文》曰：「文以氣爲主，氣之清濁有體，不可力強而致。」又曰：「引氣不齊，巧拙有素，雖在父兄不可以傳子弟。」《文心雕龍・體性篇》曰：「才有庸儁，氣有剛柔。」而文章欲順應自然，必須調養其氣。《文心雕龍・養氣篇》曰：「清和其心，調暢其氣。」〈風骨篇〉曰：「綴慮裁篇，務盈守氣。剛健既實，輝光乃新。」文中尤以「氣調」支撐整個架構，其重要性不可忽略。《顏氏家訓・文章篇》曰：「文章當以理致爲心腎，氣調爲筋骨，事義爲皮膚，華麗爲冠冕。」魏晉文人重視文氣之精神，可見一斑。

魏晉文人又每好分析文體氣勢。曹丕《典論・論文》曰：「孔融體氣高妙」

「徐幹時有齊氣」又與〈吳質書〉曰：「公幹有逸氣，但未遒耳。」因由各人稟氣之不同，而論及文體之不同。《典論・論文》曰：「夫文本同而末異，蓋奏議宜雅，書論宜理，銘誄尚實，詩賦欲麗。此四科之不同，故能之者偏也。唯通才能備其體。」然文體雖有不同，要本皆歸於氣。《文心雕龍・體性篇》曰：「若夫八體屢遷，功以學成，才力居中，肇自血氣。氣以實志，志以定言，吐納英華，莫非性情。」《周書・王褒傳》曰：「雖詩賦與奏議異軫，銘誄與書論殊塗，而撮其指要，舉其大抵，莫若以氣為主，以文傳意。」魏晉人重文氣，相信文意稟氣之清濁剛柔各有不同，重視調暢文氣。此顯然受老莊「氣論」之影響。

四、言意論

莊子有「言不盡意」之說。〈外物篇〉曰：「言者所以在意，得意而忘言。」〈天道篇〉曰：「世之所貴道，書也。書不過語，語有貴也。語之所貴者，意也。意有所隨，意之所隨者不可以言傳也。而世因貴言傳書。」〈秋水篇〉曰：「可以言論者，物之粗也；可以意致者，物之精也。言之所不能論，意之所不能察致者，不期精粗焉。」向郭《注》云：「夫言意者有也，而所言所意者無也。故求之於言意之表，而入乎無言無意之域而後至焉。」莊子以言不能盡意，得意而忘言，故欲人脫離文字相，而探索真義，亦即追求精神實質，而不拘於外在文字之拘限。此種看法對魏晉文學理論有深遠之影響。《文心雕龍・神思篇》曰：「方其搦翰，氣倍辭前，暨乎篇成，半折心始。何則？意翻空而易奇。言徵實而難巧也。是以意授於思，言授於意，密則無際，疏則千里，或理在方寸而求之域表，或義在咫尺而思隔山河。」文意本是深邃遙遠，捉摸不定，而文字言語僅是符號表達之工具，故為文則常有不能盡意之憾。陸機〈文賦〉曰：「恆患意不稱物，文不逮意。蓋非知之難，能之難也。」宋蘇軾曰：「求物之妙，如繫風捕影，能使是物了然於心者，蓋千萬人而不一遇也，而況能使了然於口與手者乎？」（〈答謝民師書〉）當從此思想而來。

莊子由「言不盡意」之說，因有「得意忘言」「得魚忘筌」之論（〈外物〉），不但於名理、玄論清談之間，造成相當大之論辯，對魏晉文學亦有深遠影響。盧湛〈贈劉琨詩〉「誰謂言精，致在賞意。不見得魚，亦忘厥餌。遺其形骸，寄之深識。」嵇康〈贈秀才入軍詩〉「俯仰自得，游心泰玄。嘉彼釣叟，得魚忘筌。郢人逝矣，誰與盡言？」甚至影響讀書人求學之態度。如陶淵明「好

讀書，不求甚解，每有會意，便欣然忘食。」（〈五柳先生傳〉）《文心雕龍》有「隱秀」之說，便是申明莊子「言外寄意」之旨。〈隱秀篇〉曰：「文之英蕤，有秀有隱。隱也者，文外之重旨者也；秀也者，篇中之獨拔者也。隱以複意爲工，秀以卓絕爲巧，斯乃舊章之懿績，才清之嘉會也。夫隱之爲體，義主文外，秘響傍通，伏采潛發。譬爻象互體，川瀆之韞珠玉也。」而文中「重旨」、「複意」、「祕響」、「伏采」等辭，俱是指言辭之外不盡之意味，劉勰用一「隱」字予以概括，此即宋梅堯臣所謂「含不盡之意，見於言外。」之旨。魏晉文人作品，每富玄想，其文章之流露，貴在得意，而重弦外之音，凡此皆老莊「言意」之影響也。

第三節　對厭世文學之影響

　　老莊思想本具有濃厚之厭世傾向。對生命之短促，常有悲哀之慨歎。〈齊物論〉曰：「一受其成形，不亡以待盡。與物相刃相靡，其行盡如馳，而莫之能止，不亦悲乎！終身役役而不見其成功，苶然疲役而不知其所歸，可不哀邪！」《莊子・至樂篇》甚至對人生一切，予以徹底之否定：「夫天下之所尊者，富貴壽善也；所樂者，身安厚味美服好色音聲也；所下者，貧賤夭惡也；所苦者，身不得安逸，口不得厚味，形不得美服，目不得好色，耳不得音聲，若不得者，則大憂以懼。其爲形也亦愚哉？夫富者，若身疾作，多積財而不得盡用，其爲形也亦外矣。夫貴者，夜以繼日，思慮善否，其爲形也亦疏矣。人之生也，與憂俱生，壽者惛惛，久憂不死，何之苦也？其爲形也亦遠矣。」人之歲數短暫，忽而化爲塵土，其中苦多樂少，令人歔欷。（〈知北遊〉）曰：「人生天地之間，若白駒之過卻，忽然而已。注然勃然，莫不出焉；油然漻然，莫不入焉。已化而生，又化而死。生物哀之，人類悲之。」〈盜跖篇〉曰：「人上壽百歲，中壽八十，下壽六十。除病瘦，死喪憂患，其中開口而笑者，一日之中不過四五日而已矣。天與地無窮，人死者有時，操有時之具而託於無窮之間，忽然無異騏驥之馳過隙也。」此種憂時患生之心理，於《列子・楊朱篇》中更是充分流露。

　　漢末魏晉正係天災人禍交相橫行之時代，一般人士易受老莊厭世思想所感染。故《世說新語・文學篇》載：「王孝伯在京行散。至其弟王睹戶前，問古詩中何句爲最？睹思未答。孝伯曰：『所遇無故物，焉得不速老。』此句最

佳。」此正代表魏晉人對生命之看法，與對世事之無奈。因此表現於文學作品上，多是描寫生活之愁苦，戰爭之殘酷，家破人亡之悲哀，顯露出極端厭世之心理。

如蔡琰屢遭戰亂，遷徙流離，居匈奴十年，歷盡顛沛困厄。其〈悲憤詩〉曰：「城郭爲山林，庭宇生荊艾，白骨不知誰，縱橫莫覆蓋。出門無人聲，豺狼嗥且吠。煢煢對孤景，怛咤糜肝肺。登高遠眺望，魂神忽飛逝。奄若壽命盡，傍人相寬大。爲復強視息，雖生何聊賴？託命於新人，竭心自勗勵。流離成鄙賤，常恐復捐廢。人生幾何時？懷憂終年歲。」

同時因戰爭之殘酷悲慘，人命危淺，許多厭戰作品因而產生。如曹操《薤露蒿里行》曰：「鎧甲生蟣蝨，萬姓以死亡。白骨露於野，千里無雞鳴。生民百遺一，念之斷人腸。」曹植〈送應氏詩〉曰：「洛陽何寂寞，宮室盡燒焚。垣牆皆頓擗，荊棘上參天。不見舊耆老，但覩新少年。側足無行逕，荒疇不復田。遊子久不歸，不識陌與阡。中野何蕭條，千里無人煙。」王粲〈七哀詩〉曰：「出門無所見，白骨蔽平原。路有飢婦人，抱子棄草間。顧聞號泣聲，揮淚獨不還。未知身死處，何能兩相完。驅馬策之去，不忍聽此言。」

人生既是如此之無奈與悲苦，魏晉人對世事及生命遂充滿悲觀之看法。如《古詩十九首》「人生天地間，忽如遠行客。」「人生寄一世，奄忽若飆塵。」「人生非金石，豈能長壽考？」「四時更變化，歲暮一何速？」「人生忽如寄，壽無金石固。」孔融〈雜詩〉曰：「人生有何常？但患年歲暮。」曹植〈贈白馬王彪詩〉曰「人生處一世，去若朝露晞。年在桑榆間，景響不能追。自顧非金石，咄唶令人悲。」《箜篌引》曰：「驚風飄白日，光景馳西流。盛時不可再，百年忽我遒。生存華屋處，零落歸山丘。」〈薤露行〉曰：「天地無窮極，陰陽轉相從。人居一世間，忽若風吹塵。」阮籍〈詠懷詩〉亦多帶有悲觀之論調。如「朝爲媚少年，夕暮成醜老。自非王子晉，誰能常美好？」「人生若塵露，天道邈悠悠。齊昇升丘山，溉泗紛交流。孔聖臨長川，惜逝勿若浮。去者余不及，來者吾不留。」陸機〈長歌行〉曰：「容華夙夜零，體澤坐自捐。茲物苟難停，吾壽安得延？」郭璞〈遊仙詩〉曰：「借問蜉蝣輩，寧知龜鶴年？」陶淵明〈形影詩〉曰：「天地長不沒，山川無改時。草木得常理，霜露榮悴之。謂人最靈智，獨復不如茲。」〈歸田園居〉曰：「人生似幻化，終當歸空無。」〈飲酒詩〉曰：「衰榮無定在，彼此更共之。」「宇宙一何悠，人生少至百。歲月相催逼，鬢邊早已白。」凡此類消極厭世思想！於魏晉文

人作品之中，擷拾皆是，不勝枚舉。

由厭世思想而產生避世心理，酒成爲最好忘憂寵物。魏晉文人描述喝酒之作品亦不少。如曹操〈短歌行〉曰：「對酒當歌，人生幾何？譬如朝露，去日苦多。慨當以慷，憂思難忘？何以解憂？惟有杜康。」〈古詩十九首〉曰：「人生忽如寄，壽無金石固。萬歲更相送，聖賢莫能度。服食求神仙，多爲藥所誤。不如飲美酒，被服紈與素。」陸機〈飲酒樂〉曰：「蒲萄四時芳醇，瑠璃千鍾舊賓。夜飲舞遲銷燭，朝醒絃促催人。春風秋月瓶好，驪醉日月言新。」陶淵明〈雜詩〉曰：「得懽當作樂，斗酒聚比鄰。盛年不重來，一日難再晨。及時當勉勵，歲月不待人。」因此魏晉名士之任達縱酒，文人之以酒寄情，無不是從厭世避世思想而來。故張翰有「使我有身後名，不如即時一杯酒。」之說。畢卓更謂：「拍浮酒池中，便足了一生。」（《世說新語・任誕篇》）胡仔〈苕溪漁隱叢話〉引〈石林詩話〉曰：「晉人多言飲酒，有至沉醉者，此未必眞在於酒。蓋時方艱難，人各懼禍，惟託於醉，可以粗遠世故。」梁昭明太子〈陶淵明集序〉云：「有疑陶淵明詩，篇篇有酒，吾觀其意不在酒，亦寄酒爲迹者也。」

除飲酒之外，楊朱派及時行樂，放縱情慾，亦爲逃避現實人生之方法。〈古詩十九首〉曰：「生年不滿百，常懷千歲憂。晝短苦夜長，何不秉燭遊？爲樂當及時，何能待來茲？愚者愛惜費，但爲後世嗤。仙人王子喬，難可與等期。」陸機〈董桃行〉曰：「盛固有衰不疑，長夜冥冥無期，何不馳驅及時，聊樂永日自怡，齎此遺情何之。人生居世爲安，豈若及時爲歡。世道多故萬端，憂慮紛錯交顏，老行及之長歎。」陶淵明〈雜詩〉曰：「昔聞長者言，掩耳每不喜。奈何五十年，忽已親此事。求我盛年歡，一毫無復意。去去復欲遠，此生豈再値？傾家時作樂，竟此歲月駛。有子不留金，何用身後置？」

魏晉文人常帶有濃郁之老莊厭世傾向。由對人世之悲觀，轉而飲酒避世，恣情縱欲。此種頹廢消極思想，於文學著作中，處處可見。

第四節　對遊仙文學之影響

老莊思想既以人生爲苦悶，遂轉而有離俗出塵，高舉遠世之理想，故極易與神仙思想連合。莊子書中之聖人、至人、眞人、神人，皆修道之極至，爲神仙家所企慕。而《莊書》中屢言神仙之事，如藐姑射之山上神人，泠然

御風而行之列子皆是。魏晉人既徬徨於人間苦悶，遂嚮往神仙悠閒自在，逍遙天際之生活。於是遊仙之文學作品興盛，此類作品除敘述仙家事跡外，亦往往與道士鍊藥、養生等發生關連，且充滿仙道典故。

　　如曹操之〈氣出唱〉、〈精列〉、〈陌上桑〉、〈秋胡行〉。曹植之《洛神賦》、〈仙人篇〉、〈遊仙篇〉、〈升天行〉等胥為此類。曹植〈升天行〉曰：「乘蹻追術士，遠之蓬萊山。靈液飛素波，蘭桂上參天。玄豹遊其下，翔鷗戲其巔。乘風忽登舉，彷彿見眾仙。」陸機《前緩聲歌》曰：「遊仙聚靈族，高會層城阿。長風萬里舉，慶雲鬱嵯峨。宓妃興洛輔，王韓起太華。北徵瑤臺女，南要湘川娥。肅肅宵駕動，翩翩翠蓋羅。羽旗棲瓊鸞，玉衡吐鳴和。太容揮高絃，洪崖發清歌。獻酬既已周，輕舉乘紫霞。總轡扶桑枝，濯足暘谷波。清輝溢天門，垂慶惠皇家。」

　　阮籍〈詠懷詩〉中亦充滿王喬、羨門、赤松、河上等神仙家字眼：「千秋萬歲後，榮名安所之，乃悟羨門子，噭噭今自蚩。」「焉見王子喬，乘雲翔鄧林，獨有延年術，可以慰我心。」「危冠切浮雲，長劍出天外。細故何足慮？高度跨一世。非事為我御，逍遙遊荒裔。顧謝西王母，吾將從此逝。豈與蓬戶士，彈琴誦言誓。」

　　郭璞有〈遊仙詩〉十四首。《文心雕龍·明詩篇》稱曰：「景純仙篇，挺拔而為俊。」為〈遊仙詩〉中之妙品。其第六首曰：「雜縣寓魯門，風暖將為災。吞舟涌海底，高浪駕蓬萊。神仙排雲出，但見金銀臺。陵陽挹丹溜，容成揮玉杯。姮娥揚妙音，洪崖頷其頤。升降隨長煙，飄颻戲九垓。奇齡邁五龍，千歲方嬰孩。燕昭無靈氣，漢武仙子。」第十四首曰：「晦朔如循環，月盈已見魄。蓐收清西陸，朱羲將由白。寒露拂陵苕，女蘿辭松柏。蕣榮不終朝，蜉蝣豈見夕。圓丘有奇草，鍾山出靈液。王孫列八珍，安期鍊五石。長揖堂塗人，去來山林客。」郭璞詩較一般〈遊仙詩〉更超凡出俗。李善《文選注》曰：「凡遊仙之篇，皆所以滓穢塵網，錙銖纓紱，飡霞倒景，餌玉玄都。而璞之制文多自敘，雖志狹中區，而辭無俗累。」

　　此外何邵之〈遊仙詩〉、鮑照之〈升天行〉、成公綏之〈遊仙詩〉，王粲、束琳之〈神女賦〉，張華、張協之〈遊仙詩〉，庾闡、帛道猷之〈採藥詩〉等，皆極盡描繪之能事。使人覽之有飄然出世之遐想。而晉末陶淵明之〈讀山海經〉十三首詩，亦超然有神仙之氣概。如：「玉臺凌霞秀，王母怡妙顏。天地共俱生，不知幾何年？靈化無窮已，館宇非一山，高酣發新謠，寧效俗中言。」

「自古皆有沒，何人得靈長？不死復不老，萬歲如平常。赤泉給我飲，員丘足我糧。方與三辰游，壽考豈渠央？」

　　魏晉人之賦及小說中，亦多此類敍述。如孫綽〈天臺山賦〉曰：「洒夏蟲之疑冰，整輕翮而思矯。理無隱而不彰，啓二奇以示兆。赤城霞起而建標，瀑布飛流以界道。覿靈驗而遂徂，忽乎吾之將行。仍羽人於丹丘，尋不死之福庭。」此外敍述神仙鬼怪之小說，如〈漢武帝故事〉、〈武帝內傳〉、〈搜神記〉、〈神異經〉、〈十洲記〉、〈洞冥記〉、〈博物志〉、〈搜神後記〉、〈述異記〉等等，皆屬遊仙文學範圍。此類故事，常將神仙鬼怪，修鍊成道之事，刻意描繪，言之鑿鑿。令人讀之頗有遠離塵囂，拋棄煩惱，而沈醉於其生動情節之中。

第五節　對玄理文學之影響

　　老莊玄理爲魏晉人士所執意講求，故文學作品中，普遍受其影響。《文心雕龍‧時序篇》曰：「自中朝貴玄，江左稱盛。因談餘氣，流成文體。是以世極迍邅，而辭意夷泰。詩必柱下之旨歸，賦乃漆園之義疏。故知文變染乎世情，興廢繫於時序。原始以要終，雖百世可知也。」又〈明詩篇〉曰：「江左篇製，溺乎玄風，嗤笑徇務之志。崇盛亡機之談。袁孫已下，雖各有雕采。而辭趣一揆，莫與爭雄。所以景純仙篇，挺拔而爲俊矣。」鍾嶸《詩品序》云：「永嘉時貴黃老，稍尚虛談。於時篇什，理過其辭，淡乎寡味，爰及江表，微波尚傳。孫綽許詢桓庾諸公，詩皆平典，似〈道德論〉，建安風力盡矣。」此種情形，永嘉之後尤爲盛行。

　　玄理自正始竹林名士之闡揚，道家學說遂成爲清談家談論之焦點。一時以老莊爲主之作品，蔚然而興。《世說新語‧文學篇》曰：「自魏太常夏侯玄，步兵校尉阮籍等，皆著〈道德論〉。」又曰：「何平叔注《老子》始成，詣王輔嗣。見王《注》精奇，乃神伏曰：『若斯人，可與論天人之際矣。』因以所注爲《道德》二論。」因此受此類清談家「玄論」之影響，「因談餘氣，流成文體」，造成玄理文學之產生。如皇甫謐之〈玄守論〉、束皙之〈玄居釋〉、潘岳之〈閑居賦〉、潘尼之〈安身論〉、夏侯湛之〈抵疑〉、涼武昭王之〈述志賦〉等等，皆「平典似〈道德論〉」。彼輩作品帶有濃厚「玄學」之意味，特別是在賦體中尤爲普通。茲舉數例如下：

　　曹植〈玄暢賦〉：「吾將贈子以無爲之藥，給子以澹薄之湯。刺子以玄虛

之鍼‧灸子以淳朴之方。安子以恢廓之宇，坐子以寂寞之牀。使王喬與子遨遊而逝，黃公與子詠歌而行。莊子與子具養神之饌，老聃與子致受性之方。」

涼武昭王〈述志賦〉：「蔑玄冕於朱門，羨漆園之傲生。尚漁父於滄浪，善沮溺之耦耕。穢鵷鳶之籠嚇，欽飛鳳於太清。杜世競於方寸，絕時譽之嘉聲。」

潘尼〈安身賦〉：「動則行乎至道之路，靜則入乎大順之門，泰則翔乎寥廓之宇，否則淪乎渾冥之泉。邪氣不能干其度，外物不能擾其神，哀樂不能盪其守，死生不能易其眞。而以造化爲工匠，天地爲陶鈞，名位爲糟粕，勢力爲埃塵。治其內而不飾其外，求諸己而不假諸人。」

潘居〈閑居賦〉：「頓足起舞，抗音高歌。人生安樂，孰知其他。退求己而自省，信用薄而才劣。奉周任之格言，敢陳力而就列？幾陋身之不保，而奚擬乎明哲？」

皇甫謐〈玄守論〉：「且貧者士之常，賤者道之實。處常得實，沒齒不憂，孰與富貴擾神耗精者乎？又生爲人所不知，死爲人所不惜，至矣。」

張華〈鷦鷯賦〉：「不懷寶以賈害，不飾表以招累。靜守性而不矜，動因循而簡易。任自然以爲資，無誘慕於世僞。」

摯虞〈思遊賦〉：「吸朝霞以療饑兮，降廩泉而濯足。……大道緐兮味琴書，樂自然兮識窮達，澹無思兮心恒娛。」

此外亦有以「玄理」入於詩中，此類詩常「理過其辭，平淡寡味」，「平典似〈道德論〉」，饒有玄意。

如孫綽〈贈溫嶠詩〉：「大樸無象，鑽之者鮮。玄風雖存，微言靡演。邈矣哲人，測深鈎緬。誰謂道遠？得之無遠。」答《許詢詩》：「仰觀大造，仰覽時物。機過患生，吉凶相拂。智以利昏，識由情屈。野有寒枯，朝有炎鬱。失則震驚，得必充詘。」

《詩品》謂：「世稱孫、許彌善恬淡之詞。」《世說新語‧品藻篇》曰：「撫軍問孫興公：『卿自謂何如？』曰：『下官才能所經，悉不如諸賢。至於斟酌時宜，籠罩當世，亦多所不及。然以不才，時復託懷玄勝，遠詠老莊，蕭條高寄，不與時務經懷，自謂此心無所與讓也。』」故知其詩中，以老莊玄理爲吟詠之對象，且以此心無所推讓自許。

又如孫綽之父孫楚有〈征西官屬送於陟陽侯作詩〉：「晨風飄歧路，雲雨被秋草。傾城遠追送，餞我千里道。三命皆有極，咄嗟安可保？莫於殤子壽，彭聃猶爲夭。吉凶如糾纏，憂喜相紛擾。天地爲我鑪，萬物一何小。達人垂

天觀，誠此苦不早。乖離即長衢，惆悵盈懷抱。孰能察其心？鑒之以蒼昊。齊契在今朝，守之與偕老。」

陶淵明〈五日旦和戴主簿詩〉：「虛舟縱逸棹，回復遂無窮。發歲始俛仰，星紀奄將中。明雨萃時物，北林榮且豐。神淵寫時雨，晨色奏景風。既來孰不去？人理固不終。居常待其盡，曲肱豈傷冲？遷化或夷險，肆志無窊隆。即是如已高，何必升華嵩？」

凡此類詩，如漆園義疏，柱下解題，雖妙言玄遠，猶理過其辭，難免淡乎寡味，缺乏文學情趣，讀之令人味同嚼蠟。《宋書・謝靈運傳論》云：「有晉中興，玄風獨振。爲學窮於柱下，博物止乎七篇。馳騁文辭，義殫乎此。自建武暨於義熙，歷載將百。雖比響聯辭，波屬雲委。莫不寄言上德，託意玄珠。遒麗之辭，無聞焉爾。」至齊梁後，此種記懷虛勝之玄理文風，依然有其影響力。

第六節　對隱逸文學之影響

老莊思想由厭世而避世，因而富於隱逸思想。老子以自隱無名爲務，其處世原則以不爭不營，寬柔愼退爲要旨。注重蹈光隱晦，塞兌閉門，守道無爲。所謂「不自見故明，不自是故彰。」又曰：「功成身退，天之道。」（九章）莊子亦尚隱士之風。〈刻意篇〉曰：「就藪澤，處閒曠。釣魚閒處，無爲而已矣。此江海之士，避世之人，閒暇之所好也。」〈在宥篇〉曰：「故賢者伏處大山堪巖之下。」楚威王聞莊周賢，使使厚幣迎之，許以爲相。莊周謂：「千金，重利；卿相，尊位也。子獨不見郊祭之犧牛乎？養食之數歲，衣以文繡，以入太廟。當是之時，雖欲爲孤豚，豈又得乎？子亟去，無汙我！我寧遊戲污瀆之中自快，無爲有國者羈。終身不仕，以快吾志焉。」故其「寧生而曳尾於塗中。」（〈秋水〉）而求逍遙快意，自適其性。凡此皆是道家遁世隱逸之精神。

魏晉人由於對政治環境之畏懼與不滿，因而走向消極避世，故隱逸思想甚爲普遍。《後漢書逸民傳序》曰：「或隱居以求其志，或曲避以全其道，或疵物以激其清。然觀其甘心畎畝之中，憔悴江海之上，豈必親魚鳥樂林草哉？亦云性分所至而已。」無論是否性分所至，或其他理由，「隱逸」實不失爲亂世中「保身立命」之道。《後漢書・郭泰傳》記其答友勸仕進者曰：「方今運

在明夷之爻，值勿用之位，蓋盤桓潛居之時，非在天利見之會也。雖在原陸，猶恐滄海橫流，吾其魚也，況可冒衝風而乘奔波乎？未若巖岫頤神，娛心彭老，優哉游哉，聊以卒歲。」誠可謂深體時務，發諸肺腑之言。魏晉人不但認爲隱逸足以避禍保身，且可以靜制動，達到以退爲進之手段。《抱朴子・任命篇》曰：「君子藏器以有待也，畜德以有爲也。非其事不見也，非其君不事也，窮達任所值，出處無所繫。其靜也則爲逸民之宗，其動也則爲元凱之表。或運思於玄言，或銘勳乎國器，殊塗同歸，其致一也。」又〈逸民篇〉曰：「在朝者陳力以秉庶事，山林者修德以屬貪污，殊塗同歸。」

因此魏晉間隱逸之風盛行。張衡有「諒天道之微昧，追漁父以同嬉。超塵埃以遐逝，與世事乎長辭。」（〈歸田賦〉）。建安諸子中，魏文帝稱徐幹有「箕山之志」。阮瑀亦「初辭疾避役，不爲曹洪屈。」王粲則「輕官忽祿，不耽世業。」（見《魏志・王粲傳注》引）玄風盛行後，隱逸思想更爲普遍，其連豪富石崇亦「晚節更樂放逸，篤好林藪，遂肥遁於河陽別業。」（〈思歸引序〉）《晉書・謝安傳》亦言其「寓居會稽，與王羲之及高陽許詢，桑門支遁遊處。出則漁弋山水，入則言詠屬文，無處世患。」上行下效，隱逸成爲一時之風尚。文學作品中，有不少是謳詠此類之著作。茲舉例如下：

左思〈招隱詩〉：「杖策招隱士，荒塗橫古今。巖穴無結構，邱中有鳴琴。白雲停陰岡，丹葩曜陽林。石泉漱瓊瑤，纖鱗或浮沈。非必絲與竹，山水有清音。何事待嘯歌，灌木自悲吟。秋菊兼餱糧，幽蘭間重襟。躊躇足力煩，聊以投吾簪。」

左思〈詠史〉八之五：「皓天舒白日，靈景耀神州。列宅紫宮裡，飛宇若雲浮。峨峨高門內，藹藹皆王侯。自非攀龍客，何爲欻來游？被褐出閶闔，高步追許由。振衣千仞岡，濯足萬里流。」

阮籍〈詠懷詩〉：「驅馬舍之去，去上西山趾。一身不自保，何況戀妻子？」「膏火自煎熬，多財爲患害。布衣可終身，寵祿豈足賴？」「寧與燕雀翔，不隨黃鵠飛。黃鵠游四海，中路將安歸？」「願登太華山，上與松子遊。漁父知世患，乘流泛輕舟。」

嵇康〈述志詩〉：「巖穴多隱逸，輕舉求吾師。晨登箕山巓，日夕不知饑。玄居養營魄，千載長自綏。」

張華〈答何劭詩〉：「散髮重陰下，抱杖臨清渠。屬耳聽鸎鳴，流目玩鯈魚。從容養餘日，取樂於桑榆。」

　　王羲之〈蘭亭集詩〉:「仰視碧天際，俯瞰淥水濱。寥闃無涯觀，寓目理自陳。大矣造化工，萬殊莫不均。群籟雖參差，適我無非新。」

　　陶淵明〈歸田園詩〉:「少年適俗顏，性本愛丘山。誤落塵網中，一去三十年。羈馬戀舊林，池魚思故鄉。開荒南野際，守拙歸田園。方宅十餘畝，草屋八九間。榆柳蔭後園，桃李落堂前。曖曖遠人村，依依墟里煙。狗吠深巷中，雞鳴桑樹巔。戶庭無塵雜，虛室有餘間。久在樊籠裡，復得返自然。」

　　其他如陸雲之〈逸民賦〉、〈逸民箴〉。阮瑀、陸機、張載、閭邱沖等之〈招隱詩〉。陶淵明之〈歸去來辭〉、〈桃花源記〉等等，此類作品，清新婉逸，皎然不俗，頗富隱逸思想，讀之常令人胸次超然，世慮滌盡，飄然有出塵之慨。又由於隱逸之行徑，使得文人身處山林田野之中，得享大自然之美麗景色，於是謳歌景致之「田園詩」及「山林詩」於焉產生。

　　田園詩人以陶淵明為代表。陶淵明，字元亮，入宋後改名潛，為大司馬陶侃之曾孫。少懷高尚，博學善屬文，穎脫不羈，任真自得，為鄉鄰之士所貴。嘗著〈五柳先生傳〉以自況:「先生不知何許人，亦不詳其姓字，宅邊有五柳樹，因以為號焉。閑靜少言，不慕榮利。好讀書，不求甚解，每有會意，欣然忘食。性嗜酒，而家貧不能恒得。親舊知其如此，或置酒招之，造飲必盡，期在必醉。既醉而退，曾不吝情去留。環堵蕭然，不蔽風雨，短褐穿結，簞瓢屢空，晏如也。常著文章自娛，頗示己志，忘懷得失，以此自終。」文中所表現，頗有老莊不攖世俗，弗慕榮利，安貧樂道，高蹈出世之性格。後以親老家貧，起為州祭酒。不堪吏職，少日自解歸，躬耕自資。末求為彭澤令，又以「不能為于斗米折腰，拳拳事鄉里小人」，遂解印去縣，賦《歸去來辭》以明志，終身不仕。陶淵明性格自然率真，不樂衷功名，以無為澹泊為尚，此實亂世之中，所陶鑄而成也。《晉書・陶淵明傳》曰:「其親朋好事，或載酒肴而往，潛亦無所辭焉。每一醉，則大適融然。又不營生業，家務悉委之兒僕。未嘗有喜慍之色。唯遇酒則飲，時或無酒，亦雅詠不輟。嘗言夏月虛閑，高臥北窗之下，清風颯至，自謂羲皇上人。性不解音，而畜素琴一張，絃徽不具，每朋酒之會，則撫而和之，曰:『但識情中趣，何勞絃上聲？』」此誠為道家得意忘形，澹然冥化之修養也。

　　陶淵明之思想，無疑承傳老莊全部之精神，亦即任化無為，安時處順之人生觀。其〈歸去來辭〉曰:「已矣夫！寓形宇內復幾時？曷不委心任去留，胡為乎遑遑欲何之？富貴非吾願，帝鄉不可期。懷良晨以孤往，或植杖而耘

耔。登東皋以舒嘯，臨清流而賦詩。聊乘化而歸盡，樂夫天命復奚疑？」故能窺破名利，超越得失，雖處夷困之中，而不稍減志氣。朱熹曰：「淵明詩所以為高，正是不待安排，胸中自然流出。」又曰：「晉宋人物，雖曰尚清高，然這一邊一面清談，那邊一面招權納貨。淵明真能不要此，所以高於晉宋人物。」（見《陶詩彙評》及《朱子語錄》）蕭統〈陶淵明集序〉曰：「其文章不群，詞采精拔，跌宕昭彰，獨超眾類，抑揚爽朗，莫之與京。橫素波而傍流，干青雲而直上。語時事則指而可想，論懷抱則曠而且真。加以貞志不休，安道苦節，不以躬耕為恥，不以無財為病。自非大賢篤志，與道污隆，孰能如此乎？」對之推崇備至。觀其行文之坦率真誠，人品之正直高潔，所謂「質性自然，非矯厲所得」則朱、蕭之言，洵非誣也。

陶淵明既不為五斗米折腰，解職賦歸，遂於隱逸生涯充分享受田園農村之樂趣。於是平居中「相見無雜言，但道桑麻長。」「晨興理荒穢，帶月荷鋤歸。」而作品中所描述亦祇有「曖曖遠人村，依依墟里煙」之農村景致。此類田園詩清新雋永，滌塵出世，令人讀之有「文體省淨」「篤意真古」之感受。茲舉例如下：

〈歸田園居〉五之二：「久去山澤游，浪莽林野娛。試携子姪輩，披榛步荒墟。徘徊丘壟間，依依昔人居。井竈有遺處，桑竹殘朽株。借問採薪者，此心皆焉如？薪者向我言，死沒無復餘。一世異朝市，此語真不虛。人生似幻化，終黨歸空無。」又：「種豆南山下，草盛豆苗稀。晨興理荒穢，帶月荷鋤歸。道狹草木長，多露沾我衣。衣沾不足惜，但使願無違。」

〈飲酒詩〉十之二：「結廬在人境，而無車馬喧。問君何能爾？心遠地自偏。採菊東籬下，悠然見南山。山氣日夕佳，飛鳥相與還。此中有真意，欲辨已忘言。」又：「故人賞我趣，挈壺相與至。班荊坐松下，數斟已復醉。父老雜亂言，觴酌失行次。不覺知有我，安知物為貴？悠悠迷所留，酒中有深味。」

陶淵明之田園詩渾然恬澹，質樸自然。王常宗〈跋臨流賦詩圖〉曰：「陶淵明臨流則賦詩，見山則忘言。殆不可謂見山不賦詩，臨流不忘言；又不可謂見山必忘言，臨流必賦詩。蓋其胸中似與天地同流，其見山臨流，皆是偶然；賦詩忘言，亦其適然。故當時人見其然，淵明亦自言其然；然而為淵明者，亦不知其所以然而然也，又何以知其然哉！蓋得諸其胸中而已。」此實與道家「天地與我合一，萬物與我同體」之精神相通。陶淵明之詩文，蓋得老莊之精髓；其文學之造詣，亦是道家與道冥合之最高境界。

　　除「田園詩」外，又有「山水詩」。蓋隱逸之人，棲處山水之中，常藉風泉以慰心中之鬱陶。《莊子・知北遊》曰：「山林歟，皋壤歟，使我欣欣然而樂焉。」〈外物篇〉曰：「大林丘山之善於人也？」孫綽〈三月三日蘭亭詩序〉云：「情因所習而遷移，物觸所遇而興感。故振轡於朝市，則充屈之心生；聞步於林野，則遼落之志興。仰瞻羲唐，邈已遠矣；近詠臺閣，顧深增懷。爲復於曖昧之中，思縈拂之道，屢借山水之化其鬱結。永一日之足，當百年之溢。」（《全晉文》六十一）山水除能舒發內心之塊壘鬱結外，尚可培養心中超次之氣魄，怯除塵慮，與自然冥合。《世說新語・言語篇》曰：「顧長康從會稽還，人問山川之美。顧云：『千巖競秀，萬壑爭流。草木蒙籠其上，若雲興霞蔚。』」又「王獻之云：『從山陰道上行，山川自相映發，使人應接不暇。若秋冬之際，尤難爲懷。』」又曰：「王司州至吳興印渚中看。歎曰：『尤難爲懷！』」又曰：「簡文入華林園，顧謂左右曰：『會心處不必在遠，翳然林水，便自有濠濮間想也。覺鳥獸禽魚，自來親人。』」《世說新語・文學篇》曰：「郭景純詩云：『林無靜樹，川無停流。』阮孚云：『泓崢蕭瑟，實不可言。每讀此文，輒覺神趨形越。』」此中記載皆以山水自然風光，足以使人心境調暢，令人由觀物之中，達至物我合一，物我兩忘之地步。孫綽〈天臺山賦〉曰：「遊覽已周，體靜心閒。害馬已去，世事都捐。投刃皆虛，目牛無全。凝想幽巖，朗詠長川。」因此魏晉時代之名山美水，遂成爲隱士集中之地。《南史》二十四載〈謝靈運與王羲眞牋〉曰：「會境既豐山水，是以江左嘉遁，並多居之。至若王弘之拂衣歸朝，踰歷三紀。孔淳之隱約窮岫，自始迄今。阮萬齡辭事就閑，纂戎先業。既遠周羲唐，亦激貪厲競；若遣一介，有以相存，眞可謂千載盛美。」

　　描述山水景物之詩，魏晉時已不少。詩人常因山水觀賞而引發其意境及心靈之描述。

　　如嵇康〈酒會詩〉：「淡淡流水，淪胥而逝。汎汎柏舟，載浮載滯。微嘯清風，鼓檝容裔。放櫂投竿，伏遊卒歲。」〈贈秀才詩〉：「乘風高遊，遠登靈丘。託好松喬，攜手俱遊。朝發太華，夕宿神州。彈琴詠詩，聊以忘憂。」

　　陸機〈日出東南隅行詩〉：「清川含藻景，高岸被華用。馥馥芳袖揮，泠泠纖指揮。悲歌吐清響，雅舞播幽蘭。」〈赴洛詩〉：「南望泣玄渚，北邁涉長林。谷風拂修薄，油雲翳高岑。鼉鼉孤獸騁，嚶嚶思鳥吟。」

　　山水詩自魏晉以後，由抒情寫意而發展成致力山水文辭之描述。《文心雕

龍‧明詩篇》曰:「宋初文詠,體有因華。莊老告退,而山水方滋。儷采百字之偶,爭價一句之奇。情必極貌以寫物,辭必窮力而追新。此近世之所競也。」如謝靈運便是描述山水大家。《宋書‧謝靈運傳》謂其「出為永嘉太守,郡有名山水,素所愛好,遂肆意遨遊。」又言其「尋山陟嶺,必造幽陵,巖峀千重,莫不備盡。」茲舉其詩如下:

〈登池上樓詩〉:「潛虬媚幽姿,飛鴻響遠音。薄霄愧雲浮,棲川怍淵沉。進德智所拙,退耕力不任。徇祿反窮海,臥痾對空林。衾枕昧節候,褰開暫窺臨。傾耳聆波瀾,舉目眺嶇嶺。初景革緒風,新陽改故陰。池塘生春草,園柳變鳴禽。祁祁傷豳歌,萋萋感楚吟。索居易永久,離群難處心。持操豈獨古?無悶徵在今。」

〈過始寧墅詩〉:「溯溪終水涉,登嶺始山行。野曠沙岸淨,天高秋月明。息石挹飛泉,攀林搴若英。」又:「剖竹守滄海,枉帆過舊山。山行窮登頓,水涉盡洄沿。巖峭嶺稠疊,洲縈渚連綿。白雲抱幽石,綠篠媚清漣。」

此類詩雖「儷采百字之偶,爭價一句之奇」,然婉轉迂迴,亦饒有玄趣。故《詩品》引湯惠休言「謝詩如出水芙蓉」,可謂將山水詩發揮極致。

總之,魏晉係老莊思想瀰漫之時代。舊有儒教束縛下之文學,於老莊清新自由之精神中,完全解脫而出,造成純文學之產生。又因玄學思想侵入文學領域,於是道家之「重自然」,「重神氣」,「重言意」,遂成為魏晉時代文藝理論之依據。此時文人精神受其感染,因而遊仙文學、厭世文學、玄理文學、隱逸文學隨之而興。是老莊學說不僅於清談中發揮其影響力,整個魏晉文風,亦以老莊思想為主要內涵。形成「詩必柱下之旨歸,賦乃漆園之義疏」發展之局面。

第五章　魏晉道教之發展與老莊思想之關係

第一節　魏晉道教之發展

　　道教創始於東漢張道陵，經其子張衡及孫張魯續加闡揚，道教逐漸發揚光大，根基因之鼎固。其中張魯之功勞甚偉。張魯為荊州太守劉焉之部屬，據漢中三十餘年，朝廷不能征，因寵魯為鎮民中郎將，領漢寧太守。建安二十年，曹操擊之，魯入於蜀。操以魯不愛貨寶，本有善意，遂拜為鎮南將軍，待以客禮，封閬中侯。又為其子彭祖（名宇，丕之弟）娶張魯之女，結為姻好，封魯五子為列侯。張魯即拔籌於政治，遂有利其推行教務。魯子張盛居江西龍虎山，以一劍、一印及都功籙傳後代，號為「張天師」。「天師」之詞，本出於《莊子·徐无鬼》：「黃帝再拜稽首，稱天師而退。」其本意謂：「天然之道乃吾師。」即老子「道法自然」之旨。天師道既以道家之名行世，復有曹操等政治勢力之支持，由漢至魏晉，隨老莊玄學之發達，益形昌盛。

　　魏晉公卿名士多有崇信道教者。如《晉書·王羲之傳》曰：「王氏世事張氏于斗米道。」羲之次子凝之，信之彌篤。凝之為會稽內史，孫恩作亂攻會稽，僚左請為之備。凝之不從，入靖室請禱。出語諸將佐曰：「吾已請大道，許鬼兵相助，賊自破矣。」既不設備，遂為孫恩所害。此外《晉書·郗愔傳》曰：「愔與姊夫王羲之，高士許恂，並有邁世之風。俱棲心絕穀，修黃老之術。」《世說新語·術解篇》謂郗愔嘗因信道甚精勤，吃符過多而染

腹疾。《晉書‧何充傳》云:「時郗愔及弟曇,奉天師道。而充與弟準,崇信釋氏。謝萬譏之云:『二郗諂於道,二何佞於佛。』」《晉書‧殷仲堪傳》曰:「仲堪少奉天師道,又精心事神。」堪為荊州刺史,桓玄作亂,來攻。堪猶勤請祈禱,為玄所敗。被獲,逼令自殺而死。又〈孫恩傳〉云:「恩世守五斗米道。」恩叔父泰,師事錢塘杜子恭,得其祕術,與恩誆誘百姓以為亂。恩攻沒謝琰,陷廣陵,復為臨海太守所破,投海死。又《王恭傳》云:「淮陵內史虞珧子妻裴氏,有服食之術,常衣黃裳,狀如天師。會稽王道子甚悅之,令與賓客談論,時人皆為降節。」此為道教有女道士之始,開後世女冠之先河。文中可知天師道亦可做為賓客清談之資。《法苑珠林‧破邪篇》云:「晉程道惠世奉五斗米道,常云古來正道,莫踰李老。」《晉書‧藝術傳》謂吳猛「不假舟楫,以白羽扇畫水而渡」,其死後「形狀如生,未及大斂,遂失其尸。」王嘉「不服五穀,不衣美麗,清虛服氣。……所造〈牽三歌讖〉,事過皆驗。」此外竹林七賢中,嵇康「性好服食」,師事道士孫登,謂神仙必有,有養生之論。

斯時道教不但於思想上影響信徒行為,亦左右社會之風氣。魏晉人好養生,喜食藥,無不源於道教。《論衡‧無形篇》曰:「人恆服藥固壽,能增加本性,益其身年也。」而影響最大,係神仙鬼神之論。一般道士往往恃其方術以蠱惑眾人。如《晉書‧孫恩傳》曰:「世奉五斗米道。恩叔父泰,師事錢塘杜子恭,而子恭有祕術,嘗就人借瓜刀。其主求之。子恭曰:『當即相還耳。』既而刀主行至嘉興,有魚躍入船中,破魚得瓜刀。其為神效,往往如此。子恭死,泰得其術。然浮狡有小才,誆誘百姓,愚者敬之如神。皆竭財產,進子女,以求福慶。」又《晉書‧周札傳》云:「時有道士李脫者,妖術惑眾,自言八百歲,故號李八百。自中州至建鄴,以鬼道療病,又署人官位,時人多信之。弟子李弘,養徒灊山,云應讖當王,故(王)敦、盧江太守李桓,告札及其諸兄子,與圖謀不軌。」此為道士以方術惑人,甚而危害國家社會之事例。

關於道士藉方術以迷惑世俗之行徑,亦有人不以為然。如曹植〈辯道論〉曰:「世有方士,吾王悉所招致。甘陵有甘始,盧江有左慈,陽城有郗儉。始能行氣導引,慈曉房中之術,儉善辟穀,悉號三百歲。卒所以集之於魏國者,誠恐斯人之徒,接姦詭以惑人,故聚而禁之也。豈復欲觀神仙於瀛洲,求安期於海島,釋金輅而履雲輿,棄六驥而羨飛龍哉?自家王與太子,及余兄弟,咸以為調笑,不信之矣。」魏文帝《典論》論郗儉之事曰:「潁川郗儉能辟穀,

餌茯苓。甘陵、甘始亦善行氣，老有少容。廬江左慈知輔導之術，並爲軍吏。」是當時道士等之技高術精，已蜚聞朝野，雖曹植自以其皇戚家族不信其事，然道教之深入人心，已成牢不可拔之事實。甚連曹操亦喜方術，其與皇甫隆《令》曰：「聞卿年出百歲，而體力不衰，耳目聰明，顏色和悅，此盛事也。所服食施行導引，可得聞乎？若有可傳，想可密示封內。」（《全三國文》卷三）歆慕之情，溢於言表。曹操〈氣出唱〉曰：「願得神之人，乘駕雲車，駿駕白鹿，上到天之門，來賜神之藥。」曹植本人亦多崇道修仙之作品，其〈遊仙詩〉、〈僊人篇〉常有出世之遐想。〈升天行〉曰：「乘蹻追術士，遠之蓬萊山。」謂其不信，豈其然乎？

三國時吳國亦爲道士聚集衍盛之中心！《後漢書襄楷傳》李賢《注》引〈江表傳〉曰：「時有道士琅琊于吉，先寓居東方，來吳會，立精舍，燒香讀道書，制作水以療病。吳會人多事之。孫策嘗於郡城樓上請會賓客，吉乃盛服趨度門下，諸將賓客三分之二下樓拜之，掌客者禁訶不能止。」是知道士于吉深爲吳人所歡迎，後于吉雖爲孫策所斬，然策弟孫權則篤信道士。故吳範等人以占驗顯用，幾及封侯。及卒後，「權追思之，募三州有能舉知數術，如吳範、趙達者，封千戶侯。」（《三國志·吳範傳》）又《抱朴子·道意篇》曰：「李寬到吳而蜀語，能祝水治病頗愈。於是遠近翕然，謂寬爲李阿，因共呼之爲李百八，而實非也。自公卿以下，莫不雲集其門。」是知吳地道教衍盛之一般。

除若干祇知以方技迷惑世俗之道士外，亦有本身極有道德學問者。如郭璞「好經術，博學有高才。……好古文奇字，妙於陰陽算曆。……公（郭公）以《青囊中書》九卷與之，由是遂洞五行天文卜筮之術。」（《晉書·郭璞傳》）葛洪「以儒學知名。……尤好神仙導養之法。」（《晉書·葛洪傳》）嗣後陶弘景有《孝經》、《論語集注》，而「性好著迷，尚奇異。……尤明陰陽五行風角星算，山川地理，方圓產物，醫術本草。」（《梁書·陶弘景傳》）《晉書藝術傳》中所記道士：如韓友「爲書生，泓從父受業，精妙踰深，兼博覽經史，尤明《禮易》。」索紞「少游京師，受業太學。博綜經籍，遂爲通儒，明陰陽天文，善術數占侯。」臺產「少專京氏《易》，善圖讖祕緯天文《洛書》風角星算六日六分之學，尤善望氣占侯推步之術。……兼善經學。」王嘉「所造〈牽三歌讖〉，事遇皆驗。」上述道士實非一般低級神棍之流。無論道德事跡皆足以爲人景仰，誠可謂「有道之士」。彼輩所學不限於《老莊》，乃融合陰陽五行讖諱堪輿方伎數術於一身，凡占卜醫術天文曆算，可資利用以增進其

方技道術者，無不廣採博引，以之爲用。是魏晉道士奠定嗣後道教學理之基礎。而我國千年以來之民間信仰，亦以此爲發演矣。梁啓超先生曰：

> 自西京儒者翼奉、眭孟、劉向、匡衡、龔勝之徒，既已盛說五行，
> 夸言讖緯。及光武好之，其流愈昌。東京儒者、張衡、郎顗最稱名
> 家，襄楷、蔡邕、揚厚等，亦班班焉。於是所謂風角、遁甲、七政、
> 元氣、六日、七分、逢占、日者、挺專、須臾、孤虛、雲氣、諸術，
> 盛行於時。《後漢書‧方術列傳》所載三十三人，皆此類也。然其術
> 至三國而大顯，始儼然有勢力於社會，若費長方、于吉、管輅、左
> 慈，其尤著者也。其後郭璞著〈葬書〉，注〈青囊〉，爲後世堪輿家
> 之祖。而嵇康亦有〈難宅無吉凶論〉，則其風水說之盛行可知。《隋
> 志》著錄《珞琭子》一書，言祿命者以爲本經。而臨孝公有《祿命
> 書》，陶弘景有《三命抄》，實算命家之祖。衛元嵩著《元包庚》，季
> 才著《靈臺祕苑》，爲後世言卜筮者之大成。陶弘景著《相經》，爲
> 後世相法者之祖。凡千年以來，誣罔怪誕之說，汩溺人心者，皆以
> 彼時確然成一科學。〔註1〕

又因魏晉道教之發達，不但影響社會風氣，而文學作品亦深受其波及。故魏晉人遊仙、養生之詩文不少，而神仙鬼怪之小說亦特別流行。曹丕有《列異傳》三卷（《隋書‧經籍志》），是以「序鬼物奇怪之事」。張華有《博物志》四百卷，乃「記異境奇物及古代瑣聞雜事。」葛洪有《神仙傳》十卷，並有《集異傳》，胥載神仙修道及異聞之事。干寶有《搜神記》二十卷，言神仙五行、神祇靈異之變化。劉琰稱其曰：「卿可謂鬼之董狐。」（見《世說‧排調篇》）王嘉有〈拾遺記〉，今存十卷，「文章頗靡麗，而事皆誕謾無實。」陶淵明有《搜神記》十卷，述神仙鬼怪之事。祖臺有《志怪錄》四卷，西戎主簿戴祚有《甄異傳》三卷，今已佚。劉敬叔有《異苑》十餘卷，亦記鬼怪之見聞。

此外有託名漢人所作，如劉向《列仙傳》，東方朔《神異經》、《海內十洲記》。班固之〈漢武故事〉、〈漢武內傳〉。郭憲之《漢武洞冥記》、《東方朔傳》，學者多以爲係漢以後魏晉所作。由於魏晉志怪小說之發達，促使六朝此類作品更加興盛。如劉義慶之《幽明錄》、《宣驗記》，祖沖之《述異記》、東陽無疑之《齊諧記》、任昉之《述異記》、吳均《續齊諧記》……等，不勝枚舉。

〔註1〕 梁啓超《中國學術思想變遷之大勢老學時代》，頁 61。

可知道教對世俗文學影響之大。

第二節　魏晉道教之學術家

　　漢時道教如張道陵等所創立之太平道、天師道、五斗米道其性質皆以符咒治病，祈禳祝禱爲能事，對於道教學理並無深入之闡述。然魏晉道士如魏伯陽、葛洪等，皆能對道教理論有所增衍，且其本身亦精通道家之學，能融合老莊、道教以及儒家學說於一爐，無論對宗教、學術以及社會風氣有極大貢獻，茲敍述如下：

一、魏伯陽

　　魏伯陽之身世不可考。後蜀時，有彭曉者，謂漢桓帝時有魏伯陽著《周易參同契》，示於青州徐從事家。徐乃匿名以注之，而授之於淳于叔通。唯以上諸人行事，俱未見於正史，僅《抱朴子·遐覽篇》有魏伯陽《內經》之書目。故魏伯陽約爲東漢至西晉間人。

　　清雍正年間，有道教龍門派弟子朱元育作《參同契闡幽》，其《序》曰：「《參同契》者，東漢魏眞人伯陽所作。蓋以《易》道明丹道也。《易》道之要，不外一陰一陽，一陰一陽合而成《易》，大道在此其矣。參者參任之參；同者，合同之同；契者，相契之契。書中分上、中、下三篇，篇中分《御政》、《養性》、《伏食》三家。使大《易》性情，黃老養性，爐火之事，合同爲一。方與盡性至命之大道相契，舉一端則三者全具其中。」魏伯陽之《參同契》，乃以《周易》之理、象、數三部份和五行干支學以及老莊形上、形下之玄學原理，加以融會貫通，爲丹道之修鍊程序，作一完整理論之說明。

　　魏伯陽以八卦之原理，譬喻身體之機構官能；再以五行之作用，說明機能氣息之運行。〈乾坤〉二卦爲《易經》卦象之基礎。〈乾〉爲父屬純陽，〈坤〉爲母屬純陰，〈坎〉爲中男，以陽居兩陰爻之中；〈離〉爲中女，以陰居兩陽爻之中。〈乾坤坎離〉四卦若倒置，性質不變。故《參同契》曰：「〈乾坤〉者，《易》之門戶，眾卦之父母，〈坎離〉匡廓，運轂正軸。」又曰：「〈乾坤〉門戶，在丹道爲爐鼎；〈坎離〉匡廓，在丹道爲藥物。火侯出其中矣。」

　　《參同契》又將四卦之外六十卦，共三百六十爻，按照陰陽消息之道，日月星辰之理，加上五行干支之數，說明宇宙現象，而以丹道附和之，又以

人身配合天地：「〈乾〉為首，父天之象也；〈坤〉為腹，母地之象也。〈震〉為足，〈巽〉為股，近乎地分，長男、長女之象也。〈艮〉為手，〈兌〉為口，近乎天分，少男少女之象也。〈坎〉為耳，〈離〉為目，運乎天地之中，獨當人位，中男中女之象也。……故學道之士，苟能啓吾之門戶，而〈乾坤〉鼎爐可得而識矣。能運吾之轂軸，而〈坎離〉藥物而不得探矣。能鼓吾之橐籥，而六十卦之陽火陰符而可得而行持矣。所謂順之生人也，逆之則成丹矣。」由上述可知其如何將《易》理與丹道混合，而構成修煉哲學之基礎。

魏伯陽長生之術有二：一曰金丹，又稱外丹；一曰內丹，又稱養性。《參同契》第二十章〈性命歸元〉謂，欲養性，則先立命。性命同出一源，立命正可以養性。性係〈乾〉元，命是〈坤〉元。〈乾坤〉不離，性命不分。性係太虛，人方於母胞成形之時，〈乾〉元一點元精與〈坤〉元相合，性乃和氣相依。朱元育《釋性命歸元》章曰：「元神（性）為君，安一點於竅內，來去總不出門，豈非性主處內，玄置鄞鄂乎？精氣為臣，嚴立隄防，前後左右，遏絕奸邪，豈非情主處外，築為城廓乎？隄防既固，主人優遊於密室之中，不動不搖，不驚不怖。故曰：城廓完全，人民乃安。始而處內之性，已足制情；既而營外之情，自來歸性。賓主互參，君臣道合，此為〈坎離〉交會，金丹初基，立命正所以養性也。」

魏伯陽內丹養性之法，全取於老莊虛靜之說，以達其鍛鍊精神魂魄之修煉目的。其指出煉修之初基方法：「內以養己，安靜無虛。原本隱明，內照形軀。閉塞其兌，築固靈株。三光陸沉，溫養子珠。視之不見，近而易求。黃中漸通理，潤澤達肌膚。初正則終修，幹立未可持。一者以掩蔽，世人莫知之。」又云：「勤而行之，夙夜不休。伏食三載，輕舉遠遊。跨火不焦，入水不濡。能存能忘，長樂無憂。道成德就，潛伏俟時。太乙乃召，移居中洲。功滿上升，膺錄受符。」

能閉塞息兌，清靜自守，便能達到氣神調暢，往來無極之最高境界：「耳目口三寶，閉塞勿發通。眞人潛深淵，浮游守規中。旋曲以視聽，開闔皆合同。為己之樞轄，動靜不竭窮。〈離〉氣納榮衛，〈坎〉乃不用聰。〈兌〉合不以談，希言順鴻濛。三者既關鍵，緩體處空房。委志歸虛無，無念以為常。證難以推移，心專不縱橫。寢寐神相抱，覺悟候存亡。顏色浸以潤，骨節益堅強。辟却眾陰邪，然後立正陽。修之不輟休，庶氣雲施行。淫淫若春澤，液液象解冰。從頭流達足，究竟復上升。往來洞無極，怫怫被谷中。反者道

之驗，弱者德之柄。耘鋤宿污穢，細微得調暢。濁者清之路，昏久則昭明。」此以道士煉炁必須配合老莊內在之修養，方能臻至老莊所謂與「天地精神相往來」之眞人地步。因此胎息靜坐，調息養神，必須裡外配合。

至於一些僅注重外在儀式，迷信於符籙方技，專司鬼神驅疫之傳統道士，有違老莊內在修煉之精神，魏伯陽則予以抨擊：「是非歷臟法，觀內有所思。履行步斗宿，六甲次日辰。陰道厭九一，濁亂弄元胞。食氣鳴腸胃，吐正吸外邪，晝夜不臥寐，晦朔未嘗休。身體日疲倦，恍惚狀若癡，百脈鼎沸馳，不得證清居。累土立壇宇，朝暮敬祭祀，鬼物見形象，夢寐感慨之。心歡意喜悅，自謂必延期，遽以夭命死，腐露其形骸。舉昔輒有違，悖逆失樞機，諸術甚眾多，千條有萬餘。前却違黃老，曲折戾九都，明者省厥旨，曠然知所由。」此對當時喜歡妖言惑眾，欺誑成習，而專務旁門左道之術士，何啻當頭棒喝。

魏伯陽認爲道教，係承繼上古老莊道術，本應明達道體，懷玄抱眞。唯後世之人汩沒其義，反崇尚各種偏術，以僞亂眞，影響社會，造成頹風，遂作茲文以正之：「維昔聖賢，懷玄抱眞。伏煉九鼎，化跡隱淪。含精養神，通德三光。精溢腠理，筋節緻堅。眾邪辟除，正氣常存，積累長久，變形而仙。憂憫後生，好道五倫。隨旁風采，指畫古文。著爲圖籍，開示後昆。露見枝條，隱藏本根。託號諸名，覆謬眾文。學者得之，韞櫝終身。子繼父業，孫踵祖先。傳世迷惑，道無見聞。遂使宦者不仕，農夫失耘，賈人棄貨，志士家貧，吾甚傷之，定錄茲文。」凡此思想，對後來《抱朴子》甚有啓發。

《參同契》最末一章，名爲〈三道由一章〉，以《易經》、《老莊》、煉丹雖爲三道，實則同歸於一，作爲結論：「大《易》情性，各如其度。黃老用究，較而可御。爐火之事，眞有所據。三道由一，俱出徑路。枝莖花葉，果實垂布。正在根株，不失其素。」調和儒道，原係魏晉清談家所致力。魏伯陽能融合老莊、《易》、丹鼎三家爲一爐，蓋爲魏晉風氣所使然。至於其能鍼砭時弊，而提倡道家虛靜無爲之修養，對於道教學理，誠有長遠深之影響。南懷瑾先生曰：

> 總之，魏伯陽所著的《參同契》，從身心修養的實驗科學精義，而說出心性的形而上道，與形而下質變的精神魂魄等問題，是綜合道家科學的學術，與儒家哲學思想，溶化會聚在丹道的爐鼎之中，譽爲千古丹經道書的鼻祖，實非爲過。朱雲陽說他是以「天地爲爐鼎，

身心為藥物」，那是一點不錯的。不過，他是注重於人元丹的修煉，
是發揮人生性命功能的最高至理。〔註2〕

二、許 遜

三國時期，除張道陵所創之天師道外，南方有許遜於江西建淨明忠孝教。
內用道家、儒家敦品勵行之修養，外用祈禳符籙等法術，做為積功累德之基礎。
其遺風流澤，影響千餘年以後，成為魏晉時代南方道教之開建者。許旌陽（遜）
一派道術，係帶家至同修，不須離塵出俗之法派。相傳其得道之日，全家大小，
雞犬飛昇，成為道教富貴神仙之榜樣。其除有道教之妙術神通外，最大之功德，
為對江西及三江上游之水利開發建設，澤及南方，功不可泯，實可媲美秦時李
冰父子之建設都江堰。其生平事蹟，見黃元吉所寫之〈許眞君傳記〉：

「眞君，姓許氏，名遜，字敬之。曾祖琰，祖父玉，父肅。世為許昌人，
高節不仕，潁陽由之後也。父漢末，避地於豫章之南昌，因家焉。吳赤烏二年
己未，母夫人夢金鳳銜珠，墜於帳中，因是有娠而生眞君焉。生而穎悟，姿容
秀偉。少小通疏，與物無忤。嘗從獵，射一麂鹿，中之，子墮，鹿母猶顧舐之，
未竟而斃。因感悟，即折棄弓矢，刻意為學。博通經史，明天文、地理、律曆、
五行、讖緯之書。尤嗜神仙修鍊之術，頗臻其妙。聞西安吳猛得至人丁義神方，
乃往師之，悉得其祕。遂與郭璞訪名山，求善地，為棲眞之所。得逍遙金氏宅，
遂徙居之。日以修鍊為為事，不求聞達。鄉達化其孝友，交游服其德義。……
乃於太康元年，起為蜀旌陽令。時年四十二，視事之初，誡吏胥去貪鄙，除煩
細，脫囹紲，悉開諭以道教忠孝慈仁忍愼勤儉，吏民悅服，咸願自新。……蜀
民為之謠曰：『人無竊盜，吏無奸欺；我君活人，病無能為。』眞君知晉室將亂，
乃棄官東歸。民感惠贏糧而送者蔽野。有至千里始還者，有隨至其家願服役不
返者。乃於宅東之隙地，結茅以居，狀如營壘，多改氏族以從眞君之姓，故號
許家營焉。……眞君生於吳大帝赤烏二年己未正月二十八日，住世一百三十六
年。凡來參學淨明弟子，皆尊之曰道師君。眞君既飛昇之後，里人與其族孫，
簡直就其地立祠。」

今江西南昌道教勝地萬壽宮，即為許遜之廟。從隋、唐、宋、明、元以來，
皇帝屢加敕封，香火鼎盛，為南方道教之中心。許旌陽雖無著作傳世，然其言

〔註 2〕 南懷瑾《禪與道概論漢魏以後的神仙丹道派》，頁 216。

行皆能發揮老子「慈、儉、讓」之三寶精神，由勸善積功而累德，修養成超凡入聖神仙之道，對魏晉道教不啻發揮淨化之功。

三、郭　璞

郭璞，字景純。好經術，博學有高才，而訥於言論，詞賦為中興之冠，好古文奇字，妙於陰陽算曆。有郭公者，客居河東，精於卜筮，璞從之受業。公以〈青囊中書〉九卷與之，由是遂洞五行、天文、卜筮之術。攘災轉禍，通致無方，雖京房、管輅不能過也。元帝時，徵為著作郎。于時陰陽錯繆，而刑獄繁興，璞上疏元帝，發揮道家無為而治之意，曰：「陛下即位以來，中興之化未聞，雖躬綜萬機，勞逾日昃，玄澤未加以群生，聲教未被乎宇宙；臣主未寧于上，黔細未輯于下。鴻雁之詠不興，康哉之歌不作者，何也？……未以區區之曹參，猶能遵蓋公之一言。倚清靖以鎮俗，寄市獄以容非。德音不忘，流詠于今。漢之中宗，聰悟獨斷，可謂令主。然屬意刑名，用虧純德，老子以禮以忠信之薄，況刑又是禮之糟粕者乎！夫無為而為之，不宰以宰之，固陛下之所體者也。」

郭璞為人有名士風格，性輕易，嗜酒好色，時或過度。著作郎干寶常誡之曰：「此非適性之道也。」璞曰：「吾所受有本限，用之恒恐不得盡，卿乃憂酒色之為患乎！」璞既好卜筮，縉紳多笑之，又自以才高位卑，著〈客傲〉一文，發揮莊子之旨。其文如下：

「蚑蛾以不才陸槁，蟒蛇以騰鶩暴鱗。連城之寶藏於褐裡，三秀雖豔，靡于采。香惡乎芬，賈惡乎在？是以不塵不冥，不驪不駬，支離其神，蕭悴其形。刑廢則神王，跡粗而名生。體全者為犧，至獨者不孤；傲俗者不得以自得，默覺者不足以涉無。故不恢心而形遺，不外累而智喪。無巖穴而冥寂，無江湖而放浪。玄悟不以應機，洞鑒不以昭曠，不物物我我，不是是非非。忘意非我意，意得非我懷，寄群籟乎無象，域萬殊于一歸。不壽殤子，不夭彭、涓，不壯秋毫，不小太山。蚊淚與天地齊流，蜉蝣與大椿齒年，然一闔一開，兩儀之跡；一沖一溢，懸象之節。渙泹期於寒暑，凋蔚要乎春秋。春陽之翠秀，龍豹之委穎，駿狼之長暉，玄陸之短景。故皐攘為悲欣之府，蝴蝶為物化之器矣。夫欣黎黃之音者，不聾蟪蛄之吟，豁雲臺之觀者，必閟帶索之歡。縱蹈而詠採薺，擁璧而歎抱關。戰機心以外物，不能得意於一弦。悟往復於嗟歎，安可與言樂天者乎！若乃莊周偃蹇於漆園，老萊婆娑於林窟，

嚴平澄漠於塵肆，梅眞隱淪乎市卒，梁生吟嘯而矯跡，焦光混沌而槁机，阮公昏酣而賣傲，翟叟遁形以愍忽。吾不能幾韵於數賢，故寂然玩此員策而智骨。」（以上見《晉書・郭璞傳》）

　　《晉書・本傳》紋其靈異之事甚多，璞撰其前後筮驗六十餘事爲《洞林》一書，又抄京、費諸家要最，更撰爲《新林》十篇、《卜韵》一篇。注釋《爾雅》，別爲《音義》、《圖譜》，又注《三蒼》、《方言》、《穆天子傳》、《山海經》及《楚辭》、〈子虛〉、〈上林賦〉數十萬言，所作詩賦誄頌亦數萬言。其《遊仙詩》，《世說新語・明詩篇》譽爲「景純豔逸，足冠中興。」《詩品》評曰：「辭多慷慨，乖遠玄宗。」郭璞洵爲一學問淵博，著述等身之人物。《晉書本傳》中形容其爲一能呼風喚雨，占驗極靈之道士，以其高超法術博得帝王貴族之寵信，而卒以其術喪於王敦之手。今觀其人「性輕易，嗜酒好色，時或過度」，又「自以才高位卑」而自恨，其〈客傲〉一文中有「玉以兼城爲寶，士以知名爲賢；明月不妄映，蘭葩豈虛鮮？」將己喻爲寶玉蘭葩，頗有自視不凡，不滿現實之意，其之遇害殆由此乎？蓋其雖精研老莊，猶未能以道家之自隱無名，潛默沈藏自處也。故房玄齡於《晉書・本傳》評之曰：「景純篤志綈緗，洽聞彊記。在異書而畢綜，瞻往滯而咸釋。情源秀逸，思業高奇。襲文雅於西朝，振辭鋒於南夏。爲中興才學之宗矣。夫語怪徵神，伎成則賤，前修貽訓，鄙乎茲道。景純之探策定數，考往知來，邁京管於前圖，軼梓竈遐篆。而官微於世，禮薄於時。區區然寄〈客傲〉以申懷，斯亦伎成之累也。若乃大塊流形，玄天賦命。吉凶修短，定乎自然。雖稽象或通，而厭勝難恃。稟之有在，必也無差。自可居常待終，頹心委運。何至衛刀被髮，遑遑於幽穢之間哉！晚抗忠言，無救王敦之逆。初慚智免，竟斃山宗之謀。仲尼所謂『攻乎異端，斯害也已』，悲乎。」對之褒貶有加，誠屬允論。

四、葛　洪

　　葛洪，字稚川，丹陽句容人。少好學，家貧，躬伐薪以貿紙筆，夜輒寫書誦習，遂以儒學知名。性寡欲，無所愛翫，不知棋局幾道，摴蒲齒名。爲人不訥，不好榮利，閉門却掃，未嘗交游，嘗尋書問義，不遠千里，崎嶇冒涉，期於必得，遂究覽典籍，尤好神仙導養之法。其從祖玄，吳時學道得仙，號曰葛仙公。以其鍊丹祕術授弟子鄭隱。葛洪就隱學，悉得其法焉。後又從學於鮑玄，玄愛其才學，以爲女婿。以石冰作亂，吳興太守顧祕檄洪爲將兵

都尉，破之，遷伏波將軍，後還鄉里。干寶器重之，薦之元帝，數辟不就。於是乃於羅浮山煉丹。在山積年，伏游閑養，著述不輟，自號抱朴子，因以名書。其餘所著碑、誄、詩、賦百卷，移、檄、章、表三十卷，《神仙》、《良吏》、《隱逸》、《集異》等傳各十卷，又抄五經、《史漢》百家之言，方技雜事三百一十卷，《全匱藥方》一百卷，《肘後畏急方》四卷。洪博聞深洽，江左絕倫。著述篇章，富於班、馬，又精辯玄頤，析理入微。後忽與鄧嶽（廣州刺史）云：「當遠行尋師，尅期便發。」坐至日中，兀然若睡而卒。嶽至，遂不及見。時年八十一。視其顏色如生，體亦柔軟。舉尸入棺，甚輕，如空衣，世以為尸解得仙云。（以上見《晉書・葛洪傳》）

　　《抱朴子》一書係葛洪思想之精華。其著作之目的，《序》曰：「世儒徒知服膺周孔，莫信神仙之書，不但大而笑之，又將謗毀真正。故予所著子言黃白之事，名曰〈內篇〉。其餘駁難通釋，名曰〈外篇〉。」而〈自敍篇〉亦曰：「其〈內篇〉言神僊方藥鬼怪變化養生延年禳邪却禍之事，屬道家。其〈外篇〉言人間得失世事臧否，屬儒家。」此書實發揮道教神仙之旨，兼以儒道二家，為之釋難解疑。〈內篇〉多涉神仙修煉之事，〈外篇〉外臧否人物評論世事是非。

　　至於其思想之承受，《抱朴子・金丹篇》曰：「昔左元放（慈）於天柱山中精思，而神人授之《金丹仙經》。會漢末亂，不遑合作，而避地來渡江東，志欲投名山以修斯道。余從祖仙公又從元放受之。凡受《太清丹經》一卷，及《九鼎丹經》一卷、《金液丹經》一卷。余師鄭君則余從祖仙公之弟子也。又從受之，而家貧無用買藥。余親事之攬掃，積久，乃於馬迹山中，玄壇盟受之，並諸口訣之不書者。」是其上承左慈、葛玄、鄭隱一線相傳之道統，而能推陳出新，使丹鼎之術，接受學理之引導，俾道教於義理上更趨圓熟，此葛洪於道教史上，誠有不可磨滅之地位。

　　關於對儒道二家之觀點，葛洪皆能本「儒道調和」之論出發，唯較偏重於道家。〈辨問篇〉曰：「且夫俗所謂聖人者，皆治世之聖人，非得道之聖人。得道之聖人，黃老是也，治世之聖人，則周孔是也。」此雖非薄儒，然似以道家偏勝。〈明本篇〉曰：「或問儒道之先後，抱朴子答曰：『道者，儒之本也；儒者，道之末也。……凡言道者，上自二儀，下逮萬物，莫不由之。但黃老執其本，儒墨治其末耳。……夫體道以匠物，寶德以長生者，黃老是也。黃帝能治世致太平，而又昇仙，則未可謂之後於堯舜也。老子既兼綜禮教，而

又久視，則未可謂之爲滅周孔也。故仲尼有竊比之嘆，未聞有疵毀之辭。而未世庸民，修儒墨而毀道家，何異子孫而罵詈祖考哉？』」因此既不失儒，亦不廢道，孔老並舉。〈塞難篇〉曰：「仲尼，儒者之聖也；老子，得道之聖也。儒教近而易見，故宗之者眾焉，道意遠而難識，故達之者寡焉。道者，萬殊之言也；儒者，大淳之流也。三皇以往，道治也；帝王以來，儒教也。談者咸知高世之敦朴，而薄季俗之澆散，何獨重仲尼而輕老氏乎？……所以貴儒者，以其移風易俗，不唯揖讓與盤旋也。所以尊道者，以其不言而化行，匪獨養生之一事也。若儒、道果有先後，則仲尼未可專信，而老氏未可孤用也。」是《抱朴子》頗有調和二家之說，而倡等聖之論。此乃繼何晏、王弼以來之精神而發揮之。唯亂世之中，天下靡定，干戈戚揚，藝文不貴，遂以爲儒教「有損於精思，無益於天命。」（〈遐覽篇〉）是以其思想傾向道家者多，而認爲道家學說，實「包儒墨之善，總名法之要，與時遷移，應物變化，指約而易明，事少而功多。……誠百家之君長，仁義之祖宗也。」

至於抱朴子學術思想，體大博綜，雜有儒、道、仙三家思想在內。茲略述於次：

（一）本體論

抱朴子之本體論，係根據老莊本體之「道」爲基礎，「道」爲宇宙萬物之根本，出於自然，或名曰「玄」。其開宗明義〈暢玄篇〉曰：「玄者，自然之始祖，而萬殊之大宗也。眇昧乎其深也，故稱微焉；綿邈乎其遠也，故稱妙焉。其高則冠蓋乎九霄，其曠則籠罩乎八隅。光乎日月，迅乎雷馳。或倏爍而景逝，或飄濔而星流，或混漾於淵澄，或雰霏而雲浮。因兆類而爲有，託潛寂而爲無。淪大幽而下沉，凌辰極而上游。金石不能比其剛，湛露不能等其柔。方而不矩，圓而不規。來焉不見，往焉莫追。《乾》以之高，《坤》以之卑。雲以之行，雨以之施。胞胎元一，範鑄兩儀。吐納大始，鼓冶億類。個旋四七，匠成草昧。轡策靈機，吹噓四氣。幽括沖默，舒闡粲尉。抑濁揚清，斟酌河渭。增之不溢，挹之不匱。與之不榮，奪之不瘁。故玄之所在，其樂不窮；玄之所去，哭弊神逝。……夫玄道者，得之者內，守之者外，用之者神，忘之者器，此思玄道之要言也。」《抱朴子》之「玄」如同揚雄《太玄經》中之「玄」，爲一切事物之本體，相當於老莊之「道」。此取於老子「玄之又玄，眾妙之門。」（一章）之旨。

《抱朴子》亦有名曰「道」者。如〈道意篇〉曰：「道者，涵乾括坤，其

本無名。論其無，則影響猶爲有焉；論其有，則萬物尙爲無焉。隸首不能計其多少，離朱不能察其髣髴。……以言乎邇，則周流秋毫而有餘焉；以言乎遠，則彌綸太虛而不足焉。爲聲之聲，爲響之響，爲形之形，爲影之影。方者得之而靜，員者得之而動，降者得之而俯，昇者得之以仰。強名爲道，已失其眞。況復乃千割百判，億分萬析，使甚姓號，至於無垠，去道遼遼，不亦遠哉。」此完全就《老子》第二十五章：「吾不知其名，字之曰道，強爲之名曰大。……」發揮。

　　老子以「一」代表「道」，所謂「昔之得一者，天得一以清，地得一以寧，神得一以靈，谷得一以盈，萬物得一以生，侯王得一以爲天下貞。」葛洪亦有此說。〈地眞篇〉曰：「人能知一，萬事畢。知一者，無一不知也；不知一者，無一之能知也。道起於一，甚貴無偶，名居一處，以象天地人，故曰三一也。天得一以清，地得一以寧，人得一以生，神得一以靈。全沈羽浮，山峙川流，視之不見，聽乎不聞；存之則在，忽之則亡；向之則吉，背之則凶；保之則遐祚罔極，失之則命彫氣窮。老君曰：『忽兮恍兮，其中有物。』一之謂也。」

　　葛洪因此又有「元一」之說，此乃從《老子》「道生一」引申而來。〈地眞篇〉曰：「元一之道，亦要法也。無所不辟，與其一同功。吾〈內篇〉第一，名之爲『暢玄』者，正以此守也。守玄一復易於守眞一。眞一有姓字、長短、服色、目。元一，但此見之，初求之於日中。所謂知白守黑，欲死不得者也。」「元一」，即是「元氣」；「眞一」，則爲「精氣」。人欲修養長生之術，則須保此「精氣」，以守「元氣」。此與劉劭《人物志》之「凡有血氣者，莫不含元一以質，稟陰陽以立性，體五行而著形。」（九徵篇）之意相同。

　　至於「玄道」之功用，則博眅萬物，無所不治。〈暢玄篇〉曰：「夫玄道者，得之乎內，守之者外，用之者神，忘之者器，此思玄道之要言也。得之者貴，不待黃鉞之威；體之者富，不須難得之貨。高而不登，深不可測。乘流光，策飛景，凌六虛，貫涵溶。出乎無上，入乎無下。……徘徊茫昧，翱翔希微，履略蜿虹，踐跚璇璣，此得之者也。」〈明本篇〉曰：「夫道者，內以治身，外以爲國，能令七政遵度，二氣告和，四時不寒燠之節，風雨不爲暴物之災。……疫癘不流，禍亂不作，塹壘不設，干戈不用，不議而當，不約而信，不結而固，不謀而成，不賞而勸，不罰而肅，不求而得，不禁而止。處上而人不以爲重，居前而人不以爲患。號未發而風移，令未施而俗易，此蓋道之治世也。」

如何體驗「道」？葛洪則從莊子「全性保眞」，老子「虛極靜篤」處發揮。〈道意篇〉曰：「人能淡默恬愉，不染不移，養其心以無欲，頤其神以粹素。掃滌誘慕，收之以正。除難求之思，遣害眞之累，薄喜怒之邪，滅愛惡之端。則不請福而福來，不禳禍而禍去矣。何者？命在其中，不繫於外。道存乎此，無俟於彼也。」

（二）政治論

葛洪本體論深受道家學說之影響（〈內篇〉皆發揮道家之旨），而政治論則傾向於儒家學說（〈外篇〉多闡述儒家之言）

儒家重人倫，守定分，主張上下有別，君臣有序。〈詰鮑篇〉承其說曰：「蓋聞冲昧既闢，降濁升清，穹隆仰燾，旁泊俯停。乾坤定位，上下以形。遠取諸物，則天尊地卑，以著人倫之體；近取諸身，則元首股肱，以表君臣之序。降殺之軌，有自來矣。」因此君道、臣道皆須各守其職：「君人者，必修諸己以先四海，去偏黨以平王道，遣私情以標至公，擬宇宙以籠萬殊。眞物既明於物外矣，而兼之以自見；聽受既聰於接來矣，而加之以自聞。」（〈君道篇〉）而「人臣勳不弘則恥俸祿之虛厚也，績不茂則羞爵命之妄高也。」（〈臣節篇〉）此外尚強調刑法之重要。〈用刑篇〉曰：「夫德教者，黼黻之祭服也；刑罰者，捍刄之甲胄也。若德教治狡暴，猶以黼黻御剣鋒也。以刑罰施平世，猶以甲胄升廟堂也。」

由於《抱朴子》論政，悉從儒家之觀點出發，所謂「其〈外篇〉言人間得失世事臧否，屬儒家。」因此其政治作法上，反對老莊之無爲政治。〈用刑篇〉曰：「道家之言，高則高矣，用之則弊。遼落迂濶，譬猶于將，不可以縫線，巨象不可使捕鼠。……若行其言，則當燔桎梏，隳囹圄，罷有司，滅刑書，鑄干戈，平城池，散府庫，毀符節。……泛然不繫，反乎天牧，不訓不營，相忘江湖，朝廷闃然若無，人民至死不往來。可得而論，難得而行也。」（〈用刑篇〉）此種論點蓋與當時政治情勢有關。晉末國事蜩螗，社會動盪，天下熙熙，皆競浮靡，風俗淫僻，恥尚失所。老莊虛無之風，非特無益晉政，亦終使國家淪於速亡，故王衍將死有自恥「祖尚浮虛」之哀疚，劉琨臨難有力斥「聃周虛誕」之悔悲。凡此皆可知葛洪於政治上何以採「排道入儒」之立場也。

是故欲保國安民，則必崇尚儒術，捨棄老莊。〈崇教篇〉曰：「今聖明在上，稽古濟物，堅隄防以杜決溢，明褒貶以彰勸沮。想宗室公族及貴門當年，

必當競尚儒術，撙節藝文，釋老莊之意不急，精六經之正道也。」尤其莊周之放達，常為魏晉名士所仿效，此則為亂法犯紀之源，葛洪抨之甚切。〈應嘲篇〉曰：「常恨莊生言行自伐，桎梏世業，身居漆園而多誕談。好畫鬼魅，憎圖狗馬，狹細忠貞，貶毀仁義，可謂彫虎畫龍。難以徵風雲，空板億萬，不能救無錢。孺子之竹馬，不免於腳剝。土桴之盈案，無益於腹虛也。」

　　《抱朴子》政治觀實乃針對晉書之弊病而發。《晉書本傳》謂其「以儒學知名」，是知其政治上崇尚實際，攻擊虛無之言，皆肇於儒家之觀點。〈詰鮑篇〉中評鮑敬言欲發揮老莊之虛君主義曰：「道家之言，高則高矣，用之則弊。」此誠因其處亂世之中，有感之言也。

（三）修養論

　　葛洪之修養論乃係建立於道教神仙思想上。其本人「好神仙導養之法」，故強調神仙之術，可學而至。〈論仙篇〉曰：「若夫仙人，以藥物養身，以數術延命，使內疾不生，外患不入。雖久視不死，而舊身不改，苟有其道，無以為難也。而淺識之徒，抱俗守常。咸曰：『世間不見仙人。』便云天下必無此事。夫目之所曾見，當何足言哉？」

　　世俗之人，既不識仙法，反而嗤謗之。故得道之士，常與世人異路而行，此葛洪所以自貴其道也。〈辨問篇〉曰：「夫道家寶祕，仙術弟子之中，尤尚簡擇，至精彌久，然後造之以要訣。況於世人，幸自不信不求，何為當強以言之邪？既不能化令信之，又將招嗤速謗。故得道之士，所以與世人異路而行，異處而止。言不欲與之交，身不欲與之雜。隔千里，猶恐不足以遠煩勞之攻；絕軌迹，猶恐不足以免毀辱之醜。貴不足以誘之，富不足以移之。何肯當自衒於俗士，言我有仙法乎？此蓋周孔所以無緣而知仙道也。」

　　《抱朴子》又將「聖人」與「仙人」並立，猶莊子「方內」、「方外」之說。唯二者異道而行，軒迹各殊，實聖人之道不若仙人之道具體而效睹，其法可得而行也。〈辨問篇〉曰：「夫聖人不必仙，仙人不必聖。聖人受命，不值長生之道。但自欲除殘去賊，夷險平暴，制禮作樂，著法垂教，移不正之風，易流遁之俗，匡將危之主，夫亡徵之國。刊《詩書》，撰《河洛》，著《經誥》，和《雅頌》，訓童蒙，應聘諸國，突無凝煙，席不暇煖。其事則鞅掌罔極，窮年無已，亦焉能閉聽掩明，內視反聽，呼吸導引，長齋久潔，入室鍊形，登山採藥，數息思神，斷穀清腸哉？至於仙者，唯須篤志至言，勤而不怠，能恬能靜，便可得之，不待多才也。有入俗之高眞，乃為道者之重累也。得合一大藥，知一養

神之要，則長生久視，豈若聖人所修爲者云云之無限乎？」

至於得道長生之要階，則須循步按序，由難及易，持之有恆也。〈微旨篇〉曰：「凡學道當階淺以涉深，由難以及易，志誠堅果，無所不濟，疑則無功，非一事也。夫根荄不洞地，而求柯條干雲；淵源不泓窈，而求湯流萬里者，未之有也。」

至於修鍊求道之法，《抱朴子》則綜雜仙、道二家之說。茲將要點摘述如下：

1. 金丹大法

服用金丹以成仙，此係戰國以來方士道士修鍊之法。〈金丹篇〉曰：「余考覽養生之書，鳩集九視之方，曾所披涉，篇卷以千計矣。莫不皆以還丹、金液爲大要者焉。然則此二事，蓋仙道之極也。服此而不仙，則古來無仙矣。」「夫金丹之爲物，燒之愈久，變化愈妙。黃金入火，百鍊不消，埋之畢天不朽。服此二物，鍊人身體，故能令人不老不死。」丹有九種：一曰丹華，二曰神符，三曰神丹，四曰還丹，五曰餌丹，六曰鍊丹，七曰柔丹，八曰伏丹，九曰寒丹。第一種丹，神効最大，服後七日成仙。其餘八種丹，服之百日成仙。「凡服九丹，欲昇天則去，欲且止人間，亦任意皆能出入，無間不可得之矣。」此外尚有太清神丹、五靈丹經、金液太乙等丹。「合丹當於名山之中，無人之地，結伴不過三人，先齋百日，沐浴五香，致加清潔，勿近穢污，及與俗人往來。又不令不信道者知之，謗毀神藥，藥不成矣。」（〈金丹篇〉）

2. 導引行炁

「行炁或可以治百病，或可以入瘟疫，或可以禁蛇虎，或可以止瘡血，或可以居水中，或可以行水上，或可以延年命，或可以辟飢渴。其大要者，胎息而已。得胎息者，能不以鼻口噓吸，如在胞胎之中，則道成矣。」（〈釋滯篇〉）「夫導引不在於立名象物，粉繪表形著圖，但無名狀也。或伸屈，或俯仰，或行臥，或倚立，或躑躅，或徐步，或吟或息，皆導引也。」（〈別旨篇〉）

3. 還精補腦

「房中之法十餘家，或以補救傷損，或以攻治眾病，或采陰益陽，或以增年延壽，其大要在於還精補一事耳。」（〈釋滯篇〉）「人不可陰陽不交，坐致疾患。若欲縱情恣欲，不能節宣，則伐年命。善其術者，則能却走馬以補腦，還陰丹於朱腸，采玉液於金池，引三五於華梁。令人老有美色，終其

禀之天年。」（〈微旨篇〉）

4. 服餌藥方

「《神農四經》曰：上藥令人身安命延，昇爲天神，遨遊上下，使役萬靈，體生毛羽，行廚立至。又曰：五芝耳餌、丹砂、玉札、曾青、雄黃、雲母、太乙、禹餘糧、各可單服之，皆令人飛行長生。又曰：中藥養性，下藥除病。能令毒蟲不加，猛獸不犯，惡氣不行，眾妖併辟。」（〈仙藥篇〉）

5. 守一存思

「《仙經》曰：子欲長生，守一當明。思一至飢，一與之糧；思一至渴，一與之漿。一有姓字服色，男長九分，女長六分，或在臍下二寸四分下，丹田中。或在心下絳宮金闕中丹田也。或在人兩眉間卻行。一丈爲明堂，二寸爲洞房，三寸爲上丹田也。此乃道家所重，世世歃血，口傳其姓名耳。」（〈地眞篇〉）

6. 滌除嗜慾

「是以遐棲幽遁，韜鱗掩藻，遏欲視之目，遣損明之色，杜思音之耳，遠亂聽之聲。滌除玄覽，守雌抱一，專氣致柔，鎮以恬素，遣歡戚之邪情，外得失之榮辱，割厚生之臘毒，謐多言之樞機。反聽而後所聞微，內視而後見無朕，養靈根於冥鈞，除誘慕於接物，削斥淺務，御以愉慎，爲乎爲無，以全天理。」（〈至理篇〉）

7. 不傷不損

「夫人所以死者，損也；老者，百病所害也，毒惡所中也，邪氣所傷也，風冷所犯也。今道引行氣，還精補腦，食飲有度，興居有節，將服藥物，思神守一，柱天禁戒，帶佩符印，傷生之徒，一切遠之。如此則通，可以免此六害。」（〈至理篇〉）

8. 積善累德

「按王鈐〈經中篇〉云：立功爲上，除過次之，爲道者以救人危，使免禍，護人疾病，令不枉死，爲上功也。欲求仙者，皆不得長生也。……又云：人欲地仙，當立三百善；欲天仙，立千二百善。若有千一百九十九善，而忽復中行一惡，則盡失前善，乃當更起善數耳。」（〈對俗篇〉）

9. 訪求明師

「然此三事，復有深淺。不值明師，不經勤苦，亦不可倉卒而盡知也。」（〈釋滯篇〉）「深念學道藝養生者，隨師不得其入，竟無所成。而使後之有志

者，見彼之不得長生，因云天下之果無仙法也。凡自度生，必不能苦身約己以修玄妙者，亦徒進失干祿之業，退無難老之功，內誤其身，外沮將來也。」（〈勤求篇〉）

10. 禀值仙氣

「按《仙經》以爲諸得仙者，皆受命偶值神仙之氣，自然所禀。故胞胎之中，已含信道之性，及其有識，則心好其事，必遭明師而得其法。不然，則不信不求，亦求不得也。」（〈辨問篇〉）

11. 多聞聽要

「凡養生者，欲令多聞而體要，博見而善擇，偏修一事，不足必賴也。」「淺見之家，偶知一事，便言已足。而不識眞者，雖得善方，猶更求無己，以消工棄日，而所施用意無一定，此皆兩有所失者也。」（〈微旨篇〉）

12. 積勤克終

「彼莫不負笈隨師，積其功勤。蒙霜冒險，櫛風沐雨。而躬親灑掃，契潤勞藝，始見之以信行，終被試以危困。性篤行貞，心無怨貳，乃得升堂以入於室。或有怠厭而中止，或有怨恚而告退。或有誘於榮利，而還修流俗之事；或有敗於邪說，而失其淡泊之志。或朝爲而夕欲其成，或坐修而立望其效。若夫覩財色而心不戰，聞俗言而志不沮者。萬夫之中，有一人爲多矣。」（〈極言篇〉）

13. 慎擇道書

「道書之重者，莫過於《三皇丈》、《五岳眞形圖》也。古人仙官，至人尊祕，此道非有仙名者，不可授也。……道士欲求長生，持此書入山，辟虎狼山精，五毒百邪，皆不敢近人。可以涉江海，卻蛟龍，止風波，得其法。可以變化起工，不問地澤日，家無殃咎。」（〈遐覽篇〉）

以上爲葛洪思想之概要，其餘論黃白之術、符圖印章、禁忌咒語、呼鬼喚神之法，及各類養生之方技，皆爲漢代以來方士道士口耳相傳之法。葛洪係魏晉年間最偉大之道士，亦是道教史上至傑出之人物。至梁時陶宏景「從葛洪《神仙傳》，晝夜研尋」，隱於句容山，自稱華陽眞人，行導引辟穀之法。發揚丹鼎派之旨，著《登眞隱訣》，證明神仙可成。又傾心於符籙，顯名於南方。而北魏時，又有寇謙之於嵩山修道十年，謂得太上老君親授天師之位，並賜以《雲中首誦新科誡》二十卷，及《錄圖眞經》。宰相崔浩深信之，莫定

符籙派之基礎。道家自此遂波瀾壯濶，發揚顯大。至唐代道教不僅與儒佛鼎立，且因天子與老子同姓，道教倍受尊崇。道教學者有孫思邈著《千金方》，司馬承禎著《坐忘論》，張志和著《元眞子》，羅隱著《兩同書》，譚峭著《化書》，於思想上，皆秉承《抱朴子》思想而來。故葛洪於推廣道教理論上，洵功不可沒。稍早之魏伯陽《參同契》，亦有鍊丹之說，然辭意晦奧，非世所易知。葛洪雖敍述列仙之法，然對於有關教理教義之闡釋，無不款款有致。尤能調和儒道二家，使修道與立德並重，又能採老莊學說，奠定其形上之基礎。凡此皆使葛洪從一道士之流，一躍而成爲一偉大之思想家。此與當時祇重數術之郭璞確有不同。《晉書‧本傳》房玄齡論之曰：「稚川束髮從師，老而忘倦。紬奇冊府，總百代之遺編；紀化仙都，窮九丹之祕術。謝浮榮而捐雜藝，賤尺寶而貴分陰。游德棲眞，超然事外。全生之道，其最優乎。」又《贊》曰：「景純通秀，夙振宏材。沈研鳥冊，洞曉龜枚。匪寧國釁，坐致身災。稚川優洽，貧而樂道。載範斯文，永傳洪藻。」推崇褒揚，誠爲允言。

第六章　老莊思想對魏晉格義佛教之影響

第一節　魏晉佛教之發展

　　佛教於漢代傳入中國後，逐漸爲中土人士所喜愛。唯佛教於漢世，時人僅視爲道術之一，而帝王皇戚崇信佛教，亦祇因喜好黃老之術，方兼及浮屠。如楚王英、漢明帝、桓帝皆是。文人學士之中，亦僅襄楷、張衡略有述及，而二人皆以陰陽術擅長，亦非專注於佛教者。時人對此一新興宗教，則難以全盤吸收。故牟子《理惑論》曰：「世人學士，多譏毀之。」又曰：「俊士之所規，儒林之所論，未聞修佛道以爲貴，自損容以爲上。」

　　及至漢末魏初，支讖、安清、安玄、竺佛朔、康孟祥、竺夯諸人之譯經，牟子討論佛義之《理惑論》出現，佛教本身之意義始明顯。魏晉以後，信奉者益多，著論者日廣，老莊玄學復爲之推波助瀾。佛教乃依附玄理，爲士大夫所普遍激賞。而佛學之論「空」論「性」，正與玄學之論「有」論「無」可互相發演，故名僧名士交往磋談，蔚爲時風。再加以帝王之信奉獎掖，使得佛教更爲興盛，卒成爲流行中國最大宗教。則魏晉實爲佛教史上，極爲重要時期。

　　三國時佛教之重鎮，北爲洛陽，南爲建業。時魏由陸路與西域交通，僧侶往來不絕。據《開元錄》中所載來華譯經之沙門有曇柯迦羅、康僧鎧、曇無諦、安法賢等人。魏明帝時大起浮圖（《魏書・釋老志》）。吳主孫權初不言佛，打試舍利，具顯神異，遂大嗟服，並建建初寺，是江南有佛寺之始。至孫皓亦崇祀浮圖，孫權並拜僧人支謙爲博士，使與韋昭共輔東宮（以上見《高

僧傳》）。支謙爲月氏人，備通六國語，嘗受學支亮，妙通音律，擅長文學譯經，「屬辭析理，文而不越，約而義顯，眞可謂深入者也。」（支愍度《合首楞嚴紀》）依《無量壽中本起經》製《讚薩連句梵唄三契》，又譯《大明度無極經》、《維摩詰經》、《微密持經》、《瑞應本起經》等書。另有天竺沙門康僧會於赤烏十年來吳傳教，曾序注《安般守意》、《法鏡》、《道樹》等經，文辭典雅，饒有玄意。蜀國於據荊時已有佛教，然因地處僻遠，棧道難行，未能廣遍佛法。此時魏國有朱士行，以甘露于年出家學爲沙門，後每歎大乘經典意義文辭，常有格礙。遂跋涉千里，西至于闐，寫得《放光般若經》。於太康三年，遣弟子弗如檀送回洛陽。其本人則在外二十餘年，客死異域。其風骨事蹟，足與唐時玄奘，前後輝映。

　　至西晉以後，佛教廣爲流行，佛寺多達四十二所（《見洛陽伽藍記》）。此時中外名僧輩出，且受清談玄風之影響，一般名僧亦染有名士玄風。茲依《佑錄》及《高僧傳》舉列如下：

　　竺法護，其先月支人，世居燉煌郡。八歲出家，事外人沙門竺高座爲師。誦經日萬言，過目即能，天性純懿，操行精苦，博學勤毅。武帝時隨其師入西域，沿路傳譯，著作上百部，皆廣行中土。護德化四布，聲蓋遠近，聲蓋遠近。僧徒千數，咸來長安宗奉。孫綽〈道賢論〉譽之以匹山巨源曰：「護公德居物宗，巨源位登論道。二公風德高遠，足爲流輩矣。」

　　于法蘭，少有異操，十五出家，便以精勤爲榮，研諷經典。性好山泉，多處巖壑，常居長安寺，與竺法護同隱，後聞江東山水剡縣最多。乃徐步東甌，遠矚崿嵊。孫綽〈道賢論〉比之阮嗣宗曰：「蘭公遺身高尚妙迹，始至人之流，阮步兵傲獨不群，亦蘭之儔也。」後欲適西域，卒於象林。

　　于道邃，燉煌人。年十六出家，事于法蘭。性好山澤，多遊履名山。爲人不屑毀譽，未嘗以塵迹爲懷。後隨法蘭適西域，亦於交阯疾終。孫綽以之比阮咸，謂其高風一也。

　　竺叔蘭，天竺人。因父難避害中土。嘗譯《放光經》。爲人好酒，日須飲五六斗方暢。一日醉臥於途，河南尹樂廣問曰：「君僑客，何以學人飲酒？」叔蘭曰：「杜康釀酒，天下共飲，何問僑舊？」廣又曰：「飲酒可爾，何以狂亂乎？」答曰：「民雖狂而不亂，猶府君雖醉而不狂。」廣大笑。

　　支孝龍，少以風資見重，加復神彩卓犖，高論適時，常披《小品》以爲心要。喜與名士交遊，與謝鯤、阮放、畢卓、羊曼、桓彝、阮孚、胡毋之等，

號稱「八達」。孫綽作支孝龍《贊》曰：「小方易擬，大器難像。盤桓孝龍，剋邁高度。物競宗歸，人思效仰。雲泉瀰漫，蘭風肸響。」推崇倍至。

帛法祖，河內人。少發道心，啓父出家，辭理切至，父不能奪。遂改服從道，於長安築精舍，以講習爲業。太宰河間王顒爲之誠服，待以師友之敬，每至閑晨夜靜，輒講談《道德》。能言之士，亦咸服其遠達。祖父又常與祭酒王浮爭邪正。浮屈，瞋而作《老子化胡經》誘之。嘗注《放光般若》及著《顯宗論》。後爲管蕃譖卒。孫綽〈道賢論〉以法匹嵇康曰：「帛祖釁起於管蕃，中散禍作於鍾會。二賢並以俊邁之氣，昧其圖身之慮。棲心事物，輕世招患，殆不異也。」

除此而外，西晉來華名僧尙有安法欽、疆梁婁至、無羅又、帛尸黎密多羅、竺佛圖澄。兩晉之間名僧尙有：

竺道潛，字法深，年十八出家。永嘉初亂過江，丞相王茂弘、太尉庾元規並欽其風德，友而善之。而隱居剡縣山中，優幽講學三十餘載。尤喜《華法》、《大品》、《放光般若》。孝武寧康二年，卒於山中。孫綽贊其「談能雕飾，照足開矇。懷抱之內，豁爾每融。」比之劉伶曰：「潛公道素淵重，有遠大之量。劉伶肆意放蕩，以宇宙爲小。雖高樓之業，劉所不及，而曠大之體同焉。」其襟懷灑脫，識量宏大。《世說新語‧言語篇》曰：「竺法深在簡文坐。劉尹問：『道人何以游朱門？』答曰：『君自見其朱門，貧道如遊蓬戶。』」又：「支遁遣使買岕山之側沃洲小嶺，欲爲幽棲之處。潛答曰：『欲來輒給，豈聞巢由買山而隱？』」其落拓瀟灑若此。

支遁，字道林。早悟佛理，隱居餘杭山，年二十五出家。與名士王濛、劉惔、殷浩、許詢、郗超、孫綽、袁弘、王羲之、謝安等友善，「出則漁弋山水，入則言詠屬文。」（見《晉書‧謝安傳》）哀帝即位，止東安寺，講《道行般若》，朝野悅服。居三載，求還東山，於太和元年卒於石城山，年五十二。支公貌寢善談，文翰冠世，又精《老莊》，其〈逍遙遊〉能標揭新理，蔚爲時尙。郗超與親友書曰：「林法師神理所通，玄拔獨悟。數百年來，紹明大法，令眞理不絕，一人而人。」孫綽〈道賢論〉以遁比向子期曰：「支遁向秀，雅尙《莊老》，二人異時，風好玄同矣。」

至於東晉以來諸帝，亦頗好佛法。《世說新語‧方正篇》曰：「後來年少多有道深公者。深公謂曰：『黃賜年少，勿爲評論宿士。昔嘗與元、明二帝，二、庾二公周旋。』」是知元、明二帝皆喜與僧人周旋。習鑿齒有〈致道安書〉

曰：「唯肅祖明皇帝，實天降德，始欽斯德。手畫如來之容，口味《三昧》之旨。」（見《弘明集》）是知明帝不但篤信佛教，亦以畫佛著稱。成帝時蔡謨、庾冰、何充等，皆有毀沙門之議，佛教頗有消沈。哀帝時，復崇佛法。深公、道林蒞京講經，佛法為之一振，名僧復多。而帝后亦多有信佛者，《比丘尼傳》謂穆帝何皇后為尼曇備立永安寺。《建康實錄》引《寺記》云褚皇后立延興寺。太平御覽九十九引〈晉陽秋〉曰康、獻褚皇后在佛屋燒香讀經。是帝王后妃之崇信，加上名士名僧之傳布，佛教於晉時大盛。東晉末年高僧甚多，此輩與西晉之名僧不同。慧皎《高僧傳序錄》曰：「自前代所撰，多曰名僧。然名者本實之賓也。若實行潛光，則高而不名；寡德適時，則名而不高。」大抵西晉名僧率多浮談之徒。彼輩結交名士，攀遊權貴。或棲遲山林，或蜚譽京都，成為名噪一時之「名僧」。然若論堅苦卓絕，而能予佛理有獨然之建設，不以清談浮華為事者，則屬東晉末年之「高僧」也。茲舉其要者如下：

釋道安，幼聰敏神性，讀書再覽能誦，年十二出家。貌寢不為師所重，驅役田舍，至於三年，執勤就勞，了無怨色。師晨予之《辯意經》、《成具光明經》，暮復還之，朗誦不差一字，師驚之。年二十四入建鄴中寺，遇佛圖澄。澄異之曰：「此人遠識，非爾儔也。」年七十四卒於長安。道安於佛學之成就如下：(1)經典整理：《佛經》舊譯謬誤甚夥，且譯文晦澀。道安乃集漢光和以來，迄晉寧康二年之經書，作《綜理眾經目錄》十卷，以「遇殘出殘，遇全出全」之精神，加以詳定。尤留心「《般若》」諸譯出入。故《佑錄》之《道安傳》曰：「安窮覽經典，鈎深致遠，其所注《般若道行密迹安般》諸經，並尋文比句，為起盡之義，乃《析疑》、《甄解》凡二十二卷。序致淵富，妙盡玄旨，條貫既序，文理會通，經義克明，自安始也。」(2)戒規確立：道安於襄陽，深感戒律不全，於是自制威儀，立定憲章。《高僧傳》曰：「安既德為物宗，學兼《三藏》，所制僧尼軌範，佛法憲章，條為三例：一曰《行香定座上經上講之法》。二曰《常日六時行道飲食唱詩法》。三曰《佈薩差使悔過等法》。天下寺舍，遂則而從之。」(3)提倡彌勒深土信仰：彌勒經典於安公之前已至中土。道安與弟子法遇、道願、曇戒等於彌勒前立誓，願生兜率天宮。故常誦彌勒佛名，大倡淨土信仰。(4)譯經推廣：道安入長安後獎勵譯經，雖兵亂都邑，伐鼓近郊，猶工作不輟，譯有《阿毗曇心經》、《阿含經》。(5)調合「禪法」、「般若」之學：自漢以來佛學二大系，一為「禪法」，一為「般若」。道安能集合其大成，開後世廬山之佛法。道安誠為晉末一位佛教學術大家。

　　鳩摩羅什，龜茲人。祖父本爲國相，後棄位出家。羅什年七歲，亦隨母出家，從師受經，日誦千偈。後隨母往罽賓，拜盤頭達多爲師，讀《阿含經》，習小乘。年十二隨母歸，於沙勒遇佛陀耶舍，乃習大乘。姚興時至長安，拜以爲國師，命之譯經，命之譯經。羅什乃廣集人才，得沙門僧略、僧標、道標、僧叡、僧肇、曇順八百餘人，於長安西明園譯經。共譯《大乘經》九十七部四百二十九卷（《歷代三寶記》）。所譯經有《大般若經》、《大智度經》、《中論》、《十二門論》、《百論》、《十住毘婆沙論》、《成實論》、《大莊嚴經論》、《妙法達葉經》。又作《實相論》，立「一切法畢竟空寂，同泥洹相，非有非無，無生無滅，斷言語道，滅諸心行。」較早期般若學偏向「虛無」不同。羅什弟子甚多，如僧叡、道融、曇影、僧䂮、道恒、慧叡、慧嚴、慧觀、僧肇等人最有名。弟子均善佛理，博通《詩書》，兼善《老莊》，使晉代玄學與般若學更相結合，弟子中以僧肇成就最大。

　　僧肇，京兆人。家貧以傭書爲業，遂得觀書墳籍。志好玄微，每以莊老爲心要，乃讀老子《道德經》歎曰：「美則美矣，然期棲神累之方，猶未盡善。」後見《維摩經》，披尋玩味，乃知所歸，遂出家。其才思幽玄，又善談說。助羅什譯經，其著作有〈般若無知論〉、〈答劉遺民書〉、〈不眞空論〉、〈物不遷論〉、〈涅槃無名論〉……等十餘部著作。其中以《物不遷論》主體用不分，動靜相合，「雖動而常靜，雖靜而不離動。然則動靜未始異，而惑者不同。」從《老》、《易》之相對哲學而發揮。《不眞空論》言萬物本體爲「非有非無」，「即萬物之自虛。」〈涅槃無名論〉主非有非無即是如來法身，創立三論宗。

　　釋慧遠，雁門樓煩人。少爲諸生，博綜六經，尤善《老莊》。性度弘偉，風鑒朗拔，雖宿儒英達，莫不服其深致也。年二十一，中原寇亂，乃往歸道安。聽其講《般若經》，遂豁然而悟。乃曰：「儒道九流，皆糠粃耳。」武帝太元三年符丕寇襄陽，道安爲朱序所留。遠即與師別，往廬山龍泉精舍。在匡廬三十餘載。自年六十，不復出山，嚴守行戒，不附權貴，恬淡沖和，超俗脫塵。四方靡然從風，來歸者甚眾。弟知名者有慧觀、僧濟、法安、曇邕、道祖、僧遷、道流、慧安、曇順……等。與其同時居山者尚有遠公之弟慧持，以及同門慧永、慧安、慧靜。由是廬山佛社，遂成南部佛學重心。慧遠本善《老莊》，又昌儒術，其行又之中，雜引道家用語，觸目可見。故頗欲融合儒釋道三家之說。其與劉遺〈民書〉曰：「內外之道，可合而明。又曰：「苟會之有宗，則百家同類。慧遠並提倡禪法，廬山遂成禪門中心。晉末名士如陶

淵明、謝靈運等皆與之深交。安帝義熙十二年，慧遠卒於東林寺，年八十三。此外與之同時名僧尚有佛陀跋多羅，又名覺賢。由北方南下依慧遠，二者共揚禪學，並譯《華嚴經》。廬山之學，遂名重天下。

　　兩晉以來，佛教已佔極大優勢。無論帝王公卿、文人學士，平民布衣，皈依佛教三寶者日多。西晉來華之僧侶有竺法護、安法欽、疆梁婁至、無羅叉、帛尸黎密多羅、竺佛圖澄。東晉時有竺曇無蘭，迦留陀迦、竺難提、竺法力、曇無蘭、曇摩耶舍、曇摩。後佛陀跋多羅由北南來，南方又有道安、慧遠，佛教在諸高僧推廣下，廣受民間之信仰。胡人君主亦多好佛者，如前秦苻堅禮遇佛圖澄，後秦姚興尊崇鳩摩羅什，北涼蒙遜接留僧迦陀、曇無讖等。佛教流布中外，聲勢有凌駕傳統道教之上。

　　此時《佛經》四大翻譯完成。一為《般若》諸經，和《般若》有關由鳩摩羅什所譯之《大智度論》、《中論》。二為曇無讖所譯之《法華經》。三為鳩摩羅什所譯之《大般涅槃經》。四為佛陀多羅所釋之《華嚴經》。般若學系，由支謙、竺法護，及朱士行之翻譯提倡，逐漸大顯於世。後鳩摩羅什為之光大，成為當時佛教之大宗，晉室南渡，南方之佛學，以慧遠為首，傳道安之學，於廬山結白蓮社，長齋苦身，嚴守戒律，使禪學大顯。

　　佛教於魏晉既昌盛，然亦難免品質漸窳。故有「排佛」之論產生。《弘明集》中載有〈正誣論〉。此論或作於孝武帝之前，中引誣佛者曰：「又誣云：道士聚斂百姓，大構塔寺，華飾奢侈，糜而無益。」又曰：「又誣云：沙門之在京洛者多矣。而未曾聞能令主上延年益壽，上不能調和陰陽，使民豐年富消災郤疫，克靜禍亂。」《弘明集》並載有道恒〈釋駁論〉，言時人詈僧人之言至初：「但今觀諸沙門，通非其材，群居猥雜，未見秀異。混若涇渭渾波，泯若薰蕕同篋。」又曰：「然觸事蔑然，無一可採。何其棲託高遠，而業尚鄙近。至於營求汲汲，無暫寧息。或墾殖田圃，與農夫齊流。或商旅博易，與眾人競利。或矜持醫道，妄論吉凶。或詭道假權，要射時意。或聚畜委積，頤養有餘。或指指空談，坐食百姓。斯皆德不稱服，行多違法。雖暫有一善，亦何足以標高之美哉？是執法者之所深疾，有國者之所大患。」〈弘明集後序〉亦舉出，時人批評佛教之意見有六：「一疑經說迂誕，大而無徵。二疑人從神滅，無有三世。三疑莫見真佛，無益國治。四疑古無法教，近出漢世。五疑教在戎方，化非華俗。六疑漢魏法微，晉代始盛。以此六疑，信心不樹。」

　　又如晉孝武帝之世，瑯琊王道子，崇尚佛教，窮奢極侈，對僧尼尤為狎

曖。致僧人竊弄國權，賄賂公行，使刑賞謬亂。許營上疏諫曰：「今之奉佛教者，穢慢阿尼，酒色是酖。」聞人奭亦進言曰：「尼姐屬類，傾動亂時。」（見《晉書·道子傳》）凡此僧尼醜行，皆為有道之士所深惡極詆者。

此外孫盛、桓玄皆有反佛教沙門之論。桓玄有〈致慧遠書〉，勸其罷佛：「先聖有言：『未知生，焉知死？』而令一生之中，固苦形神，方求冥冥，黃泉下福，皆是管見，未體大化。迷而知反，去道不遠，可不三思？」又曾下教令，黜汰沙門：「佛所貴無為，慇慇在於絕欲。而比者陵遲，遂失斯道。京師競其奢淫，榮觀紛於朝市。天府以之傾匱，名器為之穢黷。避役鍾於百里，逋逃盈於寺廟。乃至一縣數千，猥成屯落。邑聚游食之群，境積不羈之泉。其所以傷治害政，塵滓佛教，固已彼此俱弊，實污風軌矣。」（見《弘明集》）

又因佛教之昌盛，於是引起道教徒之嫉妒與詆譭。如西晉帛遠（法祖）與道士王浮論戰。王浮屢敗，乃作《老子化胡經》以誣謗佛法。顧歡更作〈夷夏論〉，以為佛徒「剪華廢祀，亦猶蟲諠鳥聒，非所宜效。」又曰：「下棄妻孥，上廢宗祀。」此種釋道互誹之爭，至魏武帝時崔浩因信道教，遂力排沙門，上疏令僧還俗。太子不從而死，株連甚廣。是佛教史上有名之魏武之禍。嗣後釋道屢起爭端。

然亦有極力調和彼此觀點者，如孫綽〈喻道論〉以為「佛也者，體道者也。道也者，導物者也。應感遂通，無為而無不為者也。」又曰：「周孔即佛，佛即周孔，蓋外內名為之耳。」〈正誣論〉亦曰：「佛與周孔，但共明忠孝信順，從之者吉，背之者凶。」何承天〈釋均善難〉曰：「中國之人，稟氣清和，含仁抱義。故用孔明性習之教。外國之徒，受性剛強，貪欲忿戾，故釋氏嚴五戒之科。」此或調和佛道，或綜合儒釋，或從國族民性之不同處發揮之，要之皆承繼牟子〈理惑論〉之精神而來。後世儒釋道三家合一之思想，誠肇端於此。

第二節　佛教與清談

魏晉時中國清談學者，愛好玄思因而親近佛學，釋子亦以佛法與玄理有相通之處，思藉玄學以達其傳教之目的，於是彼此交往頻繁。名僧亦多精通《老莊》之學者。羅什注解《老子》，道安擅長內外典，僧肇。慧遠等皆雅好道家之學。康僧淵與玄論派清談家殷浩一談義理，旨趣便合（《世說·文學篇》）。世人固視道佛無異，甚連僧人亦有此想法。釋道安〈鼻奈耶序〉曰：「老莊教行，與

方經兼忘相似。故因風易行也。」因此名僧受清談文化之影響，亦多崇玄善談。此爲魏晉社會極普遍現象。此時支讖所譯《維摩經》亦產生，此經之形式與清談家談論形式多相同，更引起僧人對清談之重視。湯錫予先生曰：

> 西晉末葉以後，佛學在中國風行。東晉的思想家，多屬僧人，主要原因，多半是由前期名士與名僧的發生交涉，常有往來。他們這種關係的成立，則雙方在生活行事上，彼此本有相投的地方。如隱居嘉遁，服用不同，不拘禮法的行徑，乃至談吐的風流，在在都有可相同的互感。再則佛教跟玄學在理論上，實在也有不少可以牽強附會的地方。何況當時我國人士對於佛教尚無全面的認識，譯本又多失原義，一般人難免不望文生解。當時佛學的專門術語，大都襲取《老莊》等書上的名辭，所以佛教也不過是玄學的同調罷了。[註1]

由於佛徒與名士相互往來，生活中亦沾染清談之習。故釋子如竺法護、竺法蘭、于道邃等，皆綜體玄旨，善於清言。簡文帝門下出入諸僧客，亦無不是談家。孫綽之〈道賢論〉甚且以七僧比配竹林七賢：「法護比配山濤，白法祖比配嵇康，法乘比配王戎，竺道潛比配劉伶，支遁比配向秀，法蘭比配阮籍，于道邃比配阮咸。」而支孝龍更以清談名世，側身「八達」之列。《高僧傳·支孝龍傳》曰：「支孝龍，睢陽人。少以風姿見重，加復神彩卓犖，高論適時，常披味《小品》，以爲心要。陳留阮瞻、穎水庾敳，並結知音之友。世人呼爲八達。」（按：陶淵明《群輔錄》以董昶、王澄、阮瞻、庾敳、謝鯤、胡毋輔之、支孝龍、光逸爲八達。《晉書·光逸傳》則以胡毋輔之、謝鯤、阮放、畢卓、羊曼、桓彝、阮孚、光逸爲八達。說法略有不同）其本人尤善於機辯。《高僧傳·慧皎傳》曰：「陳留阮瞻、穎川庾敳，並結知音之友，世人呼爲八達。時或嘲之曰：『大晉龍興，天下爲宗。沙門何不全髮膚，去袈裟，釋胡服，被綾羅？』龍曰：『抱一以逍遙，唯寂以致誠。剪髮毀容，改服變形，彼謂我辱，我棄彼榮。故無心於貴，而愈貴。無心於足，而愈是足。』其機辯適時，皆此類也。」

此外僧人之行徑亦多與名士放達相同。如竺叔蘭性嗜酒，日飲五六斗方暢，甚而醉臥路旁。竺道潛於王者前，不施敬禮，常著木屐至殿內，時入不以爲忤，反益重其德。帛尸梨密多羅（簡稱尸梨密）讓國至中土，天姿高朗，風韻遒邁。王導見而奇之，與周顗善。後顗爲王敦所害，尸梨密往省其孤，

[註 1] 湯錫予《魏晉玄學論稿魏晉思想的發展》，頁 134。

對靈座誦經數千言，梵響凌雲，既而揮涕收淚，神氣自若，不畏王敦勢力。（以上見《祐錄》及《高僧傳》）彼輩超邁豪放之氣概，皆與魏晉名士無殊。

永嘉而後，名士南渡，諸高僧亦隨之南來。江南佛學益盛。尸梨密止金陵建初寺，時人稱之「高座道人」，名士如王導、周顗、庾亮、桓彝等，皆與交遊。於是名士談玄，沙門講經，終日暢敍，披襟致契，相處和洽。時高僧講經宣法，名士亦多參與其事。故「竺法義大師開講習，王導、孔敷並承風敬友。」「竺法汰流名四遠。開講之日，黑白觀聽，士庶成群，三吳負裘至者千數。」「釋慧持講《法華》、《毘曇》，四方雲聚，千里遙集。」（以上見《高僧傳》）可見其時僧人講經，頗受世人所重視。

再加以帝王之鼓勵，名臣之傾慕，佛僧地位益高。如《世說新語·方正篇注》引《高逸沙門傳》曰：「晉元、明二帝，游心玄虛，託情道味，以賓友禮待法師（竺法深）。王公、庾公，傾心側旁，好同臭味也。」竺法深以「談能雕飾，照足開矇」為談僧，甚得君王大臣之歡心。且其才辯卓著。有竺法義者年十三，問深公曰：「仁利是君子所行，孔丘何故罕言？」深公曰：「物鮮能行，是故寡言。」觀其與劉尹、支遁之言談，皆敏捷善辯，饒有妙趣（參高僧傳·本傳），令人印象極深。

晉世以清談為能事之名僧甚夥。彼輩常執麈論理，談辯終日，與名士之作風相似。《高僧傳·康僧淵傳》曰：「晉世之世，與康法暢，支敏度等俱過江。……暢常執麈尾行，每值名賓，輒清談盡日。」三僧人俱為極佳之談士。《世說新語·文學篇》記康僧淵於殷淵源之談座中「談言辭旨，曾無愧色，領略麤舉，一往參詣。」遂而聞名。

甚至連清談高手亦不免為談僧所屈。《世說新語·文學篇》曰：「僧意在瓦官寺中，王苟子來與共語。便使其唱理。意謂王曰：『聖人有情不？』王曰：『無。』重問曰：『聖人如柱邪？』王曰：『如籌算，雖無情，運之者有情。』僧意云：『誰運聖人邪？』苟子不得答而去。」僧意之問難，出於禪趣，聊聊數語，即能使善於言理之王苟子，懷懟而去。

兩晉中最有名之談僧則為支遁。支遁清識玄遠，妙理析致，不但與清談名士交往甚密，且能發揮老莊玄義，深得眾人欽仰。《高僧傳·支遁傳》曰：「每至講肆，善標宗會，而章句或有所遺，時為守文者所陋，謝安聞而善之。……王洽、劉恢、殷浩、許詢、郗超、孫綽、桓彥表、王敬仁、何次道、王文度、謝長遐、袁彥伯等，並一代名流，皆著塵外之狎。……郗超後與親

友書云：『林法師神理所通，玄拔獨悟，數百年來，紹明大法，令眞理不絕，一人而已。』」《書鈔》引何法盛〈中興書〉曰：「郗超、沙門支遁，以清談著名於時，風流貴勝，莫不崇敬。」又《世說新語・賞譽篇注》引〈支遁別傳〉曰：「遁神心警悟，清識玄遠。嘗至京師，王仲祖稱其造微之功，不異王弼。」後引高逸《沙門傳》曰：「王濛恒尋遁過祇洹寺。中講正在高座上，每舉塵尾，常領數百言而情理俱暢，預坐百餘人，皆結舌注耳。濛云：『聽講眾僧向高坐者，是鉢釬後王、何人也。』」

是支遁之善於清談，不但名聞於世，折服大眾，其氣勢亦上承何、王，實爲談僧中首屈一指。且其談辭優美，情理俱暢，已達藝術化之地步。《世說新語・文學篇》曰：「支道林、許掾諸人，共在會稽王齋頭。支爲法師，許爲都講，四坐莫不厭；許送一難，眾人莫不抃舞。但共嗟詠二家之美，不辯其理之所在。」

支遁清談之內容，有時係名理派所重之才性論。《世說新語・文學篇》曰：「支道林、殷淵源俱在相王許。相王謂二人，可試交一言。而才性殆是淵源峰函之固，君其慎焉！支初作，改轍遠之，數四交，不覺入其玄中。相王撫肩笑曰：『此自是其勝場，安可爭鋒？』」

蓋支遁以玄理擅長，名理才性原非所精。至於老莊玄論，則爲勝場，常令四座嗟服。《世說新語・文學篇》曰：「支道林、許（詢）、謝（安）盛德，共集王（濛）家。謝顧謂諸人，今日可謂彥會。時既不可留，此集固亦難常，當共言詠，以寫其懷。許便問主人，有《莊子》否？正得〈漁父〉一篇。謝看題，便各使四座通。支道林先通作七百許語，敍致精麗，才藻奇拔，眾咸稱善。於是四坐各言懷畢。謝問曰『卿等盡否？』皆曰：『今日之言，少不自竭。』謝後麤難，因自敍其意，作萬餘語，才鋒秀逸。既自難干加，意氣擬託，蕭然自然自得，四坐莫不厭心。支謂謝曰：『君一往奔詣，故復自佳耳。』」

支遁精於《老莊》，其講論《莊子・逍遙遊篇》，亦能「才藻新奇，花爛映發」「卓然標新理於二家之表，立異義於眾賢之外」，使當時神氣傲然之王逸少爲之折服，令其「遂披襟解帶，留連不能已。」（見《世說・文學篇》）支遁不單妙解玄理，其詩文中，亦處處流露老莊情懷。如「傲兀乘尸素，日往復日旋。弱喪困風波，浪流逐物遷。中路高韻益，窈窕欽重玄。重玄在何許？採眞遊理間。荀簡爲我養，逍遙使我閒。寥亮心神瑩，含虛映自然。齉齉沉情去，彩彩沖懷鮮。踟踟觀象物，未始見牛全。毛鱗有所貴，所貴在忘

筌。」（〈詠懷〉五之一）由此可見老莊思想對僧侶影響之深。

　　此外亦有以佛理入清談之中。《世說新語‧文學篇》曰：「三乘佛家潛義，支道林分別判使三乘炳然。諸人在下坐聽，皆云可通。」又「于法開始與支公爭名，後精漸歸支，意甚不分。遂遁跡剡下，遣弟子出都，語使過會稽。于時支公正講《小品》，開戒弟子，道林講比汝至，當在某品中。因示語攻難數十番，示舊此中不可復通。弟子如言詣支公。正值講，因謹述開意，往反多時，林公遂屈。厲聲曰：『君何足復受人寄載來？』」談論有時不免意氣之爭，支公所以厲聲詰責，蓋法開弟子刻意興辯，徒逞口舌之快，而不從義理著手。故支公論辯最重「理」字，亦即冷靜思維之態度，予以客觀之分析。

　　因此辯論時，祇顧一時意氣之爭，而不求其從容雅量，支遁則不贊成。《世說新語‧文學篇》曰：「許掾年少時，人以比王苟子，許大不平。時諸人士及支法師並在會稽西寺講，王亦在焉。許意甚忿，便往西寺與王論理，共決優劣，苦相折挫，王遂大屈。許復執王理，王復執許理，更相覆疏，王復屈。許謂支法師曰：『弟子向語何似？』支從容曰：『君語佳則佳矣，何至相苦邪？豈是求理中之談哉？』」又曰：「支道林初從東出，往東安寺中。王長史宿構精理，並撰其才藻，往與支語。不大當對，王敘作數百語，自謂是名理奇藻。支徐徐謂曰：『身與君別多年，君義言了不長進。』王大慚而退。」是支公所嚮往者乃求理中之談，非徒逞口疾亂利而已。由此可知，何以支遁為清談名家，為天下士子所敬崇也。

　　清談名士既與支公交往，受其影響，平居中亦喜研《佛經》。《世說新語‧文學篇》曰：「支道林造〈即色論〉，論成，示王中郎（坦之），中郎都無言。支曰：『默而識之乎？』王曰：『既無文殊，誰能見賞？』」又「殷中軍始看《佛經》，初視《維摩詰》，疑《般若波羅密》太多。後見《小品》，恨此語少。」「殷中軍讀《小品》，下二百籤，皆是精微，世之幽滯。嘗欲與支道林辯之，竟不得。今《小品》猶存。」「殷中軍被廢徙東陽，大讀《佛經》，皆精解。唯至事數處不解。遇見一道人問籤，便釋然。」除此而外，如孫綽之《喻道論》更是發演佛理，信報應有徵，謂牟尼為大孝，融合儒釋道三家於其中。而郗超亦奉《法要》一書，為東晉名士研究佛學重要著作。二子皆受支遁之影響。因此《大品》、《小品》、《維摩詰經》、〈即色論〉不祇為釋子所研究，亦為清談名士討論之對象。

　　風氣所及，連道士亦受感染，而喜以《佛經》談辯。《世說新語‧文學篇》

曰：「有北來道人，好才理，與林公相遇於官寺，講《小品》。于時竺法深、孫興公悉共聽。此道人語屢設疑難。林公辯答清析，辭氣俱爽，此道人每輒摧屈。」支遁不愧為一實力派之清談家。

東晉末年諸高僧亦皆通《老莊》，或精於玄談。知道安「其人理懷簡衷，多所博涉。內外群書，略皆徧覩。」（習鑿齒〈致謝安書〉）慧遠亦「博綜六經，尤善《老莊》。性度弘偉，風鑒朗拔，雖宿儒英達，莫不服其深致焉。」（《高僧傳·本傳》）而僧肇「及在冠年，而名振關輔，時競譽之徒，莫不猜其早達，或千里負糧，入關抗辯。肇既才思幽玄，又善談說，承機挫銳，曾不流滯。時京兆宿儒及關外英彥，莫不挹其鋒辯，負氣崔嶷。」（《高僧傳·本傳》）彼輩名僧不僅於清談學術中佔有一席之地，甚且將玄理思想融入佛理中，光大了《佛典》之精神，加速佛教之普及化。何啟民先生曰：

> 晉世僧伽之見於載籍的，多是談坐人物。而這些人，又都是通達內典外書的。通達內典外書的結果。莊老之說逐漸次浸漬而入於佛理。更由於多談坐人物，為之能樹立其理，所創立的佛家新論，也因之日漸精微嚴密。〔註2〕

第三節　格義與老莊

「格義」係以老莊玄學，比附佛教，使佛教學理更容易使人理解，且便於廣傳之一種方法。〔註3〕故「格義」之意乃「格義配說」。「格義佛教」，遂成初期佛教，特別係魏晉佛教之代名詞。

「格義」一語最先出現僧叡之〈喻疑論〉：「漢末魏初，廣陵、彭城二相出家，並能任持大照。尋位之賢，始有講次。而恢之以格義，迂之以配說。」以及《毘摩羅詰堤經義疏序》：「自慧風東扇，法言流詠以來。雖曰講肆，格義迂而乖本，六家偏而不即。」後僧佑所作《出三藏記集羅什傳》中曾援用此語，慧皎《高僧傳》，則於竺法雅、僧光、羅什等人《傳》中用過四次。「格義」遂成魏晉佛教流行之術語。《高僧傳竺法雅傳》曰：「竺法雅，河間人。凝正有氣度，少善外學，長通佛義，衣冠士子，咸附諮稟。時依雅門徒，並

〔註2〕何啟民《魏晉思想與談風玄釋之交融》，頁228。
〔註3〕「格義」係指以老莊學說入於《佛典》，以求「格義配說」。然格義亦作「扞格之義」。如《出三藏記羅什傳》曰：「支竺所出，多滯文格義。」是此類。然魏晉佛教以「格義」入說，則指上類而言。與此類義不合。

世典有功，未善佛理。雅乃與康法朗等，以經中事數，擬配外書，爲生解之例，謂之格義。及毗浮、曇湘等，亦辯格義，以訓門徒。雅風采灑落，善於樞機，外典《佛經》遞互講說，與道安、法汰，每披釋湊疑，共盡經要。」所謂「格」者，量也。「格義」即思量佛義，以老莊之用語或思想，以比擬配合，使一般人易於瞭解《佛經》佛理之方法。

　　竺法雅中提及「事數」一詞。《世說新語・文學篇》注曰：「事數，謂五陰、十二入、四諦、十二因緣、五根、五力、七覺之屬。」湯錫予先生曰：「法雅之所謂事數，即言佛義之條目名相。其以事數擬比，蓋因《佛經》之組織，常用法數。而自漢以來，講經多依事數也。」〔註4〕而所謂「生解」，陳寅恪先生曰：「六朝經典注疏中有『子注』之名，疑與之有關。蓋『生』與『子』，『解』與『注』皆互訓字。」〔註5〕「子注」即「以子注母」，使對母事有所瞭解也。

　　當時有關「事數」一類事及其他佛義，中土人士難於瞭解。因之擬配外書，遞互講說，既可釋疑，又可傳教，成爲一種風尙。茲舉林傳芳先生之說，將格義的範圍，圖示如下：〔註6〕

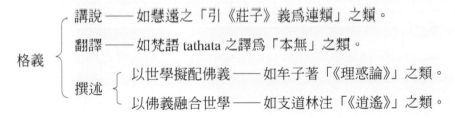

　　以老莊與佛理相比配合之格義精神，在漢時已開始（參第貳編第四章第二節）。如牟子《理惑論》謂：「佛乃道德之元祖，神明之宗緒。」將「佛」與老子之「道」相幷論，又以「無爲」釋「泥洹」（第一章）而支謙所譯《大明度經》第一品曰：「夫體道爲菩薩，是空虛也。斯道爲菩薩，亦空虛也。」

〔註4〕湯錫予《漢魏兩晉南北朝佛教史》，頁171。關於「事數」：如孫綽〈道賢論〉以天竺七僧比之竹林七賢。又如宋孝武帝時元魏沙門曇靜所撰《提謂波利經》曰：「提謂波利等問佛：『何不爲我說四六戒？』佛答：『五者，天下之大數。在天爲五星，在地爲五嶽，在人爲五臟，在陰陽爲五行，在王爲五帝，在世爲五德，在色爲五色，在法爲五戒。』」凡此以傳統數字觀念與佛教義理相比擬，便於傳播佛理，皆屬「事數」。
〔註5〕陳寅恪《支愍度學說考》見《陳寅恪先生論文集》，頁1228。
〔註6〕林傳芳〈格義佛教思想之史的開展〉見《魏晉南北朝佛教小史》，頁86。

將菩薩與老莊之關係結合。至於魏晉人玄談中，多用「本無」。如《晉書‧王衍傳》曰：「魏世何晏、王弼祖述老莊，以天地萬物，皆以無爲本。」《裴頠崇有論》亦有「本無」之辭。支讖《道行經》第十四品各爲「本無」，文曰：「一切皆本無，亦復無本無。」「本無」即「眞如」之意。孫綽〈道賢論〉更以天竺七僧比配竹林七賢，將道家辭語來解釋佛語，如以「本無」釋「眞如」，以「道」釋「菩提」，以「無爲」釋「涅槃」，以「元氣」、「陰陽循環」釋「五陰」，以「反本爲性」之「性」釋「性善」，以「本末」釋「眞俗」。其他釋子僧侶經書中，取用道家文辭義理甚爲普遍，不勝枚舉，此皆格義精神之表現。

　　至於佛學早期如安世高一系之禪觀，亦必須藉格義之精神，來闡揚學理。如「《安般守意經》」之「安般」，乃指入息出息而言，亦即安定坐下來，調和呼吸。將禪心寄託支於「安般」，與道士吐納呼吸之術相似。故道安序《道林經》稱「安般」爲「應眞之玄堂，升仙之奧室。」《安般經注序》則稱之爲「趣道之要徑。」其過程，亦往往以老莊說法，相比附。如：「安般寄息以成守，四禪寓骸以成定。寄息故有六階之差，寓骸故有四級之別。階差者，損之又損之，以至於無爲；級別者，忘之又忘之，以至於無欲也。……《修行經》以斯二者而成寂。得斯寂者，舉足而大千震，揮手而日月捫，疾吹而鐵圍飛，微噓而須彌舞。」康僧會之《安般守意經序》亦曰：「心之溢蕩，無微不浹，恍惚彷彿，出入無間。視之無形，聽之無聲，逆之無前，尋之無後。深微細妙，形無絲髮。」非但字辭借用《老莊》以申義，而取意間隱然與老莊修養相符合。因此安般禪法，從靜坐調息，以至四禪定，六神通，最合魏晉清談家或文士虛無夢想之神仙心理；坐禪之理論，最近老莊無爲欲修養。而其最後境界則又與老莊所謂至人、神人、眞人之最高地步相若。因此禪法之與老莊相互格義，成爲魏晉名僧常用之方法。

　　此外老莊有「言不盡意」之理論，多爲禪學者所引用。如老子曰：「多言數窮，不如守中。」（五章）莊子曰：「孰知不言之辯？不道之道。」（〈齊物論〉）以及「言者所以在意，得意而忘言。」（〈外物〉）「得意忘言（象）」和「意不盡意」之說，曾在清談家中造成很大之爭論。禪家後來之「廢詮談旨」與「勝義離言」皆深受老莊影響。如僧肇〈涅槃無名論〉曰：「夫涅槃之爲道也，寂寥虛曠，不可以形名得；微妙無相，不可以有心知。……然則言之者失其眞，知之者反其愚，有之者乖其性，無之者傷其軀。是以釋迦掩室於摩竭，淨名杜口於毗耶。」〈不眞空論〉曰：「眞諦獨靜於名教之，豈曰文言之

能辯哉？然不能杜默，聊復厝言以擬之。」〈般若無知論〉曰：「聖者幽微，深隱難測，無相無名，乃非言象之所得。」凡此之說於僧肇〈答劉遺民書〉、〈般若無知論〉、〈涅槃無名論〉中皆可見。僧肇承繼老莊「意超言」之旨，使五世紀以後之禪宗「不立文字，教外別傳」，深受其影響。由「言不盡意」至「得意忘言」係老莊體道之過程。於是禪學遂有「頓悟」之說。如〈涅槃無名論〉曰：「玄道在於妙悟，妙悟在於即眞，即眞則有無齊觀，齊觀則彼已莫二。所以天地與我同根，萬物與我一體。」與僧肇同學之道生亦曰：「見解名悟，聞解非眞，悟發信謝。」（慧遠《肇論疏》引生公語）自是以後禪學復經菩提達摩之東來，增演其說，卒造成後世禪宗之興盛。若論其原始，則受老莊之影響甚大。此旨格義思想於佛學上之應用。

　　格義於漢末魏初已大行。慧叡〈喻疑論〉曰：「漢末魏初，廣陵彭城二相出家，並能任持大照，尋味之賢，始有講次，而恢之以格義，迂之以配說。」佛圖澄、康法朗、竺法雅皆精通《老莊》，已用格義之方法。

　　道安爲晉代佛教領袖，其早年亦精於格義之法。《高僧傳》謂其「多所博涉，內外群書，略皆徧覩，陰陽算數，亦皆能通《佛經》妙義。」如其《安般守意經注》中處處有老莊格義之痕跡。嗣後道安居飛龍山，學漸有成，對格義解佛之方法，頗有懷疑。《高僧傳・釋僧光傳》引道安與僧光之辯：「安曰：『先舊格義，於理多違。』光曰：『且當分析逍遙，何容是非先達？』安曰：『弘贊理教，宜令允愜。法鼓競鳴，何先何後？』」是道安因認爲格義有「於理多違」之處。然其聽慧遠引《莊子》爲格義，亦有不廢俗書之意。《高僧傳慧遠傳》曰：「故少爲諸生，博綜六經，尤善《老莊》。……年二十四，便就講說，嘗有客聽講，難實相義，往復移時，彌增疑昧，遠乃引《莊子》義爲連類，於惑者曉然。是後安公特聽慧遠不廢俗書。」

　　與安公同時另一佛教大師慧遠，亦精通內典，外善群書。其著作中喜用格義之法。如引《莊子》義釋「實相」，即爲其例。慧遠以爲外內雖異，殊途同歸：「《經》云：佛有自然神妙之法，化物以權，廣隨所入。或爲靈仙，轉輪聖智，或爲卿相國師道士，若此之倫，在所變現，諸王君子莫知其誰。」又曰：「常以爲道法之與名教，如來之與堯孔，發致雖殊，潛相影響，出處誠異，終期則同。」（《弘明集》卷五〈體極不兼應〉）其思想上雖推佛法爲「獨絕之教，不變之宗。」（〈沙門不敬王者論〉）然亦曰：「內外之道，可合而明。」（同上）又曰：「苟會之有宗，則百家同致。」（〈與劉遺民書〉）又曰：「如今

合內外之道，以弘教之情，則知理會之必同，不惑眾塗而駭其異。」（〈三報論〉）能調和內外之說，此亦格義之精神之表現。

　　然佛理畢竟與老莊思想有某種程度之差異。格義之法祇能權一時之便，究非正常之發展。釋道安嘗作〈二教論〉十二篇，其第一篇〈歸宗顯本〉，說明二教互異之處：「教者，何也？詮理之謂。理者，何也？教之所詮。教若果異，理豈同得？理若必同，教寧得異？」又曰：「推色盡是極微，老氏之所未辯究，心窮於生滅，宣尼又所未言，可謂瞻之似盡，察之未極者也。故《涅槃經》曰：『分別色心有無量相，非諸聲聞緣覺所知。』道佛二字不同，教理亦有異。儒道二家皆為聲聞緣覺之人，不能深和佛教相比。」又曰：「哀哉！不知善積前成，生甄異氣；壽夭由因，修短在業。佛法以有生為空幻，故忘身以濟物；道法以無我為真實，故服餌以養生。」道家求仙之養生求仙之養生方術，與佛家之積善修業之方法本不相同。道安亦指出初期《佛經》翻譯引用道家之名詞，其意義亦往往與佛理乖異。〈二教論〉曰：「然慧昭靈通義翻為道。道名雖同，道義尤異。……故知借此方之稱，翻彼域之宗。寄名談實，何疑之有？」又曰：「老老子虛無，乃有外而張義；釋師之法，乃即色而遊玄。遊玄不礙於器象，何緣假之可除？即色而冥乎法性，則境智而俱寂。〈般若〉曰：『不壞假名而說諸法相。』〈維摩〉曰：『但除其病而不除法。信哉道教可遠乎！』」（《廣弘明集》卷八）

　　老莊以虛無為本，除內外而遊心於冥，毀棄一切人情物累；而佛家主空，去掉心中無明，任恣萬物有無，此心常寂然不動，此道安以為老釋不同也。故道安認為佛法「遠開三乘之律，廣闢天人之路。」為道家所難以企及。自道安對格義懷疑之後，隨著佛學漸盛，佛理愈明，所謂「格義於理多違」，乃為釋子所留意。此時般若學之逐漸發展，卒使佛教漸呈來之面目。然格義之精神仍隱留其中，千年百世之後，尚可窺其履跡。林傳芳先生曰：

我們從佛教初傳中國，以至羅什來華從事翻譯事業時為止的約四百年間（約當漢、魏、晉三代），視為格義佛教時代，而以竺法雅、支道林為發達期的中心人物。在其以前，可說是醞釀期，以後可說是延續期。向來認為道安抑斥格義，羅什來華而格義終息，如以時代思想所側重的一點言，並無不可。可是，格義思想未曾因此而停滯，卻成為兩千年來中國佛教的底流，一直延續到現在。……中國早已有了高度文化，能充分吸收消化外來文化之外。中國人的思惟法大

大的影響了中國佛教的性格。與中國思想相調和的佛教，不論其調
和的方式是講釋的、翻譯的、撰述的。甚至在制度、行動上的表現，
都不妨說是格義的佛故。這實在是中國佛教特有的現象，在其他佛
教文化圈裡是難以見到的。〔註7〕

第四節　般若與玄學

魏晉之佛教以般若學最爲發達，其與老莊之關係甚爲密切。「般若」
（prajna）其義譯爲「智慧」〔註8〕般若學在闡述諸法皆空之道理。佛教初傳，
大抵以老莊所謂「無」，解釋般若學上所謂「空」；以老莊之「無爲」，解釋爲
「涅槃」之境界。至道安「標宗性空」，則般若學遂由老莊思想漸漸解脫，而
恢復佛學本來面目。

當時般若學流行派別有所謂「六家七宗」之說法。僧叡之《毗摩羅詰經
義疏序》曰：「自慧風東扇，法言流詠以來，雖曰詳肆，格義迂而乖本，六家
偏而不即。性空之宗，以今驗之，最得其實。」所謂「六家」指誰？已不可
考。劉宋時莊嚴寺釋曇濟作〈六家七宗論〉，下定寺釋僧鏡作〈實相六家論〉
對六家七宗分法皆有不同。湯錫予先生將此六家七宗整理如下：(1)本無宗：
主張者釋道安。(2)本無異宗：主張者竺法深、竺法汰。(3)即色宗：主張者支
道林。(4)識含宗：主張者于法開。(5)幻化宗：主張者道壹。(6)心無宗：主張
者支愍度、竺法蘊、道恒。(7)緣會宗：主張者于道邃。以上七宗，除本無異
宗外，其餘爲六家。而此七宗又可簡分爲「心無」、「即色」、「本無」三家。
湯錫予先生曰：

　　六家七宗，蓋均中國人士對於性空本無之解釋也。道安以靜寂說眞
　　際。法深、法汰偏於虛豁之談。其次四宗之分馳，悉在辨別心色之
　　空無。即色言不自色。識含以三界爲大夢，幻化謂世諦諸法皆空。
　　三者之空，均在色也。而支公力主凝神，于法開言位登十地，道壹

〔註7〕仝〔註62〕，頁 117。
〔註8〕公元二世紀有龍樹（nagarjuna）興起，建立般若中觀系統。佛教大乘開始。
　　　其弟子提婆（Arya Deua）更闡揚其說，中觀之學一時大盛。此派學說，以般
　　　若經典爲據，故又稱「般若宗」或「般若學」。一玄法師釋「般若」曰：「無
　　　取、無著、無染、無文字、無相、無願、無生、無作是般若。一切法無受三
　　　昧，涅槃寂靜是般若。」（《般若思想研究》見〈現代佛教學術叢刊〉，頁 39）

謂心神猶眞。三者之空，皆不在心神也。與此三相反，則有心無義。言無心於萬物，萬物未嘗無，乃空心不空境之説也。至若緣會宗，既引滅壞色相之色，似亦重色空。綜上所説，般若各家，可分三派：第一爲二本無，釋本體之空無。第二爲即色、識含、幻化以至緣會四者，悉主色無，而以支道林爲最有名。第三爲支愍度，則立心無。此蓋恰當於〈不眞空論〉所呵之三家。而肇公破異計，僅限三數，豈無故哉？〔註9〕

一、本無宗

〈名僧傳〉抄〈曇濟傳〉曰：「第一本無立宗曰：『如來興世，以本無弘教，故方等深經，皆備五陰本無。本無之論，由來尙矣。何者？夫冥造之前，廓然而已。至於元氣陶化，則群像稟形，形雖資化，權化之本，則本於自然。自然自爾，豈有造之者哉？由此而言，無在元化之先，空爲眾形之始。故稱本無，非謂虛豁之中，能生萬有也。夫人之所滯，滯在未有，宅心本無，則斯累豁矣。夫崇本可以息末者，蓋此之謂也。』」

此文並未說明係何人立此說，然吉藏《中觀論疏》云：「釋道安明本無義。謂無在萬化之前，空爲眾形之始。夫人之所滯，滯在未有，若宅心本無，則異想便息。」並釋之曰：「詳此意，安公明本無者，一切諸法，本性空寂，故云本無。此與方等經論，什肇山門，本無異也。」又慧達〈肇論疏〉曰：「彌天釋道安法師〈本無論〉云：『明本無者，稱如來興世，以本無弘教，故方等深經，皆云五陰本無，本無之論，由來尙矣。』」安澄《中論疏記》曰：「釋道安〈本無論〉云：『如來興世，以本無弘教，故方等眾經，皆明五陰五本。』本無之論，由來尙矣。謂無在元化之前，空爲眾形之始。夫人之所滯，滯在未有，若宅心本無，即異想便息。」由以上所論，則前文所敍，當爲道安之主張。道安主張萬法本性空寂，若了悟一切諸法，本性即是空，則煩惱可除。故曰：「一切諸法，本性空寂。」是以僧叡稱之爲「性空宗」，謂「空和上鑿荒途以開轍，標玄旨於性空。」道安主性空，與佛教般若二諦（眞諦與俗諦）之精神已相近。唯以「無在萬化之前，空爲眾形之始。」仍未免受老莊之影響，蓋萬化之本身與眾形之本體，即是「眞如」或「本無」，而不能落於「前」

〔註9〕湯錫予《佛教史》，頁201。

「始」之時間觀念之中，道安受格義之影響於此可見。故其論空，當與般若之空義，稍有隔膜。

此外尚有旁系，稱之為本無異宗，乃琛法師之主張，《中論疏記》曰：「〈二諦搜玄論〉十三宗中，本無異宗，其製論曰：『夫無者，何也？壑然無形，而萬物由之而生者也。有雖可生，而無能生萬物。故佛答梵志，四大從空生也。』」又《山門玄義》第五卷〈二諦章〉下云：「復有竺法深即云：『諸法本無，壑然無形，為第一義諦。所生萬物，各為世諦。故佛答梵志，四大從空而生。』」法琛之本無說，以「無」似一實物，所謂「無能生萬物」，將無視為一能生化之元，此顯然從老子「天下萬物生於有，有生於無」（四十章）之觀念而來。故其空觀，乃係「先無後有」，此與安公以無為「空寂」有所不同，故僧肇譏為「好無之談也。」

二、即色宗

即色宗有二家。吉藏《中觀部疏》云：「即色有兩家。一者，關內即色義，明即色是空者。此明色無自性，故言即色是空，不言即色是本性空也。此義為肇公所呵。肇公云：『此乃悟色而不自色，未領色非色也。』」此派言色是空，祇不是從「色無自性」上著手，對性上還是有執著，而不說「即色是本性空」。

此外支道林亦有即色義。吉藏《中觀論疏》云：「次支道林著〈即色遊玄論〉，明即色是空，故言〈即色遊玄論〉。此猶是不壞假名，而說實相，與安師本性空故無異也。」支道林即色論，所謂色不自色，即明一切諸法無有自性，原本而空，雖有後天形相，不過係一種因緣和合而成之假象。

關於支道林即色說，現存資料不多，《世說・文學篇》謂支公作〈即色論〉劉孝標《注》引曰：「夫色之性也，不自有色；色不自有，雖色而空。故曰即色而空，色復異空。」（此亦為元康《肇論疏》所引）安澄《中論疏》記引《山門玄義》云：「吾以為即色是空，非色滅空，此斯言至矣。何者？夫色之性，不自有色，色不自有，雖色而空。知不自知，雖知恒寂。」（此亦為慧達《肇論疏》所引）此外尚有宗少文〈答何承書〉言即色空，亦可引相連類：「夫色不自色，雖色而空。緣合而有，本自無有。皆如幻之所作，夢之所見。雖有非有，將來未至，過去已滅，現在不住，文無定有。」由以上所知，支公乃謂因緣之色，從緣而有，非本有自性，故緣名空。亦即支遁不否認萬物之存

在，但吾人所認識之色相，不能說係物之本性。蓋一切法時刻在變化，吾人不能因一時之色相，誤以爲實相，去執著之，必須遊於玄虛之境界方成。此即其所謂「〈即色遊玄論〉」。此蓋從莊子逍遙意而來。支遁之講色空，乃係「本性空無」「緣合而有」，此與道安之本無說有些近似，「安公本無者，一切諸法，本性空寂，故云本無。」故吉藏謂其與「安師本性空，故無異也。」唯支道林與安公所論亦稍有差異。何啓民先生曰：

> 色爲假名，猶存色名，是不壞假名。色心法空名眞，是說實相。他這樣講，與吉藏所云安師本性空不同。因爲，一個是不壞假名而說實相，一則不說假名而但名實相。〔註10〕

支道林即色義即從「不壞假名而說實相」，而道安則爲「不說假名但名實相」，此點支遁較道安更接近般若之思想。支道林即色是空之思想雖有近佛學眞義，然支遁受老莊之影響，顯然可見。因即色是空，故須無執無著，此點有近莊子至人逍遙之地步。支遁《大小品對比要鈔序》曰：「夫至人者，覽通群妙，凝神玄冥。靈虛響應，感通無方。建同德以接化，設玄教以悟神。述往迹以搜滯，演成規以啓源，或因變以求通，事濟而化息。適任以全分，分足則教廢。故理非乎變，變非乎理；教非乎體，體非乎教。故千變萬化，莫非理外。神何動哉？以之不動，故應變無窮。」故其逍遙義能標新理，乃係會通釋道所致。《世說新語・文學篇注》引〈支法師傳〉曰：「法師研《十地》，則知頓悟於七住；尋莊周，則辯聖人之逍遙。當時名勝，咸味其意旨。」

除以上二家即色宗外，尚有于法開之識含宗。識含宗以萬法起於心識，三界萬法俱是夢幻，心識爲大夢之主。〈中論疏記〉曰：「《山門玄義》第五云，第四于法開者〈惑識二諦論〉曰：三界爲長夜之宅，心識爲大夢之主。若覺三界本空，惑識斯盡，位登十地。今謂以惑所覩爲俗，覺時都空爲眞。」此以三界群有皆係夢中所見。心識爲大夢主體，如惑識消滅，覺悟所見三界本空，然後觀一切諸法，則無從所生而無所不生。一般俗人見識弗明，每爲識見所惑，以所見聞之夢境爲有。若能依正覺成佛則是大覺，惑識皆除，乃可成神明。唐均正《四論玄義》述梁武帝之說，與于法開相同：「彼（梁武帝）明生死以還，唯是大夢，故見有森羅萬象。若得佛時，譬如大覺，則不復見有一切諸法。」以人間夢境爲空，此顯受《莊子》影響。《莊子・齊物論》曰：「夢飲酒者，旦而哭泣；夢哭泣者，旦而田獵。方其夢也，不知其夢也。夢

〔註10〕何啓民《魏晉思想與談風玄釋交融》，頁 228。

之中又占其夢焉，覺而後知其夢也。且有大覺而後知此其大夢也，而愚者自以爲覺，竊竊然知之。……」莊子以人生如夢，此點與識含宗說法相同。

此外尙有幻化宗，道壹法師主之。《中論・疏記》曰：「壹法師云世諦。心神猶眞不空，是第一義。若神復空，教何所施，誰修道，隔凡成聖，故知神不空。」此宗主「神」爲眞有，與識含相同。一切諸法，皆幻化不眞，唯心神是實體，如此方能體會萬法是空之理。

又有緣會宗，于道邃主之。《中論・疏記》曰：「第七于道邃著〈緣會二諦論〉云：緣會故有，是俗；推拆無，是眞。譬如土木合爲舍，舍無前體，有名無實。」此謂一切諸法由因緣會合而有，猶如屋宇，爲土木會合而成，皆爲假名，俱非實體。

以上即色宗，識含宗、幻化宗、緣會宗胥從佛理否定一切現世事物之具體法相。或云「色無自性」，或謂「色不自有，雖色而空」，或曰「萬法俱是夢幻，如土木合爲舍」。凡此與老莊消極厭世之看法相似。而道家對宇宙事物之本體常不作正面之界定，以「不可道，不可名」爲發出發，秉持「和之以是非，而休乎天均」之態度，最後達至「忘年忘義，振於無竟」之境界，此點確有助於佛徒解釋般若性空之眞諦。故以上諸家雖表面闡釋佛理，實隱然將老莊哲學寓於其中。

三、心無宗

心無宗，《世說新語・假譎篇》謂爲支愍度所主張：「愍度道人始欲過江，與一滄道人爲侶。謀曰：『用舊義往江東，恐不辦得食。』便共立心無意。既而此道人不成渡。愍度果講義積年。後有倫人來，先道人寄語云：『爲我致意愍度，無義那可立？』治此計權救饑爾，無爲遂負如來也。」此外吉藏《中論疏》以爲竺法溫作心無義說。《高僧傳・竺法汰傳》謂沙門道恒頗有才力，常執心無義，爲慧遠所破。此外恒敬道、劉遺民、僧弼等人亦有心無義之說。

心無義之說，以爲萬物本體爲有，然須無心於萬物，心不留滯於物。僧肇〈不眞空論〉引愍度之說曰：「心無者，無心於萬物，萬物未嘗無。」〈二諦玄論〉曰：「晉竺法溫，爲釋法琛師之弟子也。其製心無論云：『夫有，有形者也；無，無象者也。然則有象不可謂無，無形不可謂有。是故有爲實有，色爲眞色。經所謂色空者，但內止其心，不滯外色。外色不存，餘情之內，非無如何？豈謂廓然無形，而爲無色乎？』」吉藏《中論疏》曰：「心無者，

無心於萬物，萬物未嘗無。此釋意云：經中說謀法空者，欲令心體虛妄不執，故言無耳；不空外物，即萬物之境不空。肇師評云：此得在於神靜，而失在於物虛。破意云：乃知心空，而猶存物有，此計有得有失也。」

此派承認有形世界之真實性，「有為實有，色為真色」，祇不過於內心修養上「無心於萬物」「於物上不起執心」「內止於心，不滯外色」，是此派與前所述即色、本無二宗之立論。《世說新語・假譎篇注》曰：「舊義者曰：『種智是有，而能圓照。然則萬累斯盡，謂之空無；常住不變，謂之妙有。』而無義者曰：『種智之體，豁如太虛，虛而能知，無而能應，居室至極，其唯無乎？』」心無論實從道家修養哲學而來。老莊並不否認現象界之「有」，然修養上卻注重「無為」、「無執」。老子曰：「無常，欲以觀其妙；常有，欲以觀其徼。」（一章）王弼亦曰：「老子是有，故恒言無所不定。」（《三國志・鍾會傳》裴松之《注》引）又曰：「聖人之情，應物而無累於物。」（何劭〈王弼傳〉）何晏〈無名論〉曰：「夫道者，唯無所有者也。自天地以來，皆有所矣。然猶謂之道者，以其能復用無所有也。」是心無義當受王弼、何晏等玄論派清談家所影響，其觀點亦與道家多相通。

劉遺民之〈書問〉亦有心無義說，更可看出此派與道家之關係：「夫聖心冥寂，理極同無，不疾而疾，不徐而徐。是以知不廢寂，寂不廢知。未始不寂，未始不知。故其運動成功化世之道，雖處有名之中，而遠與無名同。斯理之玄，固常所彌昧者也。」此一說法，與莊子所謂「虛」之功夫相同：「氣也者，虛而待物者也。唯道集虛，虛者，心齋也。」（〈人間世〉）《莊子・應帝王》曰：「無為名尸，無為謀府，無為事任，無為知主。體盡無窮，而遊無朕，盡其所受乎天，而無見得，亦虛而已。至人之用心若鏡，不將不迎，應而不藏，故能勝物而不傷。」凡此思想皆與心無宗所主張者無殊也。

以上六家七宗之般若學，皆是魏晉老莊思想盛行下之產物，其衍用道家之精神，斑斑可見。然藉著老莊學說，更有助益般若學之研究與推展。龍慧先生曰：

> 最初的本無義是依老子哲學說明，並以「無」為諸法本體的。其次的心無義即依王弼的《老子》義，以「空」為心虛的狀態。最後的支遁和道安的本無義，即以認識論來解說「空」的，所以說，人間所認識的法相，並非真性本體。我國對般若的理解，誠隨老莊思想的發達而漸次影響發展。我們由此，又可看出老莊思想與般若思想

　　的相異點爲何了？要之，老莊的無是由本體論而説的。但般若的空
　　與物，是由認識論而説的，這就是佛教與老莊的區別。可惜最初的
　　學者，素不知這種區別，動不動即以老莊解説佛教，而到支遁、道
　　安時才感覺，才眞正接觸了佛教的眞髓，這直到羅什的來朝，並譯
　　出龍樹、提婆的大乘經論後，始有一番明確的理解。〔註11〕

而上述三宗之説，約可分爲「本無」與「心無」二類。本無宗，即色宗屬前
者，是從「物」方面説空，而心無宗則屬後者，以「心」方面説空。二者均
有所偏，此僧叡所謂「六家偏而不即」。因此慧遠首先予以批判。其《大智度
論鈔序》曰：「嘗試論之，有而在有者，有於有者也。無而在無者，無於無者
也。有有則非有，無無則非無，何以知其然？無性之性，謂之法性。法性無
性，因緣以之生。生緣無自相，雖有而常無，常無非絕有，猶火傳而不息。」
本無宗、即色宗旨執著於萬物之虛無空寂，故「常無非絕有」係針對此派而
論；心無宗執著於心之無，故「雖有而常無」是針對此派而言。因此慧遠超
出此二派而主張「法性論」，謂「至極以不變爲性，得性以體極爲宗。」提出
「至極」之觀念，亦即「涅槃」境界。《大智度論鈔》曰：「是故反本求宗者，
不以生累其神；超落塵封者，不以情累其生。不以情景其生者，則生可滅；
不以生累其神，則神可冥。冥神絕境，故謂之泥洹（涅槃）。泥洹之名，豈虛
稱也哉？」涅槃之境界，乃係超出寂滅，而係一存有至極之狀態。此與莊子
「靈臺」工夫相似。所謂「冥神絕境」亦與莊子「外其形骸」相同，而「反
本求宗」則與莊子「性脩返德，同乎大順。」（〈天地〉）。其「至極」之説法，
或來自莊子「精神四達並流，無所不極。」（〈刻意〉）之觀念。

　　僧肇亦以三論駁斥「本無」、「心無」二説。其〈不眞空論〉曰：「《中觀》
云：『物從因緣，故不有；緣起，故不無。』尋理，即其然矣。夫有若眞有，
有自常有，豈律緣而後有哉？譬彼其無，無自常無，豈待緣而後無哉？若有
不能自有，待緣而後有者，故知有非眞有；有非眞有，雖有不可謂之有矣。
不無者。夫無則湛然不動，可謂之無。萬物若無，則不應起，起則非無，以
明緣起，故不無也。」萬物皆由因緣結合而存，故不能談無，亦不能説有。
萬物本無自性，誠不能以有無論斷。僧肇認爲萬物本身即是虛無。〈不眞空論〉
曰：「夫至虛無生者，蓋是般若玄鑒之妙趣，有物之宗極者也。自非聖明特達，
何能契神於有無之間哉？是以至人通神心於無窮，窮所不能滯。極耳目於視

───────────────────
〔註11〕龍慧〈佛教初傳的般若思想〉見《現代佛教學術叢刊》，頁298。

聽，聲色所不能制者，豈不以其即萬之自虛，故物不能累其神明者也。」

僧肇之〈物不遷論〉，更舉出動靜同時，古今常存，不化不遷，本體不變之思想：「是以如來，功流萬世而常存，道通百劫而彌固。」（〈物不遷論〉）此種思想本來自莊子「不與物遷」之觀念。成玄英《疏》曰：「靈心安審，妙體眞玄，既與道相應，故不爲物所遷變也。」而涅槃者，更可通向於不生不滅之如來法身。〈涅槃無名論〉曰：「涅槃者，泰言無爲，亦名滅度。無爲者，取乎虛無寂漠，妙絕於有無。滅度者，言乎大患永滅，超度四流。……夫涅槃之爲道也。寂寥虛曠，不可以形名；得微妙無相，不可以有心知。超群有以幽昇，量太虛而永久。……論曰：涅槃非有亦復非無。言語路絕，心行處滅，尋夫經論之作也，豈虛構哉？」

僧肇能駁斥當時流行之三宗思想，且能運用老莊之玄學術語，將道家與般若思想融於不爐，却又不失佛學之閎旨，並發揮其師鳩摩羅什之「中觀」學說，於佛教史上繼往開來，功績非凡。自此以後般若性空之學益加純淨發達。若謂僧肇「解空第一」（元康《肇論疏》引〈名僧傳〉羅什之言），洵不誣也。

自漢魏以來，無論係安世高一系之禪法，或由支讖一派之般若學，皆與老莊思想，有密不可分之關係。格義之盛行，使老莊學說融入佛教思想中，雖義理上難免有所乖格，然無意間加速佛教本土化，並促使佛教之廣傳。老莊不啻爲佛教之功臣。魏晉諸僧不但精於《老莊》，善於玄理，甚且對老學有專門之著述。如佛圖澄有《老子注》二卷，鳩摩羅什有《老子注》二卷，僧肇有《老子注》四卷，釋慧觀有《老子義疏》一卷，釋慧琳有《老子注》二卷，釋慧嚴有《老子注》二卷。是以《老子》於渠輩觀念中，與《佛典》同等重要。佛教於漢末魏晉間傳揚於中土，又適逢政治最黑暗，民心最困頓之時代，釋道二家俱有消極遠世之看法，於是援引同類，比相爲附，卒造成玄學與佛學並昌之局面。釋道安以爲佛教能於此時興盛之原因：「實由於魏晉莊老教行，與方等兼忘相似，故因風易行。」（〈鼻奈耶序〉）若無魏晉此三百年之老莊玄學於其間融攝佛學，隋唐之判教必無可能，中國佛教之興起衍盛，勢必延後數百年始能發生。凡此皆可見老莊思想對佛教學術之影響與貢獻。

第肆編　結　論

第一節　全文綜覽

　　我國學術上，除儒家學說外，即以老莊思想影響最爲深切。老子爲上古文化集其大成者。有鑑於世衰道微，故棄世遁隱。並以史官之身份，參驗歷史之故實，明乎治亂興衰之由，察乎成敗得失之際，發明《道德經》，以求應世保身之道。其學以自然無爲爲主，而以謙虛柔弱自持。（見第壹編第二章）

　　莊子踵繼其學，以謬悠之說，荒唐之言，無端崖之辭，發揮恣縱不儻之個性，以無用爲處世之良方，以無爲爲守之大本。其要在泯滅是非，以論齊物；彷徨無待，以求逍遙；退欲適性，以主養生；遺形棄智，以成天德。其學說較老子益爲精密明晰，而立論更偏向玄虛。（見第壹編第三章）

　　洎乎東周以往，列國紛擾，群雄並起，九流十家蠭興。道家既承上古文化之遺緒，又爲應世解惑之至方，於是遂爲諸家所取用。得其玄虛一派者爲名家、爲陰陽家、爲神仙家、符籙家。得其踐實一派者爲儒家。得其陰謀一派者爲兵家、爲縱橫家。得其慈儉一派者爲墨家。得其齊萬物、平貴賤一派者爲農家。得其寓言一派者爲小說家。傳其學說而不純，重雜以諸說者爲雜家。於是百家爭鳴，道術遂裂。老莊對先秦學術之影響，已判然可見。（見第壹編第四章）

　　建及暴秦興起，專務殘酷。赭衣塞路，囹圄成市。人民生活於倒懸，亟思安靜以息養。於是黃老思想用以興盛。漢初諸帝如文、景，名臣如張良、曹參、蕭何、陳平等皆雅好其說，於是上行下效，蔚然成風。天下物阜民豐，百姓和

熙安寧，是為黃老盛世。故司馬談〈論六家要旨〉盛贊曰：「（其）立俗施事，無所不宜。指約而易操，事少而功多。」黃老之學大抵以「清靜無為為主」，而以「刑名法術」為用。漢初諸臣，為迎合君主所好，以切當世之用，故多修黃老之術。然其末流，為博顯達，以急事功，則流於慘礉寡恩，而為世所詬病。武帝時用董仲舒之言，罷黜百家，獨尊儒術。黃老之學遂一蹶不振。唯其遺風尚存，士人學子研究道家之學者依然普遍。儒者注經兼注《老子》之風盛行，尤以注《易》者最多。凡此皆影響魏晉玄風之形成。（見第貳編第一章）

自秦皇以迄漢代諸君，無不好神仙方術以冀長生。於是燕齊方士遂作迂怪之論，以干榮利。彼等融合陰陽五行之說，加上固有鬼神之信仰，剽竊道家之名目，逐漸形成漢際所謂之「道教」。於是老莊遂披上神秘之外衣。老子為太上老君，無世不出；莊子為南華真人，位極仙品。老莊攝生養生之學，被道士援引為內丹之說；老莊理想之至人人格，被當作修道成仙之楷模。在三張之闡揚下，道教於焉成立。道士既尊奉老莊，因而研習道家經典。其道書中，亦多發揮老莊之學說。道士儼然以老莊信徒自居。（見第貳編第二章）

兩漢思想家中，幾無不受老莊思想所影響。漢代儒家經典如《易傳》、《禮記》中皆雜有許多道家思想。《呂氏春秋》、《淮南子》等雜家著作，亦以老莊思想為主體。儒家思想如賈誼、陸賈、董仲舒等，其思想中亦染有若干道家色彩。史家如司馬談、司馬遷、班固等，則有「崇黃老而薄五經」之傾向。而老莊自然主義思想之復甦，使得自然主義學者如揚雄、王充、張衡等，對於時下流行之天人感應、鬼神迷信、災異讖緯，痛加撻伐。桓譚、王符、仲長統、荀悅等思想家亦多受感染。老莊自然主義促使思想之解放，亦因而促使自然科學之成長。（見第貳編第三章）

漢明帝時佛教東來，中土人士對此一新興之宗教，皆視與道教同類，於是遂有「黃老與浮圖並祀」之語。佛徒為翻譯《佛經》，廣傳宗教，遂借用老莊之名詞及義理，開啓格義佛教之先河。此時佛教可謂老莊式之佛教，而佛教之本義，終難顯明，遂有牟子《理惑論》一書，以闡遙解疑。然亦終不脫老莊勢力之範圍。（見第貳編第四章）

漢魏之際，殺伐又起，亂世之中，人命危淺。於是老莊清靜無為之道，復為天下人所喜愛。而漢儒自武帝以來，迷信讖緯符應之說，信守章句訓詁之習，在在斲喪儒學生命發展。老莊之自然主義，遂代替儒家，成為魏晉思想之主流。（見第參編第一章）

　　此時社會風氣之所繫，在乎所謂名士之身上。魏晉名士常有清新婉逸之性格，風流俊雅之儀態。彼輩行事往往仿效莊子落拓不羈之胸懷，豪邁灑脫之情性，此即其人心目中所謂「放達」也。於是「學者以莊老爲宗，而黜六經。談者以虛薄爲辯，而賤名檢。行身者以放濁爲通，而狹節信。仕進者以苟得爲貴，而鄙居正。當官者以望空爲高，而笑勤恪。」（干寶《晉紀總論》）因使整個社會風氣頹敗浮靡，成爲衛道之士所攻擊之對象，然魏晉名士皆好《老莊》，善玄談。道家之學由名士之闡揚，遂於魏晉時代，締造出波瀾壯濶之老莊玄風。（見第參編第二章）

　　與老莊最爲有關係，乃是玄論派清談家致力於玄學之研究。彼輩能秉著援道入儒之精神，對當時儒家經典予以重新闡釋。何晏之《論語集解》、王弼之《論語釋疑》、郭象之《論語體略》。皆是其類。此外尚有許多論理之著作，對當時流行之「無有」問題、「聲無哀樂」、「言不盡意」等問題，皆能從道家之觀點，予以闡述。如何晏之〈無名論〉、〈無爲論〉、〈聖人無喜怒哀樂論〉、阮籍之〈達莊論〉、〈大人先生傳〉、〈通老論〉、〈通易論〉、〈樂論〉、嵇康之〈釋私論〉、〈聲無哀樂論〉、〈養生論〉、〈難自然好學論〉等等，無不是發揚玄旨，以老莊思想立論。而王弼之《老子注》、向秀郭象之《莊子注》、張湛之《列子注》，更能申其奧義，屢有發明，造成老莊學術之鼎盛。（見第參編第三章）

　　魏晉文人於文藝理論及創造上，亦深受老莊之影響。老莊思想促使純文學之產生。老莊之「自然說」、「神遇說」、「稟氣說」、「言意說」成爲魏晉文學理論之基礎，對當代及後代作品風格皆有啓發性。由於老莊精神影響，因而產生所謂壓生文學、遊仙文學、隱逸文學、山水文學、田園文學。魏晉文人無不充滿老莊情懷，表達作品上，率多眞實自然之流露。（見第參編第四章）

　　早期道教多以祈禳符籙爲事，缺乏其宗教之精神及內涵。魏晉道士如魏伯陽、郭璞、許遜、葛洪等人，致力於道教之理論建設，往往裴然有成。尤其魏、葛二人以老莊之宇宙論及修養論入其丹道之中，建立道教長生之理論。使二人成爲思想深邃之理論家，影響後世長遠。（見第參編第五章）

　　魏晉時格義佛教盛行，所謂格義即是以外書，特別是老莊之思想或字辭以翻譯或解說佛教內典，以便於其瞭解佛理。因此佛教名僧無不精通老莊，善於玄理。佛教於魏晉流行之二派，安般禪學及般若空論，皆在格義精神之指導下，逐漸返回原始佛教之眞義。然格義精神之應用，則遠遠影響至數千年之佛學，使得中國佛教仍俱有其本色化之性質。則魏晉之老莊思想，無論對佛教之宏揚，

以及佛學之漢化，實有不可抹滅之功績。（見第參編第六章）

　　總之，兩漢魏晉由於時代之需求，促使了老莊學說衍盛。老莊思想在政治、社會、宗教、學術上，皆發揮其廣大之影響力。因此形成具有相當特性之中古學術文化，在整個中國學術史上，實有繼往開來之重要地位。

第二節　分析老莊思想於兩漢魏晉興盛之原因

一、老莊思想興盛之客觀因素

　　任何一種思想，所以能產生，並蔚為潮流，必有其外在之客觀因素。此一客觀因素無外乎係政治環境、社會風氣、學術需求三方面所造成。老莊思想於兩漢魏晉數百年能盛極一時，無不受外在之因素所影響，茲從此三方面敘述之：

（一）政治環境——兵禍連縣，民心厭戰。老莊無為而治之政治理論，成為亂世之避難所

　　從戰國以迄東晉亡國，兵燹時起，殺伐互見。暴君昏主，靡代無之。始則戰國衰世，強秦屠戮；繼則楚漢相爭，流血成渠，而兩漢之際，王莽篡祚；桓靈二帝，黨錮禍害；復經黃巾之亂，董卓之變；三國爭衡，兵戎相向；最後八王殘殺，五胡亂華。此六百餘年間，干戈屢見，漂血水河，百姓於顛沛流困中，輾轉呻吟，苦不堪言。加以天災時疫之橫行，苛稅重斂之壓制，人民飽經水火肆虐之餘，生活益形痛苦，生命頓感無奈。於是對現實事物之失望與不滿，轉而傾慕於老莊清靜無為之政治理想。漢初之黃老治術固如是，魏文帝之減稅輕徭亦如此，而兩晉人士之歆羨老莊，提出虛君之論亦未嘗非此種心理所造成。再者老莊本富有出世之思想，其處世常懷持和光同塵，不譴是非之態度，以為亂世中保身安命之道。兩漢魏晉人士既身處危夷之中，動輒見咎，於是或棲遲山林之中，離世遁俗，造成隱逸之風盛行；或身處塵市，寄情杜康，絕口不臧否人物世事，凡此皆老莊精神所致。因此政治環境之影響，促使眾人思想趨於消極保守，老莊遂成為亂世之避難所。

（二）社會風氣——浮華虛靡，道德墮落。老莊自由曠達之超世精神，成為放縱之藉口

　　自漢武以來，獎掖儒術，利祿所在，士子趨之若鶩。於是競相牟利。經術成為仕宦之途，造成華而不實之風。加以兩漢魏晉以清議而辟召人才，往往薦

舉日多，用人浮濫。使天下士子徒慕虛名，不重操守。卒演成「名不準實，貢不本物」「風俗漸敝，人庶巧偽」之陋習。三國時魏武唯才是尚，素輕德行，其三頒〈求賢詔〉，更促使社會風氣之敗壞，道德之瓦解。民俗日偷，狷介無聞，士行之傾頹，由此益深。再加以亂世之中，生命無常，楊朱恣情縱慾之人生觀深為一般之所接受，故兩晉時風氣益加侈靡。於是荒淫逸樂，競尚浮華，沈湎酒色，裸體相同。不知道德為何物？家國為何事？卒演成五胡亂華亡國之悲劇。老莊本有出世之情懷，故老子有「絕仁棄義」「絕聖棄智」之語，莊子亦有「恣縱不儻」「離形去知」之論，其要在泯滅是非，返回真實自然之本性。凡此皆為魏晉人士放蕩無行之藉口。或託言老莊虛無之名以矯飾偽行，或藉口道家放逸之情以恣其淫志。人心藩籬盡撤，名教綱常瓦解，以頹廢為美，以無行標高，形成干寶所謂：「學者以老莊為宗而黜六經，談者以虛蕩為辨而賤名檢，行身者以放濁為通而狹節信，進仕者以苟得名貴而鄙居正，當官者以望空為高而笑勤恪。」（《晉紀總論》）《抱朴子》所謂：「誣引老莊，貴於率任。大行不顧細禮，至人不拘檢括；嘯傲縱逸，謂之體道。」（〈疾謬篇〉）之社會風氣。老莊固為魏晉人士放縱之藉口，亦成為護道人士攻擊之對象。

（三）學術需求——儒術沒落，經學質變。老莊自然主義之學說，彌補思想上之真空

　　漢武帝罷黜百家，尊崇六經，一般學者咸以經學為務，發揮經義，考覈訓詁。然而儒者往往墨守章句，競逞浮辭。結果演成：「後世經傳，既已乖離。博學者又不思多聞闕疑之議，而務碎義逃難，便辭巧說，破壞形體。說五字之文，至於二、三萬言。後進彌以馳逐。故幼童守一藝，白首而後能言。安其所習，毀所不見，終以自蔽。此學者之大患也。」（《漢書·藝文志·六藝序》）此外儒者墨循師說，執守家法，各立門牆，卒形成勢如水火之今古文經學之爭。復加上漢儒篤信天人感應之學，讖緯災異之說，儒學已脫離原始本來面目，而染上方技術士之色彩。凡此皆使儒家經術，血枯精竭，毫無生氣。而兩漢魏晉政治混亂，民生煎迫，先王之禮法，既不足以維繫道德人心，儒家經世主義，復無濟於動亂世局，士人學士遂相棄於經學，而轉慕於老莊之學說。一則如王充等自然主義學者，以道家思想攻擊時下災異讖緯之說，再則如正始、竹林等名士，發揮老莊玄旨，使儒學由章句訓詁中解脫，使思想更趨於獨立自由，意境更深閎幽遠，凡此皆因儒術衰沒，人心於徬徨苦悶之餘，老莊學說之清新脫俗，正足以彌補思想上之真空，遂盛極一時。

二、老莊思想興盛之主觀因素

學術思想之所以興盛，外在客觀因素固多，然本身亦必須具備相當之深度，亦即要有獨特之內涵，方足有吸引人之處，此即為其主觀之內在因素。如小說家稱「小說」，以其非「大道」也，故難致遠。其他九家中，又以前六家為大，即司馬談之六家也。六家中，儒、道、二家，尤其翹楚，而皆有其深奧之內涵，蓋非是不足以推廣致遠也。然二家相較，儒家似稍弱一籌，故始終難敵道、釋二家。從戰國經秦至漢初，皆道家天下。武帝用董氏，儒術定為一尊，然旋踵之間，道家又勝，魏晉以次，至南北朝、隋、唐無不如此。雖韓愈力排佛老，亦無如之何。蓋「儒門淡泊，收拾不住」也。至有宋諸子，始注意此點，取《大學》、《中庸》與《論》、《孟》相配，於是思想乃更深而更有系統，從此儒術大昌。茲將老莊思想所以異於諸子之獨特性質，敘述如下：

（一）老莊思想富於隱奧性——形上研究，促使學術發展多樣化

老莊哲學上涉天道，下及人事，可做為處世之修養，亦可施為政治之應用。然其學說皆本之於形上之「道」而出發。此「道」之性質若何？老莊以「恍兮惚兮，窈兮冥兮」敘述之，又謂此「道」乃「不可道」「無可名」，是謂「無狀之狀」「無物之象」。然此「道」究竟是否虛無？老子又以其中「有象」「有物」「有精」「有信」形容之。是老子形而上之「道」，其本質為何？遂引起後人揣測紛紛。或將此「道」視為一能賞善罰惡之主體，董仲舒《春秋繁露》主之，道教更以老莊之「道」為「元始天尊」之神明，後釋教東來又竟以老莊之「道」為「佛」矣。或以老莊之「道」乃一「機械化之自然本體」，王充等自然主義學者主之，「道」無任何情感意志。至魏晉時名理派清談家如裴頠等更主張老莊之「道」係「有」，以與玄論派王弼、何晏等主張「無」相抗。凡此皆因老莊之「道」有其隱奧性，因看法不同，見解之有異，使學術之發展呈現多樣性。蓋兩漢以來，世人思想多為儒家經義所束縛，章句訓詁之學，災異讖緯之迷信，實難以滿足人心之好奇。魏晉時又受現實環境之壓迫，一般人不敢輕言政治，以免遭殺身之禍，老莊之「道」既能令人冥想，又富於「玄」趣，再可遠離政治迫害，滿足人心對宇宙種種現象之探討，因此廣受眾人所歡迎。

（二）老莊思想富於包容性——混合融通，增進儒道學術之交流

老莊思想之包容性，於先秦時代早已形成。道家與史官關係甚為密切，而史官又是上古學術文化之總其大成者。老子為史官，其書中引用古人古語

特多，又能集南北文化之大成，兼賅六經之思想。先秦諸子之學術，無不與道家淵源甚深。韓非、司馬談、班固等對道家之譽，遠多於毀。故司馬談〈論六家要旨〉曰：「道家使人精神專一，動合無形，贍足萬物。其爲術也，因陰陽之大順，采儒墨之善，撮名法之要，與時遷移，應物變化，立俗施事，無所不宜，指約而易操，事少而功多。」是道家誠能兼眾家之所長，而無其短，形成一種包容之文化力量，特別在「雜家」中尤爲顯明，《呂氏春秋》、《淮南子》皆其代表。胡適先生因曰：「雜家是道家的前身，道家是雜家的新名。漢以前的道家，叫做雜家；秦以後的雜家，叫做道家。」（《中古思想史長編》）而兩漢儒學中亦有此「雜學」之傾向，其中融合大量道家思想，西漢流傳之經典如《禮記》、《學庸》、《易傳》固如是，而思想家如陸賈、賈誼、董仲舒、桓譚、王符、仲長統、荀悅等儒生無不受老莊學說之影響，甚連經學家馬融、鄭玄等於思想上皆受其波及。是兩漢之儒學絕非先秦純淨之儒學，而夾雜大量道家思想在內。而儒家《易經》更爲玄學家所偏好，兩漢《易》學家注《易》，往往兼注《老子》，魏晉玄學家注《老子》，亦往往兼注《易經》，於是一時以道入儒，援《老》解《易》之風氣大盛，形成儒道會通之局面，凡此皆知老莊思想之包容性，以及道家學術何以在兩漢儒學盛行時代，仍有其影響力。

（三）老莊思想富於真實性 —— 純樸無僞，造成自然主義之興起

老莊思想之本質，在於求眞求實之精神，亦即不事造作，純樸無僞，反對人間一切虛假。老子曰：「智慧出，有大僞」，因此畏絕聖棄智，絕巧棄利，泯滅是非，回復本然。此種思想對後世皆有啓發性。漢世係造僞盛行時代，不但儒生喜在經書上造僞，而學術上亦宣揚災異讖緯種種僞學。一般民間亦普遍流行各種迷信禁忌，於是司馬遷、揚雄、王充、張衡等有識之士，紛紛拿起老莊自然主義之盾牌，以「疾虛妄」「審虛實」之態度，攻擊時下流行之各種僞說。兩漢以儒術寵士，造成崇名競利虛浮之風。故司馬遷曰：「余讀功令，至於廣厲學官之路，未嘗不廢書而歎也。」（《史記・儒林列傳》）此種風氣愈演愈熾，至魏晉時更造成一股道德淪落，廉恥掃地，奢侈虛靡，浮誇不實之頹風。因此玄學名士莫不重披老莊自然主義之盔甲，對禮法君子、名教世界大撻伐。王弼強調「順自然而行，不造不治。」（《老子》廿七章《注》）嵇康能「超名教而任自然」（《晉書・嵇康傳》）劉伶〈酒德頌〉，阮籍〈大人先生傳〉莫不對世俗虛行僞德大肆抨擊。凡此皆基於老莊求眞求實之態度，以及自然無僞之精神。因此

深爲有識之士所歡迎。

（四）老莊思想富於實用性 —— 結合生活，完成道家理論之實踐

　　一種學說，非僅理論而已，必有其實用性，亦即能與實際生活相結合，方足以推廣久遠，爲眾人所接受。如墨家於戰國，雖號稱顯學。然「其道大觳，使人憂，使人悲，其行難爲也。」（《莊子‧天下》）卒消失於戰國末年。又如漢武獎掖儒學，原欲應用之於有爲。然發展結果，亦祇淪落於空疏義理中。儒家經術失去其經世致用之意義，遂爲有識之士所排斥。唯道家之學，原集合眾家之所長，參驗歷史之故實，其法易行，於亂世之中，誠可安撫社會人心。而應用於政治上，則爲黃老清靜無爲治術，造成文景國泰民安之盛世。應用於日常生常中，則可以之修身養性，摒除物欲，端正社會風氣，養成慈惠敦樸之美德。故佛徒之修身養性，以及宋明諸子之持守心性之功夫，亦不得不以老莊思想爲依歸。戰國以來，以迄兩漢魏晉，社會普遍重視養生之學，道士亦重長生不老修鍊之術，亦不能不以老莊思想作爲理論基礎。老莊思想能與現實生活相結合，透過道家之人生觀，以「天地與我並生，萬物與我爲一」「上與造物者遊，而下與外生死、無終始者爲友」，培養出超然出世，曠達超遠之胸襟。此種涵養，數千年後尚廣泛支配整個中國社會人心。再者，中國文學之講求意境情趣，所謂「意翻空而易奇，言徵實而難巧」（《文心雕龍‧神思篇》）文章重實質而勝華藻，凡此皆與老莊精神有相之處。老莊思想平易近人，却又超邁不俗，可應用於政治、社會、文學、人生，深獲眾人所信仰，遂成爲兩漢魏晉之顯學。

第三節　老莊思想對兩漢魏晉學術思想之貢獻

　　老莊思想因外在政治環境，社會風氣、學術需求之客觀因素影響，再加上其思想本身具有隱奧性、包容性、眞實性、實用性等特質，於兩漢魏晉大爲興盛。造成「儒墨之迹見鄙，道家之言遂盛」「天下共尚無爲，貴談老莊」「戶詠恬曠之辭，家畫老莊之像」之普遍現象。老莊思想對此一時代學術思想有七大貢獻：

一、黃老思想之運用

　　漢初黃老清淨無爲治術，使得天下蒼生於飽經戰火蹂躪下，得以休養生息。由於文景之簡儉爲治，寬厚愛民，七十年間，使得漢廷財富盈溢，國泰

民安，奠定漢朝盛世之基礎。因此黃老風氣所及。研究道家之學甚爲普遍。黃老學者無論朝野，多如過江之鯽，加強老莊學術之推廣，「黃老」遂成爲道家之代名詞。

二、老莊學術之研究

　　大抵漢朝以老學最盛，魏晉則以莊學顯達。「老莊」合稱始於劉安時代（《淮南子‧要略訓》），《史記》中將黃老、老莊等學術，統名曰「道家」（〈陳丞相世家〉）於是老莊道家之學，遂成爲兩漢魏晉之顯學。因此研究《老莊》之專門著述特多，先秦時僅《韓非》有〈解老〉、〈喻老〉二篇，而兩漢間研究《老子》之著述有廿七家，魏晉時多達五十二家；先秦時並無莊學論述，兩漢時僅有劉安《莊子略要》、《莊子后解》二書，至魏晉時則有二十家以上（以上參嚴靈峯《老列莊三子知見書目》）。是研究《老莊》風氣甚爲普遍。而一般著作中引用《老莊》之語，發揮《老莊》之義者不知凡幾。甚者兩漢之儒者，魏晉之名理家，亦致力於老莊學術之研究。魏晉時玄風盛行，「學者以老莊爲宗而黜六經」，老莊經典成爲家戶必備之書，遂有「三日不讀《道德經》，便覺舌本生強。」之語出。漢之儒者注經書常兼注《老子》，魏晉玄學家注《老莊》常兼注經書。於是儒道交融，使老莊思想更能與傳統學術結合，加速道家思想之推廣。

三、自然主義之產生

　　東漢司馬遷、揚雄、王充、張衡等自然主義學者，承繼老莊求眞求實之精神，對當時儒家讖緯災異符圖等謬說，以及社會鬼神禁忌等種種迷信思想，予以強烈抨擊，使桓譚、王符、史長統、荀悅等思想家亦深受感染。於是理性主義產生，人本思想擡頭，造成學術上更趨於獨立，人性上更受尊重。因而促使兩漢自然科學之發達，對日後中國科學文明實有裨益。東漢自然主義之產生，導致魏晉玄學發展，玄學家於著述中謳歌自然，強調自生自化之宇宙論，凡此皆自然主義學者所賜。

四、清談玄學之形成

　　清談玄學之盛行，彌補因儒家學術之僵化，所帶來思想上之眞空。同時

予亂世中人逃避禍害之藉口，使精神上舒緩現實人生之鬱結。由於玄學家對道家形而上學之探討，光大老莊思想之內涵，促使道家哲學及修養上之運用。玄學遂成為魏晉學術之代名詞。

五、玄理文學之發展

老莊思想對文學及其理論之影響，使得文學脫離傳統禮教之束縛，走出章句訓詁之樊籠，於是產生所謂純文人、純文學。在內容表達上，更合乎自然真情。同時老莊思想若干觀點，為文學理論家所援引，用為立論批評之基礎。老莊思想豐富文藝創作之內涵，產生所謂厭世文學、遊仙文學、玄理文學、隱逸文學、田園文學、山水文學等作品。老莊「寄言出意」「得意忘言」之理論，成為千百年後文藝創作奉行之圭臬。

六、道教理論之建設

道教為最具本色化而誕生中土之宗教，老莊成為其宗教上法力無邊之神明，老莊理想之人格成為宗教修行之楷模。同時道教之理論及修道之過程，無不攀附老莊學說作為其依據。道士魏伯陽、葛洪等融合道家與神仙之說，形成丹道之基礎，對道教之發展，具有長遠之影響。道教於內容上剽竊道家甚多，使得兩漢以來之道教與道家不分，不僅學者常相混淆，民間亦難分清楚。

七、格義佛教之盛行

佛教於漢明帝時始傳於中土，能於短短數百年光大滋盛，皆早期援道入佛之方法所致。漢末魏晉僧人皆善於《老莊》，精於玄學清談。因此往往以老莊義理，闡釋晦澀深奧之佛理，此即所謂格義之法。雖不免有乖違佛義，然畢竟不失為瞭解佛學最好之方法。由於格義之運用，不僅加速佛教之廣傳，使般若性空之學得以回復原始本來面目，又因釋道二家之聯合，更使佛教發展成極具本色化之宗教。

第四節　老莊思想於兩漢魏晉所造成之流弊

任何一種學說，相衍已久，漸脫離原始本意，遂產生種種流弊，漢之經學即是其例。老莊思想於學術上之貢獻，有其正面之價值，然於施行過程中，

亦產生負面之作用。老莊思想於兩漢魏晉所造成之缺失有三：

一、黃老刑名之流弊

老莊思想本以清靜無爲爲主，漢時遂與法家結合，形成以道家思想爲體，刑名法術爲用。漢基初定，君王既喜黃老治術，於是臣子爲博顯達，無不推崇黃老，謳歌道家。然其末流急功好利，祇求果效，而罔顧黃老精神之所在，遂使政治流於慘礉寡恩之途。形成漢世所謂酷吏。如郅都、寧成、趙禹、張湯、王溫舒、楊僕、杜周諸人，皆以刑名酷烈爲聲。或以老莊「和光同塵」「與物推移」爲說，陰陽人主，與俱上下，泯滅是非，了無原則，終成諂媚取巧，苟且無恥之徒；或以老子「魚不可脫於淵，國之利器，不可以示人」爲法，從事陰謀，專務離合，開啓機詐，屢興爭端，卒爲極具機心，迫害忠良之輩。凡此皆與老莊原義不合。故《淮南子》評之曰：「亂世之法，高爲量而罪不及，重爲任而罰不勝，危爲禁而誅不敢。民困於三責，則飾智而詐上，犯邪而干免。故雖峭法嚴刑，不能禁其姦。何者？刀不足也。故諺曰：『鳥窮則嚙，獸窮則牟，人窮則詐。』此之謂也。」（〈齊俗訓〉）

二、虛無放蕩之風

魏晉名士援引老莊超世豪邁之情致，以爲其高蹈遠世之理想。此種思想表達其行爲上，便是曠放不羈之德性，率直任性之作風，時人名之曰「放達」。早期名士，身處亂世，動輒遭忌，自不得不矯俗悖禮，借酒遠禍，誠有其不得已苦衷。而此輩大抵上貴眞率情，不事虛僞，對禮法之士嫉之如仇，亦有其可取之處。然風氣所及，眾人競相仿效，於是「名士不須奇才，但使常得無事，痛飲酒，熟讀《離騷》，便可稱名士。」（《世說新語·任誕篇》）整個社會盡被虛無放蕩之頹風所瀰漫，因此散髮袒裸，放恣酒色，不拘禮法，窮歡極娛，乃爲極平常之事。於是名理派諸子，有識之士，莫不奮然指摘，痛言極詆。然積習既深，王公達貴復爲之推波助瀾，天下滔滔，遂往而難返也。卒造成國家社會之衰弱，形成五胡亡國之悲劇，故後人歸咎之於「清談」，良有以也。

三、神仙方術之迷信

兩漢以來之方士、術士，往往依託老莊或黃帝，以爲其長生不死神仙之

說依據。老莊之修養論便援引爲宗教立論之基礎。老子、莊子、黃帝皆爲位極仙品之神人，《老莊》書中用以喻道之人物遂被引爲眞有其人其事，其理想社會遂被認爲眞有其國其境。於是安期生、羨門之屬，蓬萊、方丈、瀛州之島皆非虛無不可及之事，遂造成社會迷信風氣之猖獗。故秦皇、漢武屢爲方士所欺，猶執迷而不悟。而兩漢魏晉社會則廣爲術士所愚，民間普遍相信鬼神、靈驗、占卜、符籙、讖緯、感應、風水、以及種種禁忌。甚且道士亦往往利用信徒無知愚昧心理，斂財騙色。漢時張角、張梁、張寶便係運用群眾對宗教盲目崇拜心理，設立太平道、黃老道，達其叛國作亂之目的。魏晉以後帝王百姓信之尤篤，對鬼神靈異之事嗜之甚深。一般文人普遍有遊仙、述異之作，清談名家嵇康亦信家宅之吉凶，名士王羲之且與道士共修服食，千里採藥。魏晉人士多信食藥可以長生美顏，因此服寒食散以致肌膚潰爛而死亡者亦所在多有。此種社會迷信之陋俗，甚至連道士葛洪亦於《抱朴子》中攻訐其非，而欲於宗教理論上有所創立。

以上所述之缺失，洵非老莊原始之本意，乃係因道家學說衍盛後，時人扭曲老莊思想而形成之種種流弊。故後人或攻擊黃老刑名之殘刻，或譏諷老莊之頹放，或以道家爲陋說迷信，皆出於誤解，此絕非老莊本然之風貌。

第五節　魏晉以後老莊思想之餘波

自兩漢魏晉老莊學術大行後，餘波仍蕩漾不息，歷久靡衰。南北朝時，研究老莊之風氣依然普遍。《南史》王僧虔、顧越、顧歡、何偃、何子朗、祖冲之，以及《儒林傳》中之伏曼容、嚴值之、太史叔明、全緩、張譏皆是清談家亦是研究《老莊》之學者。〔註1〕南朝諸帝亦喜玄理。宋太祖且賜羊玄保二子，名曰「咸」、「粲」，謂：「欲令卿二子有林下正始遺風。」（見《宋書》）梁武帝講論三玄，周弘正爲之推波助瀾，生徒至千餘人。（見《顏氏家訓‧勉學篇》及《南史‧顧越傳》）

〔註 1〕 以上諸人事蹟俱皆《南史本傳》。諸人皆清談家，亦是研究老莊之學者。如《南史‧張譏傳》曰：「譏……獨侍哀太子於武德後殿講老莊。……宣帝時爲武陵王限內記室，兼東宮學士。後主在東宮集宮僚致宴，時造玉柄麈尾新成。後主親執之曰：『當今雖多士如林，至於堪捉此麈尾者，獨張譏爾。』即手授譏，仍令於溫文殿講《老莊》。譏性恬靜，不求營利，常慕閒逸。所居宅營山池植花果，講《周易老莊》而教授焉。」

　　《北史‧文苑傳》顏之推、諸葛潁、潘徽諸人亦雅好《老莊》，魏太祖、太宗既崇佛法，兼研《老莊》。世祖初好佛，後信道士寇謙之言而奉道教。顯祖信佛，又「好《老莊》，每引諸沙門及能談玄之士，與論理要。」（《魏書‧釋老志》）蓋此時佛法已盛，加以格義之精神猶在，故佛老並奉之情形常見。

　　由於玄風之流行，宋太祖元嘉十五年，丹陽尹何尚之立玄學，與儒、文、史其他三學並立（見《宋書‧隱逸傳‧雷次宗傳》）。宋明帝泰始六年，置總明觀，且設立「道、文、儒、史、陰陽」五部學（見《南史‧宋本紀》下《明帝紀》）及「儒、玄、文、史」四科（《南史‧王儉傳》）並收生徒講學。

　　然齊梁之後玄學清談有漸消沈之趨勢。一則清談內容枯槁，已失玄趣，淪為口舌之徒逞辯使能之工具，〔註2〕再則清談名士之放蕩劣跡，傷風敗俗，已引起有識之士紛紛抵制（如干寶《晉紀》、葛洪《抱朴子‧疾謬篇》皆深惡極詆其非）。此外清談玄學，終究對現實事物之解決，難有助益。顏之推曰：「直取其清談雅論，辭鋒理窟，剖元析微，妙得入神，賓至往復，娛心悅耳。然而濟世成俗，終非急務。」（《顏氏家訓‧勉學篇》）而南朝文風甚盛，游遊口說，不如立志詞章，可以傳不朽之美名，故學者精力，乃轉至文學創作，遂有「晉世以玄言方道，宋世以文章開業」（見《南齊書‧陸澄傳》）之語。

　　而影響最大，乃係佛教之興起，取代玄學之地位。老莊思想原係亂世中之產物，魏晉人士常藉道家玄學以解心中之苦悶，然人心之需求常係永無止盡，特別是對生死之問題常欲進一步之瞭解。此一新興之宗教遂彌補老莊之不足，於南北朝之時，夾其強勁之威力，風靡一時。林景伊先生特分析二家曰：

　　　　佛老二家，言近似而實遠，旨雖同而趣異。蓋道家之本體為道，佛
　　　　家之本體為心。道家超越現象，而歸於自然；佛家分析現象，而視
　　　　為妄境。安時處順，道家以喪我為旨；眾生一體，佛家作無我之觀。
　　　　此佛道二家之大別也。所立既殊，雖同流而終異途。因筌求魚，得

<hr />

〔註2〕清談至魏晉後，漸成為談徒逞辯使能之工具，已失玄旨。如《世說新語‧誹
　　　謗篇》曰：「桓南郡（玄）與殷荊州（仲堪）語次，因共作了語。顧愷之曰：
　　　『火燒平原無遺燎。』桓曰：『白布纏棺豎旒旐。』殷曰：『投魚深淵放飛鳥。』
　　　次復作危語。桓曰：『矛頭淅米劍頭炊。』殷曰：『百歲老翁攀枯枝。』顧曰：
　　　『井上轆轤臥嬰兒。』殷有一參軍在坐。曰：『盲人騎瞎馬，夜半臨深池。』
　　　殷曰：『咄咄逼人，仲堪眇一目故也。』」故清談至此，已趨於末流，支離破
　　　碎，了無生意。

魚忘筌。故佛學全盛，談遂衰。〔註3〕

佛學自魏晉以老莊格義行之後，對般若性空之學漸有闡明，且因援道入釋，使此一宗教具有本色化，故能廣行中土。南北朝諸君常以道佛同觀，崇之尤篤。是故張融以為：「道之與佛，邀極無二。……昔有鴻飛天首，稽遠難亮，越人以為鳧，楚人以為鴳，人自楚越，鴻常一爾。」又其「病卒，遺令：入殮，左手執《孝經》、《老子》，右手執小品《法華經》。」（《南齊書·張融傳》）顧歡〈夷夏論〉雖排佛護老，然亦曰：「道則佛也，佛則道也，其聖則符。」此種援道入釋之精神，唐宋以後仍盛行。章太炎先生〈齊物論釋序〉云：「法藏澄觀陰盜而陽憎。」《注》云：「宋世諸儒或云《佛典》多竊取《老莊》。……至於法藏澄觀竊取《莊》義以說《華嚴》，其述自不可掩。至於宗密，乃復剿剝《老莊》。」而以佛義解道家經典亦多，如唐成玄英《莊子疏》，明陸西星之《華南經副墨》、方以智《藥地炮莊》、釋德清《觀老莊影響論》，清張世犖《南華摸象經》……等皆是。是知格義之影響，不僅促使佛教興盛，更使道佛二家彼此融合，消除當中歧見。

魏晉玄學，雖因佛教之興起而消沈，然與道家甚有淵源之道教，卻於唐宋間大放異彩，使老莊聲名不衰。南北朝時道教於朝野仍享有其地位。隋文帝篤信道教，其開皇年號，即採之於《道書》。唐時帝咸以為得自老子之後，崇祀更盛。唐高宗乾封二年，追號老子為太上玄元皇帝。玄宗開元十五年，置崇玄學於玄元廟，習《老子》、《莊子》、《文子》、《列子》等道家書籍，並立玄學博士，每歲依明經舉。開元廿九年建玄元皇帝廟於各地，畫玄元皇帝象於各廟，以高祖、太宗、高宗、中宗、睿宗五像陪祀。老子倍享尊榮。天寶元年，玄宗親享玄元皇帝於新廟，並賜莊子號南華真人，文子號為通玄真人。天下廣設道觀，民間普藏《道德經》、《南華真經》，道士女冠不知凡幾。宋代更篤信道教，宋本趙氏，不能以老子為祖，乃別造一道教之祖曰「趙玄朗」，而改太上玄元皇帝為太上混元皇帝。真宗、徽宗更大肆獎掖道學，重和元年詔太學辟雍，各置《內經》、《道德經》、《莊子》、《列子》博士二員。宣和元年，封莊周為微妙元通真君。列禦寇為致虛觀妙真君，配享混元皇帝。道士極受禮遇尊崇。遼金之後，道教分為二宗，北方以全真教為主，南方以天師道為宗，其中又分八十六派。〔註4〕無論何派皆崇祀老莊，奉道家經書為

〔註3〕林景伊《中國學術思想大綱》五〈隋唐佛教發展與經學統一〉，頁142。
〔註4〕參傅勤家《中國道教史》十六章〈道教之分派〉，頁211～229。

聖典。道教於老莊學術亦多所發明，宋代理學之興起，道教亦有功焉。宋儒取於道教者，如北宋周敦頤採「無極」之說，邵雍襲《龍圖》之《易》（今《道藏》將邵雍之《皇極經世》、《擊壤集》皆收入），南宋大儒朱熹且爲《參同契》作註，可知道教對宋代學術影響之深矣。

　　宋明時理學肇興，此乃集隋唐以來之佛教、道家以及傳統之儒學而產生之「新儒學」，若論其淵源，則可上溯於魏晉之玄學。吳康先生曰：

　　　由魏晉玄學，以迄隋唐佛學之呴噓覆育之下，遂使當日學術界主流

　　　之儒學，寖漬醞釀而發生變化，於是結果誕生兩宋以還之性理之學，

　　　簡曰理學，亦名道學，實即一種新儒學也。〔註5〕

蓋宋明理學討論內容不外有三：（一）宇宙論：探討所謂「形上、形下」、「無極、太極」、「陰陽二氣、五行」、「理、氣」等問題。（二）心性論：探討所謂「心、性、情、才」等問題。（三）修養論：探討所謂「存誠」、「識仁」、「定性」、「窮理」、「居敬」、「主靜」、「致良知」等問題。無論何者，皆與老莊思想有密切關係。如宇宙論中所探討之「無極」、「太極」終極本體，此脫胎於老莊之「道」，而魏晉玄學家以「自然」即「道」，道本「無名」，此「一元思想」實爲宋儒周敦頤、朱子等學說之依據。「陰陽」「五行」「理」「氣」漢人早已言及，亦與老莊有所關係。其餘養心存性，居敬主靜，識仁窮理，皆可與老莊學說相發演。蓋老莊講「自然眞實」之精神，與理學家「去偽存誠」之態度，實無二致。老莊本係兼綜諸家之善，於精神上有其相通之處，做漢人之以道家與諸家相混合，形成漢際所謂雜家，魏晉玄學家之以道入儒，以及釋子之道解佛皆是此種精神之嘗試。則宋明理學仍本兩漢魏晉以來之精神，調和儒、釋、道三家而形成理學，實無足爲怪。

　　魏晉後玄學雖衰微，然由於兩漢魏晉老莊思想之衍盛，使得道家之學成爲中國學術思想極重要之部份，無論宗教上、學術上、修養上、實際應用上，道家思想廣泛支配社會人心。若無兩漢魏晉學術家致力於老莊，道家之學不會如此蓬勃發展；若無老莊思想充實此一時期之思想內涵，兩漢魏晉於學術史上將留下一片空白，亦無數百年後波瀾壯闊之理學產生。故無論老莊思想，抑或兩漢魏晉時期，於中國學術史上，實佔有無比輝皇之地位。

〔註 5〕吳康《宋明理學引言》，頁 21。

主要參考書目

（一）經學類

1. 《古注十三經》，新興書局。
2. 《周易注》，王弼，新興書局。
3. 《尚書傳》，孔安國，新興書局。
4. 《毛詩箋》，鄭玄，新興書局。
5. 《禮記注》，鄭玄，新興書局。
6. 《周禮注》，鄭玄，新興書局。
7. 《禮儀注》，鄭玄，新興書局。
8. 《春秋經傳集解》，杜預，新興書局。
9. 《春秋公羊傳解詁》，何休，新興書局。
10. 《春秋穀梁傳集解》，范寧，新興書局。
11. 《孝經注》，鄭玄，新興書局。
12. 《論語集解》，何晏，新興書局。
13. 《孟子注》，趙岐，新興書局。
14. 《爾雅注》，郭璞，新興書局。
15. 《論語集解義疏》，皇侃，商務印書館。
16. 《論語正義》，刑昺，藝文印書館。
17. 《周易略例》，王弼，新興書局。
18. 《經學歷史》，皮錫瑞，河洛圖書出版社。
19. 《經學通論》，皮錫瑞，河洛圖書出版社。
20. 《經學纂要》，蔣伯潛，正中書局。

21. 《讀經示要》，熊十力，廣文書局。
22. 《經學研究集》，王靜芝等，黎明文化事業公司。
23. 《兩漢經學今古文平議》，錢穆，東大圖書公司。

（二）史學類

1. 《史記》，司馬遷，鼎文書局。
2. 《漢書》，班固，鼎文書局。
3. 《後漢書》，范曄，鼎文書局。
4. 《三國志》，陳壽，鼎文書局。
5. 《晉書》，房玄齡等，鼎文書局。
6. 《宋書》，沈約，鼎文書局。
7. 《南齊書》蕭子顯，鼎文書局。
8. 《梁書》，姚思廉，鼎文書局。
9. 《陳書》，姚思廉，鼎文書局。
10. 《魏書》，魏收，鼎文書局。
11. 《北齊書》，李百樂，鼎文書局。
12. 《周書》，令孤德棻，鼎文書局。
13. 《隋書》，魏徵等，鼎文書局。
14. 《漢紀》，荀悅，商務印書館。
15. 《後漢紀》袁宏，商務印書館。
16. 《通典》，杜佑，新興書局。
17. 《資治通鑑》，司馬光，世界書局。
18. 《文獻通考》，馬端臨，新興書局。
19. 《文史通義》，章學誠，盤庚出版社。
20. 《古史辨》，顧頡剛等，明倫出版社。
21. 《秦漢史》，勞幹，中華文化出版社。
22. 《秦漢史》，錢穆，商務印書館。
23. 《秦漢史》，呂思勉，開明書店。
24. 《魏晉南北朝史》，黎傑，九思出版社。
25. 《兩晉南北朝史》，呂思勉，開明書店。
26. 《中國文化史》，柳詒徵，正中書局。

（三）子學類

1. 《荀子注》，楊倞，世界書局。

2. 《墨子閒詁》，孫詒讓，世界書局。

3. 《列子注》，張湛，世界書局。

4. 《管子校正》，尹知章，世界書局。

5. 《韓非子集解》，王先慎，世界書局。

6. 《孫子十家注》，畢以珣，世界書局。

7. 《淮南子注》，高誘，世界書局。

8. 《陸賈新語》，陸賈，世界書局。

9. 《賈誼》，賈誼，世界書局。

10. 《潛夫論》，王符，世界書局。

11. 《呂氏春秋》，呂不韋，世界書局。

12. 《人物志》，劉劭，世界書局。

13. 《世說新語》，劉義慶，世界書局。

14. 《抱朴子》，葛洪，世界書局。

15. 《論衡校釋》，黃暉，商務印書館。

16. 《法言》，揚雄，商務印書館。

17. 《太玄經》，揚雄，商務印書館。

18. 《申鑒》，荀悅，商務印書館。

19. 《商君書解詁》，朱師轍，世界書局。

20. 《周髀算經》，趙爽，中華書局。

21. 《朱子語類》，朱熹，中華書局。

22. 《諸子學纂要》，蔣伯潛，正中書局。

23. 《諸子通考》，蔣伯潛，正中書局。

24. 《先秦諸子學》，稽哲，樂天出版社。

25. 《先秦道家思想研究》，張成秋，中華書局。

26. 《讀子卮言》，江瑔，成偉出版社。

27. 《黃帝四經研究》，天士出版社。

28. 《道家哲學系統探微》，黃公偉，新文豐出版公司。

29. 《顏氏家訓》，顏之推，世界書局。

30. 《司馬遷之人格與風格》，李之，開明書店。

31. 《王充思想評論》，陳拱，東海大學。

32. 《王充治學方法之研究》，謝朝清，文津出版社。

33. 《王符思想研究》，黃盛雄，文史哲出版社。

34. 《春秋繁露義證》，蘇輿，河洛出版社。

35. 《董仲舒與西漢學術》，李威雄，文史哲出版社。

36. 《抱朴子研究》，梁榮茂，牧童出版社。

37. 《抱朴子研究》，藍秀隆，文津出版社。

38. 〈葛洪學術思想之研究〉，葉論啟，師大國研所碩士論文。

39. 〈揚雄學案〉，李周龍，師大國研所博士論文。

（四）老莊類

1. 《老子注》，王弼，世界書局。

2. 《老子論集》，鄭良樹，世界書局。

3. 《老子讀本》，余培林，三民書局。

4. 《老子哲學》，張起鈞，正中書局。

5. 《老子研究》，趙文秀，燕京印書館。

6. 《老子探義》，王淮，商務印書館。

7. 《老子微旨例略》，王弼，藝文印書館。

8. 《老子學術思想》，張揚明，黎明文化事業公司。

9. 《老子身世及其兵學思想探賾》，袁宙宗，商務印書館。

10. 《莊子集解》，王先謙，世界書局。

11. 《莊子集釋》，郭慶藩，河洛出版社。

12. 《莊子讀本》，黃錦鋐，三民書局。

13. 《莊子義理》，馬敘倫，弘道文化事業公司。

14. 《莊子新譯》，張默生，台灣時代書局。

15. 《莊子研究》，葉國慶，商務印書館。

16. 《莊子及其文書》，黃錦鋐，東大圖書公司。

17. 《莊子研究論集》，葉國慶等，木鐸出版社。

18. 《魏晉莊學》，黃錦鋐，漢學論文集。

19. 《老莊辨論》，盧鳴皋，作者自印。

20. 《老莊通辨》，錢穆，三民書局。

21. 《老莊哲學》，胡哲敷，中華書局。

22. 《老莊研究》，嚴靈峯，中華書局。

23. 《老莊哲學》，吳康，商務印書館。

24. 《老莊思想論集》，王煜，聯經出版社。

25. 《老列莊三子知見書目》，嚴靈峯，中華叢書編審委員會。

（五）文集類

1. 《楚辭注》，王逸，世界書局。
2. 《嵇中散集》，嵇康，中華書局。
3. 《陶淵明集校箋》，楊勇，明倫出版社。
4. 《曹子建詩注》，黃節，藝文印書館。
5. 《陶淵明詩箋注》，黃節，藝文印書館。
6. 《阮步兵詠懷詩注》，黃節，藝文印書館。
7. 《文心雕龍》，劉勰，開明書店。
8. 《文心雕龍注》，范文瀾，開明書店。
9. 《文心雕龍札記》，黃季剛，文史哲出版社。
10. 《文心雕龍研究》，王更生，文史哲出版社。
11. 《詩品注》，汪履安，正中書局。
12. 《全漢文》，嚴可均，世界書局。
13. 《全後漢文》，嚴可均，世界書局。
14. 《全三國文》，嚴可均，世界書局。
15. 《全晉文》，嚴可均，世界書局。
16. 《全漢三國晉南北朝詩》，丁福保，世界書局。
17. 《全上古三代秦漢三國六朝文》，嚴可均，世界書局。
18. 《漢魏六朝百三名家集》，張溥，文津出版社。
19. 《文選注》，李善，藝文印書館。
20. 《四庫全書總目提要》，紀昀，商務印書館。
21. 《太平御覽》，李昉，商務印書館。
22. 《藝文類聚》，歐陽詢，新興書局。
23. 《日知錄》，顧炎武，明倫出版社。
24. 《陳寅恪先生論文集》，陳寅恪，三人行出版社。
25. 《阮籍詠懷詩研究》，邱鎮京，文津出版社。

（六）玄學類

1. 《魏晉思想論》，劉大杰，中華書局。
2. 《魏晉思想論》，黎傑，九思出版社。
3. 《魏晉思想》，賀昌群等。
4. 《魏晉思想與談風》，何啓民，學生書局。
5. 《魏晉玄學論稿》，湯錫予，盧山出版社。

6. 《魏晉玄學析評》，呂凱，世紀書局。

7. 《魏晉玄學》，牟宗三，東海大學。

8. 《魏晉清談述論》，周紹賢，商務印書館。

9. 《魏晉清談思想初論》，賀昌群，三人行出版社。

10. 〈魏晉清談及其玄理研究〉，林顯庭，東海中研所碩士論文。

11. 《魏晉的自然主義》，容肇祖，商務印書館。

12. 《魏晉自然思想》，盧建榮，聯鳴文化有限公司。

13. 《兩漢清談》，沈杲之，廣文書局。

14. 〈清談起源考〉，孫道昇，東方雜誌四二卷 3 期。

15. 《竹林七賢研究》，何啓民，學生書局。

16. 《魏晉莊學》，黃錦鋐，東大圖書公司。

17. 《魏晉風氣與六朝文學》，朱義雲，文史哲出版社。

18. 《漢晉思想的轉折》，近爲君，木鐸出版社。

19. 《向郭莊學之研究》，林聰舜，文史哲出版社。

20. 《才性與名理》，牟宗三，學生書局。

21. 〈阮籍研究〉，徐麗霞，師大國研所碩士論文。

22. 〈嵇康研究〉，蕭登福，政大中研所碩士論文。

23. 《郭象莊學平議》，蘇新鋈，學生書局。

24. 〈正史之音與魏晉玄風〉，林耀曾，《幼獅月刊》四七卷 2 期。

25. 〈何晏與魏晉學術之關係〉，王韶生，《崇基學報》三卷 1 期。

26. 〈論魏晉名士的狂與痴〉，廖蔚卿，《中國古典文學研究叢刊》。

27. 〈論漢晉以來之崇尚談辯及其影響〉，牟潤孫，香港中文大學出版。

28. 〈阮籍和他的達莊論〉，黃錦鋐，《師大學報》第 22 期。

29. 〈魏晉風流〉，郭麟閣，《中國學報》一卷 6 期。

30. 〈阮籍的時代和他的思想〉，韋政通，《出刊月刊》第 19 期。

（七）思想史

1. 《中國思想史》，錢穆，華崗出版有限公司。

2. 《中國思想史》，韋政通，大林出版社。

3. 《中國哲學史》，羅光，學生書局。

4. 《中國哲學史》，勞思光，崇基書院。

5. 《中國哲學史》，謝无量，中華書局。

6. 《中國哲學史》，黃公偉，帕米爾書局。

7. 《中國哲學史》，馮友蘭，宜文出版社。

8. 《中國哲學思想論集》，牟宗三等，牧童出版社。

9. 《中國哲學概論》，余雄，源道文化圖書公司。

10. 《中國哲學原論》（原道篇、原性篇、導論篇），唐君毅，新亞研究所。

11. 《中國古代哲學史》，胡適，商務印書館。

12. 《中國中古思想小史》，胡適，胡適紀念館印。

13. 《中國中古思想‧史長篇》，胡適，胡適紀念館印。

14. 《中國中古思想史》，郭湛，龍門書店。

15. 《中國中古哲學史要》，韓逋仙，正中書局。

16. 《中國思想之研究》，宇野精一，幼獅文化事業公司。

17. 《中國學術思想大綱》，林景伊，學生書局。

18. 《中國學術史略》，顧頡剛，啟業書局。

19. 《中國學術思想變遷之大勢》，梁啟超，中華書局。

20. 《中國學術思想史》，鄺士元，里仁書局。

21. 《兩漢哲學》，周紹賢，文景出版社。

22. 《兩漢思想史》，徐復觀，學生書局。

23. 《兩漢學術發微》，劉師培，國民出版社。

24. 《中國之科學與文明》，李約瑟，商務印書館。

25. 《漢晉學術編年》，劉汝霖，長安出版社。

26. 《東晉南北朝學術編年》，劉汝霖，長安出版社。

27. 《宋明理學》，吳康，華國出版社。

（八）文學史

1. 《中國文學史》，鄭振鐸，明倫出版社。

2. 《中國文學發達史》，劉大杰，中華書局。

3. 《中國文學史話》，丁思文，一鳴書局。

4. 《中國文學批評史》，郭紹虞，明倫出版社。

5. 《中國文學史》，胡雲翼，三民書局。

6. 《中國中古文學史七書》，楊家駱，鼎文書局。

7. 《中古文學史論》，王瑤，長安出版社。

8. 《中國小說發達史》，譚嘉定，啟業書局。

9. 《魏晉南北朝文學思想史》，張仁青，文史哲出版社。

10. 《魏晉六朝文學批評史》，羅根澤，商務印書館。

（九）宗教類

1. 《中國宗教史思想大綱》，王治心，中華書局。
2. 《東漢宗教史》，宋佩韋，商務印書館。
3. 《中國道教史》，傅勤家，商務印書館。
4. 《中國道教史概論》，傅勤家，商務印書館。
5. 《道教史》，許地山，牧童出版社。
6. 《道家與道教》，趙家焯，華崗出版社。
7. 《道教源流考》，陳國符，古亭書屋。
8. 《道家與神仙》，周紹賢，中華書局。
9. 《神仙傳》，葛洪，新興書局。
10. 《禪與道概論》，南懷瑾，眞善美出版社。
11. 《中國佛教史》，蘇維喬，鼎文書局。
12. 《中國佛教史》，宇井伯壽，協志工業叢書。
13. 《佛學概論》，周紹賢，文景出版社。
14. 《漢魏兩晉南北朝佛教史》，湯錫予，鼎文書局。
15. 《魏晉南北朝佛教小史》，黃懺華，大乘文化公司。
16. 《中國佛教史籍》，陳新會，鼎文書局。
17. 《玄學、文化、佛教》，湯錫予，育民出版社。
18. 《佛性與般若》，牟宗三，學生書局。
19. 《般若思想研究》，黃懺華等，大乘文化公司。
20. 《性空學探源》，釋印順，慧日講座。
21. 《肇論》，僧肇，建康書局。
22. 《中觀論、十二門論》，龍樹，臺灣佛經流通處印。